المختصر

في أخبار البشر

لأبي الفدا

١٩٨٦

الناشرون دارف المحدودة .. لندن

First Published 1831
New Impression 1986

ISBN 978 1 85077 073 2

BENEVOLO LECTORI

S.

Non tritum illud et tralatitium est, quod ita te saluto; vere enim sentio, me benevolentia tua quam maxime indigere. Patere igitur me id facere, quod boni hospites solent, ut in ipso limine tibi occurram et, quae intus offendere possint, praemoneam eaque excusem. Ac primum quidem te sic mecum expostulantem audio: Cur Abulfedam? Quidni alium uberiorem, utiliorem, dulciorem? — Recte tu quidem omnia, neque ego hanc reprehensionem recuso. In plurimis, fateor, Abulfeda meus novi nihil nos docet, aut si qua talia erant, ab aliis sunt occupata; in nonnullis, ut in iis quae de Graecis et Romanis habet, saepissime cum suis errat et nugatur. Accedit quod in recensu Philosophorum, Medicorum et Mathematicorum graecorum, quem dedit ex Ibn-el-Koftio, p. 154 sqq., aliquot nomina, quamquam Flügelius meus in libro Vindobonensi Ibn-el-Koftii ipsius plane eadem reperit, aperte corrupta sunt et mutilata, ut Leslon, Maxitrates, Myrtos vel Myristos: quae commendo iis qui in his rebus habitant. Sed primum in scriptore eligendo non potui animo meo indulgere, aut judicium meum sequi, de qua re infra dicam; et deinde est tamen quod vel ex erroribus nostri discas. Quid Muhammedanorum doctissimi in illo genere sibi scire visi sint, ejus rei notitia haud, puto, spernenda aut pro nihilo ducenda est. Quam multa quotidie discimus, conquirimus, in memoria et chartis reponimus, non ut iis pro veris utamur, sed ut ea ab aliis falso credita et somniata esse sciamus; id quod eruditionis nostrae, si modo verum fateri volumus, non minima pars est. Ne sis igitur in Abulfedam meum, quam in alios, quam in te ipsum, severior. Tum illud cogites velim, nos adhuc libro egere, unde, quae sit tota historiae antiquioris apud Muhammedanos facies et conformatio, possit intelligi. Quodsi Vir Celeberrimus, Kosegarten, fidem de Tabariensi datam jam exsolvisset, Abulfedam tantum abest ut edidissem, ut ne attigissem quidem. Sed quum sol ille nondum ortus esset, existimavi me recte posse diluculum aliquod vel, si dicere fas est, auroram illi praemittere. Habet praeterea Abulfeda meus non pauca bonae frugis: quorum si plurima jam ab aliis excerpta sunt, ea hic habes suo loco posita et continuo ordine cum reliquis conjuncta. Imprimis aureum illud opus Pocockii, Specimen Historiae Arabum, multa continet ex Abulfeda depromta; cuius editioni Whitianae Illustrissimus de Sacy adjunxit etiam

* 2

etiam librum quartum nostri totum et quinti partem eam quae a capite de Berberis pertinet usque ad finem; sed opus Pocockianum apud nos quidem et rarius est et carius. — Non ignoro equidem, quam notam Reiskius noster in praefatione speciminis Annalium Moslemicorum, quod latine versum Lipsiae edidit, paullo cupidius historiae nostri anteislamicae inusserit. Neque id me fugit, Virum doctissimum ibidem de eo, qui librum a se contemtum postmodum editurus esset, judicium anticipasse minime honorificum. Vin' apertius etiam tecum agam? Ego ipse Abulfeda meo haud mirifice delector. Cur igitur, inquis, edidisti? Quid in causa fuerit, si vacat, accipe. — Per triennium quod Parisiis fui, operam plurimam dedi Grammaticis et Poëtis Arabum; in qua re me praecipue Illustrissimi de Sacy, Viri de me quoque immortaliter meriti, auctoritatem secutum esse, lubens et gratus profiteor. Hujus enim judicio stare, satius visum est, quam aliorum studiis in diversa abripi. Nec poenituit operae, quam cum in aliis, tum in Commentario coranico Beidhawii in chartas meas transferendo et tribus ejus exemplis inter se conferendis posui. Accidit deinde, ut, quum meos visendi causa, Parisios scilicet rediturus, in patriam profectus essem, hic diutius haererem et consilium reditus tandem abjicerem. Jam mihi circumspiciendum fuit, qua ratione copiolis meis ita uterer, ut alii quoque aliquid inde utilitatis perciperent. Quid multa? Edituriebam (ut in re vetere novo vocabulo utar), neque id fateri mihi turpe duco, quoniam idem multis optimis adolescentibus et olim accidisse, et nunc accidere video. Primum cogitavi de specimine Beidhawii. Sed quum comperissem, Ill. de Sacy particulam ejus opera sua illustraturum atque ita futuram ejus editionem efficacissime commendaturum esse (id quod nunc in Anthologia grammatica factum vides): nolui Iliadem post Homerum, et ad minora descendi. Igitur hanc Abulfedae historiam, quam quondam per horas subsecivas, consilio parum certo, e Cod. Biblioth. Reg. Paris. 615 transcripseram, ita ut varietatem lectionis e Cod. 101 adnotarem, hanc, inquam, e latebris protraxi et gallice vertere institui. Sed ab ea re, praesertim cujus eventus dubius admodum esset, mox, animo obsecutus, ad aliam delapus sum, quae plus haberet delectationis. Repetivi enim opellam, quam Parisiis libro lepidissimo MI Noctium impenderam, cujus specimen dedi in Diario Asiatico veteriore, 1827, Fasc. 64; et postquam e chartis meis, non sine quadam voluptate, sat multa ad editionem Cel. Habichtii emendandam et illustrandam congessi, Virum doctissimum ipsum confidenter literis adii, et, ut mihi bibliopolam suum ad opusculum meum excudendum conciliaret, rogavi. Respondit ille, ut solet, humanissime, seque ipsum id cupere significavit. At vir honestissimus conditionem recusavit: multis se nunc districtum esse negotiis fidemque suam ab aliis occupatam. Non deterritus ego ad Berolinates, editores Annalium, qui dicuntur, Literaturae, me converto. Interponit officium suum Flügelius, qui eo tempore Berolini erat: poscitur specimen libelli mei, sed, quam fieri possit, brevissimum. Obtempero et partem meorum illuc mitto, plura daturus, si

si prima placuissent. Sed displicuerunt, puto, aut nimis longa fuerunt, aut ab instituti ratione aliena, aut alia denique causa fuit, cur res non procederet. Tum (vide hominem tenacem!) Lipsiam cogitavi: ubi ei quem primum conveni, Noctes meae non atticae visae sunt, sed plane boeotiae. Talia sero aut nunquam distrahi: mercem esse malae aleae plenissimam. Scis, in his negotiis apud viros mercuriales nullum gravius esse quam illud de sacculo argumentum. Id vero, sis licet Ijaso argutior, Kosso et Sahbano eloquentior, nulla unquam ratiocinandi aut dicendi arte exsuperaveris. Tandem, jam defessus, virum adeo vere honestum, cui Abulfeda meus debet quod nunc, ut magnifice loquar, lucem adspexit. Is ad Noctes quidem et ipse frixit, sed si quid aliud in promtu esset, quod pluribus placere posset, se non difficilem fore ostendit. Habebam equidem grammatica quaedam et poëtica, in quibus mihi, et fortasse tibi quoque, aliquantulum videbar satisfacere posse; sed, ut de grammaticis taceam, mene tam audacem esse, ut poëtam arabicum in scenam producam, quum etiamnum fumet et ardeat fulmine illo Lutetiensi totus Arabum Parnassus? ut aliquid tamquam sapidum et suave aliis obtrudam, quod homines palati delicatissimi narisque emunctissimae insipidum et putidum esse pronuntiarunt? — Vides igitur, me iterum iterumque ad scopulum hunc Abulfedanum rejectum esse. Itaque haesi tandem. Quid enim facerem? Fatale, puto, mihi erat, in eo potissimum navem frangere. — Confecto igitur utrinque negotio, quum bibliopola versionem gallicam minus e re sua fore judicaret, de latina facienda cogitandum fuit. Qua in re modice processeram: quum Dresda adveniunt literae Viri, quem nostrum esse gloriamur, Eberti, mihi quidem exoptatissimae, sed quae Principem meum Hamathenum in novas angustias compellerent. Certiorem enim me fecit Vir Clarissimus, quum operam meam ad indicem codicum orientalium Bibliothecae Regiae conficiendum obtulissem, consilium de hoc opere instituendo a se ad eum, qui tunc summus Bibliothecae erat moderator, Comitem de Einsiedel, delatum ab eoque probatum esse. Quem tunc putas mihi animum fuisse? Incredibili quodam studio Dresdam advolo et, quod jam dudum facere destinaveram, totum me in codices nostros abdo. Cetera omnia mihi prae illis putere, hi soli me delectare, misellus Abulfeda in angulo delitescere. Conclamatum erat de homine, nisi intercessisset pactum cum redemtore. Is vero post sex menses serio coepit me de illo admonere et plagulas poscere. Itaque demissis, quod ajunt, auriculis (nondum enim deferbuerat primus ille in codices impetus) rursus ad opus me applicui et ab ignavia mea id saltem impetravi, ut singulis hebdomadibus aliquid verterem et Lipsiam mitterem. Quum autem jam initium notarum prelo subjectum esset, munus scholasticum mihi demandatum cursum meum denuo inhibuit. Sic lente processit negotium, sed processit tamen, et tandem, nescio quomodo, ad finem pervenit. Id serius factum esse quam, me quidem invito, mota erat exspectatio, moleste fero; sed serius etiam factum esset, nisi Ill. de Sacy mihi eam partem, quam ipse latine

latine vertit, cum notis suis permisisset; pro quo beneficio, ex innumeris uno, ei hoc loco publice gratias ago, intra me majores habeo, reddere nullas possum. Ne tamen hac mutuandi libertate abuterer, et in versione illa transcribenda plane dormitasse nullusque fuisse viderer, pluribus locis verba, paucioribus sententiam mutavi: hoc vero sicubi feci (debebam fortasse dicere, commisi), certe in argumento graviori, notae meae, quid in ea re secutus sim, indicabunt. Ceterum in hac notarum appendice ne quaeras variarum et reconditarum rerum thesaurum. Utinam quidem et per me ipsum, et per tempus licuerit, Abulfedae mei tenuitatem amplo et sinuoso animadversionum amictu quodammodo grandiorem et speciosiorem reddere! Sed talia a me, praesertim hoc tempore, non sunt exspectanda. Notulas vides, quales dare potuit homo lectionis paucae, memoriae paucioris, otii paucissimi. Quae in iis effulgent, non sunt mea, sed Ill. Hamakeri, de cujus in me humanitate vide sis quae dixi p. 216, et Flügelii mei, qui e copiis suis ea omnia quae ad historiam, quam dicunt, literariam pertinent, promtissimo, et, sicubi eram importunior, patientissimo animo mecum communicavit. Quod in notis varietatem lectionis dedi selectam, non minutiarum omnium et sordium congeriem, id jure meo mihi fecisse videor, et, si quis post me duos illos codices inter se conferet, eum confido intellecturum, lectionem in libro facillimo a me ita constitutam esse, ut vano apparatus critici simulacro aequo animo carere possis. — Indici nominum nolui omnia ea infercire quae, ubi primum ratio libri perspecta fuerit, ultro poterunt suis locis inveniri, ut nomina regum Israeliticorum, Persicorum, Aegyptiorum; in indice lexicali et grammatico autem id potissimum spectavi, ut, quae in verbis eorumque formis et constructionibus vel rariora essent, vel recentiora, ea colligerem et uno in conspectu ponerem. Quod denique ad versionem latinam ipsam attinet, eam talem facere studui, ut Abulfeda meus, si non eleganter, si non urbane, at certe non incondite, non barbare loqueretur. Quare, ubi altera lingua longius ab altera discedebat, sententiam reddidi, verba non pressi. Ceterum quod a novis vocabulis, qualia nunc in scholis frequentantur, non plane abstinui, haud puto esse quod apud peritos et aequos harum rerum arbitros multis me excusem. Equidem sic statuo, non in eo positam esse orationis romanae proprietatem et puritatem, ut multis latinis verbis antiquis vix adumbres, quae uno novo aut graeco perfecte exprimi poterant. Habet sua quaeque disciplina vocabula, quibus latine loquentem ac scribentem, ubi usu veniunt, non uti, id vero mihi putidum videtur. Multa Cicero ipse inter suos novavit: plura, si nunc viveret, nobiscum novaret. — Sed inest, fateor, in latinis meis multa dictionis inconstantia, asperitas et peregrinitas, insunt aperta vitia: quae ne gravius feras aut iniquius exagites, ex Oriente modo in Latium redux ab humanitate tua me impetraturum esse spero. Reperies etiam multa non eodem ubique modo scripta: ut literam ث primum per t redditam, deinde, ut equidem puto, rectius per th; nomina patronymica Arabum interdum in *idae* terminata, multo saepius

saepius, ut fieri solet, in *itae*, quamquam in iis quae vere a nominibus humanis fluxerunt, e lege linguae graecae illa ratio sola probanda est. Deprecanda mihi est praeterea multitudo errorum typographicorum in plagulis emendandis omissorum: quorum qui molestiores erant, eos ad calcem libri correxi; si qui supersunt leviores, ii nemini poterunt negotium facessere.

Omnino igitur vereor, ne tumultuariam et desultoriam fuisse primam hanc, quam Abulfedae dedi, operam, saepius deprehendas. Ego mihi ipsi jam vehementer in multis displiceo, et quae mutanda videantur, paene plura quam quae conservanda, reperio. Sed ita sunt res humanae. Ea ipsa negotia quae valde nos delectant, ut me perscrutatio illa codicum Dresdensium, ceteris sunt impedimento. Faxit modo Deus O. M., ut alio tempore mihi per otium liceat has acerbiores studiorum meorum primitias retractare, et, dummodo operae pretium sit, Bona Fortuna favente, novam earum editionem parare. Interea in codicum illorum indice fortasse reperies quod stomachum tuum paullulum sedet teque mihi reconciliet.

Denique, ut nunc sunt tempora, quum in hac quidem omnis humanitatis elegantiaeque sede iis qui Musarum sacra ferunt, novo exemplo, inter Quirites sagatos tractanda sint arma, faciendi decursus, agendae excubiae: si hae ipsae literae tibi minus politae esse et campum potius quam scholam sapere videbuntur, id aestuanti disciplinae militaris tironi utique ignoscendum esse cogitabis. Scr. Dresdae, d. XXI Maji A. Chr. MDCCCXXXI.

I. B. Koehleri, Professoris Extraordinarii Philosophiae et Historiarum in Academia Kiloniensi, Judicium de codice manuscripto Historiae universalis in compendium redactae ab Ismaele Abulfeda conscriptae, qui prius ad Bibliothecam San-Germanensem pertinuit, nunc vero in Bibliotheca Nationali Parisiensi adservatur *).

Codex est quantivis pretii, manu autoris ipsius exaratus. Hoc jam existimavit vir longe doctissimus Renaudotus, cujus verba, quibus hunc codicem describit, in Historia sua patriarcharum Alexandrin. p. 78, integra legisse, non poenitebit. „In ditissima, „inquit, manuscriptorum omnis generis bibliotheca Segueriana exstat codex illius historiae (Abulfedae), qui non modo aetati autoris aequalis est, sed ad eum pertinuisse, „et illius manu multis in locis emendatus fuisse videtur. In eo enim liturae plures „occurrunt, et emendationes, non quae antiquarii librum recensentis, sed autoris ipsius „sua retractantis manum indicant. Litterae etiam grandiusculae, quales vulgo sunt „hominis de calligraphia parum solliciti, et quae ab elegantia quo totus liber scriptus „est

*) Repetivi haec ex Appendice sive Excerptis ex Abulfeda de rebus Arabum ante Mohammedem, quibus Ill. de Sacy auxit Editionem Whitianam Speciminis Historiae Arabum, Oxonii, MDCCCVI.

„est longe absunt, Principem ipsum autorem operis designant potius, quam Criticum „recensentem, praesertim cum multa deleta, adjuncta quoque non pauca animadver„tantur, quibus nemo alienum opus inficere solet." Optime his verbis codicem descripsit Renaudotus, et sane neminem ego existimo de veritate hujus elegantis observationis dubitaturum, qui modo ipsum codicem inspexerit *). Tractavi Lugduni in Batavis aliud principis doctissimi autographum, geographicum ejus opus, neque ovum potest ovo similius esse, atque sunt hi codices, Lugdunensis geographicus, et historicus Parisinus. Igitur mihi hoc extra dubium positum videtur, utrumque codicem manu Abulfedae esse exaratum. Scriptura in utroque eadem, digna illa principe polygrapho, rudis sane ac foeda prorsus, et lectu perquam difficilis; in iis maxime, quae in margine haud pauca adjiciuntur; liturae ubique multae et eodem modo factae, erasa etiam nonnulla, et alia supra rasuram scripta. Atque hoc in primis mihi certum documentum videtur, utrumque codicem esse autographum, quod illa quae Abulfeda in iis delevit, ab aliis codicibus absunt; ea vero omnia quae in margine adscripsit, in iis leguntur. Sed hoc dolendum, quod uterque codex etiam Leydanus et Parisinus eandem malam fortunam passi sint: in utroque enim cultro bibliopegi multa quae in margine scripserat autor, resecta sunt. Itaque debent ex aliis codicibus suppleri, qui ex iis ducti sunt, antequam in manus scaevi illius hominis venirent. Sed hoc de nostro Codice historico notandum est, non integrum Codicem esse manu Abulfedae scriptum, sed majorem tantum ejus partem: namque in haud paucis foliis diversa manus apparet; illa dico quae literis minoribus et paulo elegantius scripta sunt. Atque haec ego arbitror non ab alio in Abulfedae usum descripta esse: in his enim nullibi Abulfedae manum aliquid corrigentis vel addentis reperi, et nonnulla tamen observavi vitiose scripta, integrum caput, illud nempe quod de stemmate Mohammedis tractat, quia spatium deerat, praetermissum: igitur codicem existimo lacerum ac mutilum (cujus haud pauca prostant indicia), suppletum a recentiori quodam possessore. Atque idem forte fuerit vir doctus, qui haud paucos litterarum ductus vetustate propemodum extritos et fugientes repetiit, puncta etiam diacritica ab Abulfeda omissa adjecit, atque hoc modo vitia quaedam, licet levia, Codici intulit. Sic enim, verbi gratia, aliquando pro ما quod Abulfeda reliquerat, de novo scriptum inveni بما, pro ثانيا punctatum reperi ياتيا. Desinit vero hicce Codex in anno Hegirae 710, adeoque nec ipsum annum 715 attingit, annum illum, quo Abulfeda se historiam suam condidisse affirmat. Sed tamen ex nostro Codice, quamvis sit autographus, minime probari licet Abulfedam ultra hunc annum historiam suam non produxisse: nam finis libri scriptus est aliena manu, et pleniores sunt alii codices.

Scripsi Lutetiae 6. Sept. A. D. 1765.

Jo. Bernardus Koehler,
Prof. Extraord. Philos. et Historiarum in Academia Kiloniensi.

---

*) Non videtur tamen credidisse Renaudotus totum codicis corpus manu Abulfedae scriptum fuisse: quod tamen verum est, si eas partes excipias, quae perierant, et resarcitae sunt a manu recentiori. S. de S.

In fronte ejusdem Codicis alia et brevior recensio legitur, manu Cl. Renaudoti scripta, quod ignorasse videtur Cl. Koehler. Haec recensio ita se habet.

„Compendium Historiae Muhammedanae, autore Ismaele filio Hali principe Hamae, „qui vulgo Abulfeda dicitur, quique geographia sua notior est, et qui erat ex Yubidarum „seu Salaheddini familia. Praemittuntur geographica nonnulla, quorum pars desideratur; „tum agitur de patriarchis, de regibus Israel, Aegypti, Persiae, Romanisque imperato-„ribus; sed ex Arabum traditione, ideoque pars illa omnino imperfecta est. Tandem „recenset autor Muhammedem, et Califas ejus successores, et historiam secundum anno-„rum seriem prosequitur usque ad annum Hegirae 710.

„Liber, quantum conjicere licet, passim emendatus et interpolatus est ipsius „autoris manu, cum multa mutet, deleat, fusius exponat, quod in alieno opere nemo „fecisset: tum etiam manus agnoscitur esse hominis nobilis, nec in *καλλιγραφίᾳ* exer-„citati."

In hac recensione negligentior deprehenditur fuisse Renaudotus, qui et *geographica* pro *chronologicis* dixerit, et eorum partem desiderari affirmaverit, cum integra sint prolegomena illa chronologica.

Codex de quo agitur Bibliothecae manuscriptorum Coislinianae, olim Seguerianae, fuit, quam illustr. Henricus du Cambout, Dux de Coislin, Par Franciae, Episcopus Metensis etc. Monasterio S. Germani a Pratis legavit Ann. M.DCC.XXXII. S. *de* S.

In his Excerptis operis Abulfedaei edendis, duobus codicibus usi sumus, codice nempe Sangermanensi, de quo jam dictum est, et codice inter Arabicos Bibl. Nat. codices, 615 A; hunc posteriorem codicem in his locis praesertim adhibuimus, ubi mutilus erat codex Sangermanensis. Eorum quae ex codice Sangermanensi exscripsimus, pauca sunt ipsius Abulfedae manu scripta; cetera manûs ejus sunt qui codicem lacerum supplevit: et quamvis non tantae sint autoritatis, videntur tamen a viro non indocto scripta fuisse. Loca quae ipsius autoris manu scripta sunt diligenter annotabimus. — Tertium quoque codicem habuimus, qui Bibliothecae Vaticanae olim fuit, et quem inter codices Ecchellenses recensuit Joseph Simonius Assemannus, Biblioth. Or. Clem. Vatic. Tomo I. p. 574. col. 2. N°. VII. *). Hic Codex, qui nunc in Bibliotheca Nationali asservatur, imperfectus est, et Num 272 praefert inter Codices Vaticanos. Opus quidem Abulfedae historicum continet, sed multis assumentis hinc inde desumptis auctum, vel potius interpolatum. Hujusmodi assumentum est tractatus de variis Mohammedanorum Sectis, capiti quinto insertum, et e Schahrestanii decantato opere desumptum; hoc ipso assumento usus est *Marraccius* in Prodromi sui ad refut. Alcorani parte III. p. 73. et sq. nostroque Codice eum

*) Hunc codicem, belli spolium, Bibliotheca Vaticana cum ceteris sibi rursus vindicavit; itaque ego non potui eo uti. F.

eum usum esse inde conjicio, quod hanc laciniam se ex Arabica Ismaelis filii Ali historia transtulisse ipse profiteatur. Quod vero dicit: haec desumpta esse ex *Sciaher Settanii* libro الملل والتخييل *de veris et phantasticis religionibus*, viri alioquin doctissimi mera est allucinatio, et legendum, *e Schahrestanii* libro الملل والنحل, *de religionibus et sectis. S. de S.*

Ut tandem certo constaret, quae partes celeberrimi illius Codicis Parisiensis, N°. 101, Abulfedae manu scriptae essent, quae non, Cl. Renaldum literis rogavi, ut me de ea re, quam ipse accurate notare neglexissem, faceret certiorem. Respondit Vir doctissimus haud cunctanter omninoque ita, ut multis illis et paene quotidianis officiis, quibus me coram sibi devinxerat, absens cumulum adderet. Ex ejus igitur literis intellexi, ab Abulfeda ipso scripta esse haec:

Fol. 29, verso, a verbis الفصل الرابع فى ملوك العرب قبل الاسلام (edit. meae f. 414), usque ad fol. 43, vers., in loco de الزنج: والنيل ينقسم فوق بلادهم عند جبل المقسم (edit. meae f. 174 ult.)

Fol. 50, recto, in loco de ذكر رضاع رسول الله, a verbis: فوجدت من الخير والبركة ما ثم تعيده, usque ad fol. 83, vers., A. H. 37: عمره على تسعين سنة وكانت الحربة فى.

Fol. 85, recto, A. H. 37, a verbis: لا تمح اسم امير المومنين, usque ad fol. 184, vers., A. H. 431: وعرف ان اخاه المذب سعى فى اخذ الملك منه.

Fol. 186, recto, A. H. 432, a verbis: فارسلوا اليه يظهرون الطاعة ويسالونه, usque ad fol. 195, vers., A. H. 454: وفيها استوزر القايم.

Fol. 197, recto, A. H. 455, a verbis: لاهل بغداد من اخراجهم من دورهم, usque ad fol. 241, vers., A. H. 552: وكانت شيزر لبنى منقذ.

Fol. 259, recto, A. H. 583, a verbis: القتال وعلقوا السور فطلب الفرنج الامان, usque ad finem A. H. 585.

Fol. 266, recto, A. H. 589, a verbis: منهم سادف الدين عثمان بن الداية, usque ad fol. 286, vers., A. H. 617: فلم يشعر خوارزم شاه وعسكره الا.

Fol. 288, recto, A. H. 618, a verbis: القتال بين الفريقين برا وبحرا, usque ad fol. 295, vers., A. H. 626: وخلف يوسف ولدا.

التواريخ القديمة من المختصر فى اخبار البشر لابى الفدا

ABULFEDAE ANNALES ANTEISLAMICI.

بسم الله الرحمن الرحيم

الحمد لله الذى حكم على الاعمار بالآجال وتفرّد بالعظمة والبقآء والجلال وعلا عن ان يكون له نظير او مثال وتنزّه عن ان يحيط به وَهْم او يمثّله خيال وصلّى على سيّدنا محمّد المبعوث لتبيين الحرام من الحلال والمخصوص من بين كافّة الخلق بالفضل والكمال والمحبوّ باوضح برهان وافصح مقال وعلى آله خير آل وعلى صحابته ذوى التأييد والافضال صلاة تدوم على مرّ الايّام والليال ✿ امّا بعد فيقول العبد الفقير ابو الفدا اسمعيل بن على بن محمود بن محمّد بن عمر بن شاهنشاه بن ايّوب انّه سنح لى ان اورد فى كتابى هذا شيًا من التواريخ القديمة والاسلاميّة يكون تذكرة تغنينى عن مراجعة الكتب المطوّلة فاخترته واختصرته من الكامل تأليف الشيخ عزّ الدين علىّ المعروف بابن الاثير الجزرىّ وهو تأريخ ذكر فيه ابتدآء الزمان الى سنة ثمان وعشرين وستّ مائة وهو نحو ثلثة عشر مجلّدا ومن تجارب الامم لابى علىّ احمد بن مسكويه ومن تأريخ ابى عيسى احمد بن علىّ المنجّم المسمّى بكتاب البيان عن تأريخ سنى زمان العالم على سبيل الحجّة والبرهان ذكر فيه التواريخ القديمة وهو مجلّد لطيف ومن التأريخ المظفّرىّ للقاضى شهاب الدين بن ابى الدم الحموىّ وهو تأريخ مختصّ بالملّة الاسلاميّة فى نحو ستّة مجلّدات ومن تأريخ القاضى شمس الدين احمد بن خلّكان المسمّى بوفيات الاعيان رتّبه على الحروف وهو نحو اربعة مجلّدات ومن تأريخ اليمن للفقيه عمان وهو مجلّد لطيف ومن تأريخ القيروان المسمّى بالجمع والبيان للصنهاجىّ ومن تأريخ الدول المنقطعة لابن ابى منصور وهو نحو اربعة مجلّدات ومن تأريخ علىّ بن موسى بن محمّد بن عبد الملك بن سعيد المغربىّ الاندلسىّ المسمّى كتاب لذّة الأحلام فى تأريخ امم الأعجام وهو نحو مجلّدَيْن ومن كتاب ابن سعيد المذكور المسمّى بالمُغْرب فى أخبار اهل المَغْرب وهو نحو خمسة عشر مجلّدا ومن مفرّج الكروب فى أخبار بنى ايّوب للقاضى جمال الدين بن واصل وهو نحو ثلثة مجلّدات ومن تأريخ حمزة الاصفهانىّ وهو مجلّد لطيف ومن تأريخ خلاط تاليف شرف بن ابى المطهّر الانصارىّ ومن سِفْر قضاة بنى اسرائل وسِفْر ملوكهم من اصل الكتب الاربعة والعشرين الثابتة عند اليهود بالتواتر وألّفت التواريخ القديمة من هذا الكتاب على مقدّمة وفصول خمسة وامّا التواريخ الاسلاميّة فرتّبتها على السنين حسب تأليف الكامل لابن الاثير ولمّا تكامل هذا الكتاب سمّيته **المختصر فى اخبار البشر** ✿

امّـا

IN NOMINE DEI MISERATORIS MISERICORDIS.

Laus Deo, qui suum cuique vitae terminum posuit, cui soli propriae sunt summa magnitudo, aeternitas et gloria, qui adeo omnibus est superior, ut nihil sit quod ei comparetur aut aequiparetur, adeoque ab omni imperfectione alienus, ut nec cogitatione concipi, nec per imaginem animo informari possit. Et benedicat Deus Domino nostro Muhammedi, quem prophetam excivit ut illicita a licitis distingueret, quem unum inter omnes summa praestantia et virtute instruxit, quem dilucidissimae demonstrationis et purissimae dictionis facultate donavit. Benedicat etiam optimae ejus genti et sociis, viris coelitus adjutis et divinis beneficiis ornatis; amplectatur hos omnes benedictione cujus vis et effectus temporis vicissitudinibus superstes permaneat.

His rite praemissis, homo divinae clementiae indigentissimus, Abulfeda Ismael fil. Ali, fil. Mahmudi, fil. Muhammedis, fil. Omari, fil. Schahinschahi, fil. Jobi hunc in modum pergit: Venit mihi in mentem, hoc opere historiarum antiquarum et islamicarum corpusculum conficere, quo in modum libri memorialis adhibendo rarius mihi ad libros majoris ambitus recurrendum esset. Opera autem unde ea quae in hoc compendium redacta sunt, selegi, sunt haec: Primum, *El-Camil* Doctoris Izz-ed-dini Ali, qui vulgo Ibn-el-Athir el-Djezeri dicitur, in quo a primis temporibus exorsus narrationem ad annum fugae 628 produxit, tredecim fere voluminum. Secundum, *Tedjarib-el-umem*, auctore Abu-Ali Ahmede fil. Meskoweihi. Tertium, opus historicum Abu-Isa Ahmedis fil. Ali, Astronomi, quod inscribitur: *Kitab-el-bejan an-tarich-seni-zeman-el-alem ala-sebil-el-hoddjeh wa 'l-burhan.* Complectitur historias antiquas et tenue volumen efficit. Quartum, *El-tarich el-mozhafferi* Judicis Schehab-ed-dini fil. Abu'd-dem, Hamatensis (Epiphania oriundi), qui populorum muhammedanorum tantum historias sex fere voluminibus enarrat. Quintum, opus historicum Judicis Schems-ed-dini Ahmedis fil. Challicani, *Wafajat-el-aajan*, ordine literarum conscriptum, quatuor fere voluminum. Sextum, *Tarich-el-Jemen* Jurisconsulti Omani, tenue volumen efficiens. Septimum, historia Cyrenaïca, quae inscribitur *El-djema wa 'l-bejan*, auctore Es-Sanhadji. Octavum, *Tarich-ed-duwel el-monkateah*, auctore Ibn-Ali Mansur, quatuor fere voluminum. Nonum, opus historicum Ali fil. Mosis, fil. Muhammedis, fil. Abd-el-melik, fil. Said, Mauri Hispani, quod inscribitur *Kitab-lezzet-el-ahlam fi-tarich-umem-el-aadjam*, duorum fere voluminum. Decimum, opus ejusdem Ibn-Said, *El-mo'rib fi-achbar-ehl-el-maghrib*, quindecim fere voluminum. Undecimum, *Muferridj-el-corub fi-achbar-beni-Ejjub*, auctore Judice Djemal-ed-din fil. Wasil, trium fere voluminum. Duodecimum, *Tarich* Hamzae Ispahanensis, tenue volumen efficiens. Tertium et decimum, *Tarich-Chalat*, auctore Scheref fil. Abu 'l-muthahhar Medinensi. Quartum et decimum, libri Judicum et Regum Israeliticorum ex antiquis illis quatuor et viginti libris, qui apud Judaeos religiose per manus traditae servantur. Priorem hujus operis partem, quae est de historiis antiquis, in praefationem et quinque libros divisi; in posteriore, quae historias islamicas enarrat, auctore Ibn-el-Athir in *El-Camil* ordinem annorum secutus sum. Operi ad finem perducto nomen feci *El-mochtasar fi-achbar-el-bescher* (Compendium historiae generis humani).

PRAE-

اما **المقدمة** فتتضمن ثلثة امور **الامر الاول** انه ينبغى لمتأمل التواريخ القديمة ان يعلم ان الاختلاف فيما بين المورّخين كثير جدًا قال ابن الاثير فى ذكر ولادة المسيح عم ان ولادته عم كانت بعد خمس وستين سنة من غلبة الاسكندر عند المجوس واما عند النصارى فكانت ولادته بعد ثلث مائة وثلث سنين من غلبة الاسكندر وهذا تفاوت فاحش كذلك عند ابى معشر وكوشيار وغيرهما من المنجمين ان بين الطوفان وبين الهجرة ثلثة آلاف وسبع مائة وخمسا وعشرين سنة وهو الثابت فى الزيجات مثل الزيج المامونى وغيره واما المحققون من المورّخين فيقولون ان بين الطوفان وبين الهجرة ثلثة آلاف وتسع مائة واربعا وسبعين سنة فيكون التفاوت بينهما مائتين وتسعا واربعين سنة وسبب هذا الاختلاف ان ما من هبوط آدم الى وفاة موسى لا يعلم الا من التوراة والتوراة مختلفة على ثلث نسخ على ما ستقف على ذلك ان شاء الله تعالى واما ما من وفاة موسى الى ابتداء ملك بخت نصر فيعلم من المنجمين قال ابو عيسى ويعلم من قرانات زحل والمشترى والمثلثات وهم ايضا مختلفون فى ذلك ويعلم ايضا من سفر قضاة بنى اسرائل وهو ايضا غير محصّل واما ما يوخذ من المورّخين قبل الاسلام فهو ايضا مضطرب لانهم كانوا يورّخون من ابتداء مُلك كل مَلك يتملك منهم فكثرت ابتداءات تواريخهم قال حمزة الاصفهانى وفسدت تواريخهم بسبب ذلك فسادا لا مَطمع فى اصلاحه مع ما انضم الى ذلك من بُعد العهد وتغير اللغات وعدم الكتب المولفة فى هذا الفن فصار تحقيق التواريخ القديمة بسبب ذلك متعذرا او فى غاية التعسر ☆ **الامر الثانى** فى معرفة نُسَخ التوراة وهى ثلث نسخ السامرية والعبرانية واليونانية امـا السامرية فتنبئ ان من هبوط آدم الى الطوفان الفا وثلث مائة وسبع سنين وكان الطوفان لست مائة سنة خلت من عمر نوح وعاش آدم تسع مائة وثلثين سنة باتفاق فيكون نوح على حكم هذه التوراة قد ادرك من عمر آدم فوق مائتى سنة فنوح قد ادرك جميع آبائه الى آدم وهذا غاية المنكر وتنبئ هذه النسخة ان من انقضاء الطوفان الى ولادة ابراهيم الخليل عم تسع مائة وسبعا وثلثين سنة وان من ولادة ابراهيم الى وفاة موسى خمس مائة وخمسا واربعين سنة فمن آدم الى وفاة موسى حينئذ الفان وسبع مائة وتسع وثمانون سنة واما ما بين وفاة موسى وبين الهجرة ففيه مذهبان احدهما اختيار المورّخين والآخر اختيار المنجمين فاذا ضممنا الى ذلك ما بين وفاة موسى والهجرة كان بين هبوط آدم وبين الهجرة على حكم اختيار المورّخين وحكم توراة السمرة خمسة آلاف ومائة وسبع وثلثون سنة واما اختيار المنجمين فينقص من هذه الجملة مائتين وتسعا واربعين سنة فقد ظهر لك فساد هذه التوراة من كونها تقتضى ادراك نوح آدم وعيشه معه المدة الطويلة واما التوراة العبرانية فهى ايضا مفسودة وذلك انها تنبئ ان ما بين هبوط آدم وبين الطوفان الف وخمس مائة وست وخمسون سنة وبين الطوفان وبين ولادة ابراهيم مائتان واثنتان وتسعون سنه وعاش نوح بعد الطوفان ثلث مائة وخمسين سنة باتفاق فالتوراة العبرانية تنبئ ان نوحا ادرك من عمر ابراهيم الخليل ثمانيا وخمسين سنة وهذا ايضا غاية المنكر فان نوحا لم يدرك ابراهيم اصلا ولا يجوز ذلك لان قوم هود امة نجمت بعد قوم نوح وامة صالح نجمت بعد امة هود وابراهيم وامته بعد امة

PRAEFATIO TRIPARTITA.

I. Primum historiis antiquis operam daturo id tenendum est, maximam esse inter historiae auctores de illorum temporum ratione dissensionem. Sic Ibn - el - Athir, ubi de tempore loquitur, quo J. Chr. natus sit, Magis (i. e. Persis antiquae religionis) aït eum natum videri quinque et sexaginta annis postquam Alexander M. rerum potitus esset, Christianis contra trecentis et tribus annis. Habes foedam in tali re discrepantiam. Similiter Ma'schar, Cuschijar aliique Astronomi inter diluvium et fugam Prophetae ponunt 3725 annos, id quod in tabulas astronomicas, ut in Mamunicas aliasque, relatum est; contra accuratissimi temporum auctores 3974 annos; unde vides oriri 249 annorum differentiam. Cujus dissensus causa haec est, quod Pentateuchi, ex quo uno tempus ab Adami expulsione e paradiso ad mortem Mosis cognitum habemus, tres sunt recensiones, de qua re post videbimus; deinde quod astronomi, quorum auctoritate nititur tempus a morte Mosis ad initium regni Nabuchodonosoris (quod Abu - Isa e conjunctionibus Saturni et Jovis, atque e planetarum trigonis cognitum esse aït) et ipsi de hac re inter se dissentiunt; tum quod liber Judicum Israeliticorum, ex quo etiam tempus illud cognosci potest, nemini in promtu erat; denique quod ea quae e Chronologis anteislamicis peti possunt, et ipsa turbata sunt; quum enim temporum rationes alii ab alius regni initio subducerent, aerarum initia plurima variaque exstiterunt. Quo Hamza Isphahanensis factum esse aït, ut temporum rationes, quales apud illos inveniantur, tam corruptae sint, ut earum unquam emendandarum spes relicta sit nulla, praesertim si his adjungas temporum longinquitatem, linguarum mutationem, et librorum de hoc studiorum genere conscriptorum interitum. His de causis, ut priscorum temporum rationes ad veritatem exigantur, vel plane non, vel vix ac ne vix quidem fieri potest.

II. Sequitur ut de tribus Pentateuchi recensionibus dicamus, quae sunt samaritana, hebraea et graeca. Samaritana perhibet, ab Adami expulsione e paradiso ad diluvium esse 1307 annos. Atqui, cum diluvium accidisse eo tempore quo Noah 600 annos aetatis exegisset, et Adamum 930 annos vixisse, omnes auctores consentiant: ex hujus recensionis ratione efficeretur, Noahum vixisse cum Adamo superstite plus ducentos annos, igitur etiam cum omnibus majoribus usque ad Adamum; id quod a recta ratione maxime abhorret. Eadem recensio perhibet, a fine diluvii ad Abrahamum natum esse 937 annos, et ab Abrahamo nato ad Mosen mortuum 545; quo posito ab Adamo ad Mosen mortuum efficiuntur 2789 anni. De tempore inter mortem Mosis et fugam Prophetae duae sunt sententiae, quarum alteram sequuntur Chronologi, alteram Astronomi. Quodsi ad illud tempus hoc inter mortem Mosis et fugam Prophetae adjeceris, e Chronologorum et Pentateuchi samaritani sententia 5037 anni erunt, ex Astronomorum sententia de hoc numero 249 anni deminuentur. Sed corruptam esse hanc recensionem, ex illo protinus tibi constare debuit, quod secundum eam Noahum per longum illud tempus cum Adamo superstite vixisse credendum esset. — Verum hebraea quoque recensio corrupta est. Quum enim inter expulsionem Adami e Paradiso et diluvium ponat 1556 annos, inter diluvium et Abrahamum natum 292, Noah autem ex omnium auctorum consensu post diluvium vixerit 350 annos: hebraea recensio nobis Noahum cum Abrahamo superstite per 58 annos viventum sistit, quod et ipsum veritati minime est consentaneum. Nam Noahum Abrahamum viventem vidisse, admitti nullo modo potest, quia Huditas succes-

امّة صالح وممّا يدلّ على ذلك قوله تعالى مُخبِرا عن هود فيما يعظ به قومه وهم عاد قال وآذكروا اذ جعلكم خلفآء من بعد قوم نوح وزادكم فى الخلق بسطة وكذلك اخبر الله تعالى عن صالح فيما يعظ به قومه وهم ثمود قال وآذكروا اذ جعلكم خلفآء من بعد عاد وبوّأكم فى الارض تتّخذون من سهولها قصورا وتنحتون الجبال بيوتا فقد ظهر فساد هذه التوراة العبرانيّة بذلك وهى التوراة الّتى بيد اليهود الى زماننا هذا وعليها اعتمادهم ولنستوفى ما تنبئ به من جملة سنى العالم قد تقدّم انّها تنبئ انّ ما بين هبوط آدم وبين الطوفان الف وخمس مايئة وستّ وخمسون سنة وبين الطوفان وبين ولادة ابراهيم مايئتان واثنتان وتسعون سنة وبين ولادة ابراهيم وبين وفاة موسى خمس مايئة وخمس واربعون سنة باتّفاق وما بين وفاة موسى وبين الهجرة فيه المذهبان المذكوران فعلى اختيار المؤرّخين ومقتضى العبرانيّة يكون بين آدم وبين الهجرة اربعة آلاف وسبع مايئة واحدى واربعون سنة وامّا اختيار المنجّمين فينقص من هذه الجملة مايئتين وتسعا واربعين سنة فيكون من آدم الى الهجرة على ذلك اربعة آلاف واربع مايئة واثنتان وتسعون سنة وجملة سنى هذه التوراة تنقص عن التوراة اليونانيّة وهى التى عليها العمل الفا واربع مايئة وخمسا وسبعين سنة وهذه الجملة هى القدر الذى نقصه اليهود من الماضى من سنى العالم فنقصوا من قبل الطوفان ستّ مايئة وستّا وثمانين سنة ومن بعد الطوفان سبع مايئة وتسعا وثمانين سنة الجملة الف واربع مايئة وخمس وسبعون سنة وصورة ما اعتمده اليهود فى ذلك انّهم نقلوا من عمر كلّ واحد من آدم وبنيه مايئة سنة من قبل ميلاد ابنه الى بعد الميلاد فلم تتغيّر جملة عمر ذلك الشخص ونقصت مدّة الزمان فانّ آدم لمّا صار له مايئتان وثلثون سنة ولد له شيث وعاش آدم تسع مايئة وثلثين سنة باتّفاق فاخذ اليهود مايئة سنة من عمر آدم قبل ان يولد له شيث جعلوها بعد مولد شيث فلم تتغيّر جملة عمر آدم وجعلوه انّه اولد شيث لمضىّ مايئة وثلثين سنة من عمره وكذلك اعتمدوا فى كلّ من بعده فنقص من سنى العالم القدر المذكور قالوا والّذى دعا اليهود الى ذلك انّ التوراة وغيرها من كتب بنى اسرائل بشّرت بالمسيح انّه يجىء فى اواخر الزمان وكان مجىء المسيح فى الالف السادس فلمّا فعلوا ذلك صار المسيح فى اوّل الالف الخامس فيكون مجىء المسيح فى توسّط الزمان لا فى آخره بناءً على انّ عمر الزمان جميعه سبعة آلاف سنة وامّا التوراة اليونانيّة فهى التوراة الّتى اختارها المحقّقون من المؤرّخين وليس فيها ما يقتضى الانكار من جهة الماضى من عمر الزمان وهى توراة نقلها اثنان وسبعون حبرا قبل ولادة المسيح بقريب ثلث مايئة سنة لبطلميوس اليونانىّ الّذى كان بعد الاسكندر ببطلميوس واحد وسنذكر فى اواخر اخبار بنى اسرائل صورة نقل هذه التوراة من العبرانيّة الى اليونانيّة على ما سنقف على ذلك ان شاء الله تعالى فلذلك اعتمدنا على هذه التوراة دون غيرها والذى تنبئ به هذه التوراة اليونانيّة انّ ما بين هبوط آدم والطوفان الفان ومايئتان واثنتان واربعون سنة وما بين الطوفان وكان لستّ مايئة سنة مضت من عمر نوح وبين مولد ابرهيم الخليل الف واحدى وثمانون سنة وبين مولد ابراهيم ووفاة موسى خمس مايئة وخمس واربعون سنة باتّفاق نُسَخ التوراة جميعها وبين وفاة موسى وبين ابتدآء ملك بخت نصر فيه خلاف

successisse Noahitis, Salehitas Huditis, Abrahamum ejusque gentem Salehitis, illo loco Corani probatur, quo Deus Hudum inter ea quibus Aditas, gentiles suos, ad mores emendandos exhortatur, haec dicentem inducit: *Et recordamini* (sc. quanto Deus vos beneficio affecerit), *quum vos post gentem Noahi vicarios constituerit et procera vobis robustaque corpora dederit*; et illo quo similiter Salehum inter ea quibus Themuditas, gentiles suos, ad vitam mutandam invitat, haec dicentem inducit: *Et recordamini* (sc. quanto Deus vos beneficio affecerit), *quum vos post Aditas vicarios constituerit vobisque in terra sedes dederit, ut ejus in planis palatia exstruatis atque e montibus domos excidatis.* Ex his satis patet, recensionem hebraeam esse corruptam. Est autem eadem qua Judaei hodieque utuntur, cujusque apud eos valet auctoritas. Ut jam omnem temporum rationem, qualis in hac recensione est, complectamur: jam diximus, eam ab exilio Adami e paradiso ad diluvium ponere 1556 annos, a diluvio ad natales Abrahami 292. Jam quum a natalibus Abrahami ad mortem Mosis ex omnium auctorum consensu sint 545 anni, de tempore autem a morte Mosis ad fugam Prophetae duae illae sint, quas diximus, sententiae: e sententia Chronologorum et secundum recensionem hebraeam ab Adamo ad fugam Prophetae erunt 4741 anni; e sententia Astronomorum de hoc numero 249 anni deminuendi erunt, quo facto ab Adamo ad fugam relinquentur 4492 anni. Totus igitur numerus annorum hujus recensionis numero annorum recensionis graecae, quam nos sequimur, minor est 1475 annis. Hic est is annorum numerus quem Judaei de summa annorum mundi detraxerunt, ita ut de tempore ante diluvium 686 annos demerent, a tempore post diluvium 789, quos si summam feceris, habebis 1475 illos annos. Qua in re Judaei hanc rationem secuti sunt, ut in vita Adami et omnium ejus posterorum centenos annos e tempore antequam filius eis nasceretur, transferrent ad tempus postquam natus esset, quo factum est, ut salvo numero annorum vitae singulorum hominum, tota temporis summa deminueretur. Veluti quum Adamo natus sit Seth postquam 230 annorum aetatem confecisset, vixerit autem Adamus ex omnium consensu 930 annos: Judaei ex aetate Adami antequam Seth nasceretur, centum annos ad tempus postquam ille natus esset ita transtulerunt, ut, salva tota Adami aetate, Sethum ei post aetatis annum 130 mum natum esse fingerent. Eodem modo in vita omnium ejus posterorum versati id effecerunt ut aetas mundi 1475 illis annis deminueretur. Cujus rei novandae Judaeis ea causa fuisse dicitur, quod, quum Pentateuchus aliique eorum libri Messiam extrema mundi aetate adventurum esse promitterent, Messias (Jesus Christus) autem revera in sexta mundi chiliade advenerit, illa mutatione facta eum jam in quinta chiliade, igitur, si cum illis hoc sumas, totam mundi aetatem esse 7000 annorum, ea fere media, non extrema, advenisse existimandum esset. — Restat igitur recensio graeca, quam probarunt Chronologi accuratissimi. Nihil est in ratione veterum temporum qualis in ea reperitur, quod a veritate abhorreat. Hanc Pentateuchi versionem ex hebraeo sermone in graecum fecerunt 72 Doctores judaei, annis fere 300 ante Chr. n., jussu Ptolemaei Graeci, qui ab Alexandro M. secundus rex hujus nominis fuit. Quo in negotio quomodo versati sint, videbis infra in fine historiae israëliticae, ubi de hac re, Deo volente, dicemus. Itaque nos quoque, ceteris omissis, hujus recensionis auctoritatem secuti sumus. Ponit autem inter expulsionem Adami e paradiso et diluvium 2242 annos; inter diluvium, quod incidit in annum 601 vitae Noahi, et natales Abrahami 1081 annos; inter natales Abrahami et obitum Mosis 545 annos, in quo numero ceterae quoque recensiones cum nostra consentiunt; inter obitum Mosis et initium regni Nabuchodonosoris Chronologi, ab

Astrono-

خلاف بين المنجّمين والمؤرّخين والذى اختاره المؤرّخون انّ بين وفاة موسى وبين ابتدآء ملك بخت نصر تسع مائة وثمانيا وسبعين سنة ومائتين وثمانية واربعين يوما وامّا ما بين ابتدآء ملك بخت نصر وبين الهجرة فهو الف وثلث مائة وتسع وستّون سنة ومائة وسبعة عشر يوما وليس فيه خلاف لانّ بطلميوس اثبته فى المجسطى وارّخ به رصده فيكون بين الهجرة وبين هبوط آدم ستّة آلاف سنة ومائتان وستّ عشرة سنة وهذا القدر هو المختار وعليه نبنى كتابنا وامّا الّذى اختاره المنجّمون واثبتوه فى الزيجات من المدّة بين وفاة موسى وبين بخت نصر فانّها تنقص عمّا ذكرناه مائتين وتسعا واربعين سنة ☆ **الامر الثالث** فى معرفة جدول اقترحناه يتضمّن ما بين التواريخ المشهورة من المدد ومتى اردتَ معرفة ما بين اىّ تأريخين منها فادخل فى الجدول الى البيت الّذى يلتقيان فيه ومهما كان فيه من العدد فهو ما بينهما بعد الاجتهاد البالغ فى تحقيقه وتحريره وينبغى ان يعلم انّ المحقّقين من المنجّمين والمؤرّخين قد اختلفوا فى المدّة التى بين وفاة موسى عم وابتداء ملك بخت نصر اختلافا كثيرا فذهب ابو عيسى والمحقّقون من المؤرّخين الى انّ بينهما تسع مائة وثمانيا وسبعين سنة ومائتين وثمانية واربعين يوما وهو الّذى اخترناه واثبتناه فى جدولنا هذا وجعلنا الايّام المذكورة على سبيل الجبر سنةً فصار المثبوت فى الجدول تسع مائة وتسعا وسبعين سنة وامّا ابو معشر وكوشيار وغيرهما من كبار المنجّمين فانّهم اثبتوا فى الزيجات انّ بين وفاة موسى وابتدآء ملك بخت نصر سبع مائة وعشرين سنة وذلك ينقص عمّا اختاره ابو عيسى وغيره من المحقّقين مائتين وتسعا واربعين سنة فاذا نقص ما بين وفاة موسى وبخت نصر المدّة المذكورة نقص ما بين الطوفان والهجرة قطعا فلذلك تجد فى الزيج المامونى وغيره من الزيجات انّ بين الطوفان وبين الهجرة ثلثة آلاف وسبع مائة وخمسا وعشرين سنة وتجد ما بين الطوفان وبين الهجرة فى كتابنا وجدولنا هذا ثلثة آلاف وسبع مائة واربعا وسبعين سنة فيكون ما فى جدولنا ازيد ممّا فى الزيجات بمائتين وتسع واربعين سنة فاعلم ذلك لئلّا تتوهّم انّ الزيجات هى الصحيحة وانّ كتابنا غلط فانّ الامر فيه على ما ذكرته لك وامّا بمقتضى سفر قضاة بنى اسرائل وسفر ملوكهم اذا جمعنا مُدَد ولاياتهم فانّ بين وفاة موسى وبين ملك بخت نصر بمقتضى ذلك اثنتين وخمسين وتسع مائة سنة وامّا ما من بخت نصر الى الهجرة فلم يُختلف فيه لانّ بطلميوس اثبته فى المجسطى وامّا تأريخ فيلبس فهو مشهور وقد ارّخ به بطلميوس فى المجسطى غالبَ أرصاده ولكنّنا تركناه للاختصار لقربه من تأريخ الاسكندر فانّه متقدّم على تاريخ الاسكندر باثنتى عشرة سنة فاذا زدت على تاريخ الاسكندر اثنتى عشرة سنة خرج تأريخ فيلبس وامّا ارذشير بن بابك فبين ملكه وبين الاسكندر خمس مائة واثنتا عشرة سنة تقريبا وبينه وبين الهجرة اربع مائة واثنتان وعشرون سنة تركناه للاختصار ايضا انتهى الكلام فى المقدّمة ☆

وامّا

Astronomis dissentientes, ponunt 978 annos et 248 dies; inter initium regni Nabuchodonosoris et fugam Prophetae ex omnium consensu sunt 1369 anni. De quo quidem temporis circuitu quod inter omnes constat, causa haec est quod Ptolemaeus in Almagesto tempus inaugurationis Nabuchodonosoris definivit idque aerae, qua in chronologia observationum astronomicarum regenda usus est, caput fecit. Habes igitur inter fugam Prophetae et exilium Adami e coelo 6216 annos. Haec annorum summa probatissima est, eique historiae nostrae rationem chronologicam superstruemus. Astronomi vero numerum annorum inter mortem Mosis et Nabuchodonosorem in tabulis suis ita definiverunt, ut illo quem modo diximus minor sit 249 annis.

III. Denique docendus est usus tabulae chronologicae a nobis excogitatae, quam ita descripsimus ut intervalla epocharum celebriorum exhibeat. Quum igitur scire cupies, quot anni intersint inter duas aliquas illarum epocharum, ab iis profectus recta via utrimque in mediam tabulam progredere, donec ad laterculum perveneris qui harum duarum linearum sit commune caput. Numerus quem in eo inveneris, illud annorum intervallum, quod quaerebas, indicabit; quam rem summo demum studio in hac tabula ad veritatem exigenda et accurate describenda posito adepti sumus. Hoc quoque animadvertendum, Astronomis et Chronologis accuratissimis de tempore inter obitum Mosis et initium regni Nabuchodonosoris vehementer dissentientibus, quum Abu-Isa et Chronologi accuratissimi inter duas has epochas ponant 978 annos et 248 dies, hanc temporis summam nos probasse et in tabulam nostram ita recepisse, ut 248 illis diebus algebraïce in annum conversis 979 annos scriberemus. Abu-Ma'schar contra, Cuschijar aliique clarissimi Astronomi hoc loco 720 annos in tabulis suis posuerunt, qui numerus illo quem Abu-Isa aliique accuratissimi Chronologi probarunt, minor est 249 annis. Quo temporis intervallo sic deminuto, totum tempus inter diluvium et fugam Prophetae eadem ratione deminuitur. Unde fit ut in tabula Mamunica aliisque inter diluvium et fugam Prophetae ponantur 3725 anni, in nostro libro nostraque tabula 3974, qui numerus priorem illum 249 annis superat. Hoc tenendum, ne quis existimet, tabulas astronomicas verum habere, in nostro libro errorem esse. Utique res ita se habet quemadmodum diximus. Verum si libros Judicum et Regum israeliticorum sequaris, temporibus per quae illi civitatem gubernarunt, in summam collectis, inter obitum Mosis et Nabuchodonosorem invenies 952 annos. De tempore a Nabuchodonosore ad fugam Prophetae jam diximus nullam esse controversiam, quod Ptolemaei in Almagesto de illo testimonium habeamus. Epocha Philippica celebris illa quidem est, et Ptolemaeus in Almagesto eam adhibuit ad tempus plurimarum observationum astronomicarum definiendum; sed brevitatis causa eam omisimus, quoniam epochae Alexandri M. proxima est, utpote quam duodecim tantum annis praecedat. Adjectis igitur huic duodecim annis, habebis illam. Inter inaugurationem Ardeschiri fil. Babeki et Alexandrum sunt prope 512 anni; inter illum et fugam Prophetae 422. Sed hanc quoque epocham brevitatis studio omisimus.

FINIS PRAEFATIONIS.

بين Tempus inter	هبوط آدم Expulsionem Adami e paradiso	الطوفان Diluvium	مولد ابراهيم عليه السلام Natales Abrahami	وفاة موسى عليه السلام Obitum Mosis
هبوط آدم Expulsionem Adami e paradiso	ساقط vacat	٢٢٤٢ سنة 2242 a.	٣٣٢٣ سنة 3323 a.	٣٨٦٨ سنة
الطوفان Diluvium	٢٢٤٢ سنة 2242 a.	ساقط vacat	١٠٨١ سنة 1081 a.	١٦٢٦ سنة
مولد ابراهيم الخليل Natales Abrahami	٣٣٢٣ سنة 3323 a.	١٠٨١ سنة 1081 a.	ساقط vacat	٥٤٥ سنة
وفاة موسى عليه السلام Obitum Mosis	٣٨٦٨ سنة 3868 a.	١٦٢٦ سنة 1626 a.	٥٤٥ سنة 545 a.	ساقط vacat
ابتداء ملك بخت نصر Initium regni Nabuchodonosoris	٤٨٤٧ سنة 4847 a.	٢٦٠٥ سنين 2605 a.	١٥٢٤ سنة 1524 a.	٩٧٩ سنة
غلبة الاسكندر على دارا Darium ab Alexandro victum	٥٢٨١ سنة 5281; a.	٣٠٣٩ سنة 3039 a.	١٩٥٨ سنة 1958 a.	١٤١٣ سنة
غلبة اغسطس على قلوبطرا Cleopatram ab Augusto victam	٥٥٦٣ سنة 5563 a.	٣٣٢١ سنة 3321 a.	٢٢٤٠ سنة 2240 a.	١٦٩٥ سنة
مولد المسيح عيسى بن مريم Natales J. Chr. filii Mariae	٥٥٨٤ سنة 5584 a.	٣٣٤٢ سنة 3342 a.	٢٢٦١ سنة 2261 a.	١٧١٦ سنة
دقلطيانوس Diocletianum	٥٨٧٦ سنة 5876 a.	٣٦٣٤ سنة 3634 a.	٢٥٥٣ سنة 2553 a.	٢٠٠٨ سنين 2008
الهجرة Fugam Prophetae	٦٢١٦ سنة 6216 anni	٣٩٧٤ سنة 3974 a.	٢٨٩٣ سنة 2893 a.	٢٣٤٨ سنة 2348

الهجرة Fugam Prophetae	دقلطيانوس Diocletianum	مولد المسيح عيسى بن مريم Natales J. Chr. filii Mariae	غلبة اغسطس على قلوبطرا Cleopatram ab Augusto victam	غلبة الاسكندر على دارا Darium ab Alexandro victum	...ت In N...
ساقط vacat	٣٣٩ سنة 339 a.	٦٣١ سنة 631 a.	٦٥٢ سنة 652 a.	٩٣٤ سنة 934 a.	a.
٣٣٩ سنة 339 a.	ساقط vacat	٢٨٢ سنة 282 a.	٣١٣ سنة 313 a.	٥٩٥ سنة 595 a.	a.
٦٣١ سنة 631 a.	٢٨٢ سنة 282 a.	ساقط vacat	٢١ سنة 21 a.	٣٠٣ سنين 303 a.	a.
٦٥٢ سنة 652 a.	٣١٣ سنة 313 a.	٢١ سنة 21 a.	ساقط vacat	٢٨٢ سنة 282 a.	a.
٩٣٤ سنة 934 a.	٥٩٥ سنة 595 a.	٣٠٣ سنين 303 a.	٢٨٢ سنة 282 a.	ساقط vacat	a.
١٣٦٩ سنة 1369 a.	١٠٣١ سنة 1031 a.	٧٣٧ سنة 737 a.	٧١٧ سنة 717 a.	٤٣٥ سنة 435 a.	
٢٣٤٨ سنة 2348 a.	٢٠٠٨ سنين 2008 a.	١٧١٦ سنة 1716 a.	١٦٩٥ سنة 1695 a.	١٤١٣ سنة 1413 a.	a.
٢٨٩٣ سنة 2893 a.	٢٥٥٣ سنة 2553 a.	٢٢٦١ سنة 2261 a.	٢٢٤٠ سنة 2240 a.	١٩٥٨ سنة 1958 a.	a.
٣٩٧٤ سنة 3974 a.	٣٦٣٤ سنة 3634 a.	٣٣٤٢ سنة 3342 a.	٣٣٢١ سنة 3321 a.	٣٠٣٩ سنة 3039 a.	a.
٦٢١٦ سنة 6216 annis	٥٨٧٦ سنة 5876 a.	٥٥٨٤ سنة 5584 a.	٥٥٦٣ سنة 5563 a.	٥٢٨١ سنة 5281 a.	a.

واما **الفصول الخمسة فالاوّل** فى عمود التواريخ القديمة وذكر الانبيآء عليهم السلام وحكّام بنى اسرائل **والثانى** فى ذكر ملوك الفرس وما يليق ايراده معهم **والثالث** فى ذكر الفراعنة وملوك اليونان وملوك الروم والقياصرة **والرابع** فى ذكر ملوك العرب **والخامس** فى ذكر امم العالم ۞

الفصل الاوّل

فى عمود التواريخ القديمة وذكر الانبيآء على الترتيب ۞

ذكر آدم وبنيه الى نوح من الكامل لابن الاثير قال قال النبىء صلعم انّ الله تعالى خلق آدم عم من قبضة قبضها من جميع الارض فجآء بنو آدم على قدر الارض منهم الاحمر والاسود والابيض وبين ذلك ومنهم السهل والحزن وبين ذلك وانّما سمّى آدم لانّه خلق من اديم الارض وخلق الله تعالى جسد آدم وتركه اربعين ليلة وقيل اربعين سنة مُلْقًى بغير روح وقال الله تعالى للملائكة اذا نفخت فيه من روحى فقعوا له ساجدين فلمّا نفخ الروح فسجد له الملائكة كلّهم اجمعون الّا ابليس ابى واستكبر وكان من الكافرين ولم يسجد كبرا وبغيا وحسدا فاوقع الله تعالى على ابليس اللعنة والاياس من رحمته وجعله شيطانا رجيما واخرجه من الجنّة بعد ان كان ملكا على سائر الدنيا والارض وخازنا من خزّان الجنّة واسكن الله تعالى آدم الجنّة ثمّ خلق الله تعالى من ضلع آدم حوّا زوجه وسمّيت حوّا لانّها خلقت من شىء حىّ فقال الله تعالى له يا آدم اسكن انت وزوجك الجنّة وكلا منها رغدا حيث شئتما ولا تقربا هذه الشجرة فتكونا من الظالمين ثمّ انّ ابليس اراد دخول الجنّة ليوسوس لآدم فسمعته الخزنة فعرض نفسه على الدوابّ ان تحمله حتّى يدخل الجنّة ليكلّم آدم وزوجه فكلّ الدوابّ ابى ذلك غير الحيّة فانّها ادخلته الجنّة بين نابيها وكانت الحيّة اذذاك على غير شكلها الآن فلمّا دخل ابليس الجنّة وسوس لآدم وزوجه وحسّن عندهما الاكل من الشجرة التى نهاهما الله عنها وهى الحنطة وقرّر عندهما انّهما ان اكلا منها خلدا ولم يموتا فاكلا منها فبدت لهما سوآتهما فقال الله تعالى اهبطوا بعضكم لبعض عدوّ آدم وابليس والحيّة فاهبطهما الله من الجنّة الى الارض وسلب آدم وحوّا كلّ ما كانا فيه من النعمة والكرامة ولمّا هبط آدم الى الارض كان له ولدان هابيل وقابيل ويسمّى قابيل قاين ايضا فقرّب كلّ من هابيل وقابيل قربانا وكان قربان هابيل خيرا من قربان قابيل فتقبّل

ARGUMENTA QUINQUE LIBRORUM HISTORIAE ANTEISLAMICAE.

I) De serie historiarum antiquissimarum, de prophetis et de iis qui civitatem Israeliticam gubernarunt.
II) De regibus Persiae, accedentibus aliis rebus quae huic loco conveniunt.
III) De Pharaonibus, de regibus Graecorum antiquiorum et recentiorum, de Caesaribus.
IV) De regibus Arabum.
V) De ceteris populis.

LIBER PRIMUS

ubi de ratione temporum antiquissimorum et de prophetis ex ordine dicitur.

1) *Historia Adami et posterorum ejus usque ad Noahum, secundum El-Camilum Ibn-el-Athiri.*

Refertur ab Ibn-el-Athir haec nostri prophetae vox: Deus, inquit, creavit *Adamum* e pugno terrae, quam ex omnibus orbis partibus collegerat, unde factum est, ut, qualis terra ipsa esset, tam varii evaderent qui ex illo nascerentur, quum color eorum vel ruber esset, vel niger, vel candidus, vel inter hos medius, item cutis eorum vel laevis, vel aspera, vel ex utroque mixta. Nomen Adami autem inde sortitus est, quod e superficie *(adim)* terrae creatus esset. — Postquam igitur Deus ejus corpus condidit, quadraginta dies, vel, ut alii volunt, quadraginta annos inanimum jacuit. Tum Deus angelos allocutus: Quum particulam mei spiritus, inquit, illi inflavero, prosternite vos eum adoraturi. Postquam igitur spiritum ei inflavit, omnes, quotquot erant, angeli eum adorarunt, praeter *Iblisum;* hic enim prae superbia et invidia id facere dedignatus a Dei obedientia descivit. Propterea Deus ei maledixit, misericordiae divinae spem omnem ei praecidit, nomine et re eum *Scheithanan redjiman*, Satanam diris devotum fecit, et, qui antea angelus terrae rerumque terrestrium rector et unus de custodibus paradisi esset, eum e paradiso ejecit. Postea Deus e costa Adami *Hevam*, uxorem ejus, condidit, quae nomen illud inde accepit quod e re viva *(hejj)* creata esset. Tum Deus Adamo: Habita, inquit, cum uxore paradisum; edite de ejus fructibus quantumcunque et undecunque voletis; verum ne accedite ad hancce arborem, ne in improborum censum veniatis. Deinde quum Iblis, Adamo prava consilia insinuaturus, in paradisum penetrare vellet, ab angelis custodibus animadversus et repulsus, animalia terrae convenit ab iisque petiit, ut se ad colloquium cum Adamo et uxore ejus habendum in paradisum inveherent. Quum cetera animalia omnia hoc officium recusarent, solus serpens, qui tunc temporis nondum ea qua hodie forma erat, ei morem gessit eumque inter dentes paradiso intulit. Quo ut pervenit, Adamo et Hevae perniciosis artibus cupidinem injecit de illa arbore edendi, a qua Deus eos prohibuerat, (ferebat autem haec arbor triticum), iisque persuasit, se, ubi de ea edissent, immortales fore. Ederunt igitur; quo statim id effectum est, ut pudenda sua conspicerent. Tum Deus eos e paradiso in terram descendere jussit, eisque denuntiavit, dehinc inter ipsos, scilicet inter Adamum, Iblisum et serpentem, mutuam fore inimicitiam. Quum itaque in terram descendissent, Deus Adamum et Hevam omni illa, qua antea gaudebant, felicitate et dignitate exuit. Post id temporis Adam duos filios suscepit, *Habelem* et *Kabelem*, qui etiam *Kaïn* dicitur. Horum uterque quum forte rem

فتقبّل قربان هابيل ولم يتقبّل قربان قابيل فحسده على ذلك وقتل قابيل هابيل وقيل بل كان لقابيل اخت توأمة وكانت احسن من توأمة هابيل واراد آدم ان يزوّج توأمة قابيل بهابيل وتوأمة هابيل بقابيل فلم يطب لقابيل ذلك فقتل اخاه هابيل واخذ قابيل توأمته وهرب بها وبعد قتل هابيل ولد لآدم شيث وكانت ولادة شيث لمضى مائتين وثلثين سنة من عمر آدم وهو وصيّ آدم وتفسير شيث هبة الله والى شيث تنتهى انساب بنى آدم كلّهم ولمّا صار لشيث من العمر مائتان وخمس سنين ولد له انوش وكانت ولادة انوش لمضىّ اربع مأية وخمس وثلثين سنة من عمر آدم وتقول الصابئة انّه ولد لشيث ابن آخر اسمه صابى بن شيث والية تنتسب الصابئة ولمّا صار لانوش من العمر مأية وتسعون سنة ولد له قينان وذلك لمضىّ ستّ مأية وخمس وعشرين سنة من عمر آدم ولمّا صار لقينان مأية وسبعون سنة ولد له مهلائيل وذلك لمضىّ سبع مأية وخمس وتسعين سنة من عمر آدم ولمّا مضى من عمر مهلائيل مأية وخمس وثلثون سنة توفّى آدم وذلك لمضىّ تسع مأية وثلثين سنة من عمره وهو جملة عمر آدم قال ابن سعيد ونقله عن ابن الجوزى انّ آدم عند موته كان قد بلغ عدّة ولده وولد ولده اربعين الفا ولمّا صار لمهلائيل من العمر مأية وخمس وستّون سنة ولد له يرد بالدال المهملة والذال المعجمة ايضا ولمّا صار ليرد مأية واثنتان وستّون سنة ولد له حنوخ بحاء مهملة ونون وواو وخاء معجمة ولمضىّ عشرين سنة من عمر حنوخ توفّى شيث وعمره تسع مأية واثنتا عشرة سنة وكانت وفاة شيث لمضىّ سنة الف ومأية واثنتين واربعين لهبوط آدم واسم شيث عند الصابئة عاديموت ولمّا صار لحنوخ مأية وخمس وستّون سنة من العمر ولد له متوشلح بتاء مثناة من فوقها وقيل بثاء مثلثة وآخره حاء مهملة ولمّا مضى من عمر متوشلح ثلث وخمسون سنة توفّى انوش بن شيث وكان عمر انوش لمّا توفّى تسع مأية وخمسين سنة ولمّا صار لمتوشلح من العمر مأية وسبع وستّون سنة ولد له لامخ ويقال له لامك ولمك ايضا ولمّا مضى احدى وستّون سنة من عمر لامخ توفّى قينان بن انوش وعمره تسع مأية وعشر سنين ولمّا صار للامخ من العمر مأية وثمان وثمانون سنة ولد له نوح وكانت ولادة نوح بعد ان مضى الف وستّ مأية واثنتان واربعون سنة من هبوط آدم ولمّا مضى من عمر نوح مائتان وستّ وستّون سنة توفّى يرد بن مهلائيل وكان عمر يرد لمّا توفّى تسع مأية واثنتين وستّين سنة وامّا حنوخ وهو ادريس فانّه رفع لمّا صار له من العمر ثلث مأية وخمس وستّون سنة رفعه الله الى السماء فكان ذلك لمضىّ ثلث عشرة سنة من عمر لامخ قبل ولادة نوح بمأية وخمس وسبعين سنة ونبأ الله ادريس المذكور وانكشفت له الاسرار السماوية وله صحف منها لا تروموا ان تحيطوا بالله خبرة فانّه اعظم واعلى ان تدركه فطن المخلوقين الّا من آثاره وامّا متوشلح بن حنوخ فانّه توفّى لمضىّ ستّ مأية سنة من عمر نوح وذلك عند ابتداء مجيء الطوفان وكان عمر متوشلح لمّا توفّى تسع مأية وتسعا وستّين سنة ولمّا صار لنوح خمس مأية سنة من العمر ولد له سام وحام ويافث ولمّا مضى من عمر نوح ستّ مأية سنة كان الطوفان وذلك لمضىّ الفين ومائتين واثنتين واربعين سنة من هبوط آدم ۞

ذكر نوح وولده من الكامل لابن الاثير

انّ الله تعالى ارسل نوحا الى قومه وقد اختُلف فى ديانتهم واصحّ ذلك ما نطق به الكتاب العزيز بانّهم كانوا اهل اوثان قال الله تعالى وقالوا لا تذرنّ الهتكم ولا تذرنّ ودّا ولا سواعا ولا يغوث ويعوق ونسرا وقد اضلّوا

rem sacram faceret, Habelis sacrificium fratris sacrificio praestans a Deo acceptum est, Kabelis non. Unde invidia accensus Kabel fratrem occidit. Quamquam alii rem sic narrant, fuisse Kabeli geminam sororem, Habelis gemina pulchriorem, quam quum Adam Habeli, hujus autem sororem Kabeli in matrimonium dare vellet, Kabelem, hanc conditionem aspernatum, fratrem occidisse et cum sorore fugisse. Post Habelis necem Adam 230 annos natus suscepit filium *Sethum*, qui *Wasi-Adam* (executor testamenti Adami) fuisse dicitur. Nomen Sethi significat donum Dei. Ab hoc viro, tamquam communi stirpe, ducitur omne Adamidarum genus. Quum ipse 205 annus natus esset, Adam 435, suscepit ille filium *Enosum.* Sabaei perhibent, Setho alium quoque filium fuisse, *Sabi Ibn-Seth*, a quo ipsi originem trahunt. Quum Enos 190 annos natus esset, Adam 625, suscepit ille filium *Kainanum.* Kainan porro, quum 170 annos natus esset, Adam 795, suscepit filium *Mahlaëlum*, qui postquam annum aetatis 135 excessit, obiit Adam, 930 annorum summa confecta. Si Ibn-Saidum audimus, qui ipse hac in re Ibn-el-Djuzii auctoritatem secutus est, Adam ex hac vita migrans quadraginta millia hominum ex se natorum reliquit. Mahlaël 165 annos natus suscepit filium *Jaredum.* Jared 162 annos natus suscepit filium *Henochum*, qui postquam annum aetatis 20 excessit, obiit Seth 912 annos natus, 1142 annis post Adami e paradiso exilium. Sethi nomen apud Sabaeos est *Adimut.* Henoch 165 annos natus suscepit filium *Methuschelahum*, qui postquam annum aetatis 53 excessit, obiit Enos filius Sethi, 950 annos natus. Methuschelah, quum annum 167 attigisset, suscepit filium *Lamechum*, qui etiam *Lamek* et *Lemek* dicitur; qui postquam annum aetatis 61 excessit, obiit Kainan filius Enosi, 910 annos natus. Lamech quum annum 188 attigisset, suscepit filium *Noahum*, 1642 annis post Adami e paradiso exilium. Ubi Noah annum aetatis 266 excessit, obiit Jared filius Mahlaëlis, 962 annos natus. Henoch autem, qui non differt ab *Edriso*, a Deo in coelum sublatus est anno aetatis 365, quo tempore Lamech annum 13 excesserat, 165 annis antequam Noah nasceretur. Huic Edriso divinitus munus propheticum demandatum est et arcana coelestia patefacta. Scripsit etiam libros, quorum in aliquo haec sententia exstabat: *Ne laborate, Deum perfecte, qualis sit, mente comprehendere; major enim est et sublimior quam quem mentes creatae assequantur; e solis vestigiis divinae magnitudinis naturae rerum impressis aliqua ejus cognitio comparari potest.* — Methuschelah filius Henochi obiit 969 annos natus, quo tempore Noah annum aetatis 600 excesserat, quum jam diluvium instaret. Noah, 500 annos natus, suscepit filios *Semum*, *Hamum* et *Jafethum.* Quum autem annum aetatis 600 exegisset, 2242 annis post Adami e paradiso exilium, Deus humano generi diluvium immisit.

Historia Noahi et filiorum ejus, secundum El-Camilum Ibn-el-Athiri.

Noahum a Deo ad gentiles suos legatum esse constat, sed non aeque, quae illorum fuerit religio. Verum tutissimum est acquiescere in diserto Dei ipsius testimonio, fuisse eos idolorum cultores. *Dixerunt*, inquit in sacro codice, *ne desciscite a Diis vestris, ne desciscite a Waddo, neve a Sowao, neve a Jagutho, Jaugo et Nesro, et multos in errorem egerunt.* Quantumvis Noah

اضلّوا كثيرا وصار نوح يدعوهم الى طاعة الله تعالى وهم لا يلتفتون وكان قوم نوح يخنقون نوحا حتى يغشى عليه فاذا افاق قال اللهمّ اغفر لقومى فانّهم لا يعلمون وبقى لا يأتى قرنٌ منهم الّا كان اخبث من الذى قبله وكانوا يضربونه حتّى يظنّوا انّه قد مات فاذا افاق نوح اغتسل واقبل اليهم يدعوهم الى الله تعالى فلمّا طال ذلك عليه شكاهم الى الله فاوحى الله اليه انّه لن يؤمن من قومك الّا من قد آمن فلمّا يئس نوح منهم دعا عليهم فقال ربّ لا تذر على الارض من الكافرين ديّارا فاوحى الله الى نوح ان يصنع السفينة فصار قومه يسخرون منه ويقولون يا نوح قد صرت نجّارا بعد النبوّة وصنع السفينة من خشب الساج فلمّا فار التنّور وكان هو الآية بين نوح وبين ربّه حمل نوح مَنْ امره الله بحمله وكان منهم اولاد نوح الثلثة وهو سام وحام ويافث ونسآؤهم وقيل حمل ايضا ستّة اناسى وقيل ثمانين رجلا احدهم جُرْهُم كلّهم من بنى شيث ثمّ ادخل ما امره الله تعالى من الدوابّ وتخلّف عن نوح ابنه يام وكان كافرا وارتفع الماء وطما وجعلت الفلك تجرى بهم فى موج كالجبال وعلا الماء على رؤس الجبال خمس عشرة ذراعا فهلك ما على وجه الارض من حيوان ونبات وكان بين ان ارسل الله الماء وبين ان غاض ستّة اشهر وعشر ليال وقيل انّ ركوب نوح فى السفينة كان لعشر ليال مضت من رجب وكان ذلك ايضا لعشر ليال خلت من آب وخرج من السفينة يوم عاشورا من المحرّم وكان استقرار السفينة على الجودى من ارض الموصل قال ابن الاثير وامّا المجوس فلا يعرفون الطوفان وكان بعضهم يقرّ بالطوفان ويزعم انّه كان فى اقليم بابل وما قرب منه وانّ مساكن ولد خيومرث كانت بالمشرق فلم يصل ذلك اليهم وكذلك جميع الامم المشرقيّة من الهند والفرس والصين لا يعترفون بالطوفان وبعض الفرس تعترف به وتقول لم يكن عامّا ولم يتعدّ عقبة حلوان والصحيح انّ جميع اهل الارض من ولد نوح لقوله تعالى وجعلنا ذرّيّته هم الباقين فجميع الناس من ولد سام وحام ويافث اولاد نوح فسام ابو العرب وفارس والروم وحام ابو السودان ويافث ابو الترك وياجوج وماجوج والفرنج والقبط من ولد نوح بن حام وولد لحام ايضا ماريغ وولد لماريغ كنعان وبنو كنعان كانوا اصحاب الشام حتى غزتهم بنو اسرائل كذا نقل ابن سعيد وقد نقل ابن الاثير انّ بنى كنعان من ولد سام والله اعلم وولد لسام عدّة اولاد منهم لاوذ بن سام وولد للاوذ فارس وجرجان وطسم وعمليق الذى هو ابو العماليق ومنهم كانت الجبابرة بالشام والفراعنة بمصر وسكنت بنو طسم اليمامة الى البحرين ومن ولد سام ايضا ارم بن سام وولد لارم عدّة اولاد فنهم غاثر بن ارم فن ولد غاثر ثمود وجديس وولد ايضا لارم عوص ومن عوص عاد وكان كلام ولد ارم العربيّة وسكنت بنو عاد الرمل الى حضرموت وسكنت ثمود الحجر بين الحجاز والشام ولنرجع الى ذكر من هو على عمود النسب من نوح الى ابراهيم فنقول وولد لنوح سام وحام ويافث

Noah eos ad Dei obedientiam exhortaretur, tantum abfuit ut ejus monitis parerent, ut saepe fauces ei ad torporem usque constringerent. Sed quum animum recepisset, Deum precabatur, ut iis ignosceret; ipsos enim quid facerent nescire. Ceterum nova quaeque eorum aetas priore pejor erat, et interdum Noahum verberabant donec ipsis mortuus esse videretur; quum autem ad se rediisset, corpus lavabat et denuo ad Deum colendum eos invitabat. Sed tandem rei pertaesus de eorum pervicacia apud Deum conquestus est, a quo hoc responsum tulit, neminem crediturum esse ex ipsius gentilibus praeter eos qui jam credidissent. Itaque abjecta omni eorum corrigendorum spe, a Deo petiit ut eos puniret, his verbis usus: *Mi Domine*, *ne unum quidem impiorum in terra relinque.* Jussus est igitur a Deo navem construere; cui rei dum operam dabat, profanum vulgus eum deridens ita fere perstringere solebat: *Ecce*, *Noah*, *jam e propheta factus es faber lignarius!* Quum tandem terra aquam ebullire coepisset, quod erat symbolum inter Noahum et Deum condictum, conscendit navem e ligno platani indicae constructam cum iis quos in eam recipere a Deo jussus erat, id est cum tribus filiis, Semo, Hamo et Jafetho eorumque uxoribus, quibus alii adjungunt septem de reliquis hominibus, alii octoginta viros, in his *Djorhomum*, qui omnes essent Sethidae. Deinde introduxit animalia sibi a Deo designata. *Jam*, quartus Noahi filius, qui impius esset, patrem non secutus est. Tum aquis crescentibus et omnia opplentibus, navis illos per fluctus decumanos ferre coepit, et quum tandem aquae summorum montium altitudinem quindecim cubitis superarent, quicquid erat in terra animantium et plantarum demersum periit. Sex menses intercesserunt inter illud tempus quo aquae a Deo terris immissae sunt, et illud quo rursus subsidere. Alii dicunt, Noahum navem ingressum esse die undecimo mensis Redjeb, alii undecimo mensis Ab. Egressus autem est die decimo mensis Moharrem. In monte *El-Djudi*, qui in ditione Mosulica situs est, navis consedit. Magis Ibn-el-Athir aït diluvium incognitum esse, praeter aliquos qui, quum rem ipsam veram esse credant, tamen perhibeant, diluvium intra fines Babyloniae et terrarum adjacentium substitisse, ad sedes posterorum Chajumarathi ultra ad Orientem vergentes non pervenisse. Nec diluvium agnoscunt reliqui Orientis ulterioris populi, ut Indi, Persae et Seres; nisi Persarum nonnullos excipias, qui et ipsi tamen ad totum terrarum orbem pertinuisse et trans *Akabet-Holwan* effusum esse negant. Sed id certe constat, totum genus humanum quod nunc terram incolit, descendere a Noaho. Quum enim Deus in Corano dicat: *Atque ejus* (Noahi) *progeniem solam superstitem esse jussimus*, perspicuum est omnes homines ex ejus filiis, Semo, Hamo et Jafetho, prognatos esse; idque ita ut Sem sit pater *Arabum*, *Persarum* et *Graecorum*, Ham *Aethiopum*, Jafeth *Turcarum*, *Gogi et Magogi*, denique *Europaeorum*. *Aegyptii* descendunt a *Noaho filio Hami*. Fuit alius quoque Hami filius, *Marig*, et hujus *Canaan*, cujus posteri Syriam tenuerunt, donec ab Israelitis bellum iis illatum est. Haec de eorum origine narrat Ibn-Said. Ibn-el-Athir contra Canaanaeos a Semo descendere refert. Utrum verum sit, Deus solus novit. Semo plures filii fuere, in iis *Laud*, ex quo nati sunt *Pharis*, *Djordjan*, *Tasm* et *Amlek*, *Amalecitarum* pater, ex qua gente fuerunt *Gigantes* Syriaci et *Pharaones* Aegyptiaci. *Tasmidae* Jemamam usque ad El-Bahrein occuparunt. E Semi filiis fuit porro *Aram*, ex quo nati sunt plures filii, in iis *Gether*, pater *Themudi* et *Djedisi*, item *Udh*, cujus filius fuit *Ad*. Lingua Aramidarum erat arabica. *Aditae* occuparunt regionem Arabiae cui Er-Raml (Arabia arenosa) nomen est, *Themuditae* eam quae El-Hadjar (Arabia petraea) appellatur, El-Hedjazo et Syriae interjectam.

 Sed

ويافث لمضىّ خمس مايئة سنة من عمر نوح وكان الطوفان لستّ مايئة سنة من عمر نوح وولد لسام ارفخشذ لمضىّ مايئة وسنتين من عمر سام وذلك بعد الطوفان بسنتين ولمّا صار لارفخشذ من العمر مايئة وخمس وثلثون سنة ولد له قينان فولادة قينان تكون لمضىّ مايئة وسبع وثلثين سنة للطوفان ولمّا صار لقينان مايئة وتسع وثلثون سنة ولد له شالح فتكون ولادة شالح لمضىّ مايئتين وستّ وسبعين سنة من الطوفان ولمّا مضت سنة ثلث مايئة وخمسين للطوفان توفّى نوح عم وعمره تسع مايئة وخمسون سنة فتكون وفاة نوح لمضىّ اربع وسبعين سنة من عمر شالح ثمّ ولد لشالح عابر لمّا صار لشالح من العمر مايئة وثلثون سنة وذلك لمضىّ اربع مايئة وستّ سنين للطوفان ثمّ ولد لعابر فالغ لمّا صار لعابر مايئة واربع وثلثون سنة وذلك لمضىّ خمس مايئة واربعين سنة للطوفان ثمّ ولد لفالغ رعو ولفالغ مايئة وثلثون سنة وعند مولد رعو تبلبلت الالسن وقسمت الارض وتفرّقت بنو نوح وذلك لمضىّ ستّ مايئة وسبعين سنة للطوفان ولمّا صار لرعو مايئة واثنتان وثلثون سنة ولد له ساروغ واسمه فى التوراة سرور وذلك لمضىّ ثمان مايئة وسنتين للطوفان ولمّا صار لساروغ مايئة وثلثون سنة ولد له ناحور وذلك لمضىّ سنة اثنتين وتسع مايئة للطوفان ولمّا صار لناحور تسع وسبعون سنة ولد له تارح وذلك لمضىّ الف سنة واحدى عشرة سنة للطوفان ولمّا صار لتارح سبعون سنة ولد له ابراهيم الخليل عم وذلك لمضىّ الف واحدى وثمانين سنة للطوفان وامّا جملة اعمار المذكورين فعاش سام ستّ مايئة سنة فتكون وفاته بعد وفاة نوح بمايئة وخمسين سنة وعاش ارفخشذ اربع مايئة وخمسا وستّين سنة وعاش قينان اربع مايئة سنة وثلثين سنة وعاش شالح اربع مايئة سنة وستّين سنة وعابر اربع مايئة واربعا وستّين سنة وفالغ ثلث مايئة وتسعا وثلثين سنة ورعو ثلث مايئة وتسعا وثلثين سنة وساروغ ثلث مايئة وثلثين سنة وناحور مايئتين وثمان سنين وتارح مايئتين وخمس سنين وامّا سبب تبلبل الالسن فقد ذكر ابو عيسى انّ بنى نوح الذين نشؤا بعد الطوفان اجتمعوا على بناء حصن يتحرّزون به خوفا من مجىء الطوفان ثانية والذى وقع رأيهم عليه ان يبنوا صرحا شامخا يبلغ رأسه السماء فجعلوا له اثنين وسبعين برجا وجعلوا على كلّ برج كبيرا منهم يستحثّ على العمل فانتقم الله تعالى منهم وبلبل السنتهم الى لغات شتّى ولم يوافقهم عابر على ذلك واستمرّ على طاعة الله تعالى فبقّاه الله تعالى على اللغة العبرانيّة ولم ينقله عنها ولمّا افترقت بنو نوح صار لولد سام العراق وفارس وما يلى ذلك الى الهند وصار لولد حام الجنوب ممّا يلى مصر على النيل وكذلك مغربا الى منتهى المغرب الاقصى وصار لولد يافث ممّا يلى بحر الخزر وكذلك مشرقا الى جهة الصين وكانت شعوب اولاد نوح الثلثة عند تبلبل الالسن اثنتين وسبعين شعبا ۞

ذكر هود وصالح وهما نبيّان ارسلا بعد نوح وقبل ابراهيم الخليل امّا **هود** فقد قيل انّه عابر بن شالح المذكور وارسل الله هودا الى عاد وكانوا اهل اصنام ثلثة وكان عاد وثمود جبّارين طوال القامات كما اخبر الله فى التنزيل عنهم قال الله تعالى واذكروا اذ جعلكم خلفآء من بعد قوم نوح وزادكم فى الخلق بسطة ودعا هود قوم عاد فلم يؤمن منهم الّا القليل فاهلك الله الذين لم يؤمنوا بريح سبع ليالٍ وثمانية ايام حسوما

Sed ut jam ad illos revertamur qui seriem genealogicam a Noaho usque ad Abrahamum continuant, primum lectori in memoriam revocemus, Semum, Hamum et Jafethum natos esse quum Noah aetatis annum 500 confecisset, et diluvium incidisse in ejus annum 601. Sem igitur, 102 annos natus, duobus annis post diluvium, suscepit filium *Arphachschadum*; hic, 135 annos natus, 137 annis post diluvium, suscepit filium *Kainanum*; hic, 139 annos natus, 276 annis post diluvium, suscepit filium *Schelahum*, qui quum aetatis annum 74 confecisset, annis 350 post diluvium praeteritis, obiit Noah 950 annos natus. Postea Schelah anno aetatis 130, 406 annis post diluvium, suscepit filium *Eberum*. Hic, anno aetatis 134, 540 annis post diluvium, suscepit filium *Phelegum*; hic, anno aetatis 130, 670 annis post diluvium, suscepit filium *Reum*, quo tempore linguae confusae sunt, terra divisa et Noahidae dispersi. Reu, anno aetatis 132, 802 annis post diluvium, suscepit filium *Sarugum*, quem Pentateuchus *Serurum* appellat. Hic anno aetatis 130, 932 annis post diluvium, suscepit filium *Nahorum*. Hic 79 annos natus, 1012 annis post diluvium, suscepit filium *Therahum*. Hic septuaginta annos natus, 1081 annis post diluvium, suscepit filium *Abrahamum*, amicum Dei. Ut jam de summa aetatis eorum quos modo recensuimus, dicamus; Sem vixit 600 annos, ita ut obierit 150 annos post Noahum, Arphachschad 465 annos, Kainan 430, Schelah 460, Eber 464, Pheleg 339, Reu totidem, Sarug 330, Nahor 208, Therah 205. De causa linguarum confusarum Abu-Isa narrat, eos Noahidarum qui post diluvium adolevissent, commune cepisse consilium arcis condendae, qua, si forte novum diluvium ingrueret, se tuerentur. Constituisse igitur molem quandam praealtam exstruere, cujus fastigium ad coelum usque assurgeret. Hoc consilio primum duas et septuaginta turres aedificasse et in earum quaque unum e viris principibus collocasse qui opera urgeret. At Deum hanc arrogantiam ultum eorum linguam in multas dialectos inter se diversas resolvisse. Soli Ebero, qui illorum ausum improbasset et in Dei obedientia perseverasset, linguam hebraeam a Deo relictam et in posterum conservatam esse. — Ubi itaque Noahidae diversi discesserunt, Semidis obtigit El-Irak, Persia et quae ultra sita sunt usque ad Indiam; Hamidis terrae australes, ut Aegyptus et aliae quas Nilus alluit, item quae ad occidentem vergunt usque ad ultimam Mauritaniam; Jafethidis quae mare Caspium adjacent et quae ultra ad orientem tendunt usque ad Serum regionem. — Quo tempore linguarum confusio accidit, e tribus Noahi filiis jam duo et septuaginta populi orti erant.

De Hudo et Saleho.

Horum uterque propheta fuit Noaho recentior et Abrahamo antiquior. *Hud*, quem nonnulli pro illo ipso Ebero filio Schelahi habent, de quo diximus, a Deo ad Aditas tria idola colentes legatus est. Et hi et Themuditae gigantes erant excelsa statura insignes, quam rem testatur ille Corani locus ubi Deus: *Et recordamini*, inquit, (sc. quanto Deus vos beneficio affecerit) *quum vos post gentem Noahi vicarios constituerit et procera vobis robustaque corpora dederit.* Quos quum Hud ad verum Deum colendum hortaretur, minor tantum eorum pars ei paruit; ceteros Deus delevit vento pestifero qui per septem noctes octoque dies

 continuas

حسوما والحسوم الدائم فلم تدع من عاد احدا الّا هلك غير هود والمؤمنين معه فانّهم اعتزلوا فى حظيرة وبقى هود كذلك حتّى مات وقبره بحضرموت وقيل بالحجر من مكّة ۞ ويروى انّه كان من قوم عاد شخص اسمه لقمان وهو غير لقمان الحكيم الذى كان على عهد داود النبىء عم وكان قد حصل لعاد قبل ان يهلكهم الله الجدب فارسلوا جماعة منهم الى مكّة يستسقون لهم وكان من جملة الجماعة المذكورين لقمان المذكور فلمّا هلكت عاد كما ذكرنا بقى لقمان بالحرم فقال له الله تعالى اختر ولا سبيل الى الخلود فقال يا ربّ اعطنى عمر سبعة انسر فكان يأخذ الفرخ الذكر يخرج من بيضته حتّى اذا مات اخذ غيره وكان يعيش كلّ نسر ثمانين سنة وكان اسم النسر السابع لُبَد فلمّا مات لبد مات لقمان معه وقد اكثر الناس والعرب فى اشعارهم من ذكر هذه الواقعة فلذلك ذكرناها ۞ وامّا صالح فارسله الله الى ثمود وهو صالح بن عبيد بن اسف بن ماشج بن عبيد بن جادر بن ثمود فدعا صالح قوم ثمود الى التوحيد وكان مسكن ثمود بالحجر كما تقدّم ذكره فلم يؤمن به الّا قليل مستضعفون ثمّ انّ كفّارهم عاهدوا صالحا على انّه ان اتى بما يقترحونه عليه آمنوا به واقترحوا عليه ان يخرج من صخرة معيّنة ناقة فسأل صالح الله تعالى فى ذلك فخرج من تلك الصخرة ناقة وولدت فصيلا فلم يؤمنوا وآخر الحال انّهم عقروا الناقة فاهلكهم الله تعالى بعد ثلثة ايّام بصيحة من السمآء فيها صوت كلّ صاعقة فتقطّعت قلوبهم فاصبحوا فى ديارهم جاثمين وسار صالح الى فلسطين ثمّ انتقل الى الحجاز يعبد الله الى ان مات وهو ابن ثمان وخمسين سنة ۞

ذكر ابراهيم الخليل صلوات الله عليه

وهو ابراهيم بن تارح وهو آزر بن ناحور بن ساروغ بن رعو بن فالغ بن عابر بن شالح بن ارفخشذ بن سام بن نوح وقد اسقط ذكر قينان بن ارفخشذ من عمود النسب قيل بسبب انه كان ساحرا فاسقطوه من الذكر وقالوا شالح بن ارفخشذ وهو بالحقيقة شالح بن قينان بن ارفخشذ فاعلم ذلك وولد ابراهيم بالاهواز وقيل ببابل وهى العراق وكان آزر ابو ابراهيم يصنع الاصنام ويعطيها ابراهيم ليبيعها فكان ابراهيم يقول من يشترى ما يضرّه ولا ينفعه ثمّ لمّا امر الله تعالى ابراهيم ان يدعو قومه الى التوحيد دعا اباه فلم يجبه ودعا قومه فلمّا فشا امره واتّصل بنمرود بن كوش وهو ملك تلك البلاد وذن نمرود عاملا على سواد العراق وما اتّصل به للضحّاك وقيل بل كان نمرود ملكا مستقلّا برأسه فاخذ نمرود ابراهيم الخليل ورماه فى نار عظيمة فكانت النار عليه بردا وسلاما وخرج ابراهيم من النار بعد ايّام ثمّ آمن به رجال من قومه على خوف من نمرود وآمنت به زوجته سارة وهى ابنة عمّه هاران ثمّ انّ ابراهيم ومن آمن معه واباه على كفره فارقوا قومهم وهاجروا الى حرّان واقاموا بها مدّة ثمّ سار ابراهيم الى مصر وصاحبها فرعون قيل كان اسمه سنان بن علوان وقيل طوليس فذُكر جمال سارة لفرعون وهو طوليس المذكور فاحضر سارة اليه

continuas flavit, quo factum est ut nemo esset ex Aditis qui non periret, praeter Hudum cum ejus asseclis, qui in septum aliquod secessissent. Ibi reliquam aetatem Hud jam tutus exegit. Sepultus est in regione Hadhramauth, vel, ut alii volunt, in Arabia petraea in agro Meccano. — Ex eadem gente *Lokman* quidam fuisse traditur, distinguendus ille a Lokmano Philosopho qui aetate Davidis prophetae vixit. Aditae, antequam a Deo exscinderentur, agrorum siccitate et annonae angustia laborantes aliquot de suis, in his Lokmanum illum, Meccam legarunt, ut precibus ibi rite peragendis pluviam impetrarent. Quum autem Aditae, ut diximus, periissent, Lokman in sacris illis locis remansit. Tum Deus ei quicquid vellet optandi copiam fecit, ita ut immortalitatem sibi negatam sciret. Petiit igitur a Deo, ut aetatem septem aquilarum sibi largiretur; quod quum impetrasset, pullum aquilinum marem modo ex ovo prodeuntem capere eumque ad mortem usque alere instituit, tum alium, et sic deinceps. Horum quisque octoginta annos vixit. Septimi nomen erat *Lubed;* qui quum moriretur, mortuus est simul Lokman. Quum nostri homines et Arabes in poëmatis saepe hujus rei mentionem faciant, eam silentio praeterire noluimus. — *Saleh* fil. *Obeidi*, fil. *Asafi*, fil. *Maschedji*, fil. *Obeidi*, fil. *Djaderi*, fil. *Themudi*, a Deo ad Themuditas legatus est, quos in Arabia petraea sedisse supra diximus. Saleho eos ad unum Deum profitendum et colendum hortanti pauci tantum iique obscuriores et inopes paruerunt. Tandem reliqui Saleho polliciti sunt, si id quod petituri essent efficeret, se ei fidem habituros. Re utrimque conventa petierunt, ut e certa aliqua rupe camelum foeminam educeret. Deus Salehi precibus annuit: prodit e rupe camelus et pullum parit. Sed ne ita quidem fidem habuere; denique eo temeritatis progressi sunt, ut camelum illam trucidarent. Tum vero Deus post triduum procellam fulguribus et tonitruum fragore gravidam de coelo demisit, qua perculsi in suis quisque aedibus proni jacuere. Sic gentilibus exstinctis Saleh in Palaestinam concessit; postea in El-Hedjaz remigravit, ubi Deo colendo vacavit, donec aetatis anno octavo et quinquagesimo exacto mortuus est.

De Abrahamo, amico Dei.

Abraham fuit filius Therahi, qui idem est atque Azar, fil. Nahori, fil. Sarugi, fil. Reui, fil. Phelegi, fil. Eberi, fil. Schelahi, fil. Arphachschadi, fil. Semi, fil. Noahi. Quod nomen Kainani fil. Arphachsadi in hac serie genealogica omissum est, id propterea factum esse ferunt, quod ille artibus magicis operam daret. Ideo, quum revera Schelah fil. Kainani, fil. Arphachsadi dicendus esset, Kainano omisso nepotem avi filium appellatum esse. Hoc igitur tenendum. — Abrahamum alii natum tradunt in regione El-Ahwaz, alii in Babylonia seu El-Irak. Azar, ejus pater, idola conficiebat eaque vendenda dabat filio, cujus frequens haec vox erat: *Quis emet quod sibi noceat, utilitatis habeat nihil?* Postea a Deo jussus gentiles ad veram religionem vocare, primum adiit patrem, sed ab eo repulsus ad ceteros se convertit. Cujus rei fama postquam percrebruit et ad *Nimrodum* fil. *Cuschi*, qui illi regioni imperabat, perlata est (quem alii dicunt ab Ed-Dhahhako rege illi tractui qui Sewad-el-Irak dicitur, locisque vicinis praefectum esse, alii regem sui juris fuisse): is Abrahamum in ignem vehementissimum conjici jussit; sed Abraham neque aestum ejus sensit, neque omnino ab eo laesus post aliquot dies incolumis inde prodiit. Tum viri aliqui ex illa gente, quamquam a Nimrodo sibi timentes, item *Sara* uxor, filia Harani patrui, fidem ei habuerunt. Cum his et patre superstitionis suae tenace Abraham, sedibus gentilibus relictis, in regionem Harranicam migravit ibique aliquantum commoratus est. Tum in Aegyptum perrexit, quae illo tempore Pharao-

اليه وسأل ابراهيم عنها فقال هذه اختى يعنى فى الاسلام فهمّ فرعون المذكور بها فأيبس الله يديه ورجليه فلمّا تخلّى عنها اطلقه الله تعالى ثمّ همّ بها فجرى له كذلك فاطلق سارة وقال لا ينبغى لهذه ان تخدم نفسها ووهبها هاجرَ جارية لها فاخذتها وجآءت الى ابراهيم ثمّ سار ابراهيم من مصر الى الشام فاقام بين الرملة وايليا وكانت سارة لا تلد فوهبت ابراهيمَ هاجرَ ووقع ابراهيم على هاجر فولدت له اسماعيل ومعنى اسماعيل بالعبرانىّ مطيع الله وكانت ولادة اسماعيل لمضىّ ستّ وثمانين سنة من عمر ابراهيم فحزنت سارة لذلك فوهبها الله اسحاق وولدته سارة ولها تسعون سنة ثمّ غارت سارة من هاجر وابنها اسماعيل وقالت ابن الامة لا يرث مع ابنى وطلبت من ابراهيم ان يخرجهما عنها فاخذ ابراهيم هاجر وابنها وسار بهما الى الحجاز وتركهما بمكّة وبقى اسماعيل بها وتزوّج من جرهم امرأة وماتت هاجر بمكّة وقدم اليه ابوه ابراهيم وبنيا الكعبة وهى بيت الله الحرام ثمّ امر الله ابراهيم ان يذبح ولده وقد اختلف فى الذبيح هل هو اسحاق ام اسماعيل وفداه الله بكبش وكان ابراهيم فى اواخر ايّام بيوراسب المسمّى بالضحّاك الذى سنذكره مع ملوك الفرس ان شاء الله تعالى وفى اوّل ملك افريذون وكان النمرود عاملا له حسبما ذكرناه وكان لابراهيم اخوان وهما هاران وناحور اولاد آزر فهاران اولد لوطا وامّا ناحور فاولد بتويل وبتويل اولد لابان ولابان اولد ليا وراحيل زوجتى يعقوب ومن يزعم انّ الذبيح اسحاق يقول كان موضع الذبح بالشام على ميلين من ايليا وهى بيت المقدس ومن يقول انّه اسماعيل يقول انّ ذلك كان بمكّة وقد اختلف فى الامور التى ابتلى الله ابراهيم بها فقيل هى هجرته عن وطنه والختان وذبح ابنه وقيل غير ذلك وفى ايّام ابراهيم تُوفّيت زوجته سارة بعد وفاة هاجر وفى ذلك خلاف وتزوّج ابراهيم بعد موت سارة امراة من الكنعانيّين وولدت من ابراهيم ستّة نفر وكان جملة اولاد ابراهيم ثمانية اسماعيل واسحاق وستّة من الكنعانيّة على خلاف فى ذلك ✿

ذكر بنى ابراهيم الذين على عمود النسب الى موسى عم

امّا مولد ابراهيم فقد تقدّم فى ذكر نوح انّ ابراهيم ولد لمضىّ الف واحدى وثمانين سنة من الطوفان ولمّا صار لابراهيم مائة سنة ولد له اسحاق ولمّا صار لاسحاق ستّون سنة ولد له يعقوب ولمّا صار ليعقوب ستّ وثمانون سنة ولد له لاوى ولمّا صار للاوى ستّ واربعون سنة ولد له قاهات ولمّا صار لقاهات ثلث وستّون سنة ولد له عمران ولمّا صار لعمران سبعون سنة ولد له موسى عم فتكون ولادة موسى لمضىّ اربعمائة وخمس وعشرين سنة من مولد ابرهيم وعاش موسى مائة وعشرين سنة فيكون ما بين ولادة ابراهيم ووفاة موسى خمس مائة وخمسا واربعين سنة وامّا جملة اعمار المذكورين فانّ ابراهيم عم عاش مائة وخمسا وسبعين سنة وعاش اسحاق مائة وثمانين سنة ويعقوب مائة وسبعا واربعين سنة ولاوى مائة وسبعا وثلثين سنة وعاش قاهات مائة وسبعا وعشرين سنة وعمران مائة وستّا وثلثين سنة ومات ابراهيم ولاسحاق خمس وسبعون سنة ومات اسحاق وليعقوب مائة وعشرون سنة ومات يعقوب وللاوى ستّون سنة ومات لاوى ولقاهات احدى وثمانون سنة

Pharaoni parebat, cujus nomen nomen ab aliis *Senan fil. Olwan*, ab aliis *Tulis* traditur. Is de Sarae pulchritudine certior factus eam arcessit atque ex Abrahamo, quae ea sit, quaerit. Sororem esse ille respondet, scilicet vera religione sibi conjunctissimam. Hoc non assecutus rex quum inhonesti quiddam in eam meditatur, Deus manus pedesque ejus desiccat. Desistit ille a facinore et morbo liberatur. Denuo libidine abreptus idem patitur. Tum vero Saram non solum dimisit, sed indignum ratus, talem foeminam sibi ipsam ministrari, ei *Hagarem* ancillam donavit, quacum Sara ad maritum reversa est. Is ex Aegypto in Palaestinam profectus inter Ramlam et Aeliam (Hierosolyma) consedit. Quum Sara sterilis esset, ipsa Hagarem ad Abrahamum deduxit, ex qua *Ismaelem* suscepit. Hujus nomen hebraïce Deo obedientem significat. Natus est patre 86 mum aetatis annum egresso. Saram hoc moleste ferentem Deus *Isaaco* filio consolatus est, quem peperit nonagenaria. Tum invidia in Hagarem ejusque filium incensa, haud ferendum esse dictitans, ancillae filium cum suo in partem patrimonii venire, ab Abrahamo flagitavit ut istam cum Ismaele ex aedibus suis removeret. Abraham ei morem gerens cum illis in El-Hedjaz profectus eos Meccae reliquit. Ismael sede ibi fixa mulierem Djorhomiticam in matrimonium duxit. Quum autem Hagar Meccae obiisset, Abraham ad filium reversus cum eo sacro sanctam Caabae aedem condidit. Post id temporis a Deo filium immolare jussus est, dubium utrum Isaacum, an Ismaelem. Sed Deus ipse eum ariete redemit. Vixit Abraham extrema *Piweraspi* aetate, qui *Ed-Dhahhak* appellari solet, de quo, Deo volente, in regibus Persiae dicemus, et ineunte ~~aetate~~ Feriduni, a quo Nimrod, quemadmodum supra dictum est, imperium acceperat. Praeter Abrahamum duo erant Azari filii, *Haran* et *Nahor*, quorum ille *Lotum* genuit, hic *Bethuelem*. Bethuelis filius fuit *Laban*, et Labani filiae *Lea* et *Rahel*, quarum utraque Jacobo nupsit. — Quibus filius ille quem Abraham a Deo immolari jussus est, Isaac fuisse videtur, ii locum sacrificii faciendi in Palaestina ad secundum ab Hierosolymis lapidem ponunt; quibus Ismael, prope Meccam. Dissentiunt auctores de iis quoque rebus quibus Deus Abrahami pietatem exploraverit, quarum alii tres numerant: quod illum e patria emigrare jusserit, quod circumcidi, quod filium immolare; alii aliter. Abrahamo superstite mortua est Sara, uxor ejus, post Hagarem demum; de quo tamen nonnullis secus videtur. Novis nuptiis Abraham mulierem Canaanaeam duxit ex eaque sex filios suscepit; ut octo fuerint illius filii: Ismael, Isaac, et sex illi e Canaanaea. Quamquam ne hoc quidem extra controversiam positum est.

De posteris Abrahami, qui genus ad Mosen usque continuarunt.

Abrahamum natum esse 1081 annis post diluvium, supra in historia Noahi diximus. Ille centenarius suscepit filium Isaacum; hic sexagenarius Jacobum; hic 86 annos natus *Levim*; hic 46 annos natus *Kahathum*; hic 63 annos natus *Amranum*; hic septuagenarius *Mosen*; quo efficitur, natum esse Mosen 425 annis post Abrahamum, et, quum ille 120 annos vixerit, inter Abrahamum natum et Mosen mortuum interesse 545 annos. Ut jam de summa aetatis eorum quos modo recensuimus, dicamus: vixit Abraham 175 annos, Isaac 180, Jacob 147, Levi 137, Kahath 127, Amran 136. Mortuus est Abraham Isaaco nato 75 annos, Isaac Jacobo 120 annos, Jacob Levi 60 annos, Levi Kahatho 81, Kahath Amrano 64, Amran Mose 66, si nobiscum sumas, Amranum aetatem ad 136 annos produxisse. — Dubitatur, quae fuerit natura librorum quos Abraham a Deo accepisse traditur. Abu-derr quidem se a Propheta audivisse dixit, eorum argu-

menta

سنة ومات قاهاث ولعمران اربع وستّون سنة ومات عمران ولموسى ستّ وستّون سنة بناءً على انّ جملة عمر عمران مائة وستّ وثلثون سنة وقد اختلف فى معنى الصُحف التى انزلها الله تعالى على ابراهيم وقد روى ابو ذرّ عن النبىء صلعم انّها امثال فنها ايّها المسلّط المغرور انّى لم ابعثك لتجمع الدنيا بعضها على بعض ولكنّى بعثتك لتردّ عنّى دعوة المظلوم فانّى لا اردّها ولو كانت من كافر وعلى العاقل ان يكون بصيرا بزمانه مقبلا على شأنه حافظا للسانه ومن عدّ كلامه من عمله قلّ كلامه الّا فيما يعنيه وابراهيم اوّل من اختتن واضاف الضيف ولبس السراويل ✿

ذكر لوط عم

امّا لوط فهو ابن اخى ابراهيم الخليل وهو لوط بن هاران بن آزر وآزر هو تارح وباقى النسب قد مرّ عند ذكر ابراهيم الخليل وكان لوط ممّن آمن بعمّه ابراهيم وهاجر معه الى مصر وعاد الى الشام وارسل الله تعالى لوطا الى اهل سدوم وكانوا اهل كفر وفاحشة ودام لوط يدعوهم الى الله تعالى وينهاهم فلم يلتفتوا اليه وكانوا على ما اخبر الله عنهم فى قوله تعالى اتأتون الفاحشة ما سبقكم بها من احد من العالمين أئنّكم لتأتون الرجال وتقطعون السبيل وتأتون فى ناديكم المنكر وكان قطعهم للطريق انّه اذا مرّ بهم المسافر امسكوه وفعلوا فيه اللواط وكان لوط ينهاهم ويتوعّدهم على الاصرار فلا يزيدهم وعظه الّا تماديا فلمّا طال ذلك عليه سأل الله تعالى النصرة عليهم فارسل الله تعالى الملائكة لقلب سدوم وقُراها الخمس وكان بسدوم اربع مائة الف بشرىّ وامّا قُراها فهى صَبْعَه وعَمْرَه وادْمَا وصَبْوِيم وبَالَع وكان الملائكة قد اعلموا ابراهيم الخليل بما امرهم الله به من الخسف بقوم لوط فسأل ابراهيم جبريل فيهم وقال له ارأيت ان كان فيهم خمسون من المسلمين فقال جبريل ان كان فيهم خمسون لا نعذّبهم فقال ابراهيم واربعون قال واربعون قال ابراهيم وثلثون وكذلك حتى قال ابراهيم وعشرة فقال جبريل وعشرة فقال ابراهيم انّ هناك لوطا فقال جبريل والملائكة نحن اعلم بمن فيها فلمّا وصلت الملائكة الى لوط همّ قومه ان يلوطوا بهم فاعماهم جبريل بجناحه وقال الملائكة للوط نحن رسل ربّك فاسْر باهلك بقطع من الليل ولا يلتفت منكم احد فلمّا خرج لوط باهله قال للملائكة اهلكوهم الساعة فقالوا لم نؤمر الّا بالصبح اليس الصبح بقريب فلمّا كان الصبح قلبت الملائكة سدوم وقراها الخمس بمن فيها وسمعت امرأة لوط الهدّ فقالت وَاقَوْمَاهْ فادركها حجر فقتلها فامطر الله الحجارة على من لم يكن بالقرى فاهلكهم ✿

ذكر اسماعيل بن ابراهيم الخليل عليهما السلام

وولد اسماعيل لابراهيم لمّا كان لابراهيم من العمر ستّ وثمانون سنة ولمّا صار لاسماعيل ثلث عشرة سنة تطهّر هو وابراهيم ولمّا صار لابراهيم مائة سنة

menta sententias fuisse et apophthegmata, ut hoc: *O tu qui potentia divino beneficio in te collata temere efferris, non ideo te in mundum misi, ut fragilium divitiarum acervos alios super alios cogeres, sed ideo ut hominum injuriis obnoxiorum querelas ad me pervenire non sineres; ego enim, sint licet hominis falsam religionem sequentis, eas non irritas rejiciam.* Item: *Prudentis est, temporum suorum rationem perspectam habere, res suas strenue agere, linguae suae diligenter moderari.* Item: *Qui ea quae dicit atque ea quae facit, ut par est, ejusdem ponderis esse censet, is, nisi ubi res postulabit, pauci erit sermonis.* — Trium rerum usum primus instituit Abraham: circumcisionis, hospitalitatis et femoralium seu braccarum.

De Loto.

Lot erat Abrahami e fratre nepos; patre enim usus est Harano fil. Azari seu Therahi. Reliquam generis notationem jam dedimus in historia Abrahami. — Adjunxit se iis qui patruo fidem habuerunt, eumque in Aegyptum proficiscentem et deinde in Palaestinam revertentem comitatus est. Ipse a Deo ad *Sodomitas*, perditae superstitionis et luxuriei homines, legatus, in iis ad veram religionem invitandis et a perversis moribus retrahendis multum temporis frustra consumsit. Illi vitio dediti erant de quo Deus in Corano, ubi eos alloquitur: *Audetisne*, inquit, *nefandum illud perpetrare, quod ante vos mortalium nemo? Fierine potest ut viri cum viris rem habeatis, ut vias infestetis, ut turpia illa in comitio vestro committatis?* Quod eos vias infestare dicit, id eo spectat, quod, si quem viatorem praetereuntem videbant, eo arrepto ad libidinem explendam abutebantur. Itaque quo magis Lot illos a flagitiis dehortabatur et, si in iis perseverarent, vindictam divinam denuntiabat, eo magis illorum crevit pervicacia. Denique rei taedio victus, a Deo petiit, ut sibi adversus illos adesset. Tum Deus angelos misit Sodomam cum quinque vicis ad eam pertinentibus eversuros. Urbem ipsam quadringenta millia hominum incolebant. Vicorum nomina haec erant: *Sabga*, *Amra*, *Idma*, *Sabwim* et *Bela*. Quum angeli, antequam opus ipsum aggrederentur, Abrahamo nuntiassent, se a Deo jussos esse Loti gentiles in imam terram demergere, Abraham apud Gabrielem pro iis intercedens: *Quid*, inquit, *si quinquaginta veri Dei cultores inter eos reperiantur?* Respondet angelus, *si quinquaginta*, *se iis parsuros.* Tum Abraham: *Quid si quadraginta?* Iterum annuit Gabriel. Tum: *Quid si triginta?* et sic deinceps, donec ad decem deventum est. Ibi Abraham: *Mementote, illic esse Lotum!* Respondent Gabriel et ceteri angeli, se optime eos nosse qui in urbe sint. Deinde quum ad Lotum ipsum venissent, libidinosum vulgus, jam in eos grassari paratum, a Gabriele alae ictu occaecatum est. Angeli Loto: *Dei legati sumus*, inquiunt; *cum tuis noctu proficiscere, neve quisquam vestrum in itinere caput reflectat.* Igitur cum suis egressus, Lot ab angelis petiit, ut urbem protenus everterent; cui illi: *Nos mane demum jussi sumus; nonne mane jam prope adest?* Ubi autem illuxit, Sodomam et quinque ejus vicos cum omnibus incolis everterunt. Fragore audito Loti uxor vix in vocem: *Heu nostrates!* eruperat, quum lapide icta occubuit. Eos quoque qui forte in vicis non erant, Deus lapidibus e coelo depluentibus interemit.

De Ismaele, filio Abrahami.

Ismaelem Abraham suscepit post annum aetatis 86mum. Ille quum annum tertium et decimum egressus esset, cum patre circumcisus est. Postquam autem Abraham jam centenarius Isaacum

suscepit,

سنة وولد له اسحاق اخرج اسماعيل وامّه هاجر الى مكّة بسبب غيرة سارة منها وقولها اخرج اسماعيل وامّه لانّ ابن الامّة لا يرث مع ابنى وسكن مكّة مع اسماعيل من العرب قبائل جرهم وكانوا قبله بالقرب من مكّة فلمّا سكنها اسماعيل اختلطوا به وتزوّج اسماعيل امراة من جرهم ورزق منها اثنى عشر ولدا ولمّا امر الله تعالى ابراهيم عم ببناء الكعبة وهى البيت الحرام سار من الشام وقدم على ابنه اسماعيل مكّة وقال يا اسماعيل انّ الله تعالى امرنى ان ابنى له بيتا فقال اسماعيل أَطِعْ ربّك فقال ابراهيم وقد امرك ان تعيننى عليه قال إذَنْ افعل فقام اسماعيل معه وجعل ابراهيم يبنيه واسماعيل يناوله الحجارة وكانا كلّما بنيا دعوا فقالا ربّنا تقبّل منّا انّك انت السميع العليم وكان وقوف ابراهيم على حجر وهو يبنى وذلك الموضع هو مقام ابراهيم واستمرّ البيت على ما بناه ابراهيم الى ان هدمته قريش سنة خمس وثلثين من مولد رسول الله صلعم وبنوه وكان بناء الكعبة بعد مضىّ مايئة سنة من عمر ابراهيم بمدّة فيكون بالتقريب بين ذلك وبين الهجرة الفان وسبع مايئة ونحو ثلث وتسعين سنة وارسل الله اسماعيل الى قبائل اليمن والى العماليق وزوّج اسماعيل ابنته من ابن اخيه العيص بن اسحاق وعاش اسماعيل مايئة وسبعا وثلثين سنة ومات بمكّة ودفن عند قبر امّه هاجر بالحجر وكانت وفاة اسماعيل بعد وفاة ابيه ابراهيم بثمان واربعين سنة ✿

ذكر اسحاق بن ابراهيم عليهما السلام فقد تقدّم مولد اسحاق عند ذكر ابيه ثم ان اسحاق تزوّج بنت عمّه فولدت له العيص ويعقوب ويقال ليعقوب اسرائل ونكح العيص بنت عمّه اسماعيل ورزق منها جملة اولاد ونكح يعقوب ليا بنت لابان بن بتويل بن ناحور بن آزر والد ابراهيم الخليل فولدت ليا روبيل وهو اكبر اولاد يعقوب ثمّ ولدت شمعون ولاوى ويهوذا ثمّ تزوّج يعقوب عليها اختها راحيل فولدت له يوسف وبنيامين وكذلك ولد ليعقوب من سرّيّتين كانتا له ستّة اولاد فكان بنو يعقوب اثنى عشر رجلا هم آباء الاسباط واقام اسحاق بالشام حتّى توفّى وعمره مايئة وثمانون سنة ودفن عند ابيه ابراهيم الخليل صلوات الله عليهما وامّا اسماء آباء الاسباط الاثنى عشر اولاد يعقوب فهم روبيل ثمّ شمعون ثمّ لاوى ثمّ يهوذا ثمّ يِسّاخَر ثمّ زبولون ثمّ يوسف ثمّ بنيامين ثمّ دان ثم نَفْتَالِى ثمّ كاد ثمّ اشار ✿

ذكر ايّوب عم وهو رجل عدّه المؤرّخون من امّة الروم لانّه من ولد العيص وهو ايّوب بن موص بن رازح بن العيص بن اسحاق بن ابراهيم الخليل وكان لايّوب زوجة اسمها رحمة وكان صاحب اموال عظيمة وكان لايّوب البثنيّة جميعها من اعمال دمشق ملكا فابتلاه الله تعالى بان اذهب امواله حتّى صار فقيرا وهو مع ذلك على عبادته وشكره ثمّ ابتلاه الله تعالى فى جسده حتّى تجذّم ودوّد وبقى مرميّا على مزبلة لا يطيق احد ان يشمّ رائحته وكانت زوجته تخدمه وهى صابرة على حاله فتراءى لها ابليس واراها ما ذهب لهم وقال لها اسجدى

suscepit, Sara invidia in Hagarem flagrans et usque marito illa occinens: *Ejice Ismaelem et matrem ejus; indignum enim, vernam meo cum filio in partem patrimonii venire;* tandem Abrahamum permovit ut Ismaelem cum ejus matre Meccam conduceret. Cum Ismaele ibi consederunt tribus Arabum Djorhomidarum, qui, quum jam antea in urbis vicinia habitassent, tunc cum Ismaele novo accola societatem inierunt. Ipse mulierem ex illa gente duxit, quae ei duodecim filios peperit. Post id temporis quum Abraham a Deo sacrosanctam Caabae aedem condere jussus esset, e Syria ad filium Meccam profectus, hunc in modum cum eo collocutus est: *Mi Ismael,* inquit, *Deus me jussit aedem sibi condere.* Cui Ismael: *Dei jussum effice.* Tum Abraham: *Atque te Deus voluit in hoc negotio me adjuvare.* Ille: *Igitur faciam* respondet, et cum patre opus aggreditur, quod ita partiti sunt, ut Abraham strueret, Ismael ei lapides subministraret. Quoties opus repetebant, preces haec in verba faciebant: *O Deus, qui omnia audis et omnia scis, propitius a nobis quod condimus accipe!* Dum struebat Abraham, in lapide quodam stabat, qui locus idem ille fuit qui hodieque *Makam-Ibrahim* (statio Abrahami) appellatur. Qualis Caaba ab Abrahamo condita erat, talis mansit donec Koreischitae 35 annis post Prophetam natum eam diruerunt; postea autem iidem eam restaurarunt. Exstructa est aliquantum temporis post centesimum Abrahami annum, ut inter illud tempus et fugam Prophetae intersint fere 2793 anni. — Ismaelem Deus legavit ad tribus Jemenenses et Amalecitas. Filiam nuptum dedit Esavo, fratris filio. Postquam 137 annos vixit, 48 annis post patrem Meccae obiit et apud matrem Hagarem in septo Caabae sepultus est.

De Isaaco, altero Abrahami filio.

Quo tempore *Isaac* natus sit, jam diximus in historia patris ejus. Uxorem duxit patruelem, quae ei *Esavum* et *Jacobum* seu *Israelem* peperit. Ille et ipse duxit patruelem, Ismaelis filiam, ex eaque multam sobolem suscepit; hic *Leam*, filiam Labani, filii Bethuelis, fil. Nahori, fil. Azari qui Abrahami pater fuit. Lea peperit *Rubenum*, filiorum Jacobi natu maximum; deinde *Simeonem*, *Levim* et *Judam*. Postea Jacobus Leae uxori adjunxit *Rahelem*, sororem ejus, ex qua *Josephum* et *Benjaminum* suscepit. Praeter hos sex filii ei a duabus concubinis nati sunt, ut duodecim habuerit filios, auctores tribuum Israeliticarum. Isaac in Palaestina mansit donec aetatis anno 180mo obiit. Sepultus est juxta patrem Abrahamum. Nomina duodecim Jacobi filiorum, e quibus totidem Israelitarum tribus originem traxere, sunt haec: *Ruben*, *Simeon*, *Levi*, *Juda*, *Issachar*, *Zebulon*, *Joseph*, *Benjamin*, *Dan*, *Nephthali*, *Gad* et *Ascher*.

De Jobo.

Hunc virum, filium Musi, fil. Zerahi, fil. Esavi, fil. Isaaci, fil. Abrahami, utpote qui ab Esavo originem duceret, historiae auctores inter Graecos (Er-Rum) retulerunt. Uxori ejus nomen erat *Rahma*. Pietatem viri opulentissimi et totam regionem *Batheniam*, quae agri Damasceni pars est, possidentis Deus primum ita exploravit, ut omnibus opibus exutum ad egestatem redigeret. Deinde, quum nihilo minus Deum colere eique gratias agere pergeret, corpus ejus elephantiasi et tabe quae vermiculos gigneret afflixit. Tunc in sterquilinio projectus foedissimo odore omnes deterrebat praeter Rahmam uxorem, quae animo adversus fastidium firmato mariti curam gerebat.

اسجدى لى لاردّ مالكم اليكم فاستأذنت ايّوب فغضب وحلف ليضربنّها مايئة ثمّ انّ الله تعالى عافى ايّوب ورزقه وردّ الى امراته شبابها وحسنها وولدت لايّوب ستّة وعشرين ذكرا ولمّا عوفى ايّوب امره الله تعالى ان يأخذ عرجونا من النخل فيه مايئة شمراخ فيضرب به زوجته ليبرّ فى يمينه ففعل ذلك وكان ايّوب نبيّا فى عهد يعقوب فى قول بعضهم وذكر انّ ايّوب عاش ثلثا وتسعين سنة ومن ولد ايّوب ابنه بشر وبعث الله تعالى بشرا بعد ايّوب وسمّاه ذا الكفل وكان مُقامه بالشام ✿

ذكر يوسف عم وولد يعقوب يوسف لمّا كان ليعقوب من العمر احدى وتسعون سنة ولمّا صار ليوسف من العمر ثمان عشرة سنة كان فراقه ليعقوب وبقيا مفترقين احدى وعشرين سنة ثمّ اجتمع يعقوب بيوسف فى مصر وليعقوب من العمر مايئة سنة وثلثون سنة وبقيا مجتمعين سبع عشرة سنة وكان عمر يوسف عم لمّا توفّى يعقوب ستّا وخمسين سنة وعاش يوسف مايئة وعشر سنين فيكون مولد يوسف لمضىّ مائتين واحدى وخمسين سنة من مولد ابراهيم ويكون وفاته لمضىّ ثلث مايئة واحدى وستّين سنة من مولد ابراهيم ويكون وفاة يوسف قبل مولد موسى باربع وستّين سنة محقّقا واما قصّة فراقه من ابيه فانّه لمّا كان يوسف من الحسن وحبّ ابيه على ما اشتهر حسدته اخوته والقوه فى الجبّ وكان بالجبّ مآء وبه صخرة فاوى اليها واقام يوسف فى الجبّ ثلثة ايّام ومرّت به السيارة فاخرجته من الجبّ واخذوه معهم وجآء يهوذا احد اخوته الى الجبّ بطعام ليوسف فلم يجده وراه عند تلك السيارة واخبر يهوذا اخوته بذلك فأتوا الى السيارة وقالوا هذا عبدنا ابق منّا وخافهم يوسف فلم يذكر حاله فاشتروه من اخوته بثمن بخس قيل عشرون درهما وقيل اربعون وذهبوا به الى مصر فباعه استاذه فاشتراه الذى على خزاين مصر واسمه العزيز وكان فرعون مصر حينئذ الريّان بن الوليد رجلا من العماليق والعماليق من ولد عملاق بن سام بن نوح حسبما تقدّم ذكره ولمّا اشترى العزيز يوسف هويته امراته وكان اسمها راعيل وراودته عن نفسه فابى وهرب منها ولحقته من خلفه وامسكته بقميصه فانقدّ قميصه ووصل امرهما الى زوجها العزيز وابن عمّها تبيان فظهر لهما براءة يوسف وانّ راعيل هى التى راودته ثمّ بعد ذلك ما زالت تشكو الى زوجها من يوسف وتقول انّه يقول للناس انّنى راودته عن نفسه وقد فضحنى بين الناس فحبسه زوجها ودام فى السجن سبع سنين ثمّ اخرجه فرعون مصر بسبب تعبير الرؤيا التى أُريها ثمّ لمّا مات العزيز الذى كان اشترى يوسف جعل فرعون يوسف موضعه على خزاينه كلّها وجعل القضاء اليه وحكمه نافذا ودعا يوسف الريّان فرعون مصر المذكور الى الايمان فآمن به وبقى كذلك الى ان مات الريّان المذكور وملك بعده مصرَ قابوس بن مصعب من العمالقة ايضا ولم يؤمن وتوفّى يوسف عم فى ملكه بعد ان وصل اليه يعقوب واخوته جميعهم من ارض كنعان وهى الشام بسبب المحل وعاش معهم مجتمعين سبع عشرة

gerebat. Id aegre ferens Diabolus mulieri apparuit, quae amiserant ei ostendit, et, si ipsum adorarit, se illa omnia iis redditurum esse promisit. Cujus rei veniam petitura maritum adiit; sed ille stomachabundus juravit, se centenis eam percussurum esse. Postea Deus eum morbo liberavit, novis opibus donavit, uxori juventutem et venustatem reddidit eamque sex et viginti filiorum matrem fecit; Jobum autem jussit, eam palmae fronde in qua centum essent racemi, (sc. semel) ferire, qua ratione Jobus jurisjurandi religione solutus est. Nonnulli perhibent, Jobum prophetam Jacobi patriarchae aequalem fuissse. Vixisse dicitur 93 annos. E filiis ejus fuit *Bischr*, qui sedem in Syria habebat. Eum Deus post Jobum patrem ad homines legavit et *Dhu 'l-kifli* nomine insignivit.

De Josepho.

Jacobus 91 annos natus *Josephum* sustulit. Is annum aetatis 19 mum agens patri ereptus est, qui eo per 21 annos caruit. Tandem 130 annos natus, ad filium in Aegyptum profectus, in ejus consortio 17 annos exegit. Quo tempore obiit, Josephus 56 annos natus erat, quem, quum 112 annorum aetatem attigerit, 251 annis post Abrahamum natum lucem aspexisse et 361 annis post idem tempus, igitur 64 annis ante Mosem natum, e vita migrasse constat. Quod adolescens Jacobo ereptus est, ejus rei causa haec fuit, quod insignis formae decor et patris in eum amor fratribus invidiam moverat. Itaque eum in puteum jecerunt, ubi saxo prominenti insidens et ab aqua tutus triduum mansit. Tum forte viatorum agmen ad puteum venit, qui eum inde retractum secum abduxerunt. Illo ipso tempore Juda, unus e fratribus, Josepho cibum allaturus eodem venit, quumque fratrem in puteo non invenisset, apud viatores illos esse animadvertit. De qua re reliqui fratres certiores facti ad eos accesserunt, servum ex aedibus suis profugum esse dixerunt, et Josepho prae metu tacente nec, quae res esset, palam faciente, a viatoribus impetrarunt ut illum pretio sane vili viginti, vel, ut alii volunt, quadraginta drachmarum ab ipsis emerent. In Aegypto herus eum praefecto horreorum publicorum vendidit, cui *El-Aziz* nomen erat. Illo tempore Pharao qui in Aegypto regnabat, erat *Er-Rajjan filius El-Walidi*, ex Amalecitarum gente oriundus, quos ab Amlaco fil. Semi fil. Noahi originem trahere supra diximus. *Raël*, El-Azizi uxor, servum recens a marito emtum adamavit eumque ad corporis copiam faciendam sollicitavit. Renuentem et aufugientem a tergo assecuta tam valide prehendit, ut indusium arreptum in longum finderetur. Rei fama ad El-Azizum et *Thebjanum*, mulieris gentilem, pervenit, quibus re explorata constitit, Josephum culpa vacare et Raëlem esse quae eum pellexerit. Ea ipsa tamen postea de Josepho apud maritum queri non destitit: illum omnibus promiscue prodere, ipsius pudicitiam a se tentatam esse, sibique ita summam ignominiam conflasse. His vocibus motus maritus Josephum in custodiam dedit, unde post septem demum annos a Pharaone propter interpretationem ostenti quod ei per somnum oblatum erat, liberatus est. Ab eodem in El-Azizi mortui locum suffectus, horreis publicis praepositus et summa in regno administrando potestate instructus est. Rex ipse Josepho auctore veram religionem amplexus in ea profitenda usque ad vitae exitum perstitit. Sed qui ei in regno successit, *Kabus fil. Mosabi*, et ipse Amalecita, veterem superstitionem retinuit. Antequam Josephus eo regnante obiret, Jacobus pater et fratres omnes e terra Canaanaea seu Syria propter annonae angustias ad eum venerunt et septendecim annos

عشرة سنة ومات يعقوب واوصى الى يوسف ان يدفنه مع ابيه اسحاق ففعل يوسف ذلك وسار به الى الشام ودفنه عند ابيه ثمّ عاد الى مصر وكان وفاة يوسف بمصر ودفن بها حتّى كان من موسى وفرعون ما كان فلمّا سار موسى من مصر ببنى اسرائل الى التيه نبش يوسف وحمله معه فى التيه حتّى مات موسى فلمّا قدم يوشع ببنى اسرائل الى الشام دفنه بالقرب من نابلس وقيل عند الخليل عم ✿

ذكر شعيب عم ثمّ بعث الله تعالى شعيبا عم الى اصحاب الايكة واهل مدين وقد اختلف فى نسب شعيب فقيل انّه من ولد ابراهيم الخليل وقيل من ولد بعض الذين آمنوا بابراهيم وكانت الايكة من شجر ملتفّ فلم يؤمنوا فاهلك الله تعالى اصحاب الايكة بسحابة مطرت عليهم نارا يوم الظلمة واهلك الله اهل مدين بالزلزلة ✿

ذكر موسى عم ثمّ ارسل الله تعالى موسى بن عمران بن قاهاث بن لاوى بن يعقوب بن اسحاق بن ابراهيم الخليل عم نبيًا بشريعة بنى اسرائل وكان من امره انّه لمّا ولدته امّه كان قد امر فرعون مصر واسمه الوليد بقتل الاطفال فخافت عليه امّه والقى الله تعالى فى قلبها ان تلقيه فى النيل فجعلته فى تابوت والقته والتقطته آسية امرأة فرعون وربّته وكبر فبينا هو يمشى فى بعض الايّام اذ وجد اسرائليًا وقبطيًا يختصمان فوكز القبطىّ فقتله ثمّ اشتهر ذلك وخاف موسى من فرعون فهرب وقصد نحو مدين واتّصل بشعيب وازوجه ابنته واسمها صفوره واقام يرعى غنم شعيب عشر سنين ثمّ سار موسى باهله فى زمن الشتاء واخطأ الطريق وكانت امرأته حاملا فاخذها الطلق فى ليلة شاتية فاخرج زنده ليقدح فلم يظهر له نار واعيا ممّا يقدح فرفعت له نار فقال لاهله امكثوا انّى آنست نارا لعلّى آتيكم منها بخبر او آتيكم بشهاب قبس لعلّكم تصطلون فلمّا دنا منها راى نورا ممتدًا من السماء الى شجرة عظيمة من العوسج وقيل من العنّاب فتحيّر وخاف ورجع فنودى منها ولمّا سمع الصوت استأنس وعاد فلمّا اتاها نودى من جانب الوادى الايمن من شجرة ان يا موسى انّى انا الله ربّ العالمين ولمّا راى تلك الهيبة علم انّه ربّه فخفق قلبه وكلّ لسانه وضعفت بنيته ثمّ شدّ الله تعالى قلبه ولمّا عاد عقله نودى ان اخلع نعليك انّك بالواد المقدّس وجعل الله عصاه ويده آيتين ثمّ اقبل موسى الى اهله فسار بهم نحو مصر حتّى اتاها ليلا واجتمع به هارون وساله من انت فقال انا موسى فاعتنقا وتعارفا ثمّ قال موسى يا هارون انّ الله ارسلنا الى فرعون فانطلق معى اليه فقال هارون سمعا وطاعةً فانطلقا اليه واراه موسى عصاه ثعبانا فاغرا فاه حتّى خاف منه فرعون فاحدث فى ثيابه ثمّ ادخل يده فى جيبه واخرجها وهى بيضاء لها نور تكلّ منه الابصار فلم يستطع فرعون النظر اليها ثمّ ردّها الى

annos apud eum degerunt; item mortuus est Jacobus, qui quum a Josepho petiisset ut se juxta Isaacum sepeliret, ille in Syriam profectus patris mandatum effecit. Josephus ipse in Aegypto mortuus et sepultus est. Quum autem Moses, rebus cum Pharaone peractis, Israelitas in desertum *Et-thih* educeret, Josephum e sepulcro retractum secum avexit, illoque mortuo Josua, postquam suos in Syriam perduxit, eum prope Neapolin (Sichem), vel, ut alii perhibent, Hebrone juxta Abrahamum condidit.

De Schoaibo.

Postea Deus *Schoaibum* ad *Ashab-el-eikeh* (incolas sylvae) et Midianitas legavit. De genere Schoaibi ambigitur, utrum ex Abrahami posteris fuerit, an alicujus eorum qui Abrahamo fidem habuere. *El-eikeh* illa densarum et perplexarum arborum sylva erat. Quum neutri fidem haberent, Deus incolas sylvae nube, ex qua die caliginoso ignis in eos depluit, Midianitas autem terrae motu delevit.

De Mose.

Postea Deus legavit prophetam *Mosen* fil. Amrani, fil. Kahathi, fil. Levi, fil. Jacobi, fil. Isaaci, fil. Abrahami, legis Israeliticae interpretem. Quum illo tempore quo natus est, *El-Walid*, Rex Aegyptius, infantes occidi jussisset, mater ei metuens divinitus monita est, ut puellum Nilo committeret. Itaque eum cistulae inclusum aquae imposuit. Sustulit et educavit eum *Asia*, Pharaonis uxor. Adultus quum quondam foris ambularet, Israelitam et Aegyptium rixantes offendit, quorum hunc pugno percussum interfecit. Re palam facta, sibi a Pharaone timens aufugit et in Midianitarum terram concessit, ubi cum Schoaibo societate inita ab eo *Sephoram* filiam in matrimonium accepit. Postquam per decennium ovium soceri curam gessit, tempore hiberno cum suis iter suscepit. Tunc nocte quadam procellosa a via aberravit eo ipso tempore quo uxor partus doloribus afflictabatur. Promsit Moses igniarium, sed scintillam nullam excutere potuit. Tandem inutili labore fatigato procul flamma sublimis apparuit. Tum suis: *Manete hic*, inquit; *ego ignem conspexi; fieri potest ut vobis inde viae indicium aut titionem referam*, *quo calefiamini.* Quum prope ad illum locum accessisset, lumen vidit e coelo ad magnam usque rubum vel zizyphum pertinens. Primum stupefactus et formidans retro cessit, sed quum vox quaedam ex arbore illa prodiens eum appellasset, animo recepto rursus ad eam accessit. Tunc e dextra vallis parte ex arbore haec vox audita: *O Mose*, *ego sum dominus geniorum et hominum.* Hoc portento viso et audito, intellexit Deum esse qui se appellaret; unde cor ejus palpitare, lingua hebetari et corporis artus tamquam resolvi coeperunt. Sed Deus ipse ei animos addidit, et postquam mentem recepit, eum affatus: *Depone*, inquit, *calceos tuos; es enim in valle sacra*, ejusque baculum et manum ea vi instruxit, ut iis prodigia edere posset. Hinc Moses ad suos rediit cum iisque in Aegyptum perrexit, ubi quum noctu advenisset, forte Aaronem obvium habuit, qui, quis esset, ex eo quaesivit, et quum, Mosen esse, audivisset, fratrem agnovit ab eoque agnitus est. Tum post mutuos amplexus Moses fratrem docuit, Deum praecepisse ut simul Pharaonem adirent, atque illum se comitari jussit. Haud recusavit officium Aaron et fratrem ad regem secutus est. Coram eo Moses primum baculum in anguem faucibus hiscentem mutavit, quo aspecto Pharao tanto terrore correptus est, ut ei aliquid humani accideret. Deinde Moses manum in sinum vestis immisit: quam

الى جيبه واخرجها فاذا هى على لونها الاوّل ثمّ احضر لهما فرعون السحرة وعملوا الحيّات فالقى موسى عصاه فلقفت ذلك وآمن به السحرة فقتلهم فرعون عن آخرهم ثمّ اراهم الآيات من القمل والضفادع وصيرورة الماء دما فلم يؤمن فرعون ولا اصحابه وآخر الحال انّ فرعون اطلق لبنى اسرائل ان يسيروا مع موسى وسار موسى ببنى اسرائل ثمّ ندم فرعون وسار بعسكره حتّى لحقهم عند بحر القلزم فضرب موسى بعصاه البحر فانشقّ ودخل فيه هو وبنو اسرائل وتبعهم فرعون وجنوده فانطبق البحر على فرعون وجنوده وغرقوا عن آخرهم ومن جملة المعجزات التى اعطاها الله عزّ وجلّ موسى قضيّته مع **قارون** من الكامل قال وكان قارون ابن عمّ موسى وكان الله تعالى قد رزق قارون المذكور مالا عظيما يُضْرَب به المثل على طول الدهر قيل انّ مفاتيح خزاينه كانت تحمل على اربعين بغلا وبنى دارا عظيمة وصفّحها بالذهب وجعل ابوابها ذهبا وقد قيل عن ماله شيًا يخرج عن الحصر فتكبّر قارون بسبب كثرة ماله على موسى واتّفق مع بنى اسرائل على قذفه والخروج عن طاعته واحضروا امرأة بغيّا وهى القحبة وجعل لها جُعْلا وامرها بقذف موسى بنفسها واتّفق معها على ذلك ثمّ اتى موسى فقال انّ قومك قد اجتمعوا فخرج اليهم موسى وقال من سرق قطعناه ومن افترى جلدناه ومن زنا رجمناه فقال له قارون وان كنت انت قال موسى نعم وان كنت انا قال انّ بنى اسرائل يزعمون انّك فجرت بفلانة قال موسى فادعوها فان قالت فهو كما قالت فلمّا جاءت قال لها موسى اقسمت عليك بالذى انزل التوراة إلّا صدقتِ اعنا فعلت بكِ ما يقول هولاء قالت لا كذبوا ولكن جعلوا لى جُعْلا على ان اقذفك فاوحى الله تعالى الى موسى مُر الارض بما شئت تُطِعْك فقال يا ارض خذيهم فجعل قارون يقول يا موسى ارحمنى وموسى يقول يا ارض خذيهم فابتلعتهم الارض ثمّ خسف بهم وبدار قارون ولمّا اهلك الله تعالى فرعون وجنوده قصد موسى المسير ببنى اسرائل الى مدينة الجبّارين وهى اريحا فقالت بنو اسرائل يا موسى انّ فيها قوما جبّارين وانّا لن ندخلها حتّى يخرجوا منها يا موسى اذهب انت وربّك فقاتلا انّا ههنا قاعدون فغضب موسى ودعا عليهم فقال ربّ انّى لا املك الّا نفسى واخى فافرق بيننا وبين القوم الفاسقين فقال الله تعالى فانّها محرّمة عليهم اربعين سنة يتيهون فى الارض فبقوا فى التيه وانزل الله عليهم المنّ والسلوى ثمّ اوحى الله تعالى الى موسى انّى متوفٍّ هارون فاتِ به الى جبل كذا وكذا فانطلقا نحوه فاذا هما بسرير فناما عليه واخذ هارونَ الموتُ ورُفع الى السماء ورجع موسى الى بنى اسرائل فقالوا له انت قتلت هارون لحبّنا اياه قال موسى ويحكم أَفْتَرُونى اقتل اخى فلمّا اكثروا عليه سال الله فانزل السرير وعليه هارون فقال لهم انّى متّ ولم

quam ubi retraxit, splendidissimo candore oculorum aciem perstringebat, ut Pharao eam intueri non posset. Tum eam iterum in sinum immisit, unde retracta colorem pristinum habebat. Postea Pharao Mosi et Aaroni magos vernaculos opposuit; sed serpentum species quas isti simularunt, a Mosis baculo humum projecto devoratae sunt. Hoc miraculo commoti ipsi magi fidem Mosi habuerunt; quod aegre ferens Pharao eos ad unum omnes supplicio affecit. Hinc ad cetera portenta ventum est, ut pediculos, ranas, aquam in sanguinem conversam; sed nec Pharaonem neque eos quibus imperabat, ad mentem mutandam inducere valuerunt. Tandem id a Pharaone impetratum, ut Israelitis cum Mose proficiscendi veniam daret. Sed postquam id factum, regem rei poenituit. Igitur omnibus copiis eductis illos ad sinum superiorem occidentalem maris rubri assecutus est. Tunc vero mare Mosis baculo tactum utrimque resiliens viam mediam dedit: qua Moses cum suis evasit, Pharao autem eos secutus cum universo exercitu a mari obrutus periit. — Ad miracula quibus divina Mosis legatio comprobata est, illud quoque pertinet quod inter eum et *Karunum* (Korahum) intercessit, in quo narrando El-Camilum sequar. Erat igitur Karun Mosis gentilis, tantis a Deo divitiis locupletatus, ut eae etiam nunc post tot saeculorum decursum in proverbio sint. Ad solas claves aerariorum suorum vehendas quadraginta mulos aluisse, item magnam domum laminis aureis obductam et portis aureis instructam aedificasse dicitur. Innumerae sunt aliae, quae de amplitudine fortunarum ejus feruntur, fabulae. Hinc superbia inflatus Mosen despicere et cum Israelitis de eo calumniando ejusque imperio excutiendo consilia inire coepit. Arcessita est meretrix, quam mercede proposita Mosen commercii secum habiti insimulare jussit. Re ita composita, Mosen adiit et populum convenisse nuntiavit. Itaque foras progressus Moses in concione haec verba fecit: Qui furatus fuerit, truncator; qui impia in Deum dixerit, verberator; qui scortatus fuerit, lapidator. Ibi Karun: Si vel tu sis? Cui Moses: Ita, si vel ego sim. Reponit Karun: Israelitae te cum quadam muliere inhoneste rem habuisse perhibent. Imperterritus Moses: Arcessite eam, inquit; res esto ut ipsa dixerit. Quae quum venisset, Moses eam sic allocutus est: Adjuro te per illum qui librum legis misit, ut verum dicas: Num commisi id tecum cujus isti me accusant? Respondit mulier: Minime, mentiuntur; sed mercedem mihi proposuerunt, si te rei illius insimularem. Ibi Deus Mosi haec inspiravit: Jube terram quodcunque voles: obediet tibi. Dixit igitur Moses: O terra, rape istos! Tum Karun: Miserere mei, o Mose! ejulare, Moses illa: O terra, rape istos! usque iterare, dum terra illos devoravit. Ita omnes cum Karunis domo demersi sunt. — Postquam Pharao ejusque copiae consilio divino perierunt, Moses cum Israelitis iter ad urbem gigantum, id est Hierichuntem, direxit. Tunc hae fuerunt populi voces: *O Mose, illam urbem incolunt gigantes; antequam hi urbem relinquant, nos eam non intrabimus. Proficiscere igitur tu, Mose, cum Domino tuo* (i. e. Deo), *et bellum gerite; nos hic manebimus.* Prae indignatione illis mala imprecatus Moses: *Mi Domine,* inquit, *ego mei ipsius tantum fratrisque arbitrium habeo; igitur sejunge nos ab improbis.* Cui Deus: *Urbs illis inaccessa esto quadraginta annos, per quos in deserto errabunt.* Dum ibi morabantur, Deus iis mannam et coturnices misit. Aliquando Deus Mosi haec inspiravit: Aaronem ad me recepturus sum; proficiscere igitur cum eo ad montem quendam. Quum illuc abiissent, solium invenerunt, in quo uterque ad somnum capiendum recubuit. Ibi Aaron subita morte abreptus in coelum evasit. Moses autem quum solus ad populares revenisset, his vocibus ab iis exceptus est: Interfecisti fratrem, quod nobis carior esset. At Moses: Vae vobis, respondit, mene esse fratricidam? Tandem eorum vociferationibus victus precibus a Deo impetravit, ut solium illud de coelo demitteretur, in quo

recu-

ولم يقتلنى موسى ثمّ توفّى موسى واختلف فى صورة وفاته قيل كان هو ويوشع يتمشّيان وظهرت غمامة سوداء فخافها يوشع واعتنق موسى فانسلّ موسى من قماشه وبقى يوشع معتنق الثياب وعدم الموسى واتى يوشع بالقماش الى بنى اسرائل فقالوا انت قتلت موسى ووكّلوا به فسال يوشع الله تعالى ان يبين برآءته فراى كلّ رجل كان موكّلا عليه فى منامه انّ يوشع لم يقتل موسى فانّا رفعناه الينا فتركوه وقيل بل تنبّأ يوشع واوحى الله تعالى اليه وبقى موسى يساله فلم يخبره فعظم ذلك على موسى وسال الله الموت فمات وقيل غير ذلك وكان وفاة موسى فى التيه فى سابع آذار لمضىّ الف وستّ مائة وستّ وعشرين سنة من الطوفان فى ايّام منوجهر الملك وكان موت موسى بعد هارون اخيه باحد عشر شهرا وكان هارون اكبر من موسى بثلث سنين وكان مولد موسى لمضىّ اربع مائة وخمس وعشرين سنة من مولد ابراهيم وكان بين وفاة ابراهيم ومولد موسى مائتان وخمسون سنة وولد موسى لمضىّ الف وخمس مائة وستّ سنين من الطوفان وكان عمره لمّا خرج ببنى اسرائل من مصر ثمانين سنة واقام فى التيه اربعين سنة فيكون عمر موسى مائة وعشرين سنة وامّا بنو اسرائل فكانوا قبل ان يخرجهم موسى تحت حكم فراعنة مصر رعيّة لهم وكانوا على بقايا من دينهم الذى شرعه يعقوب ويوسف عليهما السلام وكان اوّل قدومهم الى مصر لمضىّ تسع وثلثين سنة من عمر يوسف فاقاموا فى مصر بقيّة عمر يوسف وهو احدى وسبعون سنة لانّ عمر يوسف كان مائة وعشر سنين فاذا انقصنا منها تسعا وثلثين بقى احدى وسبعون سنة واقاموا ايضا مدّة ما كان بين وفاة يوسف ومولد موسى وهو اربع وستّون سنة واقاموا ايضا ثمانين سنة من عمر موسى حتّى خرج بهم فيكون جملة مُقام بنى اسرائل بمصر حتّى اخرجهم موسى مائتين وخمس عشرة سنة ۞

ذكر حكّام بنى اسرائل ثمّ ملوكهم لمّا مات موسى عم لم يتولّ على بنى اسرائل ملك بل كان لهم حكّام سدّوا مسدّ الملوك ولم يزالوا على ذلك حتّى قام فيهم طالوت وكان اوّل ملوكهم على ما ستقف عليه ان شاء الله تعالى وهذا الفصل اعنى فصل حكّام بنى اسرائل وملوكهم قد كثر الغلط فيه لبعد عهده ولكونه باللغة العبرانيّة فتعسّر النطق بالفاظه على الصحّة ولم اجد فى نسخ التواريخ التى وقعت الىّ فى هذا الفنّ ما اعتمد على صحّته لانّ كلّ نسخة وقعتُ عليها فى هذا الفنّ وجدتها تخالف الاخرى إمّا فى اسماء الحكّام وإمّا فى عددهم وإمّا فى مُدد استيلآئهم ولليهود الكتب الاربعة والعشرون وهى عندهم متواترة قديمة ولم تعرب الى الآن بل هى باللغة العبرانيّة فاحضرت منها سفرى قضاة بنى اسرائل وملوكها واحضرت انسانا عارفا باللغة العبرانيّة والعربيّة وتركته يقرأها واحضرت بها ثلث نسخ وكتبت منها ما ظهر عندى صحّته وضبطت الاسماء بالحروف والحركات حسب الطاقة والله الموفّق للصواب ۞ **ذكر يوشع** ولمّا مات موسى عم قام بتدبير بنى اسرائل يوشع بن نون بن اَلِيشاماعْ بن عَمِّيهُوذْ بن لَعْدَانْ بن تَاحَنْ بن تَالَخْ بن رَاشَفْ بن رَافَحْ بن بَرِيعًا بن أَفْرَايِمْ بن يوسف بن يعقوب واقام ببنى اسرائل فى التيه ثلثة ايّام ثمّ ارتحل يوشع ببنى اسرائل واتى بهم الى الشريعة

recubans Aaron populo dixit: Non necatus sum, sed naturae concessi. — Post id temporis Moses ipse obiit, sed dubium quomodo. Nonnulli tradunt, quum Moses quondam cum Josua deambularet, nubem atram in eorum conspectum venisse, qua territus Josua Mosen amplexus sit; tum e vestibus elapsum Mosen evanuisse, illis in Josuae amplexu remanentibus. Quas quum ad Israelitas retulisset, eum interfecti Mosis ab illis accusatum et viros ad eum custodiendum constitutos esse. Quum autem Deum orasset, ut se insontem declararet, unumquemque illorum custodum per somnum divinitus hoc accepisse oraculum: Josua Mosen non interfecit, sed ipsi eum ad nos recepimus. Tum demum Josuam dimissum esse. — Alii contra rem sic narrant, Josuam a Deo munus propheticum et inspirationes accepisse; Mosen autem, quum aliquid ex Deo quaereret, jam responsum nullum tulisse; id quod gravatum eum a Deo mortem expetiisse et impetrasse. Alii aliter. Obiit in deserto die septimo mensis Adari, 1626 annis post diluvium, aetate *Menudjehri* regis, 11 mensibus post Aaronem fratrem tribus annis natu majorem. Moses 1506 annis post diluvium et 425 annis post Abrahamum natus est, cujus mortem inter illiusque natales intercesserunt 250 anni. Octoginta annos natus Israelitas ex Aegypto eduxit et 40 annos in deserto versatus est; vixit ergo 120 annos. Israelitae antequam ab eo in libertatem vindicarentur, imperio Pharaonum aegyptiorum parebant et partem aliquam vernaculae religionis retinebant quam sanxerant Jacobus et Josephus. In Aegyptum venerant quum Josephus annum aetatis 39 confecisset, ibique manserunt primum quamdiu Josephus ab illo inde tempore vixit, id est 71 annos (tota enim aetatis ejus summa est 110 annorum, unde si 39 demseris, restant 71), deinde per illud 64 annorum intervallum quod inter mortem Josephi et natales Mosis situm est, denique 80 annos de aetate Mosis, antequam eos ex Aegypto educeret. Efficitur ergo, totum illud tempus per quod Israelitae in Aegypto sederint, fuisse 215 annorum.

De Judicibus et Regibus Israeliticis.

Mose mortuo nemo inter Israelitas fuit qui regium nomen et imperium assumeret, sed regum vicibus functi sunt Judices usque ad *Taluthum* (Saulum), primum illorum regem, de quo, Deo volente, infra dicemus. Hic de Judicibus et Regibus Israeliticis locus multis mendis foedatus est, cum propter longinquitatem temporis, tum quia totus nobis lingua hebraea traditus est, quare difficile erat vocabula in eo obvia recte efferre et scribere. Equidem in codicibus nostris de hac historiae parte, quotquot in manus venere, nihil inveni de cujus veritate mihi constare posset; unumquemque enim illorum codicum animadverti a ceteris discrepare vel in nominibus Judicum, vel in numero, vel in definiendo tempore per quod civitatem gubernaverint. Quum igitur apud Judaeos libri illi quatuor et viginti antiquitus per manus traditi asserventur, necdum e lingua hebraea arabice versi sint: ex iis libros Judicum et Regum Israeliticorum et simul virum utriusque linguae peritum arcessivi, cui illos legendos mihique vertendos tradidi. Cum iis quae hoc modo calamo excepi, tres codices comparavi; unde ea quorum veritas mihi probata est, in librum meum recepi. Nomina consonis et vocalibus accurate, quoad possem, expressi; ceterum Deus est qui ad veritatem dirigit. — Post mortem Mosis rempublicam gubernandam suscepit *Josua fil. Nuni*, *fil. Elischamaï*, *fil. Ammihudi*, *fil. La'dani*, *fil. Thehani*, *fil. Thelahi*, *fil. Reschefi*, *fil. Refahi*, *fil. Beriae*, *fil. Ephraïmi*, *fil. Josephi*, *fil. Jacobi.* Cum

Israelitis

وهو النهر الذى بالغور واسمه الاردن فى عاشر نيسان من السنة التى توفّى فيها موسى فلم يجد للعبور سبيلا فامر يوشع حاملى صندوق الشهادة الذى فيه الالواح بان ينزلوا الى حافة الشريعة فوقفت الشريعة حتّى انكشف ارضها وعبر بنو اسرائل ثمّ بعد ذلك عادت الشريعة الى ما كانت عليه ونزل يوشع ببنى اسرائل على ريحا محاصرا لها وصار فى كلّ يوم يدور حولها مرّة واحدة وفى اليوم السابع امر بنى اسرائل ان يطوفوا حول ريحا سبع مرّات وان يصوتوا بالقرون فعند ما فعلوا ذلك هبطت الاسوار ورسخت وتساوت للخنادق بها ودخل بنو اسرائل ريحا بالسيف وقتلوا اهلها وبعد فراغه من ريحا سار الى نابلس الى المكان الذى بيع فيه يوسف فدفن عظام يوسف هناك وكان موسى قد استخرج يوسف من نيل مصر واستصحبه معه الى التيه فبقى معهم اربعين سنة وتسلّمه يوشع فلمّا فرغ من ريحا سار به ودفنه هناك وملك يوشع الشام وفرّق عمّاله فيه فاستمرّ يوشع يدبّر بنى اسرائل نحو ثمان وعشرين سنة ثمّ توفّى يوشع ودفن فى كفر حارث وله من العمر مائة وعشر سنين ورأيت فى تأريخ ابن سعيد المغربىّ انّ يوشع مدفون بالمعرّة فلا اعلم هل نقل ذلك ام اثبته على ما هو مشهور الآن اقول فكانت وفاة يوشع سنة ثمان وعشرين لوفاة موسى وبعد وفاة يوشعَ قام بتدبيرهم فينحاس بن العِزْر بن هارون بن عمران وكالاب بن يُوفِنّا وكان فينحاس هو الامام وكان كالاب يحكم بينهم وكان امرهما فى بنى اسرائل ضعيفا ودام بنو اسرائل على ذلك سبع عشرة سنة ثمّ طغوا وعصوا الله فسلّط عليهم كوشان ملك الجزيرة قيل انّها جزيرة قبرس وقيل بل كان كوشان المذكور ملك الارمن وكان من ولد العيص بن اسحاق فاستولى على بنى اسرائل واستعبدهم ثمان سنين فاستغاثوا الى الله تعالى وكان لكالاب اخ من امّه يقال له عَثْنِئّال بن قناز فاقام كالاب المذكور اخاه عثنيال على بنى اسرائل اقول فكان خلاص بنى اسرائل من كوشان المذكور فى سنة اثنتين وخمسين لوفاة موسى عم لانّ كوشان حكم عليهم ثمان سنين وفينحاس بفاء موحدة ثمّ ياء مثناة من تحتها ممالة ثمّ نون ساكنة ثمّ حاء مهملة ثمّ الف ممالة وسين مهملة ثمّ قام فيهم بعد استيلاء كوشان عثنئال بن قناز من سبط يهوذا وازال ما كان على بنى اسرائل لصاحب الجزيرة من القطيعة واصلح حال بنى اسرائل وكان عثنئال رجلا صالحا واستمرّ يدبّر امر بنى اسرائل اربعين سنة وتوفّى اقول فيكون وفاته فى اواخر سنة اثنتين وتسعين لوفاة موسى عثنئال بعين مهملة وثاء مثلثة ساكنة ونون مكسورة وياء مثناة من تحتها مهموزة والف ولام ثمّ من بعد وفاة عثنئال اكثر بنو اسرائل المعاصى وعبدوا الاصنام فسلّط الله عليهم عَغْلون ملك ماب من ولد لوط واستعبد بنى اسرائل فاستغاث بنو اسرائل الى الله ان ينقذهم من عغلون المذكور واستمرّ بنو اسرائل تحت مضايقة عغلون ثمان عشرة سنة فيكون خلاصهم منه فى اواخر سنة عشر ومائة لوفاة موسى عغلون بفتح العين المهملة وسكون الغين المعجمة وضمّ اللام وسكون الواو ثمّ نون ثمّ اقام الله لبنى اسرائل اهوذ من سبط بنيامين وكفّ اهوذ عنهم اذيّة عغلون ومضايقته واقام اهوذ يدبّرهم ثمانين سنة فيكون وفاة اهوذ فى اواخر سنة تسعين ومائة لوفاة موسى اهوذ بفتح الهمزة وضمّ الهاء وسكون الواو ثمّ ذال معجمة ولمّا مات اهوذ قام بتدبيرهم بعده شَمْكار بن عَنوث دون سنة اقول فيكون ولاية شمكار ووفاته فى سنة احدى وتسعين ومائة لوفاة موسى عم شمكار بفتح الشين المثلثة وسكون الميم وكاف والف وراء مهملة ثمّ طغى بنو اسرائل فاسلمهم الله تعالى فى يد بعض ملوك الشام واسمه يَابِينْ فاستعبدهم عشرين سنة حتى خلصوا منه فيكون خلاصهم من يابين المذكور فى اواخر سنة احدى عشرة ومائتين لوفاة موسى ثمّ قام فيهم رجل من سبط نفتالى يقال له باراق بن ابى نُعَم وامرأة

Israelitis triduum in deserto moratus, castra movit illosque ad *Es-Scheriah* s. *Jordanem*, id est fluvium qui per tractum *El-Ghaur* fertur, decimo die mensis Nisan ejusdem anni quo obiit Moses, deduxit. Quum fluvium transmittere nullo modo posset, eos qui arcam foederis, tabulas legis continentem, portabant, jussit ad illius oram descendere: quo facto fluvius substitit, ut imus alveus aqua nudus conspiceretur; postquam autem Israelitae transierunt, ille ut antea fluere coepit. Inde Josua populum ad *Hierichuntem* obsidendam eduxit, quam urbem quotidie semel circumire instituit; septimo autem die suos eam septies circumire et simul buccinis concinere jussit. Quod quum fecissent, muri subsidere et in terram demersi sunt, fossae contra assurgentes aequam cum illis planitiem effecere. Tum Israelitae urbem hostiliter ingressi omnes ejus incolas occiderunt. Sic igitur Hierichunte expugnata, Josua ultra *Neapolin (Sichem)* versus ad illum locum ubi Josephus venditus est, perrexit ibique ejus ossa condidit. Moses enim Josephum e Nilo retractum secum in desertum avexerat, ubi quadraginta annos castra Israelitica secutus Josuae traditus erat. Deinde Josua Syriam expugnavit in eaque praefectos suos disposuit. Obiit 110 annos natus, postquam Israelitas annos fere duodetriginta gubernavit, et in *Cafer-hareth* sepultus est. In historia Ibn-Saïdi Mauritani legi, Josuam sepultum esse *Maarrae*, qua in re utrum scriptoris alicujus, an opinionis vulgaris quae nunc obtinet, auctoritatem secutus sit nescio. Mortuus est igitur Josua 28 annis post Mosen. In illius locum successere *Phinehas fil. Eleezri*, *fil. Aaronis*, *fil. Amrani*, et *Caleb fil. Jophinnae*, quorum ille sacris praefuit, hic rebus civilibus, ita tamen ut eorum apud populum auctoritas esset tenuior. Mutatae sunt res post septendecim annos, quum Israelitae ferocientes a Dei obedientia defecerunt, quare Deus *Cuschano*, homini e posteris Esavi fil. Isaaci, (quem alii Mesopotamiae, alii Cypri, alii Armeniae regem fuisse volunt,) Israelitarum in ditionem suam redigendorum copiam fecit. Quum autem post duram octo annorum servitutem Dei fidem implorassent, Caleb *Athnielem fil. Kenazi*, e tribu Judae, ipsius a matre fratrem, rebus patriis praeposuit. Liberati igitur sunt Israelitae a dominio Cuschani, qui, ut diximus, octo annos iis imperavit, 52 annis post Mosen mortuum. Athniel ille, vir probus, post Cuschani tyrannidem civibus suis praefectus, vectigal quod regi Mesopotamiae pendebant, abrogavit et res Israeliticas optime constituit. Obiit postquam civitatem per quadraginta annos administravit, igitur anno post Mosis mortem 92 exeunte. Tum Israelitae in improbitatem effundi et idola colere coeperunt. Itaque Deus *Egloni*, Moabitarum regi, e posteris Loti, Israelitarum vincendorum facultatem dedit, qui postquam eos per duodeviginti annos severo imperio pressit, Deo supplicarunt ut ipsos ex illius potestate liberaret, id quod impetrarunt anno post Mosen mortuum 110 exeunte. Tunc enim inter eos exstitit *Ehud*, vir Benjaminita, qui Eglonis tyrannide a civibus remota eos 80 annos gubernavit. Mortuus est igitur anno post Mosen mortuum 190 exeunte. Ei successit *Schamgar fil. Anothi*, sed citra annum mortuus est. Ergo et accessit ad rempublicam et decessit intra annum 191 post Mosen mortuum. Post id temporis Israelitas denuo ferocientes Deus in potestatem *Jabini*, alicujus e regibus Syriae, venire passus est, qui postquam eos viginti annos in servitute retinuit, rursus libertatem adepti sunt. Id igitur evenit anno post Mosen mortuum 211 exeunte. Tum inter eos exstiterunt *Barak fil. Abinoami*

Neph-

وامرأة يقال لها دبورا فقهرا يابين ودبّرا امور بنى اسرائل اربعين سنة اقول فيكون انقضاء مدّتهما فى اواخر سنة احدى وخمسين ومائتين لوفاة موسى عم باراق بباء موحدة من تحتها والف وراء مهملة والف وقاف ثمّ انّ بنى اسرائل اخطأوا وارتكبوا المعاصى بغير مدبّر لهم من بنى اسرائل مدّة سبع سنين واستولى عليهم اعدآؤهم من اهل مدين فى تلك المدّة اقول فيكون آخر مدة هذه الفترة فى اواخر سنة ثمان وخمسين ومائتين من وفاة موسى عم فاستغاثوا الى الله تعالى فاقام فيهم كَدْعُون بن يُوَّاش فقتل اعدآءهم واقام منار دينهم واستمرّ فيهم كذلك اربعين سنة اقول فيكون وفاته فى اواخر سنة ثمان وتسعين ومائتين لوفاة موسى عم كدعون بفتح الكاف وسكون الذال المعجمة وضمّ العين المهملة وواو ونون ثمّ قام فيهم بعد كدعون ابنه ابيمالخ ثلث سنين فيكون وفاته فى اواخر سنة احدى وثلث مايئة لوفاة موسى عم ابيمالخ بهمزة وباء موحدة من تحتها ثمّ ياء مثناة من تحتها وميم والف ولام وخاء معجمة ثمّ قام فيهم بعد ابيمالخ المذكور رجل من سبط يششوخر يقال له بُوآير الجُرْشى اثنتين وعشرين سنة فيكون وفاته لمضىّ ثلث مايئة وثلث وعشرين سنة من وفاة موسى عم بوآير بضمّ الباء المثناة من تحتها وهمزة مفتوحة ثمّ الف ثمّ همزة مكسورة وياء مثناة من تحتها وراء مهملة ثمّ انّ بنى اسرائل اخطأوا وارتكبوا المعاصى فسلّط الله عليهم بنى عَمّون وهم من ولد لوط وكان ملك بنى عمّون انذاك يقال له امونيطو فاستولى على بنى اسرائل ثمانى عشرة سنة حتى خلصوا منه فيكون انقضآء مدّته فى اواخر سنة احدى واربعين وثلث مايئة لوفاة موسى عم ثمّ استغاث بنو اسرائل الى الله تعالى فاقام فيهم رجلا اسمه يُفْتَح الجرشى من سبط مُنَشّا فكفاهم شرّ بنى عمّون وقتل من بنى عمّون خلقا كثيرا ودبّرهم ستّ سنين فيكون وفاته فى اواخر سنة ثلث مايئة وسبع واربعين يفتح بضمّ الياء المثناة من تحتها وسكون الفاء وضمّ التاء المثناة من فوق وحاء مهملة ثمّ قام فيهم من بعد يفتح رجل من سبط يهوذا اسمه اَبْصُن سبع سنين فيكون وفاته فى اواخر سنة اربع وخمسين وثلث مايئة لوفاة موسى عم ابصن بفتح الهمزة وسكون الباء والموحدة من تحتها ثمّ الصاد المهملة ثمّ نون ثمّ دبّرهم بعد ابصن رجل اسمه آلُون من سبط زبلولون عشر سنين فيكون وفاته فى سنة اربع وستّين وثلث مايئة لوفاة موسى عم آلون بهمزة ممدودة ممالة وضمّ اللام ثمّ واو ونون ثمّ دبّرهم بعد آلون رجل اسمه عَبْدُون بن هَلال من سبط افرايم بن يوسف ثمان سنين فيكون وفاته فى اواخر سنة اثنتين وسبعين وثلث مايئة لوفاة موسى عم عبدون بفتح العين المهملة وسكون الباء الموحدة وضمّ الدال المهملة ثمّ واو ونون ثمّ اخطأوا وعملوا بالمعاصى فسلّط الله عليهم اهل فلسطين واستولوا عليهم اربعين سنة فيكون آخر استيلآء اهل فلسطين عليهم فى اواخر سنة اثنتى عشرة واربع مايئة لوفاة موسى فاستغاثوا الى الله عزّ وجلّ فاقام فيهم رجلا اسمه شَمْشُون بن مَانُوح من سبط دان وكان لشمشون المذكور قوّة عظيمة ويعرف بشمشون الجبّار فدافع اهل فلسطين ودبّر بنى اسرائل عشرين سنة ثمّ غلبه اهل فلسطين واسروه ودخلوا به الى كنيستهم وكانت مركّبة على اعمدة فامسك العواميد وحرّكها بقوّة حتى وقعت الكنيسة فقتلته وقتلت من كان فيها من اهل فلسطين وكان منهم جماعة من كبارهم فيكون انقضآء مدّة تدبير شمشون المذكور لهم فى اواخر سنة اثنتين وثلثين واربع مايئة لوفاة موسى عم شمشون بفتح الشين المعجمة وسكون الميم ثمّ شين معجمة مضمومة ثمّ واو ونون ثمّ كانت فترة وصار بنو اسرائل بغير مدبّر منهم عشر سنين فيكون انقضآء مدّة الفترة فى اواخر سنة اثنتين واربعين واربع مايئة لوفاة موسى عم ثمّ قام فيهم رجل من ولد ايثامور بن هارون بن عمران اسمه عالى الكاهن واصل الكاهن فى لغتهم كوهن ومعناه الامام وكان عالى المذكور رجلا صالحا فدبّر بنى اسرائل اربعين سنة وكان عمره لما ولى ثمانيا وخمسين سنة فيكون مدّة عمره ثمانيا وتسعين سنة وفى اوّل سنة من ولايته ولد شمويل النبىء بقرية على باب القدس يقال

Nephthalita, et mulier quaedam cui *Deborae* nomen erat. Ab iis victus est Jabin et respublica administrata per quadraginta annos, quorum finis incidit in annum post Mosen mortuum 251 exeuntem. Iterum ad improbitatem delapsus populus per septennium (tamdiu enim respublica rectore vernaculo caruit) ab hostibus, ut Midianitis, oppressus est. Hujus temporis finis incidit in annum post Mosen mortuum 258 exeuntem. Tunc enim Deus populi precibus victus rectorem ei dedit *Gedeonem fil. Joaschi*, qui hostes profligavit et religiones patrias restauravit. Decessit post imperium quadraginta annorum, anno post Mosen mortuum 298 extremo. Post Gedeonem *Abimelech*, filius ejus, per triennium rebus praefuit; obiit igitur anno post Mosen mortuum 301 exeunte. Post eum *Jaïr Djoraschita*, vir e tribu Issachari, duos et viginti annos rempublicam administravit; obiit igitur annis 323 post Mosen mortuum. Populo iterum ad scelera omnia delapso a Deo improbitatis vindices immissi sunt Ammonitae a Loto descendentes, quorum tunc rex erat *Ammonito*. Qui postquam Israelitis duodeviginti annos imperavit, ab ejus dominio liberati sunt anno post Mosen mortuum 341 extremo. Tunc enim precibus a Deo impetrarunt reipublicae restauratorem *Jefthahum Djoraschitam*, e tribu Manassitica, qui Ammonitarum vexationes ab iis defendit et magnam hostium stragem edidit. Mortuus est postquam rempublicam administravit per sexennium, anno post Mosen mortuum 347 exeunte. Illi successit *Abson*, e tribu Judae, qui obiit post septennium, anno post Mosen mortuum 354 extremo; huic *Elon*, e tribu Zebulonis, qui obiit post decennium, anno post Mosen mortuum 364 extremo; huic *Abdon fil. Hilleli*, e tribu Ephraïmi fil. Josephi, qui obiit post octo annos, anno post Mosen mortuum 372 extremo. Tum populum ad mores perversos relapsum Deus per quadraginta annos Philistaeorum imperio mulctavit. Post illud tempus, anno post Mosen mortuum 412 exeunte, rei patriae vindicem a Deo impetrarunt *Samsonem fil. Manohi*, e tribu Dani, virum magni roboris, qui vulgo Samson Gigas appellabatur. Is Philistaeos repulit et populo per viginti annos praefuit. Tum a Philistaeis captus et vinctus, quum quondam in illorum fanum columnis suffultum introductus esset, columnas has arripuit et tam valide concussit, ut tectum collapsum et ipsum et Philistaeos qui ibi essent, in his etiam non paucos proceres, obrueret. Desiit igitur Samson civitatem gubernare anno post Mosen mortuum 432 exeunte. Postquam intercessit decennium quo civitas rectore caruit, anno post Mosen mortuum 442 extremo inter Israelitas exstitit vir probus e posteris Ithamari fil. Aaronis, fil. Amrani, qui *Eli el - cahen* appellabatur, quamquam Hebraei e patriae dialecti ratione *cohen* efferunt, quod apud eos sacrorum antistitem significat. Is civitatem per quadraginta annos gubernavit. Quum igitur illo tempore quo eam administrandam suscepit, 58 annos natus esset, eum 98 annorum aetatem confecisse intelligitur. Quadraginta illorum annorum per quos Eli rebus praefuït, primo natus est in vico Hierosolymis subjecto, cui *Schilo* nomen erat, *Samuel* propheta; anno tertio et vigesimo

David

يقال لها شيلو وفى السنة الثالثة والعشرين من ولاية عالى المذكور ولد داود النبىء عم فيكون وفاة عالى المذكور فى اواخر سنة اثنتين وثمانين واربع مائة لوفاة موسى عالى بعين مهملة على وزن فاعل ثمّ دبّر بنى اسرائل شمويل النبىء وكان قد تنبّأ لمّا صار له من العمر اربعون سنة وذلك عند وفاة عالى فدبّر شمويل بنى اسرائل احدى عشرة سنة ومنتهى هذه الاحدى عشرة هى آخر سنى حكّام بنى اسرائل وقضاتهم فانّ جميع من ذكر من حكّامهم كانوا بمنزلة القضاة وسدّوا مسدّ ملوكهم وبعد الاحدى عشرة سنة التى دبّرهم شمويل المذكور قام لبنى اسرائل ملوك على ما سنذكره ان شاء الله تعالى فيكون انقضاء سنى حكّامهم فى سنة ثلث وتسعين واربع مائة لوفاة موسى عم ثمّ حضر بنو اسرائل الى شمويل وسألوه ان يقيم فيهم ملكا فاقام فيهم شاول وهو طالوت ابن قيش من سبط بنيامين ولم يكن طالوت من اعيانهم قيل انّه كان راعيا وقيل سقّاء وقيل دبّاغا فملك طالوت سنتين واقتتل هو وجالوت وكان جالوت من جبابرة الكنعانيّين وكان ملكه بجهات فلسطين وكان من الشدّة وطول القامة بمكان عظيم فلمّا برز للقتال لم يقدم على مبارزته احد فذكر شمويل علامة الشخص الذى يقتل جالوت فاعتبر طالوت جميع عسكره فلم يكن فيهم من يوافقه تلك العلامة وكان داود عم اصغر بنى ابيه وكان يرعى غنم ابيه واخوته فطلبه طالوت واعتبره شمويل بالعلامة وهى دهن كان يستدير على رأس من يكون فيه السرّ واحضر ايضا تنّور حديد وقال الشخص الذى يقتل جالوت يكون ملء هذا التنّور فلمّا اعتبر داود ملأ التنّور واستدار الدهن على رأسه ولمّا تحقّق ذلك بالعلامة امره طالوت بمبارزة جالوت فبارزه وقتل داود جالوت وكان عمر داود انذاك ثلثين سنة ثمّ بعد ذلك مات شمويل فدفنته بنو اسرائل فى الليل وناحوا عليه وكان عمره اثنتين وخمسين سنة واحبّ الناس داود ومالوا اليه فحسده طالوت وقصد قتله مرّة بعد اخرى فهرب داود منه وبقى متحرّزا على نفسه وفى آخر الحال انّ طالوت ندم على ما كان منه من قصد قتل داود وغير ذلك ممّا وقع منه وقصد ان يكفّر الله تعالى عنه ذنوبه بموته فى الغزاة فقصد الفلسطينيّين وقاتلهم حتّى قُتل هو واولاده فى الغزاة فيكون موت طالوت فى اواخر سنة خمس وتسعين واربع مائة لوفاة موسى عم ولمّا قتل طالوت افترقت الاسباط فملك على احد عشر سبطا ايشْ بُوشَت بن طالوت واستمرّ ايش بوشت ملكا على الاسباط المذكورين ثلث سنين وانفرد عن ايش بوشت سبط يهوذا فقط وملك عليهم داود بن يَيْشَا بن عُوفيدْ بن بُوعَزْ بن سَلْمُونْ بن نَحْشُونْ بن عَمِّينُوذَبْ بن رَمْ بن حَصْرُونْ بن بَارِصْ بن يهوذا بن يعقوب بن اسحاق بن ابراهيم الخليل عم وحزن داود على طالوت ولعن موضع مصرعه وكان مقام داود بحبرون فلمّا استوسق له الملك ودخلت جميع الاسباط تحت طاعته وذلك فى سنة ثمان وثلثين من عمر داود انتقل الى القدس ثمّ انّ داود فتح فى الشام فتوحات كثيرة من ارض فلسطين وبلد عمان وماب وحلب ونصيبين وبلاد الارمن وغير ذلك ولمّا اوقع داود بصاحب حلب وعسكره وكان صاحب حماة انذاك اسمه توعو وكان بينه وبين صاحب حلب عداوة فارسل صاحب حماة توعو المذكور وزيره بالسلام والدعاء الى داود وارسل معه هدايا كثيرة فرحا بقتل صاحب حلب ولمّا صار لداود ثمان وخمسون سنة وهى السنة الثامنة والعشرون من ملكه كانت قصّته مع اوريا وزوجته وهى واقعة مشهورة وفى سنة ستّين من عمر داود خرج عليه ابنه اَبْشُولُمْ بن داود فقتله بعض قوّاد بنى اسرائل وملك داود اربعين سنة ولمّا صار لداود سبعون سنة توفّى فيكون وفاة داود

David propheta. Obiit Eli anno post Mosen mortuum 482 exeunte. Ei successit Samuel, qui eo tempore quo Eli obiit, quadragenarius propheta excitus est. Rempublicam gubernavit per undecim annos, quorum ultimus idem gubernatorum et judicum israeliticorum extremus est. Nam omnes quos recensuimus reipublicae israeliticae gubernatores, quum regum vicibus fungerentur, judicum nomen et dignitatem gerebant. Postquam igitur Samuel undecim annos rebus praefuit, Israelitae eum de rege sibi constituendo adierunt. Creatus est *Saul fil. Kischi*, Benjaminita, qui idem *Taluth* appellatur, quem quum e viris principibus non fuisse constet, quid fuerit, num pastor, an aquarius, an coriarius, ambigitur. Regnum tenuit per biennium et bella gessit cum *Goliatho (Djaluth)*, uno e gigantibus Canaanaeis, qui in Philistaeorum regionibus regnabat et corporis robore staturaeque proceritate inter omnes excellebat. Qui quum quondam ad certamen singulare processisset, nemo contra egredi ausus est. Indicavit igitur Samuel signum aliquod, quo is qui Goliathum interfecturus esset, cognosceretur. Erat autem in eo positum, quod in vertice ejus qui divinitus illam facultatem haberet, oleum in gyrum verteretur. Tum Saul universum exercitum perlustravit, sed nemo repertus est in quem illud caderet. Tunc temporis David, filiorum Isai natu minimus, patris et fratrum oves pascebat. Eum rex arcessivit, et Samuel, num signum illud in eum conveniret, expertus est. Jussit etiam fornacem ferream apportari, quam corpore illius qui Goliathum interfecturus esset, ad amussim impletum iri praedixit. Utrumque periculum subiens David et fornacem implevit, et oleum in vertice ejus in gyrum actum est. Hac re explorata, Saul eum ad certamen cum Goliatho prodire jussit. Juvenis (triginta enim annos natus erat) paruit et Goliathum interfecit. Postea Samuel mortuus et ab Israelitis noctu sepultus et planctus est. Quum autem popularium animi haud obscure ad Davidem propensi essent, Saul invidia accensus saepius eum e medio tollere studuit, unde ille fugam cepit sibique a rege cavit. Ad extremum Saulum ipsum harum insidiarum aliarumque rerum quas commiserat, poenituit et morte in bello adversus patriae hostes oppetenda a Deo peccatorum veniam mereri voluit. Itaque Philistaeis bellum intulit, in quo tandem et ipse et filii occubuerunt, anno post Mosen mortuum 495 exeunte. Tum tribus in diversas partes discessere: quarum undecim per triennium regem retinuerunt *Isbosethum fil. Sauli*, a quo descivit sola tribus Judae, quae sibi regem sumsit *Davidem fil. Isai*, *fil. Obedi*, *fil. Boazi*, *fil. Salmonis*, *fil. Nahschonis*, *fil. Amminadabi*, *fil. Rami*, *fil. Hasronis*, *fil. Paresi*, *fil. Judae*, *fil. Jacobi*, *fil. Abrahami.* David Sauli mortem luxit et locum ubi occubuerat, diris devovit. Quum (post Isbosethi mortem) David, duodequadraginta annos natus, totius populi regnum adeptus esset et omnes tribus ad ejus obedientiam accessissent, sedem pristinam, quam Hebrone habebat, nova Hierosolymitana commutavit. Inde prospero eventu multa in Syria bella gessit multasque ditiones, ut Philistaeorum, Ammonitarum, Moabitarum, Halebensem, Nesibensem, Armeniam, alias, regno adjecit. Quum regem Halebensem ejusque exercitum fudisset, *Thou*, rex Hamathensis, quem inter et Halebensem mutua fuerant odia, summum aulae consiliarium ad Davidem legavit, cui salutem et bona omnia domini verbis apprecaretur et dona lautissima offerret. Duodexaginta annos nato Davidi, qui tunc duodetrigesimum regni annum agebat, cum *Uria* ejusque uxore intercesserunt illa quae in vulgus nota sunt. Sexagenarius David perduellem expertus est *Absalonem* filium, quem aliquis ducum exercitus israelitici interfecit. Post regnum quadraginta annorum David obiit septuagenarius, anno post Mosen mortuum 535 extremo.

 Mori-

داود فى اواخر سنة خمس وثلثين وخمس مايئة لوفاة موسى واوصى داود قبل موته بالملك الى سليمان ولده واوصاه بعمارة بيت المقدس وعيّن لذلك عدّة بيوت اموال تحتوى على جمل كثيرة من الذهب فلمّا مات داود ملك سليمان وعمره اثنتا عشرة سنة وآتاه الله من الحكمة والملك ما لم يؤته لاحد سواه على ما اخبر الله به فى محكم كتابه العزيز وفى السنة الرابعة من ملكه فى شهر ايار وهى سنة تسع وثلثين وخمس مايئة لوفاة موسى ابتدى سليمان عم فى عمارة بيت المقدس حسبما تقدّمت به وصيّة ابيه اليه واقام سليمان فى عمارة بيت المقدس سبع سنين وفرغ منه فى السنة الحادية عشرة من ملكه فيكون الفراغ من عمارة بيت المقدس فى اواخر سنة ستّ واربعين وخمس مايئة لوفاة موسى عم وكان ارتفاع البيت الذى عمره سليمان ثلثين ذراعا وطوله ستّين ذراعا فى عرض عشرين ذراعا وعمل خارج البيت سورا محيطا به امتداده خمس مايئة ذراع فى خمس مايئة ذراع ثمّ بعد ذلك شرع سليمان عم فى بناء دار مملكة بالقدس واجتهد فى عمارتها وتشييدها وفرغ منها فى مدّة ثلث عشرة سنة وانتهت عمارتها فى السنة الرابعة والعشرين من ملكه وفى السنة الخامسة والعشرين من ملكه جاءته بلقيس ملكة اليمن ومن معها واطاعه جميع ملوك الارض وحملوا اليه نفائس اموالهم واستمرّ سليمان على ذلك حتّى توفّى وعمره اثنتان وخمسون سنة فكانت مدّة ملكه اربعين سنة فيكون وفاة سليمان عم فى اواخر سنة خمس وسبعين وخمس مايئة لوفاة موسى عم ولمّا توفّى سليمان ملك ابنه رُحُبْعُمْ وكان رحبعم المذكور ردىء الشكل شنيع المنظر فلمّا توفّى حضر اليه كبرآء بنى اسرئل وقالوا له انّ اباك سليمان كان ثقيل الوطأة علينا وحمّلنا امورا صعبة فان انت خفّفت الوطأة عنّا وازلت عنّا ما كان ابوك قد قرّره علينا سمعنا لك واطعناك فاخّر رحبعم جوابهم الى ثلثة ايّام واستشار كبرآء دولة ابيه فى جوابهم فاشاروا بتطييب قلوبهم وازالة ما يشكونه ثمّ انّ رحبعم استشار الاحداث ومن لم يكن له معرفة فاشاروا باظهار الصلابة والتشديد على بنى اسرئل لئلّا يحصل لهم الطمع فلمّا حضروا الى رحبعم ليسمعوا جوابه قال لهم انا خنصرى اغلظ من ظهر ابى ومهما كنتم تخشونه من ابى فانّنى اعاقبكم باشدّ منه فعند ذلك خرج عن طاعته عشرة اسباط ولم يبق مع رحبعم غير سبطى يهوذا وبنيامين فقط وملك على الاسباط العشرة رجل من عبيد ابيه سليمان اسمه يرُبْعَم وكان يربعم المذكور فاسقا كافرا وافترقت حينئذ مملكة بنى اسرئل واستقرّ لولد داود الملك على السبطين فقط اعنى سبطى يهوذا وبنيامين وصار للاسباط العشرة ملوك تعرف بملوك الاسباط واستمرّ الحال على ذلك نحو مائتين واحدى وستّين سنة وكانت ولد سليمان فى بنى اسرئل بمنزلة الخلفآء للاسلام لانّهم اهل الولاية وكانت ملوك الاسباط مثل ملوك الاطراف والخوارج وارتحلت الاسباط الى جهات فلسطين وغيرها بالشام واستقرّ ولد داود ببيت المقدس ونحن نقدّم ذكر بنى داود الى حيث اجتمعت لهم المملكة على جميع الاسباط ثمّ بعد ذلك نذكر ملوك الاسباط متتابعين ان شاء الله تعالى فنقول واستمرّ رحبعم ملكا على السبطين حسبما شُرح حتّى دخلت السنة الخامسة من ملكه فيها غزاه فرعون واسمه شيشاق ونهب مال رحبعم المتخلّف عن سليمان واستمرّ رحبعم على ما استقرّ له من الملك وزاد فى عمارة بيت لحم وعمارة غزّه وصور وغير ذلك من البلاد وكذلك عمر اباه وجدّدها وولد لرحبعم ثمانية وعشرون ذكرا غير البنات وملك رحبعم سبع عشرة سنة

Moribundus successorem instituit Salomonem filium, cui templum aedificandum mandavit et magnam auri vim in compluribus aerariis repositam ad illum usum designavit. Mortuo igitur Davide regnum capessivit *Salomo*, duodecim annorum puer; cui Deus, quemadmodum ipse in perspicuo Codicis sacri contextu tradidit, *tantum sapientiae et potentiae largitus est, quantum praeter eum nemini.* Regni anno quarto, post Mosen mortuum 539, mense Ajar, Salomo, patris mandato obsecutus, templum aedificare coepit; quod opus per septem annos continuatum perfecit regni anno undecimo, post Mosen mortuum 546. Templi altitudo erat triginta cubitorum, longitudo sexaginta, latitudo viginti. Deinde aedem muro circumdedit qui undequaque in 500 cubitos patebat. His absolutis palatium regium Hierosolymis aedificare aggressus est et per tredecim annos plurimum in eo ornando et in magnam molem exstruendo studii posuit. Absolutum est anno regni ejus 24. Anno insequente venit ad eum *Balkis*, regina Jemenensis, cum magna comitum caterva, et omnes orbis terrarum reges Salomonem dominum agnoverunt eique exquisitissima quaeque de opibus suis obtulerunt. Nec mutata est secunda regis fortuna donec obiit 52 annos natus, postquam 40 regnavit, anno post Mosen mortuum 575 exeunte. — Successit ei *Rehabeam* filius, homo deformis et ingrati aspectus. Qui postquam ad regnum accessit, viri principes populi israelitici ad eum venerunt et hanc orationem habuerunt: *Pater tuus Salomo vehementer nos oppressit et gravia nobis onera injunxit. Quod si tu mitiorem te dominum praebebis, atque ea quae pater nobis imposuit, abolebis: promtis animis tibi parebimus.* Distulit Rehabeam responsum in triduum, de eaque re proceres aulae paternae in consilium advocavit. Ii regi suaserunt, ut animos populares mitigaret et illa de quibus quererentur, aboleret. Hinc adolescentulos et homines imperitos consuluit: qui ei suaserunt, ut durum se gereret et populi onera etiam augeret, ne rerum novarum libido eos incesseret. Ubi itaque, sententiam regiam accepturi, ad eum revenerunt, increpans: *Digitus meus minimus*, inquit, *crassior est patris mei dorso, et quaecunque a patre vobis metuebatis, iis graviora vobis infligam.* Quo factum est ut decem tribus ejus imperium excuterent, et duae tantum, Judaïca et Benjaminitica, ab ejus partibus perstarent. Decem illae reliquae regem nacti sunt *Jerobeamum*, hominem e servis Salomonis, et moribus et animo impium. Illo igitur tempore, regno israëlitico diviso, posteri Davidis duarum tantum illarum tribuum, Judaïcae et Benjaminiticae, imperium servarunt; decem reliquae suos reges habuerunt, qui *reges tribuum* appellari solent. Haec rerum conditio perduravit fere 261 annos. Davidis posteri, utpote qui regnandi jus haberent, inter Israelitas eo loco erant quo Chaliphae inter Islami asseclas; reges tribuum contra comparari possunt cum *moluk - el - atraf* et *el - chawaridj* (i. e. iis qui Calipharum auctoritate vel aliqua ex parte, vel plane excussa ipsi in provinciis rerum potiti sunt). Tribus illae se ad terram Philistaeorum aliasque Syriae regiones contulerunt, posteri Davidis autem Hierosolymis manserunt. Quorum historiam usque ad illud tempus quo totius regni summa denuo ad eos rediit, jam praemittemus; deinde eo ordine quo se exceperunt, de regibus tribuum dicemus. Rehabeam igitur, quemadmodum narratum est, duarum tantum tribuum regnum servavit. Cui quintum regni annum ingresso bellum intulit *Sisak* Pharao eumque opibus a Salomone relictis spoliavit; sed tamen regnum quod in discessione populi servaverat, retinuit. Bethlehemo, Gazae, Tyro aliisque urbibus majorem cultum addidit, item Aelanam restauravit et ornavit. Nati sunt ei, praeter filias, duodetriginta filii. Regnavit

decem

سنة وكانت مدّة عمره احدى واربعين سنة اقول فيكون وفاة رحبعم فى اواخر سنة اثنتين وتسعين وخمس مائة لوفاة موسى ورحبعم براء مهملة لم اتحقّق حركتها وضمّ الحاء المهملة وسكونّ الباء الموحدة وضمّ العين المهملة ثمّ ميم ولمّا توفّى رحبعم ملك بعده وعلى قاعدته ابنه اَفِيّا ثلث سنين فيكون وفاة افيّا فى اواخر سنة خمس وتسعين وخمس مائة لوفاة موسى عم وافيّا بفتح الهمزة وكسر الفاء التى هى بين الفاء والذال على مقتضى اللغة العبرانيّة وتشديد الباء المثناة من تحتها ثمّ الف ولمّا توفّى افيّا ملك بعده ابنه اُسَا احدى واربعين سنة وخرج على اسا عدوّ فهزم الله العدوّ بين يدى اسا وقيل انّ العدوّ كان من الحبشة وقيل من الهنود اقول فكانت وفاة اسا فى اواخر سنة ستّ وثلثين وستّ مائة لوفاة موسى عم واسا بضمّ الهمزة وفتح السين المهملة ثمّ الف ثمّ ملك بعد اسا ابنه يَهُوشَافَاط خمسا وعشرين سنة وكان عمر يهوشافاط لمّا ملك خمسا وثلثين سنة وكان يهوشافاط رجلا صالحا كثير العناية بعلماء بنى اسرائل وخرج على يهوشافاط عدوّ من ولد العيص وجآءوا فى جمع عظيم وخرج يهوشافاط لقتالهم فالقى الله بين اعدآئه الفتنة واقتتلوا فيما بينهم حتّى امحقوا وولّوا منهزمين فجمع يهوشافاط منهم غنائم كثيرة وعاد بها الى القدس مويّدا منصورا واستمرّ فى ملكه خمسا وعشرين سنة وتوفّى فيكون وفاته فى اواخر سنة احدى وستّين وستّ مائة ويهوشافاط بفتح الياء المثناة من تحتها وضمّ الهاء وسكون الواو وفتح الشين المعجمة وبعدها الف ثمّ فاء والف ثمّ طاء مهملة ثمّ ملك بعد يهوشافاط ابنه يَهُورَام وكان عمر يهورام لمّا ملك اثنتين وثلثين سنة وملك ثمان سنين فيكون وفاته فى اواخر سنة تسع وستّين وستّ مائة ويهورام بفتح الياء المثناة من تحتها وضمّ الهاء وسكون الواو وراء مهملة ثمّ الف وميم ولمّا مات يهورام ملك بعده ابنه اَحَزْيَاهُو وكان عمره لمّا ملك اثنتين واربعين سنة وملك سنتين فيكون وفاته فى اواخر سنة احدى وسبعين وستّ مائة واحزياهو بفتح الهمزة والحاء المهملة وسكون الزاى المعجمة ثمّ مثناة من تحتها ثمّ الف وهاء وواو ثمّ كان بعد احزياهو فترة بغير ملك وحكمت فى الفترة المذكورة امرأة ساحرة اصلها من جوارى سليمان عم واسمها عَثَلْيَاهُو وتتبّعت بنى داود فافنتهم وسلم منها طفل اخفوه عنها وكان اسم الطفل يُوَّاش بن احزيو واستولت عثلياهو كذلك سبع سنين فيكون آخر الفترة وعدم عثلياهو فى اواخر سنة ثمان وسبعين وستّ مائة لوفاة موسى عم ثمّ ملك بعد عثلياهو يوأش وهو ابن سبع سنين وفى السنة الثالثة والعشرين من ملكه رمّم بيت المقدس وجدّد عمارته وملك يوأش اربعين سنة فيكون وفاته فى اواخر سنة ثمانى عشرة وسبع مائة لوفاة موسى عم ويوأش بضمّ المثناة من تحتها ثمّ همزة والف وشين معجمة ثمّ ملك بعد يوأش ابنه اَمَصْيَاهُو وكان عمره لمّا ملك خمسا وعشرين سنة وملك تسع وعشرين سنة وقيل خمس عشرة وقُتل فيكون موته فى اواخر سنة سبع واربعين وسبع مائة لوفاة موسى عم وامصياهو بفتح الهمزة وفتح الميم وسكون الصاد المهملة ومثناة من تحتها والف وهاء وواو ثمّ ملك بعده عُزِيَاهُو وكان عمره لمّا ملك ستّ عشرة سنة وملك اثنتين وخمسين سنة ولحقه البرص وتنغّصت عليه ايّامه وضعف امره فى آخر وقت وتغلّب عليه ولده يوثم فيكون وفاة عزّياهو فى اواخر سنة تسع وتسعين وسبع مائة لوفاة موسى عم وعزّياهو بضمّ العين المهملة وتشديد الزاى المعجمة ثمّ مثناة من تحتها والف وهاء وواو ثمّ ملك بعد عزّياهو ابنه يُوثَم وكان عمر يوثم لمّا ملك خمسا وعشرين سنة وملك ستّ عشرة سنة فيكون وفاته فى سنة خمس عشرة وثمان مائة لوفاة موسى عم ويوثم بضمّ المثناة من تحتها وسكون الواو وفتح الثاء المثلثة ثمّ ميم وقيل انّ فى ايّامه كان يونس النبىء عم على ما سنذكره ان شاء الله تعالى ولمّا توفّى يوثم ملك بعده ابنه اُحُز وكان عمر احز لمّا ملك عشرين سنة وملك ستّ عشرة سنة وفى السنة الرابعة من ملكه قصده ملك دمشق واسمه رصين وكان اشعيا النبىء فى ايّام احز فبشّر احز انّ الله تعالى يصرف

decem et septem annos, vixit unum et quadraginta. Unde efficitur eum decessisse anno post Mosen mortuum 592 extremo. Rehabeamo successit filius *Abia*, qui regnum per triennium eadem qua pater ratione administravit. Obiit igitur annos post Mosen mortuum 595 extremo. Abiae successit filius *Asa*, qui 41 annos regnavit. Adversus eum profectus est exercitus hostium, qui aliis videntur Aethiopes, aliis Indi fuisse: quos Deus sub oculis Asae in fugam convertit. Obiit igitur Asa anno post Mosen mortuum 636 exeunte. Successorem habuit filium *Josaphatum*, tunc temporis 35 annos natum, qui regnum per 25 annos tenuit, virum probum se gessit, et homines doctos populi sui magno studio fovit. Eum adortus est maximus exercitus hostilis e posteris Esavi; adversus quos quum Rex profectus esset, ipsi, dissidiis consilio divino inter se ortis, ad internecionem usque se conciderunt et in fugam effusi sunt. Itaque spoliis opimis collectis, Rex, a Deo victoria ornatus, triumphans in urbem reversus est. Decessit post regnum 25 annorum, igitur anno post Mosen mortuum 661 extremo. Ei successit filius *Joram*, 32 annos natus, qui quum octo annos regnaverit, obitus ejus collocandus erit anno post Mosen mortuum 669 extremo. Ei successit filius *Ahazia* 42 annos natus, cujus regnum quum duorum tantum annorum fuerit, obitus cadet in annum post Mosen mortuum 671 extremum. Post eum interregnum fuit, per quod rerum potita est *Athalia*, mulier saga, quae originem e servabus Salomonis trahebat. Ea gentem Davidicam ubique locorum persecuta exstinxit, praeter Joasum, Ahaziae filium infantem, qui aliorum cura absconditus ejus furores evasit. Athalia illo modo septem annos dominata est. Finis igitur interregni et Athaliae interitus incidisse debent in annum post Mosen mortuum 678 extremum. Athaliae successit *Joas* ille, puer septennis. Anno regni 23 templum Hierosolymitanum resarsit et instauravit. Qui quum quadraginta annos regnaverit, obiisse censendus erit anno post Mosen mortuum 718 extremo. Ei successit filius *Amasia*, 25 annos natus, qui postquam 29 annos, vel secundum alios 15 regnavit, interfectus est; id quod, si auctoritatem priorem sequaris, accidisse debet anno post Mosen mortuum 747 extremo. Ei successit filius *Uzzia*, 16 annos natus, qui 52 annos regnavit, decessisse igitur censendus erit anno post Mosen mortuum 799 extremo. Hic rex lepra afflictus aerumnosam vitam degit, et sub vitae finem auctoritate ejus valde imminuta, Jothamo filio potestatem regiam cedere coactus est. Tandem mortuo patri *Jotham* successit, 25 annos natus, qui postquam 16 annos regnavit, obiit anno post Mosen mortuum 815 extremo. Eo regnante vixisse dicitur Jonas propheta, quemadmodum infra, Deo volente, dicemus. Jothamo successit filius *Ahaz*, 20 annos natus, qui 16 annos regnavit. Regni anno quarto bellum ei intulit *Rasin*, rex Damascenus; sed, quod Isaïa propheta, qui Ahazo regnante florebat, ei divina auctoritate pollicitus erat, Deus illum ne incepto quidem bello

retro

يصرف رصين بغير حرب فكان كذلك فيكون وفاة احز فى اواخر سنة احدى وثلثين وثمان مائة واحز بضمّ الهمزة ممدودة ممالة وحاء مهملة ممالة ايضا ثمّ زاى معجمة ولمّا توفّى احز المذكور ملك بعده ابنه حِزْقِيّا وكان رجلا صالحا مظفّرا ولمّا دخلت السنة السادسة من ملكه انقرضت دولة الخوارج ملوك الاسباط الذين قدّمنا ذكرهم عند ذكر رحبعم بن سليمان ونحن نذكرهم الان مختصرا من اوّلهم الى حين انتهوا فى هذه السنة اعنى السنة السادسة من ملك حزقيّا ثمّ اذا فرغنا من ذكرهم نعود الى ذكر حزقيّا ومن ملك بعده فنقول انّ ملوك الاسباط المذكورين خرجوا بعد وفاة سليمان على رحبعم بن سليمان فى اوائل سنة ستّ وسبعين وخمس مائة وانقرضوا فى سنة سبع وثلثين وثمان مايئة فتكون مدّة ملكهم مائتين واحدى وستّين سنة وعدّتهم سبعة عشر ملكا وهم يربعم ونوذب وبعشوٌ وايلا وزمرى وتبنى وعمرى واحوٌب واحزيو وياهورام وياهو ويهوياحاز ويوٌاش ويربعم آخر وبقحيوٌ وباقح وهوشاع وملك المذكورين فى المدّة المذكورة اعنى مائتين واحدى وستّين سنة تقريبا وقد ذكر لكلّ واحد منهم المدّة التى ملك فيها وجمعنا تلك المدد فلم يطابق ذلك التفصيل هذه الجملة المذكورة فاضربنا عن ذكر تفصيل مدّة ما ملك كلّ واحد منهم وسنذكر شيًا من اخبارهم فنقول امّا اوّلهم وهو يربعم فكان من عبيد سليمان ابن داود وكان يربعم المذكور كافرا فلمّا ملك اظهر الكفر وعبادة الاوثان وفى السنة الثامنة عشرة من ملك يربعم توفّى رحبعم بن سليمان وامّا ثانيهم نوذب فهو ابن يربعم المذكور وامّا ثالثهم بعشوٌ فهو ابن احيّا من سبط يَشْسُوخَر وامّا رابعهم ايلا فهو ابن بعشوٌ المذكور وكان مقدّم جيشه زمرى فقتل ايلا وتولّى زمرى مكانه وخامسهم زمرى المذكور احرق فى قصره وامّا سادسهم تبنى فانّه ولى الملك خمس سنين بشركة عمرى وامّا سابعهم عمرى فانّه بعد موت تبنى استقلّ بالملك بمفرده وعمرى المذكور هو الذى بنى صَبَصْطِيّة وجعلها دار ملكه وامّا ثامنهم اَحْأُب فهو ابن عمرى وقتل فى حرب كانت بينه وبين صاحب دمشق وامّا تاسعهم احَزيو فهو ابن احأب المذكور وكان موته بان سقط من روشن له فمات وامّا عاشرهم ياهورام فهو اخو احزيو المذكور وكان فى ايّامه الغلاء وامّا حادى عشرهم ياهو فهو ابن نمشى وامّا ثانى عشرهم يهوياحاز فهو ابن ياهو المذكور وامّا ثالث عشرهم يوٌاش فهو ابن يهوياحاز وامّا رابع عشرهم يربعم الثانى فهو ابن يوٌاش وقوى فى مدّة ملكه وارتجع عدّة من قرى بنى اسرائل كانت قد خرجت عنهم من حماة الى كُنْسَر وعلى عهده كان يونس النبىء عم وامّا خامس عشرهم بَقحيوٌ فانّ مدّته لم تطل وامّا سادس عشرهم باقح فعلى ايّامه حضر ملك الجزيرة وغزا الاسباط المذكورين واخذ منهم جماعة الى بلده واجلا بعضهم الى خراسان وامّا سابع عشرهم هوشاع فهو ابن ايلا ولمّا توفّى اطاع صاحب الجزيرة واسمه سلمناصر وقيل فَلَنْصر وبقى هوشاع فى طاعته تسع سنين ثمّ عصاه فارسل صاحب الجزيرة المذكور وحاصره ثلث سنين وفتح بلده صبصطيّة واجلاه وقومه الى بلد خراسان واسكن موضعهم السمرة وكان ذلك فى السنة السادسة من ملك حزقيّا فانضمّ من سلم من الاسباط الى حزقيّا ودخلوا تحت طاعته وملك حزقيّا تسعا وعشرين سنة وكان عمره لمّا ملك عشرين سنة وكان من الصلحاء الكبار وكان قد فرغ عمره قبل موته بخمس عشرة سنة فزاده الله تعالى فى عمره خمس عشرة سنة وامره ان يتزوّج واخبره بذلك نبىء كان فى زمانه وفى ايّام ملك حزقيّا قصده سنحاريب ملك الجزيرة فخذله الله تعالى ووقعت الفتنة فى عسكره فولّى راجعا ثم قتله اثنان من اولاده فى نينوى وكان

retro egit. Ahazo, anno post Mosen mortuum 831 extremo vita defuncto, successit filius *Hizkia*, vir probus et in bello adversus hostes felix. Quo sextum anni regnum auspicato extinctum est imperium regum decem tribuum, quorum in loco de Rehabeamo fil. Salomonis mentionem fecimus. Eos jam, a primo exorsi, breviter usque ad eum annum quo extincti sunt (annum dico regni Hizkiae sextum) recensebimus, deinde ad historiam Hizkiae et regum qui ei successerunt, revertemur. Igitur reges illi tribuum, quum Salomone vita defuncto, anno post Mosen mortuum 576 ineunte, a Rehabeamo fil. Salomonis defecerint, exstincti autem sint anno 837: patet eos regnasse annos 261. Quorum septem et decem nomina haec sunt: *Jerobeam*, *Nadab*, *Baesa*, *Ela*, *Zimri*, *Thebni*, *Omri*, *Ahab*, *Ahazia*, *Joram*, *Jehu*, *Joahaz*, *Joas*, *Jerobeam II*, *Pekahia*, *Pekah*, *Hosea*. Hos igitur quamquam per illud fere 261 annorum spatium regnasse constat, tamen temporibus, per quae eorum singuli regnasse dicuntur (quae et ipsa memoriae tradita sunt), in summam collectis, numerum annorum invenimus ab illa, quam diximus, summa differentem. Quare temporibus illis per quae singuli eorum regnasse dicuntur, omissis, historiam eorum perstringemus. *Jerobeam* igitur, primus eorum, homo e servis Salomonis fil. Davidis, veram religionem, a qua jam antea defecerat, postquam regnum capessivit, palam idolorum cultu commutavit. Ejus regni anno duodevicesimo obiit Rehabeam fil. Salomonis. *Nadab*, rex secundus, erat filius Jerobeami; tertius, *Baesa*, Ahiae Issacharitae; quartus, *Ela*, Baesae. Ela a *Zimri*, exercitus regii duce, interfecto, Zimri ipse in ejus locum successit, sed in ipsius* palatio combustus est. Sextus, *Thebni*, per quinquennium commune cum Omri regnum gessit. Septimus, hic ipse *Omri*, post Thebnii mortem solus regno potitus, *Sebasten* (Samariam) condidit ibique regni sedem fixit. Octavus, *Ahab*, Omrii filius, in bello adversus regem Damascenum occubuit. Nonus, *Ahazia*, Ahabi filius, quum forte e fenestra palatii decidisset, vitam amisit. Decimo, *Joramo*, Ahaziae fratre, regnante caritas annonae populum afflixit. Undecimus, *Jehu*, fuit filius Namsii; duodecimus, *Joachaz*, tertii et decimi, *Joasi*, pater fuit, et hic quarti et decimi, *Jerobeami II*. Hic magnam, dum regnabat, potentiam adeptus oppida complura a regno Israelitico alienata ab Hamath usque ad Conser ei restituit. Eodem rege floruit Jonas propheta. Quinti et decimi, *Pekahiae*, breve regnum fuit. Sexto et decimo, *Pekaho*, regnante rex Mesopotamiae decem tribubus bellum intulit et multos inde secum in terras suas abduxit, quorum partem in regionem Chorasanicam relegavit. Septimus et decimus, *Hosea*, filius Elae, primo regni tempore per novem annos *Salmanasaro* vel *Phalansaro*, regi Mesopotamiae, paruit; sed postea, quum ab eo descivisset, ab exercitu adversus se misso per triennium obsessus, et urbe sua, Sebaste, tandem expugnata, cum populo a victore in regionem Chorasanicam relegatus est, loca autem quae habitaverant Israelitae, Samaritanis data sunt. Haec acciderunt anno Hizkiae regis sexto. Qui e tribubus captivitatem evaserant, ii ad Hizkiam confugerunt et ad ejus obedientiam accesserunt. Hizkia regnum, quod 20 annos natus capessiverat, per 29 annos tenuit. Quum vir esset sanctissimus, Deus vitae ejus, quae quindecim annis antequam decessit, ad fatalem terminum pervenerat, totidem annos adjecit eumque uxorem ducere jussit, qua de re certior factus est a propheta quodam qui illo tempore florebat. Eundem adortus est *Senharib*, rex Mesopotamiae, sed consilio divino spe excidit; nam dissidiis in exercitu ortis se in regnum suum recipere coactus est, ubi eum, quum in urbe Ninive esset, duo ex ipsius filiis occiderunt. Quo confir-

وكان اشعيا النبىء قد اخبر بنى اسرائل انّ الله تعالى يكفيهم شرّ سنحاريب بغير قتال ثمّ انّ ولديه اللذان قتلاه فى نينوى هربا الى جبال الموصل ثمّ سارا الى القدس فامنا بحزقيّا وكان اسمهما ادرمالخ وشراصر وملك بعد سنحاريب ابنه الاخر واسمه اسرحدّون وعظم بذلك امر حزقيّا وهادنه الملوك وملك حسبما ذكرنا تسعا وعشرين سنة وتوفّى فيكون وفاة حزقيّا فى اواخر سنة ستّين وثمان مائة لوفاة موسى عم حزقيّا بكسر الحاء المهملة وسكون الزاى المعجمة وكسر القاف وتشديد الياء المثناة من تحتها ثمّ الف ثمّ ملك بعده ابنه منشّا وكان عمره لمّا ملك اثنتى عشرة سنة فعصى لمّا تملّك واظهر العصيان والفسق والطغيان مدّة اثنتين وعشرين سنة من ملكه وغزاه صاحب الجزيرة ثمّ انّ منشّا اقلع عمّا كان منه وتاب الى الله توبة نصوحا حتّى مات وكانت مدّة ملكه خمسا وخمسين سنة فيكون وفاته فى اواخر سنة تسع مائة وخمس عشرة منشّا بميم لم نتحقّق حركتها ونون مفتوحة وشين معجمة مشدّدة والف ثمّ ملك بعده ابنه آمون سنتين فيكون وفاته فى اواخر سنة سبع عشرة وتسع مائة لوفاة موسى عم آمون بهمزة ممالة وميم مضمومة ثمّ واو ونون ثمّ ملك بعده ابنه يُوشِيّا ولمّا ملك اظهر الطاعة والعبادة وجدّد عمارة بيت المقدس واصلحه وملك يوشيّا المذكور احدى وثلثين سنة فيكون وفاته فى اواخر سنة ثمان واربعين وتسع مائة يوشيّا بضمّ المثناة من تحتها وسكون الواو وكسر الشين المعجمة وتشديد المثناة من تحتها ثمّ الف ثمّ ملك بعده ابنه يهوياحوز ولمّا ملك يهوياحوز غزاه فرعون مصر واظنّه فرعون الاعرج واخذ يهوياحوز اسيرا الى مصر فمات بها وكانت مدّة ملكه ثلثة اشهر فيكون انقضاء مدّة ملكه فى السنة المذكورة اعنى سنة ثمان واربعين وتسع مائة او بعدها بقليل ولمّا اسر يهوياحوز ملك بعده اخوه يَهُويَاقيم وفى السنة الرابعة من ملكه توفّى بخت نصر على بابل وهى سنة اثنتين وخمسين وتسع مائة لوفاة موسى عم وذلك على حكم ما اجتمع لنا من مدد ولايات حكّام بنى اسرائل والفترات التى كانت بينهم وامّا ما اختاره المؤرّخون فقالوا انّ من وفاة موسى عم الى ابتداء ملك بخت نصر تسع مائة وثمانيا وسبعين سنة ومائتين وثمانية واربعين يوما وهو يزيد على ما اجتمع لنا من المدد المذكورة فوق ستّ وعشرين سنة وهو تفاوت قريب وكان هذا النقص انّما حصل من اسقاط اليهود كسورات المدد المذكورة فانّه من المستبعد ان يملك الشخص عشرين سنة او تسع عشرة سنة مثلا بل لا بدّ من اشهر وايّام مع ذلك فلمّا ذكروا لكلّ شخص مدّة صحيحة سالمة من الكسر نقصت جملة السنين القدر المذكور اعنى ستّا وعشرين سنة وكسورا وحيث انتهينا الى ولاية بخت نصر فنؤرّخ منه ما بعده ان شاء الله تعالى وكان ابتداء ولاية بخت نصر فى سنة تسع وسبعين وتسع مائة لوفاة موسى عم وفى السنة الاولى من ولاية بخت نصر سار الى نينوى وهى مدينة قبالة الموصل بينهما دجلة ففتحها وقتل اهلها وخرّبها وفى السنة الرابعة من ملكه وهى السابعة من ملك يهوياقيم سار بخت نصر بالجيوش الى الشام وغزا بنى اسرائل فلم يحاربه يهوياقيم ودخل تحت طاعته فبقّاه بخت نصر على ملكه وبقى يهوياقيم تحت طاعة بخت نصر ثلث سنين ثمّ خرج عن طاعته وعصى عليه فارسل بخت نصر وامسك يهوياقيم وامر باحضاره اليه فمات يهوياقيم فى الطريق من الخوف فيكون مدّة يهوياقيم نحو احدى عشرة سنة ويكون انقضاء ملك يهوياقيم فى اوائل سنة ثمان لابتداء ملك بخت نصر يهوياقيم بفتح المثناة من

confirmata est Isaïae prophetae fides, qui jam antea Israelitis vaticinatus erat, fore ut Deus Senharibi impetum citra belli necessitatem ab iis prohiberet. Filii parricidae, quorum alteri *Adramelech*, alteri *Sarasar* nomen erat, primum in montes Mosulenses fugerunt, deinde Hierosolyma ad Hizkiam profecti ab eo asylum acceperunt. Senharibo in regno successit *Asarhaddon*, alius ex ipsius filiis. Prospero hoc eventu Hizkiae gloria et potestate majorem in modum aucta, plurimi reges eum donis missis sibi conciliare studuerunt. Decessit, ut diximus, postquam 29 annos regnavit, ergo anno post Mosen mortuum 860 extremo. In cujus locum quum successisset filius *Manasse*, puer duodecim annorum, per primos 22 regni annos plurima impietatis, morum perversorum et insolentiae specimina edidit; postquam autem a rege Mesopotamiae bellum adversus se parari vidit, a facinoribus consuetis destitit et sincera poenitentia ad Deum se convertit, neque animum mutavit, donec post regnum 55 annorum obiit anno post Mosen mortuum 915 exeunte. Post eum regnavit filius *Amon* per biennium, ut obitum ejus constet incidisse in annum post Mosen mortuum 917 extremum. Successorem habuit filium *Josiam*, qui rex factus obedientiae et pietatis erga Deum exemplum exstitit et templum Hierosolymitanum restauravit. Obiit post regnum 31 annorum, igitur anno post Mosen mortuum 948 extremum. Ei successit filius *Joahaz*, cui modo rerum potito bellum illatum est a rege Aegyptio, quem equidem *Pharaonem claudum* fuisse arbitror. Is Joahazum captivum in Aegyptum abduxit, ubi vita defunctus est. Quum tres tantum menses rebus praefuerit, regnum ejus eodem illo anno quo coeptum est, scilicet anno 948, aut paullo post ad finem pervenisse existimandum erit. Eo ab hostibus capto, rex factus est frater *Jojakim*. Qui dum quartum annum regnabat, rerum in Babylonia potitus est Nabuchodonosor, anno post Mosen mortuum 952. Haec temporis definitio fluit e summa illorum temporum per quae Judices et Reges israelitici rebus praefuerunt, et interregnorum. Contra Chronologi inter mortem Mosis et inaugurationem Nabuchodonorosis ponunt 978 annos et 248 dies: quae temporis summa illam quam nos ea, qua diximus, ratione collegimus, superat sex et viginti amplius annis, quod discrimen haud ita est magnum. Atque quod nostra illa summa hac minor est, id non aliam habet causam nisi hanc, quod Judaei partes subsecivas illorum temporum omiserunt. Nam vix credibile est, quempiam ipsos viginti, ut exemplum ponamus, aut undeviginti annos regnasse: menses et dies desideramus illis addendos. Judaei autem quum cuique tempus tribuerint solidum et fractionis expers: summa annorum illo numero quem diximus, id est viginti sex annis et quod excurrit, deminuta est. Jam quum ad regnum Nabuchodonosoris perventum sit, ea quae sequuntur tempora ab illius inauguratione, quae in annum post Mosen mortuum 979 incidit, subducemus. Primo igitur anno regni ipse Niniven versus castra movit, quae e regione Mosuli sita erat, ita ut Tigris hanc ab illa dirimeret. Urbis expugnatae incolas occidit et ipsam devastavit. Anno quarto regni sui, septimo Jojakimi, magno exercitu in Syriam venit, Israelitis bellum illaturus; sed Jojakim, armorum discrimine vitato, ultro ad ejus imperium accessit, quare Nabuchodonosor ei regnum reliquit. Postquam autem per triennium Nabuchodonosori paruit, obedientiam ei renuntiavit. Itaque Rex babylonicus misit qui illum vinctum sibi adducerent; sed in ipso itinere metu exanimatus est. Regnavit igitur undecim fere annos, et regno excidit anno post inaugurationem Nabuchodonosoris octavo ineunte. Quum in Babyloniam abduceretur, *Jechoniam* filium sibi

 suffecit

من تحتها وضمّ الهاء وواو ساكنة وباء مثناة من تحتها والف وقاف مكسورة وياء مثناة من تحتها ساكنة وميم ولمّا اخذ يهوياقيم المذكور الى العراق استخلف مكانه ابنه وهو يَخْنْيُو فاقام يخنيو موضع ابيه مائة يوم ثمّ ارسل بخت نصر من اخذه الى بابل يخنيو بفتح المثناة من تحتها وفتح الخاء المعجمة وسكون النون وضمّ المثناة من تحتها ثمّ واو ولمّا اخذ بخت نصر يخنيو الى العراق اخذ معه ايضا جماعة من علماء بنى اسرائل من جملتهم دانيال وحزقال النبىء وهو من نسل هارون وحالَ وصولِ يخنيو سَجَنه بخت نصر فلم يبرح مسجونا حتى مات بخت نصر ولمّا امسك بخت نصر يخنيو نصب مكانه على بنى اسرائل عمّ يخنيو المذكور وهو صدقيّا واستمرّ صدقيا تحت طاعة بخت نصر وكان ارميّا النبىء فى ايّام صدقيّا فبقى يعظ صدقيّا وبنى اسرائل ويهدّدهم ببخت نصر وهم لا يلتفتون وفى السنة التاسعة من ملك صدقيّا عصى على بخت نصر فسار بخت نصر بالجيوش ونزل على باربن والرفنيّه وبعث الجيوش مع وزيره واسمه نَبُوزَرَاذُون بفتح النون وضمّ الباء الموحدة وسكون الواو وفتح الزاى والراء المهملة وسكون الالف وضمّ الذال المعجمة وسكون الواو وفى آخرها نون الى حصار صدقيّا بالقدس فسار الوزير المذكور بالجيوش وحاصر صدقيا مدّة سنتين ونصف اوّلها عاشر تموز من السنة التاسعة لملك صدقيّا واخذ بعد حصاره المدّة المذكورة القدس بالسيف واخذ صدقيّا اسيرا ومعه جملة كثيرة من بنى اسرائل واحرق القدس وهدم البيت الذى بناه سليمان واحرقه واباد بنى اسرائل قتلا وتشريدا فكان مدّة ملك صدقيّا نحو احدى عشرة سنة وهو آخر ملوك بنى اسرائل وامّا من تولّى بعده من بنى اسرائل بعد اعادة عمارة بيت المقدس على ما سنذكره فانّما كان له الرياسة ببيت المقدس حسب لا غير ذلك فيكون انقضاء ملوك بنى اسرائل وخراب بيت المقدس على يد بخت نصر سنة عشرين من ولاية بخت نصر تقريبا وهى السنة التاسعة والتسعين بعد التسع المائة لوفاة موسى وهو ايضا سنة ثلث وخمسين واربع مائة مضت من عمارة بيت المقدس وهى مدّة لبثه على العمارة واستمرّ بيت المقدس خرابا سبعين سنة ثمّ عمر على ما سنذكره ان شاء الله تعالى والى هنا انتهى نقلنا من كتب اليهود المعروفة بالاربعة والعشرين المتواترة عندهم وغرضنا فى ضبط هذه الاسماء غاية ما امكننا فانّ فيها احرفا ليست من حروف العربىّ وفيها امالات ومدّات لا يمكن ان تعلم بغير مشافهة لكن ما ذكرناه من الضبط هو اقرب ما يمكن فليعلم ذلك ☆

من تجارب الامم لابن مسكويه قال انّ بخت نصر لمّا غزا القدس وخرّبه واباد بنى اسرائل هرب من بنى اسرائل جماعة واقاموا بمصر عند فرعون مصر فارسل بخت نصر الى فرعون مصر يطلبهم منه وقال هؤلاء عبيدى قد هربوا اليك فلم يسلمهم فرعون مصر وقال ليس هم بعبيدك وانّما هم احرار وكان هذا هو السبب لقصد بخت نصر غزو مصر وهرب منهم جماعة الى الحجاز واقاموا مع العرب . من كتاب ابى عيسى انّ بخت نصر لمّا فرغ من خراب القدس وبنى اسرائل قصد مدينة صور فحاصرها مدّة وانّ اهل صور جعلوا جميع اموالهم فى السفن وارسلوها فى البحر فسلّط الله على تلك السفن ريحا فغرقت اموالهم عن آخرها وجدّ بخت نصر فى حصارها وحصل لعسكره منهم جراحات كثيرة وقتل وما زال على ذلك حتى ملكها بالسيف وقتل صاحب صور لكنه لم يجد فيها من المكاسب ما له صورة ثمّ سار بخت نصر الى مصر والتقى هو وفرعون الاعرج فانتصر بخت نصر عليه وقتله وصلبه وحاز اموال مصر وذخائرها وسبا من كان بمصر من القبط وغيرهم فصارت مصر بعد

sufficit, qui postquam centum dies patris in loco fuit, et ipse Nabuchodonosoris jussu Babylonem abductus est, cum eoque complures e viris doctis Israelitarum, in his Daniel et Ezechiel propheta, hic quidem e sobole Aaronis. Simul ac Jechonia advenit, Nabuchodonosor eum in custodiam tradidit, ubi usque ad Regis mortem mansit. Pro Jechonia capto Nabuchodonosor regem Israelitarum constituit *Sedekiam*, illius patruum, qui primum quidem Regis obedientiam retinuit. Ejus aetate vivebat Jeremias propheta, qui regem et populum ad mores emendandos exhortabatur iisque, si secus facerent, quamquam animos non advertentibus, Nabuchodonosoris novos furores denuntiabat. Anno regni sui nono Sedekias contra Nabuchodonosorem rebellavit. Hic magnis copiis profectus ipse ad *Barin* et *Ar - Rafanijeh* castra posuit, exercitum cum *Nabuzaradono* Veziro ad Sedekiam Hierosolymis obsidendum misit. Qui postquam regem per duos annos et sex menses in obsidione tenuit (cujus temporis dies primus fuit decimus mensis Thamuzi anni noni Sedekiae regis): urbem vi expugnavit, regem captivum cum magna parte populi abduxit, templum Salomonicum diruit et Israelitas partim occidit, partim extorres egit. Regnavit igitur Sedekias, ultimus Israelitarum rex, undecim fere annos. Qui ex Israelitis post eum Hierosolymis restauratis, quemadmodum infra dicemus, civitatem gubernarunt, ii Hierosolymorum tantum, non aliarum urbium, principatum tenuerunt. Desierunt igitur regnare reges Israelitici et urbs vastata est a Nabuchodonosore anno ab inauguratione ejus circiter vicesimo, qui est annus post Mosen mortuum 999, et post templum exstructum 453. Tot enim annos incolume steterat. Urbs cum templo deserta jacuit septuaginta annos; post id temporis, quemadmodum infra dicemus, restaurata est. Huc usque librorum illorum qui apud Judaeos constanti religione asservantur et vulgo Quatuor et viginti (libri) vocantur, auctoritatem secuti sumus. In nominibus illis ad veram efferendi normam adstringendis, quantum potuimus, ad verum accessimus; sunt enim in iis quaedam literae quae ab arabicis absunt, item vocalium inflexiones et productiones quae non aliter ac viva voce disci possunt. Sed tamen id effectum est, ut illis accurate perscribendis sonum genuinum quam fieri posset simillime redderemus. Hoc igitur tenendum.

Ex Ibn - Mescoweihi libro qui inscribitur *Thedjarib - el - umem*, petita sunt haec: Postquam Nabuchodonosor Hierosolyma capta devastavit et Israelitas exterminavit, ex iis aliquot in Aegyptum fugerunt ibique a Pharaone asylum acceperunt. Nabuchodonosor autem literis missis eos ab illo repetiit: suos servos esse dixit qui ad eum fugissent. Quod Pharao negans et liberos esse affirmans, eos illi tradere recusavit. Haec fuit causa belli quod Nabuchodonosor Aegypto intulit. — Alii in El - Hedjaz fugerunt ibique inter Arabes consederunt. — Si librum Abu-Isae sequimur, Nabuchodonosor Hierosolymis eversis et Judaeis devictis adversus Tyrum profectus est; quam quum per aliquod tempus obsedisset, Tyrii fortunas suas navibus impositas omnes amandarunt; sed ventus a Deo classi immissus opes illas, ne minima quidem particula relicta, demersit. In urbe ipsa oppugnanda, quamquam Tyrii castra babylonica vulneratorum et caesorum multitudine opplebant, Nabuchodonosor strenue usque pergens eam tandem vi cepit et regem Tyrium supplicio affecit; sed opes quae operae pretium essent, in urbe invenit nullas. Inde Aegyptum versus profectus cum Pharaone claudo conflixit, quem victum et ipsum supplicio affecit et corpus in crucem egit. Deinde opibus et annonis aegyptiis coactis incolas, et indigenas et alios, captivos secum abduxit. Ab illo tempore Aegyptus

 per

بعد ذلك خرابا اربعين سنة ثمّ غزا بلاد المغرب وعاد الى بلاده ببابل وسنذكر اخبار بخت نصر ووفاته مع ملوك الفرس ان شاء الله تعالى وامّا بيت المقدس فانّه عمر بعد لبثه على التخريب سبعين سنة وعمره بعض ملوك الفرس واسمه عند اليهود كيرش وقد اختلف فى كيرش المذكور من هو فقيل دارا بن بهمن وقيل بل هو بهمن المذكور وهو الاصحّ ويشهد بصحّة ذلك كتاب اشعيا على ما سنذكر ذلك عند ذكر اردشير بهمن المذكور مع ملوك الفرس ان شاء الله تعالى ولمّا عادت عمارة بيت المقدس تراجعت اليه بنو اسرائل من العراق وغيره وكانت عمارته فى اوّل سنة تسعين لابتداء ولاية بخت نصر ولمّا تراجعت بنو اسرائل الى القدس كان من جملتهم عزير وكان بالعراق وقدم معه من بنى اسرائل ما يزيد على الفين من العلماء وغيرهم وترتّب مع عزير فى القدس مائة وعشرون شيخا من علماء بنى اسرائل وكانت التوراة قد عدمت منهم اذذاك فمثّلها الله تعالى فى صدر العزير ووضعها لبنى اسرائل يعرفونها بحلالها وحرامها فاحبّوه حبّا شديدا واصلح العزير امرهم واقام بينهم على ذلك . من كتب اليهود انّ العزير لبث مع بنى اسرائل فى القدس يدبّر امرهم حتّى توفّى بعد مضىّ اربعين سنة لعمارة بيت المقدس اقول فيكون وفاة العزير سنة ثلثين ومائة لابتداء ولاية بخت نصر واسم العزير بالعبرانيّة عِزْرَا وهو من ولد فنحاس بن العزر بن هارون بن عمران ومن كتب اليهود انّ الذى توفّى رياسة بنى اسرائل ببيت المقدس بعد العزير شمعون الصديق وهو ايضا من نسل هارون . من كتاب ابى عيسى انّ بنى اسرائل لمّا تراجعوا الى القدس بعد عمارته صار لهم حكّام منهم وكانوا تحت حكم ملوك الفرس واستمرّوا كذلك حتّى ظهر الاسكندر فى سنة اربع مائة وخمس وثلثين لولاية بخت نصر وغلبت اليونان على الفرس ودخلت حينئذ بنو اسرائل تحت حكم اليونان واقام اليونان من بنى اسرائل ولاة عليهم وكان يقال للمتوّلى عليهم هرذوس وقيل هيروذوس واستمرّ بنو اسرائل على ذلك حتّى خرب بيت المقدس الخراب الثانى وتشتّت منه بنو اسرائل على ما سنذكره ان شاء الله تعالى ۞

ولنرجع الى ذكر من كان من الانبياء فى ايّام بنى اسرائل **ذكر يونس بن متّى** عم ومتّى امّ يونس ولم يشتهر نبىّ بامّه غير عيسى ويونس عليهما السلام كذا ذكره ابن الاثير فى الكامل فى ترجمة يونس المذكور وقد قيل انّه من بنى اسرائل وانّه من سبط بنيامين وقيل انّ يونس المذكور كانت بعْثته بعد يوشم بن عزّيا هو احد ملوك بنى اسرائل المقدّم الذكر وكانت وفاة يوشم فى سنة خمس عشرة وثمان مائة لوفاة موسى عم وبعث الله تعالى يونس المذكور فى تلك المدّة الى اهل نينوى وهى قبالة الموصل بينهما دجلة وكانوا يعبدون الاصنام فنهاهم واوعدهم العذاب فى يوم معلوم ان لم يتوبوا وضمن ذلك عن ربّه عزّ وجلّ فلمّا اظلّهم العذاب آمنوا فكشفه الله عنهم وجاء يونس لذلك اليوم ولم ير العذاب حلّ ولا علم بايمانهم فذهب مغاضبا . قال ابن سعيد المغربى ودخل فى سفينة من سفن دجلة فوقفت السفينة ولم تتحرّك فقال رائسها

per quadraginta annos deserta jacuit. — Inde expeditionem in Africam occidentalem suscepit, qua finita in regnum Babylonicum reversus est. Sed de tota ejus vita et morte, si Deo visum, in regibus Persiae dicemus. Hierosolyma postquam septuaginta annos deserta fuerunt, restaurata sunt ab aliquo regum Persicorum, qui a Judaeis *Cyrus* vocatur. Quis intelligendus sit, ambigitur. Aliis *Dara fil. Behmeni* esse videtur, aliis, qaod probabilius, *Behmen* ipse. Ejus rei veritatem confirmat liber Isaïae, de quo infra in regibus Persiae, ubi de illo Ardeschir-Behmeno dicendum erit, videbimus. Postquam igitur urbs anno post Nabuchodonosori inaugurationem nonagesimo ineunte restaurata est, Israelitae e Babylonia aliisque regionibus eo remigrare coeperunt; interquos fuit *Ozeir* (Esdra), qui e Babylonia cum duobus millibus amplius virorum doctorum et aliorum in patriam reversus est. Cum eo Hierosolymis centum et viginti presbyteri e viris doctis constituti sunt. Pentateuchum, quem tunc temporis Israelitae amiserant, Deus menti Ozeiri repraesentavit, quem ille deinde populo, cui a rebus ejus auctoritate permissis et vetitis bene notus erat, scriptum tradidit; quod beneficium ei populi animos reddidit propensissimos. Ceterum res patrias optimo in loco collocavit et suam inter cives auctoritatem, dum vixit, obtinuit. Consentiunt libri Judaeorum ipsorum, qui Ozeirum Hierosolymis rebus Israeliticis moderatum esse narrant, donec e vita migraverit quadraginta annis post urbem restauratam, igitur centum et triginta post inaugurationem Nabuchodonosoris. Ozeir hebraice vocatur *Ezra.* Genus referebat ad Phinehasum fil. Eleezri, fil. Aaronis, fil. Amrani. Iidem Judaei tradunt, post Ozeirum Hierosolymis rempublicam gubernasse *Simonem Justum*, et ipsum e gente Aaronis. — Abu-Isam si audimus, Israelitae, postquam in urbem restauratam remigrarunt, praefectos habuerunt vernaculos, ita ut regum Persicorum imperio parerent. Mutatae sunt res quum rerum potitus est Alexander M. anno post inaugurationem Nabuchodonosoris 135, et Persae a Graecis victi sunt. Illo tempore Israelitae in Graecorum ditionem transierunt, a quibus item praefectos vernaculos accepere, quorum quisque *Herodis* nomen gerebat. Hanc formam civitas retinuit, dum Hierosolymis iterum vastatis, quemadmodum infra dicemus, Israelitae patria extorres in diversas regiones disjecti sunt. — Nunc de prophetis videbimus qui inter eos exstiterunt.

De Jona fil. Metthae.

Metha fuit Jonae mater. In quo tenendum, duos tantum e prophetis, hunc et Jesum, cognomen a matre accepisse, auctore Ibn-el-Athir in El-Camil, ubi de Jona dicit. Jonas gente Israelita, tribu Benjaminita fuisse et post aetatem Jothami fil. Uzziae, unius e regibus Israeliticis de quibus supra egimus, a Deo munus propheticum accepisse traditur. Decessit autem Jotham anno post Mosen mortuum 815. Illo igitur tempore Deus Jonam ad Ninivitas legavit, quorum urbem e regione Mosuli in altera Tigridis ripa sitam fuisse supra dictum est. Eos ab idolis colendis retrahere studuit, et, nisi mentem mutarent, vindictam divinam certo quodam die exspectandam iis denuntiavit, cujus rei Deum O. M. ipsum auctorem et sponsorem habebat. Quamquam autem ingruente demum vindicta fidem habuerunt, Deus tamen iis pepercit. Jonas vero, qui ad diei illius spectaculum advenerat, quum irae divinae effectum nullum vidisset nec de animis illorum ad Deum colendum conversis quidquam comperisset, indignabundus abiit, et, ut rem Ibn-Saïdi Mauritani verbis narremus, navem in Tigride conscendit, quo facto navis immobilis constitit.
Tum

رأسها فيكم من له ذنب وتساهموا على من يلقونه فى البحر ووقعت المساهمة على يونس فرموه فالتقمه الحوت وسار به الى الابلّة وكان من شانه ما اخبر الله تعالى به فى كتابه العزيز ✿

ذكر ارميا قد تقدّم عند ذكر صدقيّا انّ ارميا كان فى ايّامه وبقى ارميا يأمر بنى اسرائل بالتوبة ويتهدّدهم ببخت نصر وهم لا يلتفتون اليه فلمّا رآهم انّهم لا يرجعون عمّا هم فيه فارقهم ارميا واختفى حتّى غزاهم بخت نصر وخرّب القدس حسبما تقدّم ذكره. من تاريخ بن سعيد المغربى انّ الله تعالى اوحى الى ارميا انّى عامر بيت المقدس فاخرج اليها فخرج ارميا وقدم الى القدس وهى خراب فقال فى نفسه سبحان الله امرنى الله ان انزل هذه البلدة واخبرنى انّه عامرها فمتى يعمرها ومتى يحييها الله بعد موتها ثمّ وضع راسه فنام ومعه حماره وسلّة فيها طعام وكان من قصّته ما اخبر الله تعالى به فى محكم كتابه العزيز فى قوله تعالى او كالذى مرّ على قرية وهى خاوية على عروشها قال أنّى يحيى هذه الله بعد موتها فاماته الله مائة عام ثمّ بعثه قال كم لبثتَ قال لبثتُ يوما او بعض يوم قال بل لبثتَ مائة عام فانظر الى طعامك وشرابك لم يتسنّه وانظر الى حمارك ولنجعلنّك آية للناس وانظر الى العظام كيف ننشرها ثمّ نكسوها لحما فلمّا تبيّن له قال أعلم انّ الله على كلّ شىء قدير وقد قيل انّ صاحب القصّة هو العزير والاصحّ انه ارميا ✿

ذكر نقل التوراة وغيرها من كتب الانبياء من اللغة العبرانيّة الى اللغة اليونانية من كتاب ابى عيسى قال لمّا ملك الاسكندر وقهر الفرس وعظمت مملكة اليونان صار بنو اسرائل وغيرهم تحت طاعتهم وتولّت ملوك اليونان بعد الاسكندر وكان يقال لكلّ واحد منهم بطلميوس على ما سنذكر ذلك ان شاء الله تعالى فى الفصل الثالث ولكن نذكر منهم ههنا ما تدعو الحاجة الى ذكره فنقول لمّا مات الاسكندر ملك بعده بطلميوس بن لاغوس عشرين سنة ثمّ ملك بعده بطلميوس محبّ اخيه وهو الذى نقلت له التوراة وغيرها من كتب الانبياء من اللغة العبرانيّة الى اللغة اليونانيّة اقول فيكون نقل التوراة بعد عشرين سنة مضت لموت الاسكندر قال ابو عيسى انّ بطلميوس الثانى محبّ اخيه المذكور لمّا تولّى وجد جملة من الاسرى منهم نحو ثلثين الف نفس من اليهود فاعتقهم كلّهم وامرهم بالرجوع الى بلادهم ففرح بنو اسرائل بذلك واكثروا له من الدعاء والشكر وارسل رسولا وهدايا الى بنى اسرائل المقيمين بالقدس وطلب منهم ان يرسلوا اليه عدّة من علماء بنى اسرائل لنقل التوراة وغيرها

Tum nauclerus: *Inter vos*, inquit, *est aliquis qui piaculum contraxit.* Quum itaque sortirentur, quis in fluvium jaciendus esset, sorte designatus est Jonas: qui in aquam jactus et a pisce devoratus ab eo ad locum qui *El-Obollah* dicitur, deportatus est, ubi quae ei acciderint, Deus ipse in sacro codice exposuit.

De Jeremia.

In loco de Sedekia rege jam diximus, Jeremiam ejus aetate viventem populum perpetuo ad meliorem frugem revocasse iisque, quamquam id parum curantibus, vindicem impietatis Nabuchodonosorem ostendisse. Quum igitur intellexisset Jeremias, eos a consuetudine scelerum retrahi non posse, iis relictis in recessu latuit, donec Nabuchodonosor, ut diximus, Israelitis bellum intulit et Hierosolyma diruit. Postea (verba sunt Ibn-Saïdi Mauritani in opere historico) Deus Jeremiae haec inspiravit: *Ego Hierosolyma restauraturus sum; itaque illuc proficiscere.* Paruit propheta et ad urbem accessit: quam ubi eversam et desertam conspexit, haec secum reputavit: *Mirum! Deus me jussit ad hanc urbem devertere, mihique significavit se eam esse restauraturum: quando igitur hoc efficiet? quando eam veluti mortuam resuscitabit?* Haec ubi dixit, caput humi deposuit et obdormivit. Secum habebat asinum et sportulam, in qua aliquid cibi erat. Cetera vides exposita illo loco Corani, qui sic habet: *Aut ut ille qui, quum juxta urbem praeteriret, cujus crepidines ruinis suis obrutae erant, dixit: Quo pacto Deus huic mortuae vitam reddet? Tum Deus eum ipsum per centum annos exanimem prostravit, post quod tempus ei suscitato dixit: Quamdiu jacuisti? Ille: Unum diem, respondit, aut diei partem. Cui Deus: Immo, centum annos jacuisti. Jam adspice cibum potumque tuum: non corruptum esse vides. Adspice etiam asinum tuum. Profecto faciemus, ut sis hominibus potentiae divinae specimen. Adspice etiam ossa, quomodo ea e terra suscitata carne vestiamus. Quae quum ille vere ita se habere intellexisset: Jam scio, inquit, Deum omnia efficere posse.* Quamquam alii volunt, eum cui hoc acciderit fuisse Ozeirum; sed Jeremiam fuisse probabilius est.

De versione Pentateuchi et aliorum librorum propheticorum e lingua hebraea in graecam.

Alexander Magnus, ut Abu-Isae verba referamus, quum rex factus Persas vicisset, atque imperium Graecorum longe lateque patere coepisset, Israelitae cum aliis gentibus illos dominos acceperunt. Post Alexandrum reges Graecorum, qui dicuntur, rerum potiti sunt, quorum quisque Ptolemaeus appellabatur, de qua re, si Deo visum, in libro tertio singulatim dicemus; hoc loco id tantum ex eorum historia repetemus quod res ipsa postulat. Alexandro igitur successit *Ptolemaeus Lagi*, qui viginti annos regnavit; huic *Ptolemaeus Philadelphus*, qui Pentateuchum aliosque libros propheticos e lingua hebraea in graecam vertendos curavit. Unde intelligitur, hanc versionem post viginti demum annos a morte Alexandri factam esse. Postquam enim Ptolemaeus II. Philadelphus ad regnum accessit, magnam captivorum multitudinem in Aegypto restare animadvertit, e quibus fere triginta millia Judaei essent. Eos omnes dimisit et in patriam redire jussit. Quo beneficio laetati Israelitae ei bona omnia apprecati sunt et maximas gratias egerunt. Tum rex ad eos qui Hierosolymis habitabant, legatum cum donis misit, ab iisque petiit, ut ipsi aliquos de viris doctis gentis mitterent, qui Pentateuchum et alia e lingua hebraea in graecam verterent. Jussum regium dum efficere

وغيرها الى اللغة اليونانيّة فسارعوا الى امتثال امره ثمّ انّ بنى اسرائل تزاحموا على الرواح اليه وبقى كلّ منهم يختار ذلك واختلفوا ثمّ اتّفقوا على ان يبعثوا اليه من كلّ سبط من اسباطهم ستّة نفر فبلغ عددهم اثنين وسبعين رجلا فلمّا وصلوا الى بطلميوس المذكور احسن قِراهم وصيّرهم ستّا وثلثين فرقة وخالف بين اسباطهم وامرهم فترجموا له ستّا وثلثين نسخة بالتوراة وقابل بطلميوس بعضها ببعض فوجدها مستوية لم تختلف اختلافا يعتدّ به وفرّق بطلميوس النسخ المذكورة فى بلاده وبعد فراغهم من الترجمة اكثر لهم الصِلات وجهّزهم الى بلدهم وساله المذكورون فى نسخة من تلك النسخ فاسعفهم بنسخة فاخذها المذكورون وعادوا بها الى بنى اسرائل ببيت المقدس فنسخة التوراة المنقولة لبطلميوس حينئذ اصحّ نسخ التوراة واثبتُها وقد تقدّمت الاشارة الى هذه النسخة والى النسخة التى بيد اليهود الان والى نسخة السمرة فى مقدّمة هذا الكتاب فاغنى عن الاعادة ✩

ذكر زكريّا وابنه يحيى عليهما السلام من كتاب ابن سعيد المغربى زكريّا من ولد سليمان بن داود عليهما السلام وكان نبيًّا ذكره الله تعالى فى كتابه العزيز قال وكان نجّارا وهو الذى كفل مريم امّ عيسى وكانت مريم بنت عمران بن ماثان من ولد سليمان بن داود وكانت امّ مريم اسمها حنّة وكان زكريّا متزوّجا اخت حنّة واسمها ايساع فكانت زوج زكريّا خالة مريم ولذلك كفل زكريّا مريم فلمّا كبرت مريم بنى لها غرفة فى المسجد فانقطعت مريم فى تلك الغرفة للعبادة وكان لا يدخل على مريم غير زكريّا فقط وارسل الله تعالى جبريل فبشّر زكريّا بيحيى مصدّقا بكلمة من الله يعنى عيسى بن مريم ثمّ ارسل الله تعالى جبريل ونفخ فى جيب مريم فحبلت بعيسى وكانت قد حبلت خالتها ايساع بيحيى وولد يحيى قبل المسيح بستّة اشهر ثمّ ولدت مريم عيسى فلمّا علمت اليهود انّ مريم ولدت من غير بعل اتّهموا زكريّا بها وطلبوه فهرب واختفى فى شجرة عظيمة فقطعوا الشجرة وقطعوا زكريّا معها وكان عمر زكريّا حينئذ نحو مائة سنة وكان قتله بعد ولادة المسيح وكانت ولادة المسيح لمضىّ ثلثمائة وثلث سنين للاسكندر فيكون مقتل زكريّا بعد ذلك بقليل وامّا يحيى ابنه فانّه نبىّ صغيرا ودعا الناس الى عبادة الله ولبس يحيى الشعر واجتهد فى العبادة حتّى نحل جسمه وكان عيسى بن مريم قد حرّم نكاح بنت الاخ وكان لهردوس وهو الحاكم على بنى اسرائل بنت اخ واراد ان يتزوّجها حسبما هو جائز فى دين اليهود فنهاه يحيى عن ذلك فطلبت امّ البنت من هردوس ان يقتل يحيى فلم يجبها الى ذلك فعاودته وسالته البنتُ ايضا والحّتا عليه فاجابهما الى ذلك وامر بيحيى فذبح لديهما وكان قتل يحيى قبل رفع المسيح بمدّة يسيرة لانّ عيسى عم انّما ابتدى بالدعوة لمّا صار له ثلثون سنة ولمّا امره الله تعالى ان يدعو الناس الى دين النصارى

efficere properant, idem omnium ad regem proficiscendi studium exstitit et sibi quisque hoc mandari voluit. De qua re quum contestatio orta esset, tandem in hanc omnes sententiam coierunt, ut e singulis tribubus seni viri ad Regem mitterentur. Ita effectus est numerus duorum et septuaginta. Hi ubi apud Regem advenerunt, lauto hospitio ab eo excepti et in sex et triginta paria ita distributi sunt, ut bini quique e diversis tribubus copularentur. Tum Regis jussu opus aggressi sex et triginta Pentateuchi versiones fecerunt, quas collatas Rex plane inter se convenire, certe non nisi levissime discrepare intellexit. Hos codices in provincias regni sui distribuit; Judaeos autem opere absoluto largiter donatos et rebus necessariis instructos in patriam remisit. Impetrarunt etiam a Rege unum de codicibus illis, quem secum Hierosolyma ad suos retulerunt. Haec Pentateuchi versio, illo tempore jussu Ptolemaei facta, optima est ejus recensio et ea cui plurimum fidei haberi possit. Sed et de hac, et de ea qua hodie utuntur Judaei, et de Samaritana, jam in praefatione libri nostri egimus, ut non sit quod eadem hic repetamus.

De Zacharia ejusque filio Joanne.

Zacharias, ut aït Ibn-Saïd Mauritanus in libro suo, fuit propheta e posteris Salomonis fil. Davidis, cujus Deus in sacro codice mentionem fecit. Idem fabrum lignarium agebat. Is fuit qui *Mariam*, matrem Jesu, educavit. Mariae enim pater erat *Amran fil. Mathani* e gente Salomonis fil. Davidis, et mater *Hanna*, cujus sororem *Isaam* in matrimonium duxerat Zacharias. Quum itaque Zachariae uxor esset Mariae matertera, ille hanc educandam suscepit. Quae postquam adolevit, Zacharias ei coenaculum in templo apparavit, in quod Maria se recepit ut ibi sola Deo colendo vacaret. Nemo ad eam invisebat praeter Zachariam. Huic a Gabriele, legato divino, significatum est, se suscepturum esse filium Joannem, qui Verbum Dei, id est Jesum fil. Mariae, esset comprobaturus. Postea idem Gabriel spiritum in sinum Mariae immisit, unde Jesum concepit, quo tempore Isa, matertera ejus, jam gravida erat Joanne, qui sex mensibus ante Christum natus est. Quum autem Judaei postea Mariam quoque, eamque coelibem, peperisse audivissent, suspicio eorum de illa vitiata in Zachariam incidit: qui quum ab illis quaesitus fugam cepisset et in magna arbore se abscondidisset, Judaei cum arbore ipsum Zachariam dissecuerunt. Erat illo tempore fere centenarius. Quum id post Christum natum acciderit, Christus autem natus sit 303 annis post Alexandrum, Zacharias haud multo abhinc necatus esse existimandus erit. — Joannes, ejus filius, jam puer propheta factus est. Homines ad colendum Deum revocavit, veste e pilis texta utens et tam studiose religionibus operans, ut inde maciem contraheret. Tunc Herodes, id est is qui civitati israeliticae praeerat, quum Jesus fil. Mariae matrimonium cum filia fratris interdixisset, tamen filiam fratris sui ducere voluit, quod per religionem Judaicam licebat. Quem quum Joannes, ne id faceret, admonuisset, mater puellae ab Herode petiit ut illum supplicio afficeret. Primum quidem detrectavit; deinde autem, quum utraque mulier, mater et filia, conjunctis precibus eum oppugnaret, annuit et Joannem in earum conspectu interficere jussit. Hoc paullo ante ascensionem Christi accidit; hic enim munus propheticum auspicatus est triginta annos natus, et postquam a Deo homines ad religionem christianam invitare jussus est, Joannes eum in Jordane sacra lotione inauguravit, quo ipso tempore fere triginta annos natus erat. Tum e Jordane egressus publice novam religionem docere coepit. Posthac non amplius triennium in his

terris

النصارى غمسه يحيى فى نهر الاردن ولعيسى نحو ثلثين سنة وخرج من نهر الاردن وابتدى بالدعوة وجميع ما لبث المسيح بعد ذلك ثلث سنين فذبح يحيى كان بعد مضىّ ثلثين سنة من عمر عيسى وقبل رفعه وكان رفع عيسى بعد نبوّته بثلث سنين والنصارى تسمّى يحيى المذكور يوحنّا المعمدان لكونه عمّد المسيح حسبما ذكر ۞

ذكر عيسى بن مريم عم اما مريم فاسم امّها حنّة زوج عمران وكانت حنّة لا تلد واشتهت الولد فدعت بذلك ونذرت ان رزقها الله ولدا جعلته من سدنة بيت المقدس فحبلت حنّة وهلك زوجها عمران وهى حامل فولدت بنتا وسمّتها مريم ومعناه العابدة ثمّ حملتها واتت بها الى المسجد ووضعتها عند الاحبار وقالت دونكم هذه المنذورة فتنافسوا فيها لانّها بنت عمران وكان من ائمّتهم فقال زكريّا انا احقّ بها لانّ خالتها زوجتى فاخذها زكريّا وضمّها الى ايساع خالتها فلمّا كبرت مريم افرد لها زكريّا غرفة حسبما تقدّم ذكره وارسل الله جبريل فنفخ فى مريم فحبلت بعيسى وولدته ببيت لحم وهى قرية قريبة من القدس سنة اربع وثلثمائة لغلبة الاسكندر ولمّا جآءت مريم بعيسى تحمله قال لها قومها لقد جئتِ شيئًا فريّا واخذوا الحجارة ليرجموها فتكلّم عيسى وهو فى المهد معلّقا فى منكبيها فقال انّى عبد الله آتانى الكتاب وجعلنى نبيًا وجعلنى مباركا اينما كنت فلمّا سمعوا كلام ابنها تركوها ثمّ انّ مريم اخذت عيسى وسارت به الى مصر وسار معها ابن عمّها يوسف بن يعقوب بن ماثان النجّار وكان يوسف المذكور نجّارا حكيما ويزعم بعضهم انّ يوسف المذكور كان قد تزوّج مريم لكنّه لم يقربها وهو اوّل من انكر حملها ثمّ علم وتحقّق برآءتها وسار معها الى مصر واقاما هناك اثنتى عشرة سنة ثمّ عاد عيسى وامّه الى الشام ونزلا الناصرة وبها سُمّيت النصارى واقام بها عيسى حتّى بلغ ثلثين سنة فاوحى الله تعالى اليه وارسله الى الناس . من كتاب ابى عيسى ولما صار لعيسى ثلثون سنة صار الى الاردن وهو نهر الغور المسمّى بالشريعة فاعتمد وابتدى بالدعوة وكان يحيى بن زكريّا هو الذى عمّده وكان ذلك لستّة ايّام خلت من كانون الثانى لمضىّ سنة ثلث وثلثين وثلث مائة للاسكندر واظهر عيسى عم المعجزات فاحيى ميتا يقال له عازر بعد ثلثة ايّام من موته وجعل من الطين طائرا قيل هو الخفّاش وابرأ الاكمه والابرص وكان يمشى على الماء وانزل الله تعالى عليه المائدة واوحى الله اليه الانجيل وكان يلبس الصوف والشعر وياكل من نبات الارض وربّما تقوّت من غزل امّه وكان الحواريّون الذين اتّبعوه اثنى عشر رجلا وهم شمعون الصفا المسمّى بطرس واندراوس اخوه ويعقوب بن زبدى ويحيى اخوه وفيلبس وبرتولوماوس وتوما ومتّى العشّار ويعقوب بن حلفا ولبّا الذى يدعى تداوس وشمعون القنانى ويهوذا الاسخريوطى وهؤلآء هم الذين سالوه نزول المائدة فسال عيسى ربّه عزّ وجلّ فانزل عليه

terris habitavit; tribus enim annis post munus propheticum susceptum in coelum ascendit. Joannes igitur supplicio affectus est postquam Christus trigesimum aetatis annum egressus erat et antequam in coelum tolleretur. Christiani Joannem (qui arabice *Jahja* vocatur) appellant *Joannem Baptistam (Johanna el-Ma'medan)* quia, ut diximus, Christum *baptizavit ('ammad).*

De Jesu, filio Mariae.

Hanna, uxor Amrani, mater Mariae, quum sterilitate, qua laborabat, liberari cuperet, Deum precibus adiit et, si ipsam sobole impertiret, se natum natamve ministerio templi Hierosolymitani addicturam esse vovit: quod eum effectum habuit, ut gravida fieret. Maritus decessit dum illa ventrem ferebat. Deinde filiam peperit, cui nomen *Mariae* imposuit, quod significat Deo colendo deditam. Puellam in templum illatam apud doctores legis deposuit eosque simul affata: *Vobis trado*, inquit, *hanc Deo devotam.* Ad quam suam faciendam, utpote filiam Amrani, qui ex antistitibus eorum fuisset, quum pro se quisque adspirarent, Zacharias: *Mihi potissimum*, inquit, *ea debetur*, *quia materteram ejus uxorem habeo.* Hic igitur puellam sibi vindicavit et *Isa'ae* (Elisabethae) materterae tradidit. Postquam autem adolevit, Zacharias, ut supra dictum est, curavit ut sola coenaculum peculiare habitaret. Ubi dum erat, Gabriel a Deo legatus afflatu suo effecit ut Jesum conciperet. Natus est Bethlehemi, qui est vicus prope Hierosolyma, anno, postquam Alexander rerum potitus est, 304. Quem puellum gestans ubi ad gentiles suos revenit, his vocibus ab iis excepta est: *Nae, rem inauditam commisisti!* Quid? quod lapides sustulerunt, quibus eam obruerent. Tum Jesus, qui in lectulo a matris humero pendebat, sic locutus est: *Ego sum minister Dei. Is mihi librum dedit, is me prophetam et, ubicunque forem, salutiferum esse voluit.* Hac filii oratione audita, matrem incolumem dimiserunt. — Post id temporis Maria cum filio in Aegyptum migravit, in quo itinere eam comitatus est consanguineus *Josephus fil. Jacobi*, *fil. Mathani*, faber lignarius sollertissimus. Eum nonnulli perhibent, quum jam antea Mariam in matrimonium duxisset, nec tamen tetigisset, primum omnium, quod eam gravidam esse sentiret, graviter tulisse; deinde autem, ubi certo comperisset, eam culpa vacare, cum ea in Aegyptum profectum ibique duodecim annos commoratum esse. Postea Jesus et mater ejus in Syriam redierunt et *Nazarethi* consederunt, a quo oppido *Nazareni* (i. e. Christiani) nomen accepere. Ibi Christus ad annum aetatis trigesimum mansit, quo tempore mandato divino ad homines legatus est. — E libro Abu-Isae petita sunt quae sequuntur: Triginta annos natus Jesus ad Jordanem profectus est, qui fluvius per tractum *El-Ghaur* fertur et hodie *Es-Scheriah* vocatur. Ibi postquam a Joanne, filio Zachariae, sacro lavacro inauguratus est, annis post Alexandrum peractis 333, die septimo mensis Canun posterioris (Januarii), publice novam religionem docere coepit. Miracula quoque edidit, veluti mortuum, cui *Lazaro* nomen erat, triduo postquam decessit, in vitam revocavit, avem (alii vespertilionem fuisse dicunt) e luto fecit, coecos et leprosos sanavit, saepius in aqua ambulavit. Eidem Deus mensam instructam e coelo demisit et Evangelium inspiravit. Vestitu utebatur e lana et pilis confecto, cibo herbis sponte crescentibus; interdum vitam sustentabat iis quae mater neverat. Apostoli qui eum secuti sunt, fuere duodecim: *Simeon Kephas*, qui *Petrus* vocatur, *Andreas* frater ejus, *Jacobus fil. Zebedaei* ejusque frater *Joannes*, *Philippus*, *Bartholomaeus*, *Thomas*, *Matthaeus* portitor, *Jacobus fil. Alphaei*, *Lebbaeus*, qui *Thaddaeus* vocatur, *Simeon Kananaeus*, *Judas Ischariotes.* Hi sunt qui ab eo petierunt ut mensam instructam e coelo deduceret. De qua re quum

Jesus

عليه سفرة حمراء مغطّاة بمنديل فيها سمكة مشويّة وحولها البقول ما خلا الكراث وعند راسها ملح وعند ذنبها خلّ ومعها خمسة ارغفة على بعضها زيتون وعلى باقيها رمّان وتمر فاكل منها خلق كثير ولم تنقص ولم ياكل منها ذو عاهة الّا برئ وكانت تنزل يوما وتغيب يوما اربعين ليلة قال ابن سعيد ولمّا اعلم الله المسيح انّه خارج من الدنيا جزع من ذلك فدعا للحواريّين وصنع لهم طعاما وقال احضرونى الليلة فانّ لى اليكم حاجة فلمّا اجتمعوا بالليل عشّاهم وقام يخدمهم فلمّا فرغوا من الطعام اخذ يغسل ايديهم ويمسحها بثيابه فتعاظموا ذلك فقال من ردّ علىّ شيًا ممّا اصنع فليس منّى فتركوه حتّى فرغ فقال لهم انّما فعلت هذا ليكون لكم اسوة بى فى خدمة بعضكم بعضا وامّا حاجتى اليكم فان تجتهدوا لى فى الدعاء الى الله ان يؤخّر اجلى فلمّا ارادوا ذلك القى الله عليهم النوم حتّى لم يستطيعوا الدعاء وجعل المسيح يوقظهم ويؤنّبهم فلا يزدادون الّا نوما وتكاسلا واعلموه انهم مغلوبون عن ذلك فقال المسيح سبحان الله يُذْهَب بالراعى ويتفرّق الغنم ثمّ قال لهم الحقّ اقول لكم ليكفرنّ بى احدكم قبل ان يصيح الديك وليبيعنى احدكم بدراهم يسيرة وليأكلنّ ثمنى وكانت اليهود قد جدّت فى طلبه فحضر بعض الحواريّين الى هردوس الحاكم على اليهود والى جماعة من اليهود وقال ما تجعلون لى اذا دللتكم على المسيح فجعلوا له ثلثين درهما فاخذها ودلّهم عليه فرفع الله تعالى المسيح اليه والقى شبهه على الذى دلّهم عليه . قال ابن الاثير فى الكامل وقد اختلف العلماء فى موته قبل رفعه فقيل رفع ولم يمت وقيل بل توفّاه الله ثلث ساعات وقيل سبع ساعات ثمّ احياه وتأوّل قائلُ هذا قولَه تعالى انّى متوفّيك ورافعك الىّ . ولمّا امسك اليهود الشخص المشبّه به ربطوه وجعلوا يقودونه بحبل ويقولون له انت كنت تحيى الموتى افلا تخلّص نفسك من هذا الحبل ويبصقون فى وجهه ويلقون عليه الشوك وصلبوه على الخشب ستّ ساعات ثمّ استوهبه يوسف النجّار من الحاكم الذى كان على اليهود وكان اسمه فيلاطوس ولقبه هردوس ودفنه فى قبر كان يوسف المذكور قد اعدّه لنفسه ثمّ انزل الله المسيح من السماء الى امّه مريم وهى تبكى عليه فقال لها انّ الله رفعنى اليه ولم يصبنى الّا الخير وامرها فجمعت له الحواريّين فبثّهم فى الارض رسلا عن الله وامرهم ان يبلغوا عنه ما امره الله به ثمّ رفعه الله اليه وتفرّق الحواريّون حيث امرهم . وكان رفع المسيح لمضىّ ثلث مائة وستّ وثلثين سنة من غلبة الاسكندر على دارا . قال الشهرستانى ثمّ ان اربعة من الحواريّين وهو متّى ولوقا ومرقس ويوحنّا اجتمعوا وجمع كلّ واحد منهم انجيلا وخاتمة انجيل متّى

Jesus Deo supplicasset: demissa est mensa rubra, cui mappa instrata erat in eaque appositus piscis assatus. Circa eum erant solita olera praeter porrum, ad caput ejus sal, ad caudam acetum; et praeterea quinque panes, in quorum uno olivae erant, in reliquis mala punica et fiens. De quibus cibis quum multi ederent, non tamen deminuti sunt; nec vero quisquam inde edit, qui morbo aut malo aliquo laborabat, quin eo liberaretur. Haec mensa per quadraginta dies alternos apparuit. Quum tandem Christus (Ibn-Saïdi verba sunt) a Deo certior factus esset, sibi exitum ex hac vita instare, animus ejus vehementer dejectus est. Paravit igitur coenam et Apostolos his vocibus ad eam invitavit: *Venite ad me hac nocte: est aliquid quod vos volo.* Qui postquam noctu convenerunt, eos coena excepit, ad quam ipse stans iis ministravit; deinde, quum edendi finem fecissent, manus eorum lavare et vestibus suis abstergere coepit; quod quum, ut ipsius persona indignum, recusarent, Jesus aït: *Qui officium aliquod a me accipere noluerit, is meus non erit.* Quo audito ei morem gesserunt. Ministerio finito, illis dixit: *Feci hoc ideo ut officiorum vobis mutuo praestandorum in me exemplum haberetis. Quod autem me vos aliquid velle dixi, hoc id est, ut Deum enixe pro me oretis, ut vitam mihi proroget.* Sed quum ei obsequi vellent, Deus iis tantam somnolentiam injecit, ut preces facere non possent. Igitur quo magis Christus eos excitavit et increpuit, eo magis illi somnolentia et segnitie obruti, tandem Christo professi sunt, se ad hoc officium viribus defici. Tum ille: *Eheu!* exclamavit, *pastor abducitur et disperguntur oves.* Et deinde: *Verum vobis dicam: unus e vobis, prius quam gallus cecinerit, se e meis esse palam negabit, et alius paucis me numis vendet et quod pro me acceperit consumet.* Neque id vanum fuit. Quum enim Judaei Christum ubique locorum quaererent, unus ex Apostolis Herodem, proregem eorum, et aliquos e populo adiit atque ex iis, quantum sibi pretium proponerent, quaesivit, si iis ad Christum capiendum viam monstraret? Triginta drachmas pollicentur: homo accipit et illos eo ubi Christus erat ducit. Tum vero Deus eum ad se in coelum recepit ejusque speciem ad illum ipsum traditorem transtulit. — Ibn-el-Athir in El-Camil quaestionem de Christo, antequam in coelum reciperetur, mortuo inter doctos controversam esse aït: quod alios negare, alios affirmare; horum tamen ipsorum alios dicere, Christi animam per tres tantum horas a Deo receptam esse, alios per septem; postea eam esse corpori restitutam. Qui sententiam posteriorem sequuntur, illum Corani locum in rem suam trahunt, ubi Deus aït: *Ego animam tuam recipiam et te ipsum ad me eveham.* — Postquam igitur Judaei hominem illum qui Christi speciem habebat, ceperunt, eum vinctum et funi alligatum abduxerunt, sic ei illudentes: *Tu qui mortuos vivos reddebas, te ipsum hoc fune liberare non potes?* Simul in faciem ejus inspuebant et spinas in eum conjiciebant. Deinde eum in crucem egerunt: in qua postquam sex horas pependit, Josephus ille, faber lignarius, a prorege Judaeorum, cui nomen erat *Pilatus*, cognomen *Herodes*, impetravit ut sibi traderetur; quo facto eum in sepulcro, quod pro se ipso instruxerat, condidit. — Postea Deus Messiam e coelo ad Mariam matrem, quae eum flebat, descendere jussit; quam sic allocutus est: *Deus*, inquit, *me ad se recepit, et optima quaeque mihi contigerunt.* Tum a filio jussa Apostolos congregavit, quos ille, ut legatos divinos, in omnes orbis regiones discedere atque ea, quae Deus sibi ipsi mandavisset quaeque a se accepissent, ad homines perferre jussit. Deinde rursus a Deo in coelum evectus est, et Apostoli, quo jussi erant, discesserunt. — Sublatus est Christus in coelum annis post Darium ab Alexandro devictum peractis 336. Tunc, ut narrat *Es-Schahresthani*, quatuor ex Apostolis, *Matthaeus*, *Lucas*, *Marcus* et *Joannes*, in unum convenerunt et pro se quisque evangelium conscripserunt. Evangelium Matthaei

in

متى ان المسيح قال انى ارسلتكم الى الامم كما ارسلنى ابى اليكم فاذهبوا وادعوا الامم باسم الاب والابن وروح القدس وكان بين رفع المسيح ومولد النبىء صلعم خمس مايئة وخمس واربعون سنة تقريبا وكانت ولادة المسيح ايضا لمضىّ ثلث وثلثين سنة من اوّل ملك اغسطس ولمضىّ احدى وعشرين سنة من غلبته على قلوبطرا لانّ اغسطس لمضىّ اثنتى عشرة سنة من ملكه سار من رومية وملك ديار مصر وقتل قلوبطرا ملكة اليونان وبعد احدى وعشرين سنة من غلبته على قلوبطرا ولد المسيح عم وقيل غير ذلك ولكن هذا هو الاقوى . وكانت مدّة ملك اغسطس ثلثا واربعين سنة وعاش المسيح الى ان رفع ثلثا وثلثين سنة فيكون رفع المسيح بعد موت اغسطس بثلث وعشرين سنة فيكون رفع المسيح فى اواخر السنة الاولى من ملك غانيوس . وامّا امّة عيسى فهم النصارى وسيذكرون مع باقى الامم فى الفصل الخامس ان شاء الله تعالى . وامّا مريم امّ عيسى فانّها عاشت نحو ثلث وخمسين سنة لانّها حملت بالمسيح لمّا صار لها ثلث عشرة سنة وعاشت معه مجتمعة ثلثا وثلثين وسنة وكسرا وبقيت بعد رفعه ستّ سنين ✿

ذكر خراب بيت المقدس الخراب الثانى وهلاك اليهود وزوال دولتهم زوالا لا رجوع بعده

قد تقدّم ذكر عمارة سليمان بن داود لبيت المقدس وانّ سليمان عمره وفرغ منه فى سنة ستّ واربعين وخمس مايئة لوفاة موسى عم ثمّ ذكرنا غزو بخت نصر القدس مرّة بعد اخرى حتّى خرّبه وشتّت بنى اسرائل فى البلاد وانّ ذلك كان لمضىّ تسع عشرة سنة من ابتداء ملك بخت نصر وهو لمضىّ تسع مايئة وسبع وتسعين سنة لوفاة موسى عم وانّ بيت المقدس استمرّ خرابا سبعين سنة ثمّ عمر فيكون ابتداء عمارته الثانية لمضىّ الف وسبع وستّين سنة اعنى فى سنة ثمان وستّين بعد الالف لوفاة موسى عم ولمضىّ تسع وثمانين سنة من ابتداء ملك بخت نصر فتكون عمارته فى سنة تسعين من ملك المذكور والذى عمره هو ملك الفرس اردشير بهمن والمذكور عند بنى اسرائل كيرش وقيل كورش وقيل انّ كيرش ملك آخر غير اردشير بهمن ثمّ تراجعت اليه بنو اسرائل وصاروا تحت حكم الفرس ثمّ لمّا غلبت اليونان على الفرس صارت بنو اسرائل تحت حكمهم وكان اليونان يولّون من بنى اسرائل عليهم نائبا وكان لقب كلّ من يتولّى على بنى اسرائل هرذوس وقيل هيرودوس واستمرّت بنو اسرائل كذلك حتّى قتلوا زكريّا بعد ولادة المسيح حسبما تقدّم ذكره . ثمّ لمّا ظهر المسيح ودعا الناس بما امره الله به اراد هرذوس قتله وكان اسم هرذوس الذى قصد قتل المسيح فيلاطوس فرفع الله عيسى بن مريم اليه وكان منه ومنهم ما تقدّم ذكره وكانت ولادة المسيح لاحدى وعشرين سنة من غلبة اغسطس على قلوبطرا وكانت مدّة ملك اغسطس ثلثا واربعين سنة منها قبل ملك مصر اثنتى عشرة سنة وبعد ملك مصر احدى وثلثين سنة فيكون عمر المسيح عند موت اغسطس عشر سنين تقريبا وجملة ما عاشه المسيح الى ان رفعه الله ثلثا وثلثين سنة وثلثة اشهر فيكون رفعه بعد موت اغسطس بنحو ثلث وعشرين سنة والذى ملك بعد اغسطس طيباريوس وملك طيباريوس اثنتين وعشرين سنة ثمّ ملك بعد طيباريوس غانيوس فيكون رفع المسيح فى السنة الاولى من ملكه وملك اربع سنين ثمّ ملك بعده قلوذيوس اربع عشرة سنة ثمّ ملك بعده نارون ثلث عشرة سنة ثمّ ملك بعده ملك اخر قيل اسمه اوسباسيانوس وقيل اسفسيوس عشر سنين ثمّ ملك بعده طيطوس

in haec Christi verba exit: *Ego vos lego ad populos, quemadmodum pater meus me ad vos legavit. Abite igitur et populos ad nova sacra vocate nomine Patris et Filii et Spiritus sancti.* — Inter tempus quo Christus in coelum sublatus est, et illud quo Propheta natus, intercessere circiter 545 anni. Natus erat Christus 33 annis post inaugurationem Augusti peractis, et 21 annis post Cleopatram ab eo devictam; Augustus enim anno regni tertio et decimo Roma profectus Aegyptum expugnavit et Cleopatram, reginam Graecorum, morte affecit. Uno et viginti annis post natus est Christus. Alii quidem aliter statuunt, sed id quod nos posuimus, omnium est probabilissimum. Jam quum Augustus regnaverit annos 43, Christus autem, donec in coelum sublatus est, vixerit annos 33: Christum annis 23 post Augusti mortem, igitur anno primo regni Caji Caesaris exeunte, in coelum ascendisse colligitur. — Asseclae Christi sunt *Christiani*, de quibus, si per Deum licuerit, inter ceteros populos in capite quinto dicemus. — Maria, mater Jesu, vixit annos fere 53; concepit enim Christum, quum 13 annos nata esset; cum eo vixit annos 33 et quod excurrit, atque ei in coelum sublato sex annis superstes fuit.

De Hierosolymis iterum devastatis, Judaeis maxima clade affectis, et regno eorum in perpetuum everso.

Dictum est supra, Salomonem fil. Davidis templum Hierosolymitanum exstruxisse idque anno post Mosen mortuum 546 absolvisse. Hinc diximus Nabuchodonosorem duas deinceps expeditiones adversus Hierosolyma suscepisse, ad extremum urbem devastasse et Israelitas huc illuc diversos egisse annis ab ipsius inauguratione 19, et a morte Mosis 997 peractis; inde Hierosolyma per 70 annos desertam jacuisse; postea restaurata esse annis post Mosen mortuum 1067, et post Nabuchodonosorem inauguratum 89 peractis, id est intra annum post illum mortuum 1068, et post hunc inauguratum 90; item urbis restauratorem fuisse *Ardeschir-Behmenum*, regem Persiae, cujus nomen apud Judaeos esset *Cyrus* vel *Coresch*; quamquam alii Cyrum regem ab Ardeschir-Behmeno distinguerent. Tum Israelitas Hierosolyma reversos Persarum imperio paruisse; deinde, quum Graeci Persas vicissent, Graecorum; ab his Israelitas proreges ex ipsorum popularibus accepisse, quorum omnium commune nomen esset Herodes, atque hanc rerum conditionem perdurasse, donec Israelitae post Christum natum Zachariam interfecerint. Deinde quum Christus in publicum prodiisset et populum jussu divino ad novam religionem vocare coepisset, Herodem, cui nomen esset Pilato, eum e medio tollere voluisse, Deum vero Jesum fil. Mariae ad se in coelum recepisse. Ibidem cetera quoque utrimque facta retulimus. Item diximus, Christum natum esse annis post Cleopatram ab Augusto devictam 21; et quum Augustus regnaverit annos 43, scilicet duodecim antequam Aegyptum expugnaret, et unum et triginta postquam expugnasset: Christum, quum Augustus diem obiret, circiter decem annos natum fuisse; quum igitur tota vitae ejus summa usque ad tempus illud quo a Deo in coelum evectus est, 33 annorum et 3 mensium fuerit: eum fere 23 annis post Augustum mortuum in coelum ascendisse colligi. — Augusti successor, *Tiberius*, quum regnaverit annos 22, et huic successerit *Cajus:* Christi in coelum adscensus in annum primum Caji incidet. Cajo, qui quatuor annos regnavit, successit *Claudius*, qui quatuordecim annos, huic *Nero*, qui tredecim, huic alius rex, qui *Vespasianus* vel *Vespasius* vocabatur, cui, postquam decem annos regnavit, successit *Titus.*

Hic

طيطوس وفى السنة الاولى من ملكه قصد بيت المقدس واوقع باليهود وقتلهم واسرهم عن آخرهم الّا من اختفى ونهب القدس وخرّبه واحرق الهيكل واحرق كتبهم وخلا القدس من بنى اسرائل كانّه لم يغن بالامس ولم يعد لهم بعد ذلك رياسة ولا حكم وكان ذلك بعد رفع المسيح بنحو اربعين سنة لانّ بعد رفع المسيح معنا ثلث سنين من ملك غانيوس واربع عشرة من قلوذيوس وثلث عشرة من نارون وعشر سنين من اوسباسيانوس وجملة ذلك اربعون سنة فيكون خراب بيت المقدس الخراب الثانى وتشتّت اليهود التشتّت الذى لم يعودوا بعده لاربعين سنة مضت من رفع المسيح ولثلث مائة وستّ وسبعين سنة مضت من غلبة الاسكندر ولثمان مائة واحدى عشرة سنة مضت لابتداء ملك بخت نصر فيكون لبث بيت المقدس على عمارته الاولى الى حين خرّبه بخت نصر اربع مائة وثلثا وخمسين سنة ثمّ لبث على التخريب سبعين سنة ثمّ عمر ولبث على عمارته الثانية الى حين خرّبه طيطوس التخريب الثانى سبع مائة واحدى وعشرين سنة . ثمّ انّى وجدت فى كتاب اسمه العزيزى تصنيف الحسن بن احمد المهلبىّ فى المسالك والممالك انّ بيت المقدس بعد ان خرّبه طيطوس التخريب الثانى حسبما ذكر تراجع الى العمارة قليلا واعتنى به بعض ملوك الروم وسمّاه ايليا ومعناه بيت الربّ فعمره ورمّم شعثه واستمرّ عامرا وهى عمارته الثالثة حتّى سارت هلانه امّ قسطنطين الى القدس فى طلب خشبة المسيح التى تزعم النصارى انّ المسيح صلب عليها ولمّا وصلت الى القدس بنت كنيسة قمامة على القبر الذى تزعم النصارى انّ عيسى دفن به وخرّبت هيكل بيت المقدس الى الارض وامرت ان يلقى فى موضعه قمامات البلد وزبالته فصار موضع الصخرة مزبلة وبقى الحال على ذلك حتى قدم عمر بن الخطّاب رضه وفتح القدس فدلّه بعضهم على موضع الهيكل فنظّفه عمر من المزابل وبنى به مسجدا وبقى ذلك المسجد الى ان توفّى الوليد بن عبد الملك الاموىّ فهدم ذلك المسجد وبنى على الاساس القديم المسجد الاقصى وقبة الصخرة وبنى هناك قبابا ايضا سمّى بعضها قبّة الميزان وبعضها قبّة المعراج وبعضها قبّة السلسلة والامر على ذلك الى يومنا هذا كذا نقله العزيزى والعهدة عليه . اقول وينبغى ان يخصّ كلام العزيزى فى خراب هيكل بيت المقدس بالعمارة التى كانت على الصخرة خاصّة لانّ ذكر صفات المسجد الاقصى جآء فى حديث معراج النبىء صلعم . وخلاصة ما ذكر انّ هيكل بيت المقدس عمره سليمان بن داود وبقى عامرا حتّى خرّبه بخت نصر وهو التخريب الاوّل ثمّ عمره كورش وهى عمارته الثانية وبقى عامرا حتّى خرّبه طيطوس التخريب الثانى ثمّ تراجع للعمارة قليلا قليلا وبقى عامرا حتّى خرّبته هلانه امّ قسطنطين وهو التخريب الثالث ثمّ عمره عمر بن الخطّاب وهو عمارته الرابعة ثمّ خرّب ذلك وعمره الوليد بن عبد الملك وهى عمارته الخامسة وهو على ذلك الى يومنا هذا ❁

الفصل

Hic primo regni anno adversus Hierosolyma profectus et Judaeos adortus, ad unum omnes, si ab illis discesseris qui se absconderunt, vel occidit vel cepit, Hierosolyma diripuit et devastavit, templum et libros Judaeorum combussit. Hinc urbs tam vacua incolis facta est, ut eam pridie a quoquam habitatam esse dubitares. Nec postea Israelitae principatum ullum aut potestatem recuperarunt. Hoc evenit annis post adscensum Christi in coelum fere quadraginta; e nostra enim ratione post adscensum illum sunt tres anni de regno Caji, quatuordecim Claudii, tredecim Neronis, decem Vespasiani, quibus in summam collectis habebis quadraginta. Igitur secunda illa Hierosolymorum devastatio et Judaeorum in perpetuum dispersio collocanda erit 40 annis post adscensum Christi, 376 post victoriam Alexandri Magni, 811 post inaugurationem Nabuchodonosoris. Urbem autem jam constat, qualis primum condita esset, usque ad illud tempus quo Nabuchodonosor eam vastaverit, annos 453 perstitisse, deinde 70 annos desertam jacuisse, postea restauratam esse et talem mansisse annos 721, donec iterum a Tito vastata sit. — Praeterea in libro qui appellatur *El-Azizi*, quem *El-Hasan Ibn-Ahmed El-Mohellebi* composuit de viis et regionibus *(el-mesalik wa 'l-memalik)*, legi ea quae sequuntur: Urbs Hierosolymorum a Tito, ut diximus, secundum vastata paullatim restaurari iterumque incoli coepit. Aliquis Imperatorum romanorum ei operam dedit, eam *Aeliam* appellari jussit, quod significat domum Domini, eam restauravit et aedificia collapsa resarsit. Haec tertia urbis instauratae aetas ad illud usque tempus pertinet quo *Helena*, mater Constantini, crucem in quam Christiani Christum actum esse putant, quaesitura eo venit. Tunc enim sepulcro in quo Christum jacuisse existimant, Ecclesiam quae *Kumamah* vocatur, superstruxit, templum solo aequavit et in locum quo steterat, urbis purgamenta et sordes conjici jussit. Ita locus *Es-sachrae* (sacri saxi in quo Jacobus dormiens caput deposuisse dicitur) in sterquilinium conversus est. Sed mutatae sunt res quum *Omar Ibn-el-chattab* Hierosolyma expugnavit. Is enim locum templi, qui ei a quodam indicatus est, primum sordibus purgari jussit, deinde ibidem aedem moslemicam exstruxit, quae incolumis mansit donec *El-Walid Ibn-Abd-el-melik* rerum potitus est: qui aedem illam demolitus antiquo fundamento aliam, quae *El-mesdjid el-aksa* appellatur, imposuit, cui inclusa est Es-sachra. Ibidem aliquot turres superne fornicatas exstruxit, quarum una nomen accepit *Kubbeth-el-mizan*, alia *Kubbeth-el mi'radj*, alia *Kubbeth-es-selseleh.* In his ad nostra usque tempora nulla est facta mutatio. — Haec sunt quae refert *El-Azizi*, penes quem sit eorum fides. In quo moneo, eam quam ille dicit templi Hierosolymitani devastationem ad illam aedem referendam esse, quae *Es-sachrae* superstructa erat; nam aedis illius *el-mesdjid el-aksa* jam in traditione sacra de adscensu Prophetae nostri in coelos mentio fit. — Eorum quae de historia templi Hierosolymitani retulimus, nucleus hic est: Exstructum est a Salomone fil. Davidis et incolume mansit, donec a Nabuchodonosore primum vastatum est; deinde instauratum a Cyro secundam aetatem habuit, donec iterum a Tito vastatum est; tum paullatim instauratum, tertium ab Helena, matre Constantini, vastatum est; postea ab Omaro Ibn-el-chattab instauratum est, quae est quarta ejus aetas; denique iterum dejectum et restauratum ab El-Walid Ibn-Abd-el-melik quintam aetatem habere coepit atque etiam nunc habet.

الفصل الثانى
فى ذكر ملوك الفرس ۞

كانت ملوك الفرس من اعظم ملوك الارض فى قديم الزمان ودولتهم وترتيبهم لا يماثلهم فى ذلك غيرهم وهم أربع طبقات طبقة اولى يقال لهم الفيشدانيّة لانّه كان يقال لكلّ واحد منهم فيشداذ ومعنى هذه اللفظة اوّل سيرة العدل وعدّة الفيشدانيّة تسعة وهم اوشهنج وطهمورث وجمشيذ وبيوراسب وهو الضحّاك وافريذون بن اثفيان ومنوجهر وفراسياب وزوّ وكرشاسف وهذه الطبقة قديمة وقد نقل عن مدد ملكهم وحروبهم امور يأباها العقل ويمجّها السمع فأضربنا عنها لذلك وذكرنا ما يقرب الى الذهن صحّته. وطبقة ثانية يقال لهم الكيانيّة وهم الذين فى اوّل اسمائهم لفظة كى وهى لفظة للتنويه قيل معناها الروحانىّ وقيل الجبّار وعدّة الكيانيّة تسعة ايضا وهم كيقباذ وكيكاووس وكيخسرو وكيلهراسف وكيبشتاسف وكى اردشير بهمن وخمانى بنت اردشير بهمن ودارا الاوّل ودارا الثانى وهو الذى قتله الاسكندر واستولى على ملكه . وطبقة ثالثة وهم بعض ملوك الطوائف ويقال لهذه الطبقة الاشغانيّة وعدّتهم احد عشر وهم اشغا بن اشغان ويقال اشك بن اشكان وسابور بن اشغان وجور بن اشغان وبيرن الاشغانى وجوذرز الاشغانى ونرسى الاشغانى وهرمز الاشغانى واردوان الاشغانى وخسرو الاشغانى وبلاش الاشغانى واردوان الاصغر الاشغانى . وطبقة رابعة وهم الاكاسرة لانّ كلّ واحد منهم كان يقال له كسرى ويقال لهم ايضا الساسانيّة نسبةً الى جدّهم ساسان وملك منهم عدّة من النساء بعد الهجرة واستولى عليهم غيرهم من الفرس وكان اوّلهم اردشير بن بابك وآخرهم يزدجرد الذى قتل فى ايّام عثمان بن عفّان رضه على ما سنقف على اخبارهم مفصّلا ان شاء الله تعالى ۞

الطبقة الاولى الفيشداذيّة من تجارب الامم وعواقب الهمم لابى على احمد بن مسكويه قال اوشهنج اوّل من رتّب الملك ونظم الاعمال ووضع الخراج ولقبه فيشداذ وتفسيره اوّل سيرة العدل وكان ملكه بعد الطوفان بمائتى سنة كذا ذكره ابن مسكويه وقال غيره انّ اوشهنج ومن ملك بعده الى الضحّاك كانوا قبل الطوفان وكذا تقول الفرس ويزعمون انّ ملك ملوكهم لم ينقطع وينكرون الطوفان ولا يعترفون به رجعنا الى كلام ابن مسكويه قال واوشهنج هو الذى بنى مدينتى بابل والسوس وكان فاضلا محمود السيرة والسياسة ونزل الهند وتنقّل فى البلاد وعقد على راسه التاج وجلس على السرير ثمّ انقضى ملكه ولم يشتهر بعده غير طهمورث وهو من ولد اوشهنج وبينه وبينه عدّة آباء وسلك سيرة جدّه وهو اوّل من كتب بالفارسيّة وكان على هيئة الديالم ولباسهم وهلك ثمّ ملك بعده جمشيذ بجيم مفتوحة وميم ساكنة وشين مكسورة منقوطة وياء مثناة من تحتها وذال منقوطة وهو اخو طهمورث لابويه وجم هو القمر وشيذ هو الشعاع اى شعاع القمر وكذلك

LIBER SECUNDUS,

de historia Regum persicorum.

Reges Persiae antiquitus e regibus potentissimis orbis terrarum fuerunt, neque aut imperii amplitudine, aut reipublicae sapienter constitutae gloria alii cum iis possunt contendere. Dividuntur autem in familias quatuor, quarum prima vocatur *Pischdadica*, quia singuli reges ad eam pertinentes *Pischdadi* cognomen gerebant, quae vox significat initium justitiae colendae. Pischdadii sunt novem: *Uschhendj*, *Tahmurath*, *Djemschid*, *Piwerasp* (idem qui *Ed-Dhahhak* vocatur), *Feridun fil. Ethfijani*, *Menudjihr*, *Ferasiab*, *Zav*, *Gerschasp*. Haec regum familia prisca admodum est, ac de temporum, per quae regnaverint, longitudine, et de bellis quae gesserint, multa narrantur quae, si audias, a mente reprobantur et quasi ab ipsis auribus respuuntur. Quare his omissis eorum modo mentionem fecimus quorum veritas facilius admitti potest. — Familia secunda *Kejanica* dicitur, ad quam pertinent reges ii quorum nominibus vox *Kei* praefigitur, quae ad majorem dignitatem conciliandam adhibetur: alii *Spiritualem*, alii *Gigantem* significare ajunt. Kejanii et ipsi novem sunt: *Kei-Kobad*, *Kei-Kavus*, *Kei-Chosrev*, *Kei-Lohrasp*, *Kei-Buschthasp*, *Kei-Ardeschir-Behmen*, *Chomani filia ejus*, *Dara I.* et *Dara II.*, quem Alexander et vita et regno spoliavit. Familia tertia ad *reges populorum* pertinet et *Aschganica* appellatur. Ejus reges undecim sunt: *Aschga fil. Aschgani* (quem alii *Aschak fil. Aschkani* vocant), *Sapor fil. Aschgani*, *Djur fil. Aschgani*, *Biren*, *Djuderz*, *Nersi*, *Hormuz*, *Ardavan*, *Khosrev*, *Balasch*, *Ardavan junior*, qui omnes, inde a Bireno, cognomen *El-Aschgani* gerunt. — Familia quarta *Cosroïca* vocatur, quia singuli ejus reges *Kisra (Cosroïs)* nomen gerebant. Iidem *Sasanidae* appellantur, nomine patronymico ab auctore gentis, *Sasan*, ducto. Inter eos post fugam Prophetae aliquot mulieres fuere, atque alii e Persis potestatem regiam iis eripuerunt. Primus eorum fuit *Ardeschir fil. Babeki*, et ultimus *Jezdedjerd*, qui Othmano fil. Affani Chalipha violenta morte periit. De quorum historia infra, si Deo placet, singulatim videbimus.

De familia prima Pischdadica.

Abu-Ali Ahmedis Ibn-Mescoweihi in *Thedjarib-el-umem we-awakib-el-himem* haec verba sunt: *Uschhendj* primus regnum composuit, provinciarum administrationem ordinavit et tributum solvendum instituit. Cognomen ejus *Pischdad* significat eum qui justitiae colendae initium facit. — Eodem auctore regnavit 200 annis ante diluvium; alii contra et eum et ejus successores ad Ed-Dhahhakum usque antediluvianos fuisse dicunt. In hac sententia sunt Persae ipsi, qui et regum suorum successionem nunquam intermissam fuisse perhibent, nec veritatem diluvii agnoscunt. — Uschhendj, ut ad Ibn-Mescoweihi narrationem revertamur, is fuit qui urbes *Babyloniae* et *Susorum* condidit. Indoles viri erat praestantissima, vita et regnandi ratio laudatissimae. Expeditionem suscepit in Indiam et multa longe lateque itinera fecit. Usus est diademate et solio regio. Post ejus regnum primus qui locum in historia invenit, est *Tahmurath*, unus ex illius posteris, etsi inter utrumque plures Tahmuratho antiquiores interfuerunt. Hic in vita et moribus auctorem gentis, Uschhendjum, retulit. Primus lingua persica scribere instituit. Specie et vestitu Deilemitam prae se ferebat. Ei vita defuncto successit *Djemschid*, illius frater germanus, cujus nomen e

 djem,

وكذلك ايضا يسمّون خورشيذ اى شعاع الشمس لانّ خور اسم الشمس وجمشيذ المذكور ملك الاقاليم السبعة وسلك السيرة الصالحة المتقدّمة وزاد عليها ورتّب الناس على طبقات كالحُجّاب والكُتّاب وامر ان يلازم كلّ واحد طبقته ولا يتعدّاها واحدث النيروز وجعله عيدا يتنعّم الناس فيه . من الكامل لابن الاثير ووضع لكلّ امر من الامور خاتما مخصوصا به فكتب على خاتم الحرب الرفق والمداراة وعلى خاتم الخراج العدل والعمارة وعلى خاتم البريد والرسل الصدق والامانة وعلى خاتم المظالم السياسة والانتصاف وبقيت رسوم تلك الخواتيم حتّى محاها الاسلام انتهى كلام ابن الاثير . قال ابن مسكويه ثمّ انّه بعد ذلك بدّل سيرته الصالحة بأن اظهر التكبّر والجبروت على وزرآئه وقوّاده وآثر اللذّات وترك كثيرا من السياسات التى كان يتولّاها بنفسه وعلم بيوراسب باستيحاش الناس من جمشيذ وتنكّر خواصّه عليه فقصده وهرب جمشيذ وتبعه بيوراسب حتّى ظفر به وقتله بأن اشره بمنشار ثمّ ملك بيوراسب وكان يقال له الدهاك ومعناه عشر آفات فلمّا عرّب قيل الضحّاك ولمّا ملك ظهر منه شرّ شديد وفجور وملك الارض كلّها وسار فيها بالجور والعسف وبسط يده بالقتل وسنّ العشور والمكوس واتّخذ المغنّيين والملهيين وكان على منكبيه سلعتان يحرّكهما اذا شاء فادّعى انّهما حيّتان تهويلا على ضعفاء العقول وكان يسترهما بثيابه ولمّا اشتدّ على الناس جوره وظلمه ظهر باصبهان رجل يقال له كابى وكان الضحّاك قد قتل له ابنين فاخذ كابى المذكور عصا وعلّق بطرفها جرابا ويقال انّه كان حدّادا وانّ الذى علّقه نطع كان يتوقّى به النار وصاح فى الناس ودعاهم الى مجاهدة بيوراسب فاجابه خلق كثير واستفحل امره وبقى ذلك العَلَم معظّما عند الفرس ورصّعوه بالجواهر وسمّوه درفش كابيان ولمّا قوى امر كابى قصد بيوراسب فهرب منه وسال الناس كابى ان يتملّك عليهم فابى لكونه ليس من بيت الملك وامرهم ان يملّكوا بعض ولد جمشيذ وكان افريذون بن اثفيان من اولاد جمشيذ وكان مستخفيا من الضحّاك فوافى بجماعته الى كابى فاستبشر الناس به وولّوه الامر وصار كابى احد اعوانه حتّى احتوى افريذون على منازل بيوراسب وامواله وتبعه واسره بدناوند وقتله وكان النبىء ابراهيم الخليل عم فى اواخر أيّام الضحّاك ولذلك زعم قوم انّه نمرود او انّ نمرود عامل من عمّاله وقد اختلف فى الضحّاك المذكور اختلافا كثيرا فيزعم كلّ من الفرس والسريان والعرب انّه منهم والفرس يجعلونه قبل الطوفان لانّهم لا يعترفون بالطوفان ثمّ ملك افريذون بن اثفيان وهو من ولد جمشيذ قيل انّه التاسع من ولده وكان ابراهيم الخليل فى اوّل ملك افريذون وقد قيل انّ افريذون هو ذو القرنين المذكور فى القران ولمّا ملك افريذون سار فى الناس باحسن سيرة وردّ جميع ما اغتصبه الضحّاك على

djem, i. e. luna, et *schid*, i. e. splendore, compositum, splendorem lunae significat. Eodem modo *Churschidi* nomen fecerunt, quod splendorem solis valet; *chur* enim solis nomen est. Djemschid ille septem climata (i. e. totum terrarum orbem) in ditionem suam redegit. In vita et moribus optimum majorum exemplum aequavit, immo superavit. Populum in ordines seu familias, ut janitorum et scribarum, divisit, et imperavit, ut in suo quisque ordine maneret neque unquam in alium migraret. Idem *Neiruzi* (novi anni) festum instituit in eoque celebrando populum genio indulgere voluit. Idem (quod ex El-Camilo Ibn-el-Athiri adjicimus) unicuique parti administrationis reipublicae annulum signatorium peculiarem tribuit; veluti in annulo belli haec caelari jussit: *Mansuetudo et lenitas;* in annulo tributorum: *Justitia et prosperitas publica;* in annulo veredariorum et nunciorum: *Veritas et bona fides;* in annulo praefecturae morum publicorum: *Delictorum vindicta et aequitas.* Horum annulorum inscriptiones manserunt, donec religio moslemica eas delevit. Haec Ibn-el-Athir. — Tempore insequente (verba sunt Ibn-Mescoweihi) mores optimos malis mutavit, ita ut se adversus consiliarios suos et duces exercitus superbe et tyrannice gereret, voluptates sectaretur et multas administrationis partes, quibus ipse functus erat, negligeret. Quum itaque *Piwerasp* intellexisset, animos populi a Djemschido alienatos et optimates ei infensos esse: impetum in eum fecit, fugientem insecutus cepit et serra dissecari jussit. Quo supplicio postquam Djemschid periit, Piwerasp regnum invasit. Persice vocabatur *Dehak*, quod decem mala significat: unde, nomine ingenio linguae arabicae accommodato, ortum est *Ed-Dhahhak.* Ubi regnum occupavit, dirum se hominem gerere coepit et a moribus turpissimum; terram universam in suam ditionem redegit eamque peragravit, ubique locorum injustitiae et duritiae exempla edens, caedibus et suppliciis grassatus est, decimas et vectigalia instituit et cantores et musicos conduxit. In humeris duo tubera habebat, quae, quum vellet, movebat: ea serpentes esse jactavit, quo stolidae plebi timorem incuteret. Vulgo ea vestibus tegebat. Populo crudelitatis ejus et tyrannidis pertaeso, Ispahani vir exstitit, cui nomen erat *Cabi*, quem Ed-Dhahhak duobus filiis orbaverat. Is igitur in summa pertica peram suspendit; quamquam alii eum fabrum fuisse dicunt, et id quod in pertica suspenderit, fuisse corium quo se ab aestu ignis tueri soleret. Deinde populum palam ad bellum adversus Piweraspum evocavit: quo audito multi in ejus partes transierunt ejusque vires auxerunt. Signum illud apud Persas magno in honore mansit: gemmis ornatum est et *Direfschi-Cabian* appellatum. Cabi quum se satis firmum esse sentiret, Piweraspum adortus est et fugavit. Regnum autem quod populus ei ipsi obtrudere voluit, recusavit, quod non esset e gente regia, illisque suasit ut aliquem e posteris Djemschidi regem facerent. Quum igitur *Feridun fil. Ethfijani*, qui e gente Djemschidi erat et ab Ed-Dhahhako se absconderat, illo tempore cum asseclis suis ad Cabium venisset: populus eum magna cum laetitia excepit et reipublicae praefecit. Cabi autem novum regem consilio et virtute adjuvit. Tandem Feridun, postquam palatiis et pecuniis Piweraspi potitus est, eum ipsum in regione *Dawend* captum supplicio affecit. Tempore extremo Ed-Dhahhaki vivebat Abraham; quare nonnulli putant, illum aut Nemrodum ipsum fuisse, aut Nemrodum fuisse ex ejus satrapis. Omnino de Ed-Dhahhako diversae admodum exstiterunt sententiae; nam et Persae, et Syri, et Arabes eum sibi vindicant. Persae eum antediluvianum faciunt, quoniam diluvium ipsum non agnoscunt. — Post eum regnavit Feridun fil. Ethfijani, e gente Djemschidi, cujus nonus filius ab aliquot auctoribus fuisse traditur. Ejus regno ineunte vivebat adhuc Abraham. Idem a nonnullis pro illo *Dhu 'l-Karnein* (Bicornuto) habetur cujus in Corano fit mentio. Postquam regnum capessivit, virum optimum se erga populum gessit et omnes Ed-Dhahhaki rapinas iis quibus extortae

على اصحابه وكان لافريذون ثلثة اولاد فقسم الارض بينهم اثلاثا احدهم ايرج وجعل له العراق والهند والحجاز وجعله صاحب التاج والسرير وفوّض اليه الولاية على اخويه والثانى شُرم وجعل له الروم وديار مصر والمغرب والثالث طوج وجعل له الصين والترك والمشرق جميعه فلمّا مات افريذون وثب طوج وشرم على ايرج فقتلاه واقتسما بلاده وملكا الارض ثمّ نشأ ابن لايرج يقال له مَنُوجِهْر بميم مفتوحة ونون مضمومة وواو ساكنة وجيم بين الجيم والشين مكسورة وهاء ساكنة وراء مهملة فحقد المذكور على عمّيه وجمع العساكر وتغلّب على ملك ابيه ايرج ولمّا قوى منوجهر المذكور سار نحو الترك وطلب بدم ابيه فقتل طوج ثمّ قتل شرم عمّيه وادرك ثأره منهما ثمّ نشأ من ولد طوج بن افريذون المذكور فراسياب بن طوج وجمع العساكر وحارب منوجهر بن ايرج وحاصره بطبرستان ثمّ اصطلحا وضربا بينهما حدًّا لا يتجاوزه واحد منهما وهو نهر بلخ وفى ايّام منوجهر ظهر موسى عم وذكروا انّ فرعون موسى وهو الوليد بن الريان كان عاملا لمنوجهر ومطيعا له ثمّ هلك منوجهر فتغلّب فراسياب على مملكة فارس واكثر الفساد وخرّب البلاد ثمّ ظهر زوّ بن طهماسب وهو من اولاد منوجهر فتسارع الناس اليه وطرد فراسياب عن مملكة فارس حتّى ردّه الى بلاد الترك بعد حروب كثيرة وسار زوّ باحسن سيرة حتّى عمر واصلح ما كان خرّبه فراسياب واستخرج للسواد نهرا وسمّاه الزاب وبنى على حافته مدينة وكان لزوّ وزيرا يقال له كرشاسف من اولاد طوج بن افريذون وقد حكى انّهما اشتركا فى الملك انتهت الفيشدانيّة ✿

ذكر الطبقة الثانية الكيانيّة ولمّا هلك كرشاسف ملك بعده كيقباذ بن زوّ وسلك سيرة ابيه فى الخير وعمارة البلاد ثمّ هلك كيقباذ وملك بعده كيكاووس بن كينيه بن كيقباذ المذكور فشدّد على اعدآئه وقتل خلقا من عظماء البلاد وولد له ولد نهاية فى الجمال وكان يفتن بحسنه وسمّاه سِيَاوِش بسين مهملة مكسورة وياء مثناة من تحتها والف وواو مكسورة وشين منقوطة ثمّ انّ اباه كيكاووس سلّمه الى رستم الشديد الذى كان نائبا على سجستان فربّاه كما ينبغى واتى به الى والده وهو نهاية فى الادب والفروسيّة ففرح به والده فرحا عظيما وولّاه مملكته وكان لكيكاووس زوجة مبدعة فى الحسن فهويت سياوش واعلمته فامتنع ولم تزل تراجعه حتى طاوعها فعشقها وعشقته عشقا مبرّحا وفى الآخر علم كيكاووس بذلك فمنع ولده من دخول داره وضرب الزوجة وحبسها ثمّ ترضّاها وافرج عنها فارسلت مع بعض الخصيان الى سياوش تقول ان عاهدتنى انك تتزوّج بى قتلت اباك فعرّف الخصىّ كيكاووس بذلك فامر بحبسها ومنع سياوش من الدخول اليه فسال سياوش رستما الذى ربّاه فى ان يشفع الى ابيه ان يرسله الى حرب فراسياب ملك الترك فارسله مع جيش فصالحه فراسياب على ما اراد فارسل اعلم بذلك اباه كيكاووس فانكر عليه وقال لا بدّ من الحرب ولم

extortae erant restituit. Tres erant ejus filii: quibus orbem terrarum ita distribuit, ut tertiam quisque partem acciperet. Primo enim, *Iredjo*, dedit Babyloniam, Indiam et Hedjazum; praeterea diadema ei et solium regium tribuit, item imperium in fratres commisit; secundo, *Schuremo*, Asiam occidentalem, Aegyptum et Africam septentrionalem; tertio, *Tudjo*, terras Serum, Turcarum, totamque Asiam orientalem. Sed Feriduno mortuo Tudj et Schurem in Iredjum irruerunt eumque interfecerunt, ejus terras inter se partiti sunt et soli orbis imperium occuparunt. Postea aliquis e filiis Iredji, cui nomen erat *Menudjihr*, postquam adolevit, odio in avunculos percitus, copias collegit et regnum paternum recuperavit; tum, viribus auctis, patris necem ulturus, expeditionem in terras Turcarum suscepit et utroque avunculo, prius Tudjo, deinde Schuremo, interfectis manes paternos placavit. Sed postero tempore aliquis e filiis Tudji fil. Feriduni, *Ferasiab fil. Tudji*, postquam adolevit, copiis collectis Menudjihro fil. Iredji bellum intulit eumque in regione Tabaristan obsedit; tandem pace facta statuerunt, ut fluvius ad quem urbs Balch sita est, limes communis esset, quem ultra neuter pedem proferret. Menudjihro regnante exstitit Moses. Ipsum *El-Walid fil. Er-Rajjani*, quo Pharaone ille in Aegypto vixit, satrapam Menudjihri imperio obnoxium fuisse volunt. Menudjihro mortuo Ferasiab regno persico potitus pessimum se tyrannum gessit et loca habitata depopulatus est. Quum igitur exstitisset *Zav fil. Tahmaspi*, e gente Menudjihri, magno omnium ad eum concursu facto, Ferasiabum post multa bella e regno Persico ejectum in terras turcicas repulit. Zav, rex optimus, loca a Ferasiabo vastata restauravit et novis incolis implevit. Item illum tractum Mesopotamiae qui *Es-sewad* appellatur, fluvio locupletavit, cui nomen *Ez-zab* fecit, in ejusque ripa urbem condidit. Consiliarium habebat, qui *Gerschasp* vocabatur, e gente Tudji fil. Feriduni oriundum; quamquam alii utrumque regnum commune gessisse narrant. Atque haec quidem de Pischdadiis.

De familia secunda Kejanica.

Post mortem Gerschaspi regnum adeptus est *Keikobad fil. Zavi*, qui patris exemplum imitatus bonum se regem praebuit et regni prosperitatem auxit. Ei successit *Keikawus fil. Kiniae fil. Keikobadi*, qui hostes vehementer afflixit et multos ex optimatibus interfecit. Ei natus est filius quo nihil venustius esse poterat: cujus pulcritudine pater magnopere delectatus ei nomen *Siawisch* fecit. Postea eum tradidit *Rustemo*, viro robustissimo, qui provinciae *Sedjesthan* praefectus erat. Is postquam puerum ita ut par erat educavit, eum ingenio liberaliter exculto et disciplina equestri omnibus praecellentem ad patrem reduxit, qui de eo vehementer gravisus est eique regnum administrandum commisit. Erat autem Keikawuso uxor insigni pulcritudine praedita: quae Siaweschi amore capta ei rem significat: primum repulsam fert, sed iterum iterumque tentatum tandem ad id quod cupit pellicit. Tum flagrantissimo ambo se amore pereunt, donec Keikawus de re certior factus filium in aedes regias venire vetat, mulierem autem verberari et in custodiam dari jubet. Postea tamen animo iterum placato eam e carcere retrahit. Tum mulier alicui de eunuchis literas ad Siawischum perferendas dat, hujus argumenti: si ille sibi matrimonium sponderet, se regem interfecturam esse. Sed eunuchus rem ad regem defert: qui mulierem in carcerem reduci jubet et Siawischum in aulam admitti vetat. Tunc juvenis Rustemum, a quo educatus erat, rogat, ut apud patrem pro se intercedens id sibi impetret, ut ad bellum adversus Ferasiabum, regem Turcarum, gerendum mittatur. Rex annuit et filium cum exercitu mittit. Sed Ferasiab iis conditionibus quas Siawisch ipse vellet, pacem cum eo fecit.

ولم يمكن سياوش الغدر بفراسياب بغير اسباب ولا الرجوع الى والده لما ذكر فهرب سياوش الى فراسياب فاكرمه وزوّجه ابنته ثمّ انّ اولاد فراسياب اغروا والدهم بقتل سياوش وقالوا لا يكون عاقبته عليك خيرا فقتله وكانت بنت فراسياب حبلى منه فاراد ابوها قتلها ثمّ تركها فولدت ابنا وسمع كيكاووس بذلك فقتل زوجته التى كان هذا الامر بسببها وارسل قوما شُطّارا فى زىّ التجّار بالمال وامرهم بسرقة ابن سياوش وزوجته فسرقوهما واحضروهما وكان اسم الولد المذكور كيخسرو اعنى ولد سياوش ثمّ انّ كيكاووس قرّر الملك لولد ولده كيخسرو ثمّ هلك كيكاووس واستمرّ ولد ولده كيخسرو المذكور فى الملك ولمّا ملك كيخسرو وقوى امره قصد جدّه ابا امّه وهو فراسياب ملك الترك طالبا بثأر ابيه سياوش وجرت بينهما حروب كثيرة آخرها انّ كيخسرو ظفر بفراسياب واولاده وعسكره فقتلهم ونهب اموالهم وبلادهم آخذا بثأر ابيه سياوش ولمّا ادرك كيخسرو ثأره واستقرّ فى ملكه تزهّد وخرج عن الدنيا ولمّا اصرّ على ذلك ساله وجوه الدولة فى ان يعيّن للملك من يختار وكان لهراسف حاضرا وهو من مرازبته فجعله وصيّه واقبل الناس عليه وفقد كيخسرو وكان مدّة ملك كيخسرو ستّين سنة ثمّ ملك لهراسف ويقال انّه ابن اخى كيكاووس فاتّخذ سريرا من ذهب مرصّعا بالجوهر فكان يجلس عليه وبنيت له بارض خراسان مدينة بلخ وسكنها لقتال الترك وكان فى زمان لهراسف بخت نصر وجعله لهراسف اصبهبذا على العراق والاهواز وعلى الروم من غربى دجلة فاتى دمشق وصالحه اهلها وصالحه بنو اسرائل بالقدس ثمّ غدروا به فسار اليهم بخت نصر راجعا وسبى ذريّتهم وخرّب بيت المقدس وهرب من سلم منهم الى مصر فانفذ بخت نصر فى طلبهم الى ملك مصر وقال هؤلآء عبيدى قد هربوا اليك فابعث الىّ بهم فقال فرعون مصر انّما هؤلآء احرار وامتنع من تسليمهم اليه فسار بخت نصر الى مصر وقتل الملك وسبى اهل مصر ثمّ سار المذكور الى المغرب حتى بلغ اقاصيها وخرّب البلاد وسبى ثمّ عاد الى فلسطين والاردن وسبى وقتل وحضر مع بخت نصر من بنى اسرائل دانيال النبىء وغيره من اولاد الانبياء عليهم السلام وحمل الى لهراسف من المغرب والشام وبيت المقدس اموالا عظيمة . وقد اختلف المورّخون فى بخت نصر هل كان ملكا مستقلّا بنفسه ام كان نائبا للفرس والاصحّ عند الاكثر انّه كان نائبا للهراسف المذكور وسار بالجيوش نيابة عنه وفتح له البلاد ثمّ غزا بخت نصر العرب وكان فى زمان معد بن عدنان فقصده طوائف من العرب مسالمين فاحسن اليهم بخت نصر وانزلهم شاطئ الفرات وبنوا موضع معسكرهم وسمّوه الأنبار واستمرّوا كذلك مدّة حياة بخت نصر . وممّا جرى لبخت نصر رؤياه التى أُرِيها وقد اثبتها اليهود فى كتبهم وكذلك المورّخون

fuit. De qua re quum Keikawusum certiorem fecisset, is indignatus filium omnino bellum capessere jussit. Quum igitur Siawisch nec sine justis causis fidem Ferasiabo datam fallere, neque ob ea quae diximus ad patrem reverti posset: ad Ferasiabum fugit, qui ei honorifice excepto filiam matrimonio junxit. Sed Ferasiabi filii patrem ad Siawischum e medio tollendum instigarunt, ita ut ei in posterum a genero mala maxima imminere dicerent; qua formidine permotus eum tandem interfecit. Filiam tunc e Siawischo gravidam, quam et ipsam interficere volebat, consilio mutato vivere passus est. Quae quum filium peperisset, Keikawus de his rebus certior factus, primum uxorem, malorum omnium causam, supplicio affecit; deinde viros expeditos et alacres sub specie mercatoria latentes et pecuniis instructos illuc misit eosque filium et uxorem Siawischi clam abducere jussit. Illi jussa regia exsecuti, et mulierem et puerum ad regem perduxerunt. Nomen pueri (filium Siawischi dico) erat *Keichosrew*, in quem Keikawus deinde regiam dignitatem contulit. Postea, quum Keikawus mortuus esset, Keichosrew, illius e filio nepos, regnum retinuit, et ubi satis virium collegit, necem Siawischi patris ulturus, Ferasiabum, regem Turcarum avumque maternum, adortus est. Multorum, quae utrinque gesta sunt, bellorum finis is fuit, ut Keichosrew et Ferasiabum et filios et milites ejus caperet et occideret, opes ac terras eorum diriperet. Has sumsit Siawischi patris necati poenas. Quo pietatis officio postquam perfunctus et regnum ejus ita magis etiam stabilitum est: rebus terrestribus relictis vitam religiosam coluit. In quo consilio quum perstaret, optimates eum rogarunt, ut, quem vellet, regem designaret. Itaque *Lohraspum*, aliquem e satrapis, qui forte aderat, successorem constituit. Ad hunc populi studia conversa sunt; Keichosrew autem abiit neque unquam in hominum conspectum revenit. Annos regnaverat sexaginta. Lohraspum, ejus successorem, aliqui dicunt fuisse Keikawusi e fratre nepotem. Is usus est solio aureo gemmis distincto. In regione Chorasanica jussu ejus condita est urbs *Balch*, quam sedem suam fecit, ut inde Turcas bello peteret. *Nabuchodonosori*, qui eodem tempore vivebat, dedit principatum Babyloniae, regionis El-Ahwaz et Asiae minoris, quae a Tigride ad occidentem vergit. Tum Nabuchodonosor Damascum petiit, sed incolae urbis pacem cum ea fecerunt; quorum exemplum secuti sunt Israelitae qui Hierosolyma habitabant. Hi autem quum postea fidem ei datam fefellissent, Nabuchodonosor reversus totam gentem captivam abduxit et urbem cum templo diruit. Qui evaserant, in Aegyptum fugere. Sed Nabuchodonosor eos a rege Aegyptio literis missis repetiit: suos servos esse dixit qui ad eum fugissent, ideoque sibi esse remittendos. Respondit Pharao, homines esse liberos, eosque illi tradere recusavit. Itaque Nabuchodonosor in Aegyptum profectus regem interfecit et populum captivum abduxit. Inde Africam occidentalem usque ad ultimam ejus plagam peragravit et devastavit. Tum in Palaestinam ad Jordanem reversus novos captivos coëgit novasque strages edidit. Inter Israelitas quos secum abduxit Nabuchodonosor, fuit *Daniel* propheta aliique viri e filiis prophetarum. Denique ex Africa, Syria et Hierosolymis immensam praedam ad Lohraspum retulit. Disceptant quidem historiae auctores, utrum Nabuchodonosor rex sui juris fuerit, an satrapa persicus; sed plerisque haec sententia probatur, eum satrapam Lohraspi fuisse, pro quo bella gesserit et terras expugnaverit. Postea Nabuchodonosor Arabibus bellum intulit. Illo tempore vivebat *Ma'd fil. Adnani*. Plures tribus arabicae pacem et foedus petentes ad Nabuchodonosorem venerunt: quos ille comiter excepit et in ripa Euphratis considere jussit, ubi, quo loco castra posuerant, oppidum condiderunt, quod nomen *El-Anbar* accepit, et, dum vixit Nabuchodonosor, eodem in loco et statu manserunt. — Ex historia vitae Nabuchodonosoris visum illud nocturnum referemus, quod et Judaei,

et

المورّخون من المسلمين قالوا راى صنما راسه من ذهب وصدره وذراعاه من فضّة وبطنه وفخذه من نحاس وساقاه وقدماه من حديد واصابع قدميه بعضها حديد وبعضها خزف وانّ حجرا انقطعت من جبل من غير يد قاطعة له وصكّت الصنم فاندقّ الحديد والنحاس وغيره وصار جميع ذلك مثل الغبار والوت به ريح عاصفة ثمّ صارت الحجر التى صكّت الصنم جبلا عظيما امتلأت منه الارض كلّها فقال بخت نصر لا اصدّق تعبير ما رايته الّا ممّن يخبّرنى بما رايت وكتم بخت نصر ذلك وسال العلماء والسحرة والكهنة عن ذلك فلم يحلف احد ان ينبئه بذلك حتّى سال دانيال فخبّره دانيال بصورة روياه كما راها بخت نصر ولم يُخِلّ منها بشىء ثمّ عبّرها له دانيال فقال الراس ملكك وانت بين الملوك بمنزلة راس الصنم الذهب والذى يقوم بعدك دونك بمنزلة الفضّة من الذهب ثمّ يكون كلّ متأخّر اقلّ ممّن قبله مثلما النحاس دون الفضّة والحديد دون النحاس وامّا الاصابع التى بعضها حديد وبعضها خزف فانّ المملكة تصير آخر الوقت مختلطة مختلفة بعضها قوىّ وبعضها ضعيف ثمّ انّ الله تعالى يقيم بعد ذلك مملكة لا تبيد الى آخر الدهر هذا تعبير روياك فخرّ بخت نصر ساجدا لدانيال وامر له بالخلع وان يقرّب له القرابين . وقد اختلف فى مدّة ولاية بخت نصر والذى اختاره ابو عيسى واثبته انّ بخت نصر توفّى او ملك سبعا وخمسين سنة وشهرا وثمانية ايّام وتفسير بخت نصر بالعربيّة عطارد وهو ينطق سمّى بذلك لتقريبه الحكماء والعلماء وحبّه العلم ولمّا هلك ولى ملك الفرس بعد بخت نصر ابنه اولاق سنة واحدة وقتل ثمّ ولى بعده بلطشاصر سنتين وبلطشاصر هو ابن ابن بخت نصر ثمّ انّه جلس للشراب واحتفل بلطشاصر فى مجلس عمله وجمع فيه الف نفس من اصحابه وجعل فيه من آنية الذهب ما يفوت الحصر فراى على ضوء الشمع يد انسان تكتب على الحائط فتغيّر بلطشاصر لذلك واضطرب ذهنه واصطكّت ركبتاه فدعا دانيال وقال له ما راى فقال دانيال انّك لمّا عظّمت الذهب والفضّة والنحاس والحديد ولبس فيها ما ينصرك ولم تعظّم الاله الذى بيده نسمتك وروحك وجميع تصاريف امورك ارسل كفّ يد كتبت ما معناه اكشف واعراى اى انّ مملكتك كشفت وعرّيت وجعلت لاهل فارس فقتل بلطشاصر فى تلك الليلة وبه انقرضت دولة بنى بخت نصر . ولنرجع الى سياقة ملك لهراسف ثمّ ملك بعده ابنه كى بشتاسف وهو الذى يزعمون انه باق فى كندز ولمّا ملك بشتاسف بنى مدينة فسا وظهر فى ايّامه زَرَادُشْت بزاى منقوطة مفتوحة وراء مهملة والف ودال مضمومة مهملة وشين منقوطة ساكنة وتاء مثناة من فوقها وهو صاحب كتاب المجوس وتوقّف بشتاسف عن الدخول فى دينه ثمّ صدّقه ودخل فيه وجرى بين بشتاسف وبين خرزاسف ملك الترك حروب عظيمة قتل بينهما فيها خلق كثير بسبب زرادشت ودخول بشتاسف فى دينه انتصر فيها بشتاسف على خرزاسف ملك الترك ثمّ انّ بشتاسف تنسّك وانقطع للعبادة فى جبل يقال له طميذر ولقرآءة كتاب زرادشت ثمّ فُقِد وكان لبشتاسف

et historici moslemici memoriae tradiderunt. Visus est igitur sibi statuam videre, cujus caput esset ex auro, pectus et brachia ex argento, venter et femur ex aere, crura et pedes e ferro, digiti pedum partim ferrei, partim argillacei. Tunc saxum de monte quodam ultro abruptum statuam tanta vi perculit, ut et ferrum et aes et cetera omnia comminuta et in pulvisculos resoluta vento vehementissimo dispergerentur. Deinde saxum illud quod statuam perculerat, in altum montem excrevit et totam terram occupavit. Nabuchodonosor apud se constituit, nemini de interpretatione hujus ostenti credere, nisi ostentum ipsum sibi enarrasset. Itaque rem tacuit, et doctos, magos et divinatores de ea percontatus est: quorum nemo ei, quid somniasset, indicare potuit. Tandem, quum Danielem interrogasset, is ei totum, quale fuerat, somnium, ne minima quidem re omissa, enarravit et interpretatus est. *Caput*, inquit, *regnum tuum est: tu inter reges eundem locum tenes quem in statua caput aureum; qui tibi succedet, te tanto inferior erit, quanto est argentum auro inferius; deinceps posterior quisque eo cui successerit inferior erit, quemadmodum aes argento et ferrum aere inferius est. Quod autem digitorum alii ferrei erant, alii argillacei, id eo spectat quod regnum tempore novissimo e diversis partibus mixtum erit, quarum aliae plus, aliae minus virium habebunt. Verum post illa tempora Deus regnum excitabit, quod ad extremam usque mundi aetatem incolume perstabit. Habes somnii tui interpretationem.* — His auditis Nabuchodonosor pronus Danielem veneratus est, eumque vestibus regalibus indui eique sacrificia offerri jussit. — De tempore per quod Nabuchodonosor regnaverit, variant sententiae; quarum quam Abu-Isa probavit et in librum suum recepit, haec est, illum vel praefecturam vel regnum gessisse per 57 annos, 1 mensem et 8 dies. Nomen Nabuchodonosoris significat Ἑρμῆν τὸν λόγιον; quod ei propterea inditum est quod homines sapientes et doctos personae suae admovebat et eruditionem diligebat. — Eo mortuo, Persis imperavit filius ejus *Evilak* per unum annum, deinde interfectus est. Ei successit *Beltschasar*, Nabuchodonosoris e filio nepos, qui per duos annos rebus praefuit. Deinde quum quondam convivium parasset et in triclinio, quod magno studio instrui et vasis aureis innumeris exornari jusserat, mille aulicos congregasset: supra lumen cerei manum humanam conspexit in pariete scribentem: quo portento adeo consternatus est ac perturbatus, ut genua ejus prae tremore colliderentur. Tum Danielem arcessivit eique quod viderat exposuit. Respondit propheta: *Quia aurum, argentum, aes et ferrum, inter quae nihil est quod tibi auxilio esse possit, coluisti; Deum contra, qui est arbiter animae et vitae tuae omniumque fortunae tuae vicissitudinum, neglexisti: ille manum de coelo misit, quae scripsit literas sic legendas: Aeschaf we-auraï, id est, regnum tuum munimentis suis exutum et denudatum a Deo Persis tradetur.* Neque aliter evenit: eadem enim nocte Beltschasar occisus est atque ejus interitu imperium gentis Nabuchodonosoricae exstinctum. — Jam, ut revertamur ad Lohraspum regem, a cujus historia narranda deflexeramus: ei mortuo successit filius *Kei-Buschthasp*. Is est, quem etiamnum in urbe *Kundiz* superstitem esse perhibent. Qui postquam ad regnum accessit, urbem *Fesa* condidit. Eadem aetate exstitit *Zoroaster (Zeraduschth)*, qui librum sacrum Magorum conscripsit. Ab initio *Buschthasp* sacra ejus sequi dubitavit; postea autem ei fidem habuit et religionem, quam ille docebat, amplexus est. Zoroastris et religionis mutatae causa inter Buschthaspum et *Charezaspum*, regem Turcarum, bella acerrima gesta sunt, quibus magna utrinque hominum multitudo occubuit. Sed tamen victoria a partibus Buschthaspi contra Charezaspum, regem Turcarum, stetit. Postea Buschthasp vitam religiosam secutus, ad Deum colendum et ad librum Zoroastris diligenter legendum

in

لبشتاسف ولد يقال له اسفنديار هلك في حياة ابيه وخلّف ولدا يقال له اردشير بهمن بن اسفنديار بن بشتاسف ولمّا تزهد بشتاسف وفقد ملك ابن ابنه اردشير بهمن المذكور وانبسطت يده حتّى ملك الاقاليم السبعة . من كتاب ابى عيسى واردشير بهمن المذكور اسمه بالعبرانيّة كورش وهو الذى امر بعمارة بيت المقدس بعد ان خرّبه بخت نصر فعمره اردشير وامر بنى اسرائل بالرجوع اليه ولا دليل على انّ اردشير المذكور هو كورش اقوى من كلام اشعيا النبىء عم فانّه يقول فى الفصل الثانى والعشرين من كتابه حكايةً عن الله تعالى انا القائل لكورش راعىّ الذى يتمّ جميع محبّاتى ويقول لاورشليم عودى مبنيّة ولهيكلها كن مزخرفا مزيّنا هكذا قال الربّ لمسيحه كورش الذى اخذ بيمينه لتدبير الامم وتنحنى لك ظهور الملوك سائرا نفتح الابواب امامه فلا تغلق واسير انا قدّامك واسهّل لك الوعور واكسر ابواب النحاس واحبوك بالدخائر التى فى الظلمات . ولم يكن احد فى ذاك الزمان بهذه الصفة التى ذكرها اشعيا اعنى ملك الاقاليم والحكم على الامم وغير ذلك ممّا ذكره غير اردشير بهمن فتعيّن ان يكون هو كيرش وكان اردشير بهمن كريما متواضعا علامته على كتبه بقلمه من اردشير بهمن عبد الله وخادم الله والسائس لامركم وغزا روميّة فى الف الف مقاتل وبقى كذلك الى ان هلك وتفسير بهمن بالعربيّة الحسن النيّة وكان بهمن متزوّجا بابنته خمانى وذلك حلال على دين المجوس فتوفّى بهمن وهى حامل منه بدارا وكانت قد سالت بهمن ان يعقد التاج على ما فى بطنها ويُخرج ابنه ساسان بن بهمن من الملك فاجابها بهمن الى ذلك واوصى به اكابر دولته ففعلوا ذلك وساست خمانى الملك بعده احسن سياسة وعظم ذلك على ساسان فلحق باصطخر وتزهّد وتجرّد من حلية الملك واتّخذ غنما وتولّى رعيها بنفسه وساسان المذكور هو ابو الاكاسرة ثمّ وضعت خمانى ولدا وسمّته دارا وهو ابنها واخوها ولمّا اشتدّ سلّمت الملك اليه وعزلت نفسها فتولّى دارا بن بهمن الملك فضبطه لشجاعة وحسن سياسة وولد لدارا ابن فسمّاه دارا باسم نفسه ثمّ هلك دارا وولى الملك ابنه دارا بن دارا وكان حقودا ظالما فنفر منه قلوب الخاصّة والعامّة وفى زمان دارا المذكور تملّك الاسكندر المشهور ابن فيلبس فعرف توحّش خواطر اصحاب دارا منه فقصده بجيشه فلحق بالاسكندر المذكور لما ذكرنا كثير من اصحاب دارا واطلعوه على عور دارا وقوّوه عليه وطال بينهما القتال الى ان وثب جماعة من اصحاب دارا عليه فقتلوه واتوا الى الاسكندر فقتلهم عن آخرهم وصار ملك دارا الى الاسكندر ✿

ذكر الاسكندر بن فيلبس كان ابوه احد ملوك اليونان وكانوا طوائف فلمّا ملك الاسكندر غزاهم واجتمع له ملكهم ثمّ غزا دارا ملك الفرس وقتله ثمّ غزا الهند وتناول اطراف الصين ثمّ انصرف يريد الاسكندريّة

in montem *Tamidar* secessit, neque amplius a quoquam conspectus est. Ei fuerat filius *Isfendiar*, qui patre superstite obierat et filium reliquerat *Ardeschir-Behmenum fil. Isfendiari, fil. Buschthaspi.* Postquam igitur, ut diximus, Buschthasp religione tactus in solitudinem secessit atque ex hominum conspectu abiit, nepos ejus, Ardeschir-Behmen ille, rex factus est. Cujus potentia tanta cepit incrementa, ut totum orbem terrarum in ditionem suam redigeret. Hic Ardeschir-Behmen, ut Abu-Isa aït, hebraice *Coresch* vocatur, atque hic rex est ille, qui Hierosolyma a Nabuchodonosore vastata restauranda curavit, quo facto Israelitas eo remigrare jussit. Neque ullum argumentum, quo probetur Ardeschirum illum esse Cyrum, gravius est quam testimonium Isaïae prophetae, cap. 22, ubi Deum sic loquentem sistit: *Ego sum is qui Cyro dicit: Tu es pastor meus, omnia quae volo effecturus et urbi Hierosolymorum dicturus: Restaurator, et templo ejus: Denuo cultum esto ornatumque. Sic aït Dominus ei quem unxit, Cyro, cujus prehendit dextram ad regendas nationes: Et incurvabuntur tibi dorsa regum omnium; aperiemus ei portas, ut claudi non possint; et praecedam te et complanabo tibi loca salebrosa, et perfringam portas aeneas, et donabo te thesauris qui in tenebris latent.* — Quum autem illo tempore nemo esset talis qualem Isaïa depingit, rex orbis terrarum, arbiter generis humani, et quae sunt reliqua, nisi Ardeschir-Behmen: constat hunc esse Cyrum. Ceterum Ardeschir-Behmen erat ingenio liberali et ab omni superbia alieno; veluti literis suis ipse haec inscribere solebat: *Ab-Ardeschir-Behmeno, servo et ministro Dei et rectore rei vestrae publicae.* Bellum intulit Romae cum exercitu millies mille hominum. Nec mutata est ejus fortuna donec obiit. Nomen Behmeni benevolum significat. Uxorem duxerat ipsius filiam *Chomani*, id quod religione Magorum licitum erat. Obiit autem dum illa ex eo *Dara* juniore gravida erat. Eadem jam antea a marito impetraverat, ut foetum quem ventre ferret, coronae heredem designaret, filium alterum, *Sasanum fil. Behmeni*, regno privaret. Viris principibus aulae suae moribundus mandatum dedit, ut curarent ne aliter fieret: quod illi effecerunt. Chomani post patris mortem regnum optime administravit. Sasan, injuriam sibi factam indignatus, se ad urbem *Istachar* (Persepolin) contulit, ubi vitam religiosam secutus amictum et cultum regalem deposuit, oves comparavit, et ipse earum pascendarum curam suscepit. Hic Sasan est auctor gentis Cosroïcae. — Postea Chomani filium enixa est, cui nomen *Dara* fecit. Hic, illius et filius et frater, postquam vir factus est, a matre abdicatione voluntaria regnum accepit, quod fortitudine et administratione optima firmavit. Natus est ei filius, quem sibi cognominem fecit. Itaque, patre mortuo, *Dara fil. Darae* regnum accepit. Malevolentia et tyrannide omnium, et optimatum et plebis, animos a se abalienavit. Eadem aetate regnum capessivit celeberrimus ille *Alexander fil. Philippi:* qui quum comperisset, Darium suis exosum esse, exercitum adversus eum duxit. Ob eas, quas diximus, causas multi ex Persis ipsis se Alexandro adjunxerunt, ei loca indicarunt, a quibus Dara non satis munitus erat, et illius vires adversus hunc efficacissime auxerunt. Insecutum est diuturnum inter regem utrumque bellum, donec Dara ab aliquot viris e suis interemtus est: qui quum ad Alexandrum venissent, ad unum omnes ab eo supplicio affecti sunt. Sic regnum Darae ad Alexandrum transiit.

De Alexandro fil. Philippi.

Pater ejus fuit unus e regibus Graecorum, qui tunc in respublicas inter se diversas divisi erant. Regnum adeptus, Alexander illos adortus est eorumque omnium terras suas fecit. Hinc

الاسكندريّة وهو الذى كان بناها فهلك فى ناحية السواد وقيل بشهرزور وكان عمره ستّا وثلثين سنة فحمل فى تابوت ذهب الى امّه وكان ملكه نحو ثلث عشرة سنة واجتمع بعد ذلك ملك الروم وكان مفترقا وافترق ملك فارس وكان مجتمعا وكان مرض الاسكندر الذى مات به لخوانيق وقيل اغتيل بالسمّ وهذا الاسكندر هو صاحب ارسطاطاليس وتلميذه وارسطو الذى اشار عليه بعدم قتل الفرس وان يولّى اكابرهم ومن يصلح للملك كلّ واحد براسه مملكة ليجعل بينهم التباغض والتشاحن ولا يجتمعوا على احد فقبل الاسكندر ذلك وولّاهم فصار منهم ملوك الطوائف وكان الاسكندر اشقر ازرق وكان اليونان قبله طوائف فاوّل ما تملّك غزاهم وقتل ملوكهم واجتمع له جميع مملكة اليونان والروم حسبما ذكرناه ولمّا اجتمعت له مملكة المغرب بنى الاسكندريّة وسار يريد الشرق وقتال دارا ومرّ فى طريقه على بيت المقدس واكرم بنى اسرائل ثمّ سار الى بلاد فارس واستولى على ملوك الفرس وقتل دارا وكان منه ما ذكر وقد قيل عنه انّه انصرف من المشرق الى جهة الشمال وبنى السدّ على ياجوج وماجوج والصحيح انّ الاسكندر المذكور لم يكن منه ذلك بل ذو القرنين الذى ذكره الله فى القران وهو ملك قديم كان على زمن ابراهيم الخليل عم قيل انّه افريذون وقيل غيره وقد غلط من ظنّ انّ بانى السدّ هو الاسكندر الروميّ وكذلك قد استفاض على السنة الناس انّ لقب الاسكندر المذكور ذو القرنين وهو ايضا غلط فانّ لفظة ذو لفظة عربيّة محض وذو القرنين من القاب العرب ملوك اليمن وكان منهم ذو جدن وذو كلاع وذو نواس وذو شناتر وذو القرنين الصعب ابن الرائش واسم الرائش الحرث بن ذى سدد بن عاد بن الماطاط بن سبا وقد قيل انّ ذا القرنين الصعب المذكور هو الذى مكّن الله له فى الارض وعظم ملكه وبنى السدّ على ياجوج وماجوج وممّا نقله ابن سعيد المغربيّ انّ ابن عبّاس رضى الله عنهما سئل عن ذى القرنين الذى ذكره الله فى كتابه العزيز فقال هو من حمير وهذا ممّا يقوّى انّه الصعب المذكور لانّه كان ملكا عظيما وكان من ولد حمير ولمّا مات الاسكندر عرض الملك على ابنه فابى واختار النسك فانقسمت ممالك الاسكندر بين ملوك الطوائف وبين ملوك اليونان على ما سنذكرهم فى الفصل الثانى وبين غيرهم ۞

ذكر ملوك الطوائف وكان من امرهم انّ الاسكندر لمّا غلب على الفرس واسر ملوكهم وكبارهم قتل منهم جماعة واراد قتل الباقين عن آخرهم واستشار ارسطوطاليس فى ذلك فقال له انّى لا ارى ذلك بل الرأى ان

Hinc adversus Daram, regem Persarum, profectus eum interemit. Tum Indis bellum intulit te ultimos Seres ditioni suae adjecit. Denique rediit Alexandriam versus, quam urbem ipse condiderat. Obiit in regione *Es-Sewad*, aliis auctoribus in urbe *Scheherzur*, 36 annos natus. Impositus est arcae aureae et ita ad matrem vectus. Regnaverat tredecim fere annos. Illo igitur tempore regnum graecum, quod prius divisum erat, in unum coiit; regnum persicum contra, quod antea unum corpus effecerat, discerptum est. Morbus qui Alexandrum abstulit, fuit angina; quamquam alii veneno sublatum esse dicunt. Erat amicus et discipulus Aristotelis, qui ei suasit ut Persarum vitae parceret et viros principes eorum aliosque qui ad regnandum idonei essent, peculiari quemque provinciae praeficeret; qua arte id effecturus esset, ut inter illos mutuae nascerentur inimicitiae et obtrectationes, neque unquam commune sequerentur consilium. Quam rationem quum Alexander probasset et illis provincias regendas tradidisset, orti sunt *Reges*, qui dicuntur, *populorum*. Alexandri crines erant rufi, oculi caerulei. Graeci ante eum, ut diximus, in respublicas diversas divisi erant. Itaque simul ac regnare coepit, illis bellum intulit, reges eorum interfecit et universo regno graeco in Europa et Asia potitus est. Postquam etiam Africam sepentrionalem totam in ditionem suam redegit et Alexandriam condidit, in Orientem ad bellum adversus Daram gerendum profectus est, quo in itinere quum ad Hierosolyma venisset, Israelitas honorifice tractavit. Deinde in Persidem profectus, reges indigenas suo imperio subjecit, Daram interfecit, et cetera quae diximus gessit. Addunt quidem nonnulli, illum ab Oriente ad Septentrionem conversum populos, qui *Gog et Magog* vocantur, muro circumvallasse; sed, si verum quaeris, id non a nostro hoc Alexandro factum, sed a *Dhu'l-karnein* (Bicornuto), cujus Deus in Corano mentionem fecit. Is rex fuit antiquior, aequalis Abrahami, quem alii pro Feriduno, alii pro alio rege habent. Igitur errarunt ii qui existimarunt, conditorem muri illius esse Alexandrum Graecum. Similiter omnium oribus cognomen hujus nostri Alexandri fertur *Dhu'l-karnein*, quod et ipsum est falsum; nam vox *dhu* mere est arabica, et cognomen illud ex iis est quibus usi sunt reges Jemenenses, natione Arabes; quo pertinent etiam *Dhu-Djadan*, *Dhu-Kela'*, *Dhu-Nowas*, *Dhu-Schenathir*. Ille *Dhu'l-karnein* ex his fuit *Es-Sa'b Ibn-Er-Raïsch*, cujus *Er-Raïschi* nomen erat *El-Hareth Ibn-Dhi-Seded Ibn-Ad Ibn-El-Matat Ibn-Saba*. Hic igitur *Dhu'l-karnein Es-Sa'b* is fuisse dicitur, quem Deus magna in terris potentia instruxerit, qui regnum maximum comparaverit et Gogum et Mogogum muro circumvallaverit. Ibn-Saïd Mauritanus refert, Ibn-Abbasum, cui cujusque patri Deus propitius sit, de illo Dhu'l-karnein, cujus Deus in Codice sacro mentionem fecit, interrogatum respondisse: *Himjarita erat*. Hoc et ipsum sententiam illam, fuisse eum Es-Sa'bum, confirmat, quoniam Es-Sa'b et rex potentissimus, et e Himjari posteris erat. — Alexandro defuncto, filius ejus regnum sibi oblatum recusavit et vitam religiosam coluit. Quo factum est, ut terrae Alexandri inter Reges populorum, Reges Graecorum (quos in libro secundo recensebimus) et alios dividerentur.

De Regibus populorum.

Alexander (ut, quae de origine regum illorum traduntur, repetamus) postquam Persas vicit et reges virosque principes eorum cepit, plures ex iis occidit. Idem quum in reliquos omnes meditaretur, Aristoteles hac de re ab eo consultus: *Mihi secus videtur*, inquit; *consultissimum hoc est*, *ut*

ان تملك منهم عدّة على الفرس فيقع بينهم التشاحن والتباغض ولا يجتمعون فتأمن اليونان غائلتهم ولا يبقى لهم على اليونان دمآء كثيرة فمال الاسكندر الى ذلك وملّك من كبار الفرس عشرين ملكا على الفرس وهم المسمّون بملوك الطوائف واستمرّ بهم الحال على ذلك نحو خمس مائة سنة واثنتى عشرة سنة حتّى قام اردشير بن بابك وجمع ملك الفرس ولم يبق منهم ملك غيره وكانت عدّة ملوك الطوائف تزيد على تسعين ملكا ولم يورّخ فى مبتدأ امرهم اسمآؤهم ولا مدد ملكهم فانّهم كانوا ملوكا صغارا فى الاطراف وعظم بعد الاسكندر ملك اليونان وكان الحكم لهم فلذلك ذكروا بعد الاسكندر فى التواريخ دون ملوك الطوائف وبقى الامر على ذلك حتّى اشتهرت الملوك الاشغانيّة من بين ملوك الطوائف ❁

ذكر الطبقة الثالثة وهم الاشغانيّة قال ابو عيسى واوّل من اشتهر منهم اشغا بن اشغان ويقال اشك بن اشكان قال وكان اوّل ملك اشغا المذكور لمضىّ مائتين وستّ واربعين سنة لغلبة الاسكندر وملك اشغا المذكور عشر سنين اقول فيكون انقضاء ملكه لمضىّ مائتين وستّ وخمسين سنة للاسكندر ثمّ ملك بعده سابور بن اشغان ستّين سنة وكان مولد المسيح عم فى سنة بضع واربعين سنة خلت من ملك سابور المذكور وكان انقضاء ملك سابور لمضىّ ثلث مائة وستّ وعشرة سنة للاسكندر ثمّ ملك بعده جور بن اشغان وقيل جوذرز عشر سنين وهلك لمضىّ ثلث مائة وستّ وعشرين سنة للاسكندر ثمّ ملك بيزن الاشغانىّ احدى وعشرين سنة وهلك لمضىّ ثلث مائة وسبع واربعين سنة ثمّ ملك جوذرز الاشغانىّ تسع عشرة سنة وهلك لمضىّ ثلث مائة وستّ وستّين سنة ثمّ ملك نرسى الاشغانىّ اربعين سنة وقال يوم ملك انّى محبّ ومكرم من انفذ امرى وهلك لمضىّ اربع مائة وستّ سنين ثمّ ملك هرمز الاشغانىّ تسع عشرة سنة وهلك لمضىّ اربع مائة وخمس وعشرين سنة وقال هرمز المذكور يوم ملك يا معشر الناس اجتنبوا الذنوب كيلا تذلّوا بالمعاذير ثمّ ملك بعده اردوان الاشغانىّ اثنتى عشرة سنة وهلك لمضىّ اربع مائة وسبع وثلثين سنة ثمّ ملك خسرو الاشغانىّ اربعين سنة وقال يوم ملك لتنسطع نارى ما دامت مضطرمة وهلك لمضىّ اربع مائة وسبع وسبعين سنة للاسكندر ثمّ ملك بعده بلاش الاشغانىّ اربعا وعشرين سنة وهلك لمضىّ خمس مائة وسنة ثمّ ملك بعده اردوان الاصغر وظهر امر اردشير بن بابك وقتل اردوان المذكور وغيره من الاردوانيّين واجتمع له ملك جميع ملوك الطوائف فيكون انقضاء ملك اردوان لمضىّ خمس مائة واثنتى عشرة سنة لغلبة الاسكندر ويكون ملكه احدى عشرة سنة وقيل انّ اردوان المذكور ملك ثلث عشرة سنة ❁

ذكر الطبقة الرابعة وهم الاكاسرة الساسانيّة واوّلهم اردشير بن بابك وهو من ولد ساسان بن اردشير بهمن المقدّم الذكر فى اخبار اردشير بهمن وساسان المذكور هو الذى تزهّد واتّخذ غنما يرعاها لمّا اخرجه ابوه بهمن من الملك وجعله لدارا قبل ولادته حسبما تقدّم ذكر ذلك وكان اردشير بن

ut aliquot ex illis popularium suorum reges facias: ita fiet ut obtrectationibus et inimicitiis inter eos ortis iisque ipsis nunquam in idem conspirantibus, Graeci ab eorum insidiis tuti sint, et hi cladis civium suorum in illis ulciscendae minus cupidi. Hoc consilio probato, Alexander Persis ex optimatibus popularibus viginti reges dedit, qui *Reges populorum* vocantur. Hi se in eodem statu fere 512 annos sustinuerunt, donec exstitit *Ardeschir Ibn-Babek*, qui universo regno persico potitus unus omnium Persarum rex factus est. Reges illi populorum plus nonaginta erant. Ab initio nec nomina eorum, nec tempora per quae regnarunt, memoriae tradita sunt; quum enim minora regna in provinciis haberent, et post Alexandrum regnum Graecorum praevaluisset ac summa rerum penes hos esset: omissis Regibus populorum, Reges graeci soli post Alexandrum in opera historica relati sunt. Ille fuit rerum status, donec inter Reges populorum elucere coeperunt *Aschganii.*

De familia tertia, Aschganica.

Primus qui ex Aschganiis eluxit, inquit Abu-Isa, fuit *Aschga fil. Aschgani*, aliter *Eschek fil. Eschkani.* Qui quum 246 annis postquam Alexander rerum potitus est, regnare coeperit et per decem annos regnum tenuerit, eum anno post Alexandrum 256 exacto regnare desiisse intelligitur. Ei successit *Sapor fil. Aschgani.* De sexaginta annis, per quae regnavit, postquam quadraginta et aliquot praeterierunt, natus est Christus. Regnare desiit Sapor annis post Alexandrum 316 exactis. Post eum regnavit *Djur fil. Aschgani* (quem alii *Djuderz* appellant) per decennium, et mortuus est annis post Alexandrum 326 exactis. Deinde regnavit *Biren Aschganius* 21 annos, et mortuus est annis post Alexandrum 347 exactis; tum *Djuderz Aschganius* 19 annos, mortuus annis post Alexandrum 366 exactis; tum *Narsi Aschganius* 40 annos. Eo die quo regnum adiit, hanc vocem edidit: *Diligo et honoro eos qui jussa mea efficiunt.* Mortuus est annis post Alexandrum 406 exactis. Tum regnavit *Hormuz Aschganius* 19 annos, mortuus annis post Alexandrum 425 exactis. Eo die quo regnum capessivit, Hormuz hanc vocem edidit: *O populares, cavete vobis a delictis, ne excusandi contumelia dignitatem vestram amittatis.* Post eum regnavit *Ardevan Aschganius* 12 annos, mortuus annis post Alexandrum 437 exactis. Successit ei *Chosrew Aschganius*, qui 40 annos regnavit. Quo die regnum accepit, hanc vocem edidit: *Vigebit ignis meus, dum ardebit* (i. e. Fortem et acrem me geram, dum vivam). Mortuus est annis post Alexandrum 477 exactis. Ei successit *Balasch Aschganius*, qui postquam 24 annos regnavit, mortuus est annis post Alexandrum 501 exactis. Ei successit *Ardevan junior;* quo regnante exstitit *Ardeschir Ibn-Babek*, qui Ardevanum et alios ejusdem gentis viros interfecit, sibique uni terras quas Reges populorum tenuerant, omnes vindicavit. Regnum igitur, quod per 11 annos gesserat, perdidit Ardevan annis, postquam Alexander rerum potitus est, 542 exactis, quamquam alii eum 13 annos regnasse dicunt.

De familia quarta, Cosroum Sasaniorum.

Primus eorum fuit *Ardeschir Ibn-Babek* e posteris Sasani fil. Ardeschir-Behmeni, cujus supra in loco de ejus patre mentio facta est. Nam Sasan fuit is quem illic diximus, postquam Behmen pater regnum ei ademtum in Daram nondum natum contulisset, vitam religiosam secutum esse et gregem ovillum, quem ipse pasceret, sibi comparasse. Ardeschir Ibn-Babek primum

بن بابك المذكور فى اوّل ملكه احد ملوك الطوائف وكان فى ايّام الاردوانيّين فتغلّب عليهم وكان غلبته عليهم لمضىّ تسع مائة وسبع واربعين سنة لابتداء ولاية بخت نصر ولمضىّ خمس مائة واثنتى عشرة لغلبة الاسكندر على دارا وهى مدّة ملوك الطوائف فيكون بين قيام اردشير وبين الهجرة النبويّة اربع مائة واثنتان وعشرون سنة وكان رصد بطلميوس قبل اردشير المذكور بسبع وسبعين سنة وهذه مدّة يمكن ان يكون بطلميوس قد عاشها او عاش غالبها فليس بطلميوس ببعيد عن زمن اردشير وجميع الاكاسرة الذين كان آخرهم يزدجرد بن شهريار من ولد اردشير المذكور ولمّا تغلّب اردشير قتل الاردوانيّين جميعهم وضبط الملك وكان حازما طويل الفكر وكتب لابنه سابور عهدا ليكون له ولمن بعده من اهل بيته يتضمّن حكما وناموسا لضبط المملكة وملك اردشير اربع عشرة سنة وعشرة اشهر فيكون موته فى اواخر سنة خمس مائة وسبع وعشرين لغلبة الاسكندر ثمّ ملك بعده ابنه سابور بن اردشير احدى وثلثين سنة وستّة اشهر وكان جميل الصورة حازما وظهر فى ايّامه مانى الزنديق وادّعى النبوّة واتّبعه خلق كثير وهم المسمّون بالمانويّة ولمّا مضى من ملكه احدى عشرة سنة سار بعساكره وفتح نصيبين من الروم ثمّ سار وتوغّل فى بلاد الروم وهم على عبادة الاصنام وذلك قبل تنصّرهم وافتتح من الشام عدّة مدن عنوة وقتل اهلها ثمّ سار الى جهة روميّة فصانعه ملك الروم وهو حينئذ غرذيانوس الذى سنذكره فى ملوك الروم ان شاء الله تعالى ودخل تحت طاعة سابور المذكور وكان لسابور المذكور عناية عظيمة بجمع كتب الفلسفة لليونانيّين ونقلها الى اللغة الفارسيّة ويقال انّ فى زمانه استخرجت العود وهى الملهاة التى يغنّى بها وكان موت سابور المذكور لمضىّ اربعة اشهر من سنة تسع وخمسين وخمس مائة للاسكندر ثمّ ملك بعده ابنه هرمز بن سابور سنة واحدة وستّة اشهر وكان عظيم الخلق شديد القوّة وكان يلقّب البطل لشجاعته وكان موته فى اواخر سنة خمس مائة وستّين للاسكندر ثمّ ملك ابنه بهرام بن هرمز ثلث سنين وثلثة اشهر واتّبع سيرة آبائه فى حسن السياسة والرفق بالرعيّة وكان موته فى اوّل سنة اربع وستّين وخمس مائة بعد مضىّ شهر منها ثمّ ملك ابنه بهرام بن بهرام سبع عشرة سنة فيكون موته فى اوّل سنة احدى وثمانين وخمس مائة للاسكندر ثمّ ملك بعده بهرام بن بهرام بن بهرام اربع سنين واربعة اشهر وسلك سبيل آبائه العدل والسياسة ومات فى سنة خمس وثمانين وخمس مائة بعد مضىّ سبعة اشهر منها ثمّ ملك بعده اخوه نرسى بن بهرام بن بهرام بن هرمز بن سابور بن اردشير بن بابك تسع سنين فيكون موته فى سنة اربع وتسعين وخمس مائة بعد مضىّ سبعة اشهر منها ثمّ ملك بعده ابنه هرمز بن نرسى تسع سنين ايضا فيكون هلاكه لمضىّ سبعة اشهر من سنة ثلث وستّ مائة ولمّا مات هرمز لم يكن له ولد وكانت بعض نسائه حاملا فعقدوا التاج على ما فى جوفها فولدت ابنا وسمّوه سابور وهو سابور بن هرمز بن نرسى بن بهرام بن بهرام بن هرمز بن سابور بن اردشير بن بابك وبقى سابور حتّى اشتدّ وظهر منه نجابة عظيمة من صباه وكان اوّل ما ظهر منه انّه سمع ضجيج الناس بسبب الزحمة على الجسر الذى على دجلة بالمداين فقال ما هذه الغلبة فقالوا بسبب زحمة الخارجين والداخلين على الجسر فامر ان يعمل الى جانب الجسر جسر آخر ليكون احد الجسرين للخارجين والآخر للداخلين فعملوه فزال ما كان يحصل من الزحام

فاستعجب

e Regibus illis populorum tempore Ardevaniorum fuit. Hos superavit annis ab inauguratione Nabuchodonosoris 947, et ab Alexandro Darae victore 512 praeteritis, qui iidem illud spatium temporis conficiunt, per quod regnarunt Reges populorum. Inter id tempus igitur, quo exstitit Ardeschir, et fugam Prophetae intersunt 422 anni. Ptolemaeus astra observavit 77 annis ante Ardeschirum, per quod tempus aut totum, aut paene totum, Ptolemaeus vixisse potest, ut eum haud longe ab aetate Ardeschiri abfuisse constet. — Omnes Cosroes, quorum ultimus fuit *Jezdedjerd fil. Schehrijari*, sunt e posteris Ardeschiri illius. Qui postquam rerum potitus est, Ardevanios omnes interfecit et regnum suum firmiter constituit. Vir erat prudens et mente plurimum valebat. In usum Saporis filii librum reliquit, ex quo et ille et omnes ii qui e gente sua post regnaturi essent, praecepta et normam regni bene tuendi repeterent. Regnavit Ardeschir 14 annos et 10 menses, ut mors ejus in annum, postquam Alexander rerum potitus est, 527 exeuntem inciderit. Post eum 31 annos et dimidium regnavit filius ejus, *Sapor fil. Ardeschiri*, vir formosus et prudens, cujus aetate exstitit *Mani* (Manes) Dualista, qui se prophetam gessit et multos invenit asseclas, qui *El-Manewijeh* (Manichaei) vocantur. — Postquam undecim annos regnavit, cum exercitu profectus Nisibin Romanis eripuit. Inde ultra progressus penetravit in medias terras Romanorum, qui tunc, religionem Christianam nondum secuti, idola colebant. Plures Syriae urbes vi cepit et incolas trucidavit. Postea quum ipsam Romam versus proficisci coepisset, Gordianus, qui tunc imperio romano praeerat, (de quo in Imperatoribus romanis dicemus), de pace cum eo egit ad ejusque obedientiam accessit. Sapor magno studio libros Graecorum de philosophia conquisivit eosque in linguam persicam vertendos curavit. Ejusdem aetate instrumentum musicum quod *el-'ud* (barbytos) appellatur, inventum esse dicitur. Mortuus est quatuor mensibus de anno 559 post Alexandrum elapsis. Post eum unum annum et dimidium regnavit filius ejus *Hormuz fil. Saporis*, vir vasti corporis magnique roboris, qui ob fortitudinem *El-batal* (herois) cognomen accepit. Mortuus est anno post Alexandrum 560 extremo. Tum regnavit filius ejus, *Behram fil. Hormuzi*, tres annos totidemque menses; qui in regno bene gerendo et populo leniter tractando exemplum majorum secutus est. Obiit anno post Alexandrum 564 ineunte, primo ejus mense exacto. Postea regnavit filius ejus, *Behram fil. Behrami*, 17 annos, ut mors ejus inciderit in annum post Alexandrum 581 ineuntem. Post eum quatuor annos totidemque menses regnavit filius ejus *Behram fil. Behrami fil. Behrami*, qui in justitia colenda et regno bene gubernando exemplum majorum imitatus est. Decessit septem mensibus de anno post Alexandrum 585 elapsis. Post eum frater ejus *Narsi fil. Behrami*, *fil. Behrami*, *fil. Hormuzi*, *fil. Saporis*, *fil. Ardeschiri*, *fil. Babeki*, regnavit novem annos, ut mortuus sit septem mensibus de anno post Alexandrum 594 elapsis. Post eum regnavit filius ejus, *Hormuz fil. Narsis*, item novem annos, ut mortuus sit septem mensibus de anno post Alexandrum 603 elapsis. Quum liberis careret, mortui successor designatus est infans quo aliqua ex uxoribus gravida erat. Haec quum postea puerum peperisset, ei nomen *Sapor* inditum est. Is igitur est *Sapor fil. Hormuzi*, *fil. Narsis*, *fil. Behrami*, etc. In aula educatus est, donec adolevit. A prima aetate animus in eo eluxit generosissimus, cujus primum exemplum eo edidit, quod, quum aliquando e ponte, qui in urbe *Madaïn* Tigridem jungebat, multitudinis in eo haerentis vociferationes audiisset, et tanti tumultus causam quaerenti responsum esset, euntes et venientes in ponte angustiori collidi, pontem novum juxta illum fieri jussit, quorum in altero irent, in altero redirent. Constructus est pons

et

فاستعجب الناس لنجابته وفى ايّام صباه طمعت العرب فى بلاده وخرّبوها فلمّا بلغ سابور المذكور من العمر ستّ عشرة سنة انتخب من فرسان عسكره عدّة اختارها وسار بهم الى العرب وقتل من وجده ووصل الى الحسا والقطيف وشرع يقتل ولا يقبل فدآء وورد المشقر وبه ناس من تميم وبكر بن وائل وعبد القيس فسفك من دمآئهم ما لا يحصى وكذلك سار الى اليمامة وسفك بها ولا يمرّ بماء للعرب الّا وعوّره ولا ببئر الّا وطمّها ثمّ عطف على ديار بكر وربيعة فيما بين مملكة فارس ومملكة الروم وصار ينزع اكتاف العرب فسمّى سابور ذا الاكتاف وصار عليه ذلك لقبا ثمّ غزا سابور المذكور الروم وقتل فيهم وسبا ثمّ هادنه قسطنطين ملك الروم واستمرّ على ذلك حتّى توفّى قسطنطين فى سنة خمس واربعين مضت من ملك سابور المذكور وعمره وملكت بنو قسطنطين وهلكوا فى مدّة ملك سابور المذكور ثمّ ملك على الروم لليانوس وارتدّ الى عبادة الاصنام وقتل النصارى واخرب الكنائس واحرق الانجيل وسار لليانوس الى قتال سابور واجتمع مع لليانوس العرب لما كان قد فعله فيهم سابور المذكور وكان على مقدّمة جيش لليانوس بطريق اسمه يونيانوس وكان يونيانوس يسرّ دين النصارى ولم يرتدّ مع لليانوس الى عبادة الاصنام وبسبب ذلك كان يكره لليانوس فظفر بكشافة لسابور فامسكهم واخبروه بمكان سابور وكان قد انفرد عن جيشه ليتجسّس اخبار الروم فارسل يونيانوس يحذّر سابور واعلمه انّه علم به وكان قادرا على امساكه فحمده سابور على ذلك ولحق بجيشه ثمّ اقتتل لليانوس وسابور فانتصر لليانوس وانهزم سابور وجيشه وقتلت الروم منهم واستولى لليانوس على مدينة سابور وهى طيسفون وهى المعروفة بالمداين ثمّ ارسل سابور واستنجد بالعساكر والملوك المجاورين لبلاده ودفع لليانوس عن طيسفون واستمرّ لليانوس مقيما ببلاد الفرس وبقى سابور يسعى فى الصلح معه فبينا لليانوس جالس فى فسطاطه اذ اصابه سهم غرب فى فواده فقتله فهال الروم ما نزل بهم من فقد ملكهم فى بلاد عدوّهم فقصدوا يونيانوس فى ان يتملّك عليهم فابى ذلك وقال لا اتملّك على قوم يخالفونى فى الدين فقالوا نحن نعود الى الملّة النصرانيّة ونحن عليها وانّما اظهرنا عبادة الاصنام خوفا من لليانوس فملك يونيانوس وصالح سابور وسار اليه فى عدّة يسيرة من اصحابه واجتمع يونيانوس وسابور واعتنقا وانتظم الصلح والمودّة بينهما وسار يونيانوس بعساكر الروم عائدا الى بلاده واستمرّ سابور على ملكه حتّى مات بعد اثنتين وسبعين سنة وهى مدّة ملكه ومدّة عمره فيكون موت سابور لمضىّ سبعة اشهر من سنة خمس وسبعين وستّ مائة للاسكندر ثمّ ملك بعده اخوه اردشير بن هرمز اربع سنين بوصيّة من سابور له بالملك لانّ ابن سابور كان صغيرا ومات فى سنة تسع وسبعين وستّ مائة للاسكندر ثمّ ملك بعده سابور بن سابور ذى الاكتاف خمس سنين واربعة اشهر وسلك سابور حسن سيرة ابيه حتى سقط عليه فسطاط كان منصوبا عليه فمات من ذلك فيكون هلاكه لمضىّ احد عشر شهرا من سنة اربع وثمانين وستّ مايه للاسكندر ثمّ ملك بعده اخوه بهرام بن سابور ذى الاكتاف وهو الذى يدعى كرمان شاه

et turba illa cessavit. Hoc generosi animi specimen populo admirationem injecit. — Dum puer erat, Arabes, terris persicis inhiantes, eas depopulati sunt. Ille igitur, postquam sextum et decimum aetatis annum attigit, cum manu equitum e copiis suis delecta adversus Arabes profectus obvium quemque occidit; deinde, ubi ad *El-Hasa* et *El-Katîf* pervenit, nemini, ne lytro quidem oblato, pepercit; tum ad *El-Muschakkar* progressus, inter homines e tribubus Themim, Bekr Ibn-Waïl et Abd-el-Keis ibi degentes maximam stragem edidit. Inde in *El-Jemamam* profectus ibi quoque multa caede grassatus est, neque ullam aquam nec cisternam Arabum praeteriit, quin eas oppleret. Hinc ad sedes tribuum Bekr et Rebiah, quae inter terras Persarum et Graecorum mediae jacent, conversus, Arabum scapulas revellere instituit, unde cognomen *Dhu 'l-acthâf* (quasi Scapularium dicas) traxit. Hinc expeditione adversus Graecos suscepta, multos de iis vel cecidit, vel captivos abduxit. Deinde *Constantinus*, Imperator romanus, pacem cum eo fecit, in qua utrimque statum est, donec obiit Constantinus, postquam Sapor 45 annos et vixit et regnavit. Successerunt *filii Constantini*, quibus omnibus deinceps mortuis Sapor superstes fuit. Post illos imperium Romanum accepit *Julianus*, qui ad idola colenda relapsus caedibus, ecclesiis diruendis et Evangelio comburendo in Christianos saeviit. Quum ad bellum Sapori inferendum profectus esset, Arabes, eorum quae a Sapore passi erant memores, illi se adjunxerunt. Primo exercitus romani agmini praefectus erat *Jovianus* quidam, Patricius, religioni christianae clam deditus nec cum Juliano, quem hanc ob causam oderat, ad sacra pagana reversus. Is quum forte aliquot Saporis speculatores cepisset, ab iis comperit ubi Rex ipse esset, qui tunc, quae apud Romanos agerentur exploraturus, ab exercitu suo discesserat. Itaque literis ad Regem missis eum sibi cavere jussit, eique nuntiavit, se de re illa edoctum eum capere potuisse. Sapor Joviano pro hoc beneficio gratias egit et ad exercitum suum rediit. Insecutum est proelium inter Julianum et Saporem, in quo victoria penes illum stetit, hic cum exercitu suo fusus magnam a Romanis stragem passus est. Deinde Julianus potitus est *Ctesiphonte*, in qua urbe Sapor sedem regni habebat, cujus nomen pervulgatum est *El-Madaïn*. Sed Sapor copiis et regibus vicinis ad auxilium arcessitis Julianum inde repulit. Hic tamen agrum persicum usque tenuit. Dum Sapor paci cum eo faciendae operam dabat, Julianus, quum forte in tabernaculo suo sederet, repente sagitta alte in praecordiis percussus occubuit. Hoc imperatoris in terra hostili interitu consternati milites imperium ad Jovianum detulerunt. Primum quidem recusavit: se imperium populi accepturum esse negavit, qui aliam atque ipse religionem sequeretur. Sed quum illi se ad religionem christianam reversuros esse dixissent, cui adhuc dediti essent, et quod palam idola coluissent, id se imperatoris metu fecisse: Jovianus imperium accepit. Deinde cum Sapore pacem fecit et ipse cum parva comitum manu ad eum profectus est. Quum eodem in loco convenissent, se invicem amplexi pacem inter se et amicitiam pepigerunt, quo facto Jovianus exercitum romanum domum reduxit. Sapor postquam 72 annos et vixit et regnavit, mortuus est septem mensibus de anno post Alexandrum 675 elapsis. Post eum frater, *Ardeschir fil. Hormuzi*, quem Sapor, quum ipsius filius adhuc puellus esset, successorem instituerat, quatuor annos regnavit. Obiit anno post Alexandrum 679. Post eum *Sapor filius Saporis Dhu 'l-acthafi* regnavit quinque annos et quatuor menses. In vita et regno optimum patris exemplum secutus est. Fatale ei fuit tabernaculum quo utebatur: quod quum forte corruisset, eo obrutus periit 11 mensibus de anno post Alexandrum 684 elapsis. Successit ei frater *Behram fil. Saporis Dhu 'l-acthafi*, qui, quod regioni

شاه لانّه كان على كرمان وسلك السيرة الحسنة وملك احدى عشرة سنة ومات مقتولا لانّ جماعة من الفرس ثاروا عليه وضربه واحد منهم بسهم فقتله وكان هلاكه لمضىّ احد عشر شهرا من سنة خمس وتسعين وستّ مائة للاسكندر ثمّ ملك بعده ابنه يزدجرد بن بهرام بن سابور وكان يقال ليزدجرد المذكور الاثيم والخشن وملك احدى وعشرين سنة وخمسة اشهر وكان فظّا خشن الجانب لئيم الاخلاق فسلك اقبح سيرة من الظلم والعسف وسفك الدماء ورای الفرس منه من الشرّ ما لم يعهدوه من آبائه وصبروا عليه وطالت ايّامه وهو لا يزداد الّا تماديا فی الجور والعسف فابتهلوا الى الله تعالى فی هلاكه فهلك برفسة فرس فيكون هلاكه لمضىّ اربعة اشهر من سنة سبع عشرة وسبع مائة وكان ليزدجرد المذكور ولد اسمه بهرام جور وكان ابوه يزدجرد قد اسلمه عند المنذر ملك العرب ليربّيه بظهر الحيرة فنشأ بهرام جور هناك وقدم على ابيه قبل هلاكه وبهرام جور فی غاية الادب والفروسيّة فاذاقه ابوه الهوان ولم يلتفت اليه ولا رای منه خيرا فطلب بهرام جور العود الى العرب حيث كان فامره بذلك وعاد بهرام جور الى المنذر ومات ابوه وهو عند المنذر فاجتمع جميع الفرس على انّهم لا يملّكون احدا من ولد يزدجرد لما قاسوه منه وايضا فانّ بهرام جور قد انتشأ عند العرب وتخلّق باخلاقهم فلا يصلح للفرس وولّوا شخصا يسمّى كسرى من ولد اردشير وبلغ ذلك بهرام جور فانتصر بالمنذر وبابنه النعمان ملك العرب وجرى بين العرب وبهرام جور وبين الفرس فی ذلك مراسلات كثيرة وآخر الامر انّ بهرام جور تملّك موضع ابيه يزدجرد واستقلّ بالملك ويحكى عنه من الشجاعة والقوّة شیء كثير وآخر امره انّه هلك بان طلع الى الصيد وامعن فی طرد الوحش حتّى توحّل فی سبخة وعدم وكان مدّة ملكه ثلثا وعشرين سنة واحد عشر شهرا فيكون هلاك بهرام جور لمضىّ ثلثة اشهر من سنة احدى واربعين وسبع مائة ثمّ ملك بعده ابنه يزدجرد بن بهرام جور ثمان عشرة سنة واربعة اشهر وسار سيرة ابيه بهرام جور من قمع الاعداء وعمارة البلاد ثمّ هلك يزدجرد لمضىّ سبعة اشهر من سنة تسع وخمسين وسبع مائة وخلّف ابنين هرمز وفيروز فتملّك هرمز بن يزدجرد سبع سنين وظلم الرعيّة واحتجب عن الناس ولمّا ملك هرمز هرب اخوه فيروز الى الهياطلة وهم اهل البلاد التی بين خراسان وبين بلاد الترك وهی طخارستان واستعان بملكهم على ردّ ملك ابيه اليه واستقلاعه من اخيه هرمز فانجده وسار فيروز بجيش طخارستان وطوائف من عسكر خراسان الى هرمز واقتتلا فی الری فظفر فيروز باخيه فسجنه وكانت امّهما واحدة فيكون انقضاء ملك هرمز فی سنة ستّ وستّين وسبع مائة للاسكندر ثمّ ملك فيروز بن يزدجرد بن بهرام جور سبعا وعشرين سنة وسلك حسن السيرة وظهر فی ايّامه غلاء وقحط وغارت الاعين ويبس النبات وهلك الوحش ودام ذلك سبع سنين وبعد ذلك ارسل الله تعالى المطر وعادت الاحوال الى احسن حال وكان ملك الهياطلة حينئذ يسمّى الاخشنوار ووقع بينه وبين فيروز بسبب انّ

فيروز

regioni Kirman praefectus fuerat, *Kirman-schah* appellari solet. Bonum se virum praebuit et undecim annos regnavit. Periit morte violenta, quum quondam in turba populari ab aliquo tumultuantium sagitta confossus esset. Hoc accidit 11 mensibus de anno post Alexandrum 695 elapsis. Post eum filius *Jezdedjerd fil. Behrami fil. Saporis*, qui cognominibus *Flagitiosi* et *Duri* notatus est, 21 annos et 5 menses regnavit. Immitis erat hominis indoles, convictus difficilis, mores illiberales. Pessima tyrannidis, duritiei et injustarum caedium exempla edidit. Quamquam populus ab eo mala patiebatur, qualibus se a nullo majorum ejus gravari meminerat, tamen tyrannum, ut poterant, tulerunt. Sed hic quo diutius regnabat, eo magis crevit ejus in injustitia et duritie pervicacia. Itaque tandem Deo supplicarunt ut illum mori juberet; nec frustra: mortuus est enim ab equo in pectore percussus quatuor mensibus de anno post Alexandrum 717 lapsise. Filium habebat, cui nomen erat *Behram-djur* quem *El-Mundiro*, Regi Arabum, in campis Hirensibus educandum tradiderat. Ibi quum adolevisset, juvenis ingenio liberaliter exculto et disciplina equestri insignis, antequam pater obiret, ad eum reversus est. Verum hic eum contemtim tractavit, vix alloquio dignatus est, et ne uno quidem beneficio affecit. Behram-djur igitur ad pristinam inter Arabes sedem reverti cupiit: quod quum a patre facere etiam jussus esset, ad El-Mundirum rediit. Ibi dum erat, pater mortuus est. Tunc Persae universi communi consilio neminem e filiis Jezdedjerdi regem creare constituerunt, cum ob ea quae a Jezdedjerdo passi erant, tum quod Behram-djur apud Arabes educatus eorumque moribus innutritus Persis minus conveniret. Quare aliquem e posteris Ardeschiri, qui *Kisra* vocabatur, regno praefecerunt. Quod ubi Behram-djuro innotuit, ab El-Mundiro et filio ejus *En-No'mano*, Rege Arabum, opem petiit. Multae utrinque, inter Behram-Djurum sociosque Arabes, et Persas, de hac re literae scriptae sunt. Exitus is fuit, ut Behram-Djur in locum Jezdedjerdi patris succedens summam rerum adipisceretur. De hujus regis fortitudine et robore narrationes feruntur plurimae. Periit tandem eo quod, quum forte venatum profectus esset et nimio insequendarum ferarum studio abreptus in terram mollem et coenosam incidisset, in ea haerens submersus est. Quum regnasset 23 annos et 11 menses, eum periisse censendum est 3 mensibus de anno 741 post Alexandrum elapsis. Post eum filius ejus, *Jezdedjerd fil. Behram-Djuri*, 18 annos et 4 menses regnavit, qui in hostibus debellandis et terrae prosperitate augenda patris vestigia persecutus est. Decessit Jezdedjerd 7 mensibus de anno 759 elapsis, duosque filios reliquit, *Hormuzum* et *Firuzum*, quorum ille, *Hormuz fil. Jezdedjerdi*, regnum adeptus per septem annos, dum nemini aditum ad se dabat, populum tyrannice vexavit. Hic igitur quum regnum occupasset, frater ejus Firuz ad *Heitalenses (El-Hejatileh)* fugit, qui tractum inter Chorasaniam et Turcomaniam medium, i. e. *Tocharisthaniam*, incolunt, eorumque regem rogavit, ut se in regno paterno fratri eripiendo sibique vindicando adjuvaret. Annuit ille, et Firuz cum exercitu Tocharisthanico et parte copiarum Chorasanicarum adversus Hormuzum profectus cum eo in urbe *Rei* confligit, eum capit et, quamvis fratrem uterinum, in carcerem conjicit. Hormuz igitur regno dejectus est anno 766 post Alexandrum. Post eum *Firuz fil. Jezdedjerdi, fil. Behram-Djuri* 27 annos optime regnavit. Ejus tempore siccitate et annonae caritate laboratum est; fontes subsederunt, plantae exaruerunt, ferae perierunt. Quae calamitas postquam per septem annos continuavit, Deus pluviam largitus est, et res denuo florentissimae esse coeperunt. Inter *El-Achschenwarum*, qui tunc Heitalensium rex erat, et Firuzum inimicitia orta est propterea quod, quum hic illius

filiam

فيروز خطب ابنة الاخشنوار فلم يزوّجه فسار فيروز الى الهياطلة وذكر لهم ذنوبا منها انّهم يأتون الذكران ولم يظفر منهم بشىء وهلك فيروز بان تردّى فى خندق كان عمله الهياطلة وغطى فوقع فيه مع جماعته فهلكوا واحتوى اخشنوار على جميع ما كان فى معسكره فيكون هلاك فيروز فى سنة ثلث وتسعين وسبع مائة ثمّ ملك بعده ابنه بلاش بن فيروز اربع سنين وكان حسن السيرة ومات فى سنة سبع وتسعين وسبع مائة ثمّ ملك بعده اخوه قباذ بن فيروز ثلثا واربعين سنة منها ستّ سنين كان فيها قتال بينه وبين اخيه جاماسف وفى أيام قباذ المذكور ظهر مردك الزنديق وادّعى النبوّة وامر الناس بالتساوى فى الاموال وان يشتركوا فى النساء لانّهم اخوة لاب وامّ آدم وحوّا ودخل قباذ فى دينه فهلك الناس وعظم ذلك عليهم واجمعوا على خلع قباذ وخلعوه وولّوا اخاه جاماسف بن فيروز ولحق قباذ بالهياطلة فانجدوه وسار بهم وبعسكر خراسان والتقى مع اخيه جاماسف وانتصر عليه وحبس جاماسف واستمرّ قباذ فى الملك حتّى مات فى سنة اربعين وثمان مائة لمضىّ سبعة اشهر من السنة المذكورة ثمّ ملك بعد قباذ ابنه انوشروان بن قباذ بن فيروز بن يزدجرد بن بهرام جور بن يزدجرد الاثيم بن بهرام بن سابور ذى الاكتاف بن هرمز بن نرسى بن بهرام بن بهرام بن هرمز بن سابور بن اردشير بن بابك وملك انوشروان ثمانيا واربعين سنة ولمّا تولّى الملك كان صغيرا فلمّا استقلّ بالملك وجلس على السرير قال لخواصّه انّى عاهدت الله ان صار لى الملك على امرين احدهما انّى اعيد آل المنذر الى الحيرة واطرد الحرث عنها وامّا الامر الثانى فهو قتل المردكيّة الذين قد اباحوا نساء الناس واموالهم وجعلوهم مشتركين فى ذلك بحيث لا يختصّ احد بامرأة ولا بمال حتّى اختلط اجناس اللؤماء بعناصر الكرماء وتسهّل سبيل العاهرات الى قضاء نهمتهنّ واتّصلت السفلة الى النساء الكرائم التى ما كان امثال اولئك يتجاسرون ان يملأوا اعينهم منهنّ اذا رأوهنّ فى الطريق فقال له مردك وهو قائم الى جانب السرير هل تستطيع ان تقتل الناس جميعا هذا فساد فى الارض والله قد ولّاك لتصلح لا لتفسد فقال له انوشروان يا ابن الخبيثة اتذكر وقد سألت قباذ ان يأذن لك فى المبيت عند امّى فأذن لك فصبيت نحو حجرتها فلحقت بك وقبّلت رجلك وان نتن جواربك ما زال فى انفى منذ ذلك الى الآن وسألتك حتّى وهبتها لى ورجعت قال نعم فامر حينئذ انوشروان بقتل مردك فقتل بين يديه واخرج واحرقت جيفته ونادى باباحة دماء المردكيّة فقتل منهم فى ذلك اليوم عالم كثير واباح دماء المانويّة ايضا وقتل منهم خلقا كثيرا وثبّت ملّة المجوسيّة القديمة وكتب بذلك الى اصحاب الولايات وقوّى الملك بعد ضعفه بادامة النظر وهجر الملاذ وترك اللهو وقوّى جنده بالاسلحة والكراع وعمر البلاد وردّ الى ملكه كثيرا من الاطراف التى غلبت عليها الامم بعلل واسباب شتّى منها السند والرخج وزابلستان

filiam in matrimonium petiisset, repulsam tulit. Itaque Firuz ad Heitalenses profectus iis vitia quibus dediti erant, in his puerorum amorem, exprobravit, sed nihil apud eos profecit. Fatalis ei fuit fovea, quae ab Heitalensibus parata et superne tecta erat: in quam quum ipse comitesque ejus decidissent, ibi perierunt, quo facto Achschenwar omnibus iis quae in castris regiis reperiebantur, potitus est. Periit igitur Firuz anno post Alexandrum 793. Post eum filius ejus, *Balasch fil. Firuzi*, 4 annos bene regnavit et anno post Alexandrum 797 mortuus est. Post Balaschum frater ejus, *Kobad fil. Firuzi*, 43 annos regnavit, in his 6 annos per quos inter eum et fratrem Djamaspum bellum gestum est. Kobado regnante exstitit *Mardek* Dualista, qui nomen propheticum usurpans omnium res familiares compares et mulieres communes esse jussit, quod homines ex utroque parente, Adamo et Eva, fratres germani essent. Kobad ad ejus religionem accessit: quo facto quum magna hominum multitudo moreretur, populus indignatus commune cepit consilium, regnum Kobado abrogandi. Pro eo fratrem *Djamaspum fil. Firuzi* rebus praefecerunt. Kobad autem ad Heitalenses confugit: a quibus quum auxilia impetrasset, cum iis copiisque Chorasanicis reversus cum Djamaspo fratre dimicavit eumque vicit et carceri inclusit. Deinde regnum tenuit, donec septem mensibus de anno post Alexandrum 840 elapsis mortuus est. Post Kobadum filius ejus, *Anuschirwan fil. Kobadi, fil. Firuzi, fil. Jezdedjerdi, fil. Behram-Djuri, fil. Jezdedjerdi Flagitiosi, fil. Behrami, fil. Saporis Dhu 'l-Acthaf, fil. Hormuzi, fil. Narsis, fil. Behrami, fil. Behrami, fil. Hormuzi, fil. Saporis, fil. Ardeschiri, fil. Babeki*, 48 annos regnavit. Regiam dignitatem accepit puellus; quum vero ipse regnum suscepisset et in solo regio consedisset, ad proceres aulicos hanc orationem habuit: *Ego summo numini, si unquam rex futurus essem, duas res vovi, quarum altera haec est, ut El-Mundirum Hiram reducam et El-Harethum inde expellam; altera, ut Mardekitas deleam, qui mulieres et fortunas omnium omnibus promiscue permiserunt easque communes esse jusserunt, ut nemo uxorem aut rem familiarem sibi propriam haberet; quo factum, ut familiae plebejae cum gentibus nobilissimis miscerentur, mulieribus impudicis expeditissima ad explendas libidines via muniretur, et sentinae vulgi aditus ad matronas ingenuas pateret, quas istiusmodi homunciones antehac, quum eas forte in via conspexissent, ne oculo quidem avidiore intueri audebant.* Mardek, qui juxta solium adstabat, contra: *Totumne populum*, inquit, *trucidare licet? Hoc esset latronis in modum grassari; nec vero ideo Deus imperium tibi commisit, ut eo in populi perniciem abutereris, sed ut eo ad beneficia in illum conferenda utereris.* Cui Anuschirwan: *Meministine, furcifer, te a Kobado petere, ut tibi cum matre mea noctu cubandi copiam faceret; quod quum ille permisisset, dum tu reginae conclave peteres, me ad te accedere et pedes tuos deosculari, etsi foetor tibialium tuorum tam taeter esset, ut etiamnum naso meo haereat; ibi me tibi tantopere supplicare, ut illam tandem mihi condonares et recederes?* Quum ille, *se meminisse*, dixisset, Anuschirwan eum coram se supplicio affici, cadaver ejus foras rapi et concremari jussit; tum publice praeconis voce indixit, Mardekitas ab omnibus impune interfici posse; quo facto eodem illo die ingens eorum multitudo occisa est. Illis adjunxit Manichaeos eorumque plurimos morte mulctavit. Antiqua Magorum sacra restauravit et de hac re literas ad praefectos provinciales dedit. Regnum paene collapsum vigilantia, temperantia et morum severitate denuo confirmavit; exercitum armis et impedimentis instruxit; urbium cultum et ornatum auxit; multas provincias quas populi vicini variis de causis

ad

وزابلستان وطخارستان ودروستان وغيرها وبنى المعاقل والحصون وقسم اموال المردكيّة على الفقراء وردّ الاموال التى لها اصحاب الى اصحابها وكلّ مولود اختلف فيه لحقه بالشبه وان كان ولدا للمردكيّة المقتولة جعله عبدا لزوج المرأة التى حبلت به من المردكيّة وامر بكلّ امرأة غلبت على نفسها ان تعطى من مال المردكىّ الذى غلبها بقدر مهرها وامر بنساء المعروفين اللاى مات من يقوم عليهنّ او تبرّأ منهنّ اهلهنّ لفرط الغيرة والانفة ان يجمعن فى موضع افرده لهنّ واجرى عليهنّ ما يمونهنّ وامر ان يزوّجن من مال كسرى وكذلك فعل بالبنات اللاى لم يوجد لهنّ اب وامّا البنون الذين لم يوجد لهم اب فاضافهم الى ممالبكه وردّ المنذر الى الحيرة وطرد الحرث عنها وكان من حديث الحرث المذكور انّ العرب كانت قد طمعت فى ارض الفرس ايّام قباذ لضعفه عن ضبط المملكة واستولت كندة على الحيرة وطردوا اللخميّين عنها وكان ملك اللخميّين حينئذ المنذر بن ماء السماء وملك موضعه الحرث بن عمرو بن حجر آكل المرار بن عمرو بن معاوية بن ثور وثور هو كندة ووافق الحرث قباذ على اتّباع مردك فعظّمه قباذ واقامه وطرد المنذر لذلك فلمّا استقلّ انوشروان بالملك اعاد ابن المنذر وطرد الحرث عن الحيرة فهرب وارسل المنذر خيلا فى طلب الحرث المذكور فامسكوا عدّة من اهله فقتلهم وعدم الحرث واختلف فى صورة عدمه وسنذكر ذلك عند ذكر ملوك كندة فى الفصل المتضمّن ذكر ملوك العرب ان شاء الله تعالى . وامر انوشروان بنساء ابيه قباذ ان يخيّرن بين المقام فى داره واجراء الارزاق عليهنّ وبين ان يزوّجن بالاكفاء من البعولة وفتح انوشروان الرها مدينة هرقل ثمّ الاسكندريّة وانعن له قيصر بالطاعة وغزا الخزر ثمّ توجّه نحو عدن فسكر هناك ناحية من البحر بين جبلين بالصخور وعمد الحديد ثمّ سار الى الهياطلة مطالبا بدم فيروز وكبس بلادهم وقتل ملكهم وخلقا كثيرا من اصحابه وتجاوز بلخ وما ورآءها ثمّ رجع الى المداين وارسل جيشا الى اليمن وقدّم عليهم وهرز فقتلوا الحبشة المستولين عليها واعاد ملك ابا سيف بن ذى يزن عليه بعد قتل ملك الحبشة مسروق بن ابرهة الاشرم الذى جاء بالفيل ليهدم الكعبة وغزا برجان وبنى باب الابواب وفى زمانه ولد عبد الله ابو النبىء صلعم لاربع وعشرين سنة من ملكه وكذلك ولد النبىء صلعم فى السنة الثانية والاربعين من ملك انوشروان المذكور ومات انوشروان فى سنة ثمان وثمانين وثمان مائة للاسكندر لمضىّ سبعة اشهر من السنة المذكورة ثمّ ملك بعده ابنه هرمز بن انوشروان وكان عادلا يأخذ للادنى من الشريف وبالغ فى ذلك حتّى ابغضه خواصّه واقام الحقّ على بنيه ومحبّيه وافرط فى العدل والتشديد على الاكابر وقصّر ايديهم عن الضعفاء الى الغاية ووضع صندوقا فى اعلاه خرق وامر ان يلقى المتظلّم قصّته فيه والصندوق مختوم بخاتمه وكان يفتح الصندوق وينظر فى المظالم خوفا من ان لا يوصل اليه الشكاوى على بطانته واهله ثمّ طلب ان يعلم بظلم المتظلّم ساعة فساعة فامر باتّخاذ سلسلة من الطريق وخرق

ad se rapuerant, regno restituit, ut *Es-Sind*, *Er-Ruchdj*, *Zabelisthan*, *Tocharisthan*, *Derwisthan*, alias; arces et loca munita condidit; opes Mardekitarum pauperibus distribuit; eas autem, quarum pristini domini inveniri potuerunt, his restituit. In liberis, de quorum patre non constabat, alicui addicendis similitudinem formae secutus est, et si quis e liberis Mardekitarum interfectorum erat, eum marito mulieris, quae illum e Mardekitis conceperat, emancipavit. Omni mulieri cui a Mardekita aliquo vis illata erat, jussit tantum ex opibus illius dari, quantum ipsa dotis accepisset. Uxores virorum spectatorum, iis, quorum esset ipsarum curam et tutelam gerere, orbatas, aut a familiis suis prae nimia quadam zelotypia et labis adspersae indignatione abdicatas in peculiari quodam loco congregari jussit, iis stipendia assignavit easque, si iterum nuberent, e fisco regio dotari voluit. Eodem beneficio affecit puellas, quarum, qui pater esset, ignorabatur. Pueros autem patre ignoto natos ministris suis aulicis adscripsit. — Tum El-Mundirum Hiram reduxit et El-Harethum inde expulit. De El-Haretho tenenda sunt haec: Kobado rege, Arabes, quum ille regno tuendo impar esset, terris persicis inhiarunt. *Kenditae* igitur Hira potiti sunt et *Lachmitas* inde pepulerunt, e quibus tunc regnabat *El-Mundir fil. Ma-es-semaï*. In ejus locum successit *El-Hareth fil. Amri*, *fil. Hadjari Akil-el-murar*, *fil. Amri*, *fil. Mo'awijae*, *fil. Thauri*, qui Thaur idem est ac *Kenda*. El-Hareth ille, Kobadum sibi conciliaturus, cum eo religionem Mardeki secutus est: quapropter Kobad ei multum honoris habuit, eum in regno confirmavit et El-Mundirum exsulare jussit. Quum igitur Anuschirwan regnum ipse suscepisset, filium El-Mundiri reduxit atque El-Harethum expulit. Fugientem jussu El-Mundiri insecuti sunt equites qui eum caperent; sed tantum aliquot homines ex ejus familia in manus eorum venerunt, quos Rex supplicio affecit; El-Hareth ipse, dubium quomodo, e conspectu hominum evanuit. De hac re, si Deo visum fuerit, dicemus in loco de regibus Kenditis, in libro qui historiam regum arabicorum enarrabit. — Uxoribus Kobadi patris Anuschirwan jussit optionem dari, utrum mallent in palatio regio manere ibique stipendiis sibi assignandis perfrui, an maritis genere et loco se dignis elocari. — Expugnavit Anuschirwan *Er-Roha* (Edessam), urbem Heraclii, deinde *Alexandriam*; quo facto Imperator graecus ejus obedientiam suscepit. Item *Chazaris* bellum intulit; inde urbem *'Adn* petiit, ubi sinum maris duobus montibus interjectum saxis et columnis ferreis occlusit. Tum, necem Firuzi ulturus, adversus Heitalenses profectus est, quorum terram expugnavit et regem multosque ex ejus comitibus morte mulctavit. Hinc Balchum et ultra progressus in urbem El-Madaïn rediit. Deinde copias in El-Jemen misit, quibus *Wahrezum* praefecit. Eae Habessinios terra illa potitos caederunt, et Anuschirwan regnum *Abu-Seifo fil. Dhu-Jazani* reddidit postquam, occubuit *Mesruk*, rex Habessiniorum, filius illius *Abrahae El-Aschram*, qui Caabam eversurus, elephanto vectus Meccam venit. Inde *Bordjaniis* bellum intulit et *Portam portarum* (Portas caspias) exstruxit. Eodem regnante natus est *'Abd-allah*, pater Prophetae nostri, 24 annis de illius regno elapsis; item Propheta ipse natus est anno 42 quo Anuschirwan regnabat. Mortuus est Rex 7 mensibus de anno post Alexandrum 888 elapsis. Ei successit filius, *Hormuz fil. Anuschirwani*, qui justitiam coluit, a patriciis ea quae injuste possidebant repetens plebejisque restituens; in qua re tam studiose versatus est, ut in odia procerum aulicorum incurreret. Etiam filios et amicos suos legum normae et vindictae adstrinxit, severissimum in viros principes jus dixit, et summa diligentia cavit, ne hominibus de plebe injuriam facere ullo modo possent. Item arcam in publico posuit superne pertusam et annulo suo obsignatam, in quam eos qui de injuriis querelam haberent, libellos suos injicere jussit; eamque subinde aperiebat et de injuriis factis inquirebat; scilicet veritus ne, si

وخرق لها فى داره الى موضع جلوسه وقت الخلوة وجعل فيها جرسا فكان المتظلّم يجىء من ظاهر الدار فيحرّك السلسلة فيعلم به فيتقدّم باحضاره وازالة ظلامته ثمّ خرج على هرمز عدّة اعداء منهم شابه ملك الترك فى جمع عظيم وخرج عليه ملك الروم وخرج عليه ملك العرب فى خلق كثير حتّى نزلوا شاطىء الفرات فارسل عسكرا الى ملك الترك وقدّم عليهم رجلا من اهل الرى يقال له جوبين بن بهرام خشنش واقتتل مع الترك وآخر ذلك انّ بهرام جوبين قتل شابه ملك الترك ونهب عسكره وطردهم واستولى على اموال جمّة ارسل بها الى هرمز ثمّ قام ابن شابه مقام ابيه واصطلح مع بهرام جوبين وتهادنا ثمّ انّ هرمز امر بهرام جوبين بالمسير الى الترك وغزوهم فى بلادهم فلم ير بهرام ذلك مصلحة وخاف من هرمز لكونه لم يمتثل ذلك فاتّفق بهرام والعسكر الذين معه وخلعوا طاعة هرمز فانفذ هرمز اليهم عسكرا فصار اكثرهم مع بهرام جوبين بعد قتال جرى بينهم وكان برويز بن هرمز مطرودا عن ابيه مقيما بادربيجان فبلغه ضعف امر ابيه واتّفاق اكابر الدولة والعسكر على خلعه وخشى من استيلاء بهرام جوبين على الملك فقصد برويز اباه ولمّا وصل برويز وثب خالا برويز على هرمز وامسكاه وسملا عينيه ولبس برويز التاج وقعد على سرير الملك وكان من اوّل ملك هرمز الى استقرار ابنه برويز فى الملك نحو ثلث عشرة سنة ونصف سنة فانّ هرمز بقى معتقلا مديدة ثمّ خنق وجلس برويز على السرير وخالفه بهرام جوبين فانّه لمّا جلس برويز على سرير الملك اوّل مرّة اظهر بهرام جوبين عدم طاعته وانتصر لهرمز وقصد ان ينتقم من برويز لما فعله فى ابيه هرمز من سمل عينيه وجرى بين بهرام جوبين وبرويز مراسلات لم يرد فيهنّ بهرام جوبين الّا ما يسوء برويز وآخر الحال انّ بهرام جوبين تغلّب وخشى برويز ان يقيم اباه الاعمى صورة ويستولى على الملك فاتّفق مع خواصّه على قتل ابيه هرمز فقتلوه ولحق برويز بملك الروم مستنجدا به ووصل بهرام جوبين ولبس التاج وقعد على سرير الملك وقال لعظماء الدولة انّنى وان لم اكن من بيت الملك فانّ الله ملّكنى اليوم والملك بيده يملكه من يشاء ووصل برويز الى ملك الروم فازوجه بنته مريم وانجده بثمانين الف فارس وسار بهم حتى قارب بهرام جوبين فالتقيا وجرى بينهما قتال كثير ولحق ببرويز كثير من الفرس وولّى بهرام جوبين هاربا الى خراسان ثمّ لحق بالترك ثمّ تملّك برويز بعد طرد بهرام جوبين وفرّق فى عسكر الروم اموالا جليلة واعادهم الى ملكهم وكان استقرار برويز فى الملك فى اثناء سنة اثنتين وتسع مائة للاسكندر وملك برويز ثمانيا وثلثين سنة ولمّا استقرّ فى الملك غزا الروم وسببه انّ الملك الرومىّ الذى عمل

si id non faceret, querelae de familiaribus et cognatis suis non ad se pervenirent. Sed quum etiam continuo scire cuperet, si cui injuria facta esset, de qua queri vellet: filum ferreum e via per foramen in muro palatii ad eum usque locum produci jussit, ubi, quum solus esset, commorari solebat. Huic filo deinde appensum est tintinnabulum. Si quis igitur querelam de injuria habebat, foris ad palatium accedebat et filium illud trahebat, quo facto Rex, quum aliquem adesse sensisset, eum ad se adduci et injuriam, de qua querebatur, ab eo defendi jubebat. — Huic regi deinde a pluribus hostibus bellum illatum est, ut a *Schaba*, rege Turcarum, item a regibus Graecorum et Arabum, quorum singuli magnos exercitus adduxere. Ii quum ad ripam Euphratis venissent, Hormuz adversus regem Turcarum exercitum misit, cui *Djubinum fil. Behram-Choschnuschi*, virum ex urbe Rei oriundum, praefecit. Hic cum Turcis congressus, tandem regem eorum interfecit, ejus castra diripuit ipsosque fugavit; opima autem spolia, quae collegerat, ad Hormuzum misit. Quum deinde filius Schabae, qui patri in regno successit, cum Behram-Djubino pacem fecisset, Hormuz hunc denuo adversus Turcas proficisci et bellum in ipsum eorum agrum deferre jussit. Behram, id ab re esse ratus, regi non obtemperavit; a quo quum sibi propterea metueret, ipse et exercitus, quem secum habebat, conspiratione facta illi obedientiam renuntiarunt. Misit quidem Hormuz contra eos alium exercitum; sed major ejus pars, postquam aliquantum cum Behramo dimicavit, ad ejus partes transiit. Illo tempore *Perwiz*, *filius Hormuzi*, a patre in exilium missus, in *Aderbidjania* commorabatur. Is ubi audivit, patrem auctoritate et potestate paene omni excidisse, et proceres aulae et exercitum ad imperium ei abrogandum conspirasse, veritus, ne Behram-Djubin regnum invaderet, ipse patrem aggredi constituit. Quum advenisset, duo ipsius avunculi Hormuzum, impetu in eum facto, ceperunt et ferro candente excaecarunt. Perwiz autem coronam sumsit et solium regium conscendit. Inter inaugurationem Hormuzi et illud tempus quo Perwiz, filius ejus, regnum solus tenuit, fere tredecim anni et sex menses intercesserunt; nam primum Hormuz sat diu in vinculis detentus est, postea demum eo strangulato Perwiz solus regnare coepit. Sed in hac re Behram-Djubinum adversarium habuit. Quum enim Perwiz primum potestatem regiam occupasset, Behram-Djubin obedientiam ei denegavit, se Hormuzi vindicem gessit et flagitium illud patris excoecati in Perwizo ulcisci voluit. In epistolis inter Behram-Djubinum et Perwizum frequentatis ille data opera hujus animum exulcerare studuit. Exitus is fuit, ut, quum Behram-Djubin praepollere coepisset, et Perwiz metueret, ne ille, patre excoecato ad speciem in regnum restituto, re ipsa summam rerum ad se raperet, cum proceribus de Hormuzo interficiendo conveniret. Quo facto, Perwiz opem petiturus ad Imperatorem graecum profectus est. Behram autem, ubi in urbem venit, coronam sumsit et solium regium conscendit. Ad proceres aulae haec verba fecit: *Etsi e stirpe regia non sum, Deus tamen, penes quem est summum regni, cuicunque vult, tribuendi arbitrium, me hodie regem constituit.* — Perwiz, quum apud Imperatorem graecum advenisset, ab eo filiam *Mariam* in matrimonium et octoginta millia equitum auxiliarium accepit, quibuscum profectus prope eum locum, ubi Behram erat, constitit. Tum facto utrimque congressu, diu multumque dimicatum est. Tandem, quum multi Persarum se ad Perwizum adjunxissent, Behram-Djubin in fugam conversus in Chorasaniam et hinc ad Turcas concessit. Itaque eo repulso, Perwiz regno denuo potitus militibus graecis splendida munera distribuit eosque ad Imperatorem remisit. Hoc modo Perwizi regnum stabilitum est intra annum post Alexandrum 902. Regnavit annos 38. — Postquam igitur regnum sibi soli asseruit, Graecis bellum intulit, quia illo Imperatore graeco, qui ea, quae diximus, beneficia in Perwizum contulit, vita defuncto, Graeci imperium

عمل مع برويز ما عمله هلك فطرد الروم ابنه عن الملك واقاموا غيره فجرت بين برويز وبين الروم عدّة حروب وكسر الروم ووصلت خيله القسطنطينيّة وجمع برويز فى مدّة ملكه من الاموال ما لم يجتمع لغيره من الملوك وتزوّج شيرين المغنّية وبنى لها قصر شيرين بين حلوان وخانقين وكان له ثمانية عشر ابنا اكبرهم اسمه شهريار ومنهم شيرويه الذى ملك بعد ابيه وامّ شيرويه بنت ملك الروم ثمّ انّ برويز عتا وتجبّر واحتقر الاكابر وظلم الرعيّة وكان متولّى للمحبوس زادان فروخ قد انهى اليه انّه قد اجتمع فى الحبس ستّة وثلثون الف رجل وقد ضاقت المحبوس عنهم وقد عظم نتنهم فان راى الملك ان يعاقب من يستحقّ العقوبة ويقطع من يستحقّ القطع ويفرج عنهم فقال برويز بل اقتلهم جميعهم واقطع رؤسهم واجعلها قدّام باب دار المملكة فاعتذر زادان فروخ عن ذلك وسال الاعفاء عنه فاكّد عليه كسرى برويز وقال ان لم تقتلهم فى هذا النهار قتلتك قبلهم وشتمه واخرجه على ذلك فذهب اليهم زادان فروخ واعلم المحبسين بذلك فكثر ضجيجهم فقال ان افرجت عنكم تخرجون وتاخذون بايديكم ما تجدونه فى الاسواق من آلات واخشاب وتكبسون كسرى فى داره بغتة فحلفوا على ذلك وافرج عنهم ففعلوا ذلك فلم يشعر كسرى برويز الّا بالغلبة والصياح ولم يقدر حاشيته والذين ببابه فى ذاك الوقت على ردّ المذكورين فهجموا على كسرى برويز بداره وهرب واختبى فى جانب بستان بالدار يعرف بباغ الهند فدلّهم عليه بعض الحاشية فاخرجوه ممسكا الى زادان فروخ فحبسه فى دار رجل يقال له مارسفيد وقيّده بقيد ثقيل ووكّل به جماعة ومضى الى عقر بابل فجاء بشيرويه واجلسه على سرير الملك واطاعه الخاصّة والعامّة وجرى بين شيرويه وبين ابيه مراسلات وتقريع وآخر الامر قال شيرويه لابيه لا تعجب ان انا قتلتك فانّى اقتدى بك فى سملك عينى ابيك هرمز وقتله ولو لم تفعل ذلك مع ابيك ما اقدم عليك ولدك بمثل ذلك وارسل شيرويه بعض اولاد الاساورة الذين قتلهم برويز وامرهم بقتله فقتلوه ولمضىّ اثنتين وثلثين سنة وخمسة اشهر وخمسة عشر يوما من ملك برويز هاجر النبىء صلعم من مكّة الى المدينة وكان هلاك برويز لمضىّ خمس سنين وستّة اشهر وخمسة عشر يوما للهجرة لانّه من السنة الثانية والاربعين من ملك انوشروان وهى سنة مولد الرسول صلعم الى نصف السنة الثالثة والثلثين من ملك برويز وهى عام الهجرة ثلث وخمسون سنة وهى جملة عمر النبىء صلعم الذى هاجر وبيان ذلك انّ رسول الله صلعم ولد فى السنة الثانية والاربعين من ملك انوشروان وهاجر رسول الله صلعم لمّا كان له من العمر ثلث وخمسون سنة فيكون لرسول الله صلعم سبع سنين فى ايّام انوشروان واثنتا عشرة سنة فى ايّام هرمز بن انوشروان وستّة ونصف بالتقريب فى الفترة التى كانت بين امساك هرمز وبين استقرار ابنه برويز واثنتان وثلثون سنة ونصف بالتقريب فى ملك برويز ومجموع ذلك ثلث وخمسون سنة وعلى ذلك فيكون السنة الثالثة والثلثين من ملك برويز هى السنة الخامسة والثلثون وتسع مائة للاسكندر بالتقريب وكانت مدّة ملك برويز ثمانيا وثلثين سنة فيكون هلاك برويز فى سنة اربعين وتسع مائة للاسكندر ثمّ ملك شيرويه وكان ردىء المزاج كثير

imperium filio ejus praereptum ad alium detulerant. Postquam saepius inter Perwizum et Graecos pugnatum est, Graeci fusi fugatique sunt, et equites persici ad Constantinopolin usque procurrerunt. — Perwiz, dum regnabat, majores, quam ullus alius rex, opes collegit. *Schirinae* psaltriae, quam uxorem duxerat, inter *Holwan* et *Chanikin* palatium illud exstruxit, quod ab illius nomine *Kasri-Schirin* vocatum est. E duodeviginti Regis filiis natu maximus nomen *Schehrijar* habebat. Ex iisdem erat *Schireweih*, a filia Imperatoris graeci natus et patris in regno successor. — Procedente tempore Perwiz se superbe et tyrannice gerere, optimates prae se despicere et populum opprimere coepit. Quum *Zadan-Ferruch*, praefectus carcerum, Regi quondam nuntiasset, 36000 viros in carceribus constipatos esse, quam multitudinem loca vix caperent, et hinc foedissimum oriri odorem, simul haec addens: *Quid igitur, si Rex juberet, reos castigari et obtruncari, ceteros dimitti?* ille: *Immo*, respondit, *omnes supplicio affici et capita eorum recisa ante portam palatii exponi volo.* Hoc ministerium detrectans Zadan-Ferruch a Rege petiit, ut ne sua ad illud opera uteretur. Rex contra instans: *Nisi illos hoc ipso die interfeceris, te ipsum primum supplicio afficiam.* Hinc eum objurgatum, nihil a jussu suo remittens, foras ejecit. Zadan-Ferruch continuo se ad captivos contulit iisque rem renuntiavit. Lamentantibus et ejulantibus: *Conditionem*, inquit, *vobis proponam: si vos dimisero, promittite vos foris in plateis omnia quae in manus venerint, ut instrumenta et ligna, prehensuros et Regem in ipso palatio obruturos esse.* Ad quod postquam se jurejurando obstrinxerunt, eos dimisit; nec mora, tumultus et clamores ad Regis aures perveniunt: qui tunc circa eum erant et ad portam excubabant, illorum impetum reprimere nequeunt: turba Regem quaerens in palatium irrumpit: ille fugit et in angulo horti ad domum regiam pertinentis, qui *Hortus indicus* appellabatur, se abscondit. At illi, ab aliquo aulicorum eo deducti, Regem e latebra protrahunt et captivum ad Zadan-Ferruchum ducunt, a quo aedibus *Mari-sefidi* cujusdam inclusus, gravibus vinculis oneratus et aliquot virorum custodiae commissus est. Hinc Zadan-Ferruch ipse Schireweihum ex arce *'Afari-Babek* arcessivit eumque in solio regio collocavit; ad cujus obedientiam universus populus accessit. Tum literae et expostulationes inter Schireweihum et patrem alternatae. Tandem Schireweih patri haec scripsit: *Noli mirari, si te supplicio afficiam; tuum enim exemplum sequor, quod mihi Hormuzo patre excoecato atque interfecto proposuisti. Nisi id in patre commisisses, filius non idem in te ipso auderet.* Deinde Schireweih aliquos e filiis equitum a Perwizo morte mulctatorum ad eum interficiendum misit: quod mandatum illi haud cunctanter effecerunt. — Annis 32, mensibus 5 et diebus 15 de regno Perwizi exactis Propheta Mecca Medinam fugit. Periit Perwiz 5 annis, 6 mensibus et 15 diebus a fuga prophetica elapsis; nam inter annum 42 regni Anuschirwani, quo Propheta natus est, et medium annum 33 regni Perwizi, in quem annum incidit illius fuga, intersunt 53 anni; quum autem fugeret propheta, hos ipsos 53 annos natus erat. Ut de hac re explicatius etiam dicamus, Propheta natus est anno 42 regni Anuschirwani, et fugit 53 annos natus; vixit igitur 7 annos de regno Anuschirwani, 12 annos regni Hormuzi fil. Anuschirwani, annum et dimidium circiter interregni illius, quod inter Hormuzum captum et Perwizum, ejus filium, regno plane potitum intercessit; denique 32 annos et dimidium circiter de regno Perwizi: quorum si summam feceris, habebis 53 annos. Hoc posito, annus 33 regni Perwizi erit annus fere 935 post Alexandrum. Quum igitur Perwiz regnaverit 38 annos, nex ejus collocanda erit in anno post Alexandrum 940. — Patri successit *Schireweih*, homo natura infirmus, valetudinarius, et staturae brevioris;

كثير الامراض صغير الخلق وكان اخوته السبعة عشر كانّهم عوالى الرماح قد كملوا فى حسن الخلق والاخلاق والادب فلمّا ولى شيرويه الملك قتل الجميع ثمّ ندم على قتل اخوته وابتلى بالاسقام فلم يلتذّ بشىء من اللذّات وجزع بعد قتلهم جزعا شديدا واحترم نوم الليل وصار يبكى ليلا ونهارا ويرمى التاج عن راسه ثمّ هلك عن تلك الحال وكان مدّة ملكه ثمانية اشهر ثمّ ملك اردشير بن شيرويه بن برويز وقيل انّه كان ابن سبع سنين وحضنه رجل يقال له مهاذر خشنش فاحسن سياسة الملك ثمّ قتل اردشير بن شيرويه وكانت مدّة ملكه سنة وستّة اشهر ثمّ ملك شَهْرِيَرَان وكان من مقدّمى الفرس مقيما فى مقابلة الروم فى عسكر عظيم من الفرس وكان الشام اقطاعه واقبل شهريران بعسكره لمّا بلغه ملك اردشير بن شيرويه وصغر سنّه وهجم مدينة طيسبون ليلا بعد قتال كثير وقتل مهاذر خشنش وقتل اردشير بن شيرويه واستولى على الخزائن والاموال ولبس التاج وجلس على سرير الملك ولم يكن من اهل بيت المملكة ولمّا جلس على السرير ودخل الناس للتهنية اوجعه بطنه بحيث لم يقدر ان يقوم الى الخلاء فدعا بطست وستارة وتبرّز بين يدى السرير فتطيّر الناس من ذلك وقالوا هذا لا يدوم ملكه وكان من سنّة الفرس اذا ركب الملك ان يقف جماعة حرسه صفّين له وعليهم الدروع والبيض وبايديهم السيوف مشهورة والرماح فاذا حاذاهم الملك وضع كلّ منهم ترسه على قربوس سرجه ثمّ وضع جبهته عليه كهيئة السجود ثمّ يرفعون روسهم ويسيرون من جانبى الملك يحفظونه وركب شهريران فوقف له بسفروخ واخواه فى جملة الحرس فلمّا حاذاهم شهريران طعنه المذكورون فالقوه عن فرسه وحملت عظماء الفرس على اصحابه فقتلوا منهم جماعة وشدّوا فى رجل شهريران حبلا وجرّوه اقبالا وادبارا لكونه تعرّض للمملكة وليس من بيت المملكة ثمّ ولّوا الملك بوران بنت كسرى برويز فاحسنت السيرة وردّت خشبة الصليب على ملك الروم فعظم موقعها عنده واطاعها فى كلّ ما كلّفته وملكت سنة واربعة اشهر ثمّ هلكت فملك خشنشده من بنى عمّ كسرى برويز ولمّا ملك خشنشده المذكور لم يهتد على تدبير الملك فكان ملكه اقلّ من شهر وقتل ثمّ ملكت ازرمى دخت بنت كسرى برويز ولمّا ملكت اظهرت العدل والاحسان وكان اعظم الفرس حينئذ فرخ هرمز اصبهبذ خراسان وكانت ازرمى دخت من احسن الناس صورة فخطبها فرخ هرمز ليتزوّجها فامتنعت من ذلك ثمّ اجابته الى الاجتماع به فى الليل ليقضى وطره منها فحضر بالليل بالشمع والطيب فامرت متولّى حرسها فقتله وكان رستم بن فرخ هرمز وهو الذى تولّى قتال المسلمين فيما بعد قد جعله ابوه نائبه على خراسان لمّا توجّه بسبب ازرمى دخت فلمّا قتلته جمع رستم المذكور عسكره وقصد ازرمى دخت بنت كسرى برويز فقتلها اخذا بثأر ابيه وكان ملكها سنّة

brevioris; quum septem et decem ejus fratres, altis lanceis similes, formae, morum et ingenii liberaliter exculti omnes numeros explerent. His Schireweih, postquam rerum potitus est, vitam ademit omnibus; sed postmodum et facinoris poenitentia, et morborum molestia conflictatus e nulla plane re voluptatem capere potuit; fratrum necem secutus est dirus animi angor; noctes insomnes agebat; nocte dieque plorabat et coronam capite detractam humum projiciebat. Postremum hoc moerore confectus animam efflavit, postquam 8 menses regnum tenuit. Patri successit *Ardeschir fil. Schireweihi, fil. Perwizi*, cujus, septem modo annos nati, tutelam et educationem *Mehadir-Choschnusch* quidam suscepisse et regnum bene administrasse dicitur. Ardeschiro fil. Schireweihi, postquam nomen regium per annum unum et dimidium gessit, interfecto successit *Schehriran*, vir ex optimatibus persicis, qui illo tempore quo Ardeschir fil. Schireweihi ad regnum accessit, in Syria, cujus provinciae reditus sibi adsignatos habebat, cum magno exercitu adversus Graecos constiterat. Is ubi nuncium de dignitate regia ad Ardeschirum fil. Schireweihi adhuc puellum delata accepit, cum exercitu profectus est, et post longam pugnam noctu Ctesiphonta invasit, Mehadir-Choschnuschum et Ardeschirum fil. Schireweihi supplicio affecit, horreis et aerariis potitus est, et, licet e stirpe regia non esset, coronam sibi imposuit et solium conscendit. In quo postquam consedit et multitudo ad congratulandum intravit, subitis torminibus impeditus, quo minus ad alvum exonerandam secederet, arcessita pelvi et obtenso velo sub ipso solio necessitati illi satisfecit. Qua re in malum omen versa, *hujus breve regnum fore*, publica vox fuit. Neque aliter cecidit. Erat enim inter Persas mos, ut, quum Rex equo vehens in publicum procederet, omnes ejus praetoriani in duplicem ordinem dispositi, loricis et galeis instructi, gladios nudos et lanceas manibus tenentes, ei apparerent; deinde, dum Rex praetervеheretur, singuli, ubi ex adverso eorum esset, scutis in umbone sellae depositis et frontibus desuper inclinatis adorantium speciem exhiberent, tum capitibus rursum sublatis illum utrimque stiparent et in itinere custodirent. Quum igitur Schehriran quondam in publicum processisset, *Sefruch* quidam duoque ejus fratres, qui inter custodes regios erant, illum, quum ad eos venisset, percusserunt atque ex equo dejecerunt. In comites Regis optimates persici impetum fecerunt et plures eorum occiderunt. Deinde Schehriranum, fune e pede ejus religato, huc illuc traxerunt, quod, quum e stirpe regia non esset, regnum contra jus fasque usurpasset. Tum regno praefecerunt *Buranam*, filiam Cosroïs Perwizi, quae illud laudabiliter administravit. Eadem crucem, in quam Christum actum esse perhibent, Imperatori graeco reddidit; propter quod beneficium ille eam magni fecit et, quaecunque ab ipso petiit officia, promto animo ei praestitit. Obiit postquam annum et quatuor menses regnavit. Ei successit *Choschnuschdeh*, aliquis e cognatis Cosroïs Perwizi. Sed postquam regnum capessivit, intellectum est, eum illi administrando esse imparem. Interfectus igitur est, antequam unum mensem regnasset. Ei successit *Azermi-Dochth*, filia Cosroïs Perwizi, quae, postquam regnare coepit, justitiae et benignitatis specimina edidit. Illo tempore vir princeps inter Persas erat *Ferruch-Hormuz*, Satrapa Chorasaniae. Is Azermi-Dochtham, foeminam formosissimam, in matrimonium petiit: primum repulsam tulit, deinde id impetravit, ut ei aditum nocturnum in cubiculum et copiam corporis sui promitteret. Sed quum ille, odoribus perfusus et cereum manu ferens, noctu venisset, jussu reginae a praefecto praetorianorum occisus est. *Rustem*, Ferruch-Hormuzi filius, (qui postea bello adversus Moslemos gerendo praefectus est) a patre, ad Azermi-Dochthae nuptias ambiendas proficiscente, vicarii nomine in Chorasania relictus, ubi illum reginae jussu interfectum audivit, copiis suis collectis adversus Azermi-Dochtham, filiam Cosroïs Perwizi, profectus est, eaque, postquam sex menses regnavit, interfecta manes paternos placavit.

Tunc

ستّة اشهر واختلف عظماء الفرس فيمن يولّونه الملك فلم يجدوا غير رجل من عقب اردشير بن بابك واسمه كسرى بن مهر خشنش فملّكوه ولمّا ملك المذكور لم يلق به الملك فقتلوه بعد ايّام فلم يجدوا من يملّكونه من بيت المملكة فوجدوا رجلا يقال له فيروز بن خستان يزعم انّه من نسل انوشروان فملّكوا فيروز المذكور ووضعوا التاج على راسه وكان راسه ضخما فلم يسعه التاج فقال ما اضيق هذا التاج فتطيّر العظماء من افتتاح كلامه بالضيق وقالوا هذا لا يفلح فقتلوه ثمّ ملك فرخ زاد خسرو من اولاد انوشروان وملك ستّة اشهر وقتلوه ثمّ ملك يزدجرد بن شهريار بن برويز بن هرمز بن انوشروان بن قباذ بن فيروز بن يزدجرد بن بهرام جور بن يزدجرد بن بهرام بن سابور ذى الاكتاف بن هرمز بن نرسى بن بهرام بن بهرام آخر بن هرمز بن سابور بن اردشير بن بابك وكان يزدجرد المذكور مختفيا باصطخر لما قتل ابوه مع اخوته حين قتلهم اخوهم شيرويه حسبما ذكرناه وكان ملك يزدجرد المذكور كالخيال بالنسبة الى ملك آبائه وكانت الوزراء تدبّر ملكه وضعفت مملكة فارس واجترى عليهم اعداؤهم وغزت المسلمون بلادهم بعد ان مضى من ملكه ثلث اربع سنين وكان عمر يزدجرد الى ان قتل بمرو عشرين سنة وكان مقتله فى خلافة عثمان رضه فى سنة احدى وثلثين للهجرة وهو آخر من ملك منهم وزال ملكهم بالاسلام زوالا الى الابد فهذا ترتيب ملوك الفرس من اوشهنج الى يزدجرد من كتاب تجارب الامم لابن مسكويه ومن كتاب ابى عيسى والله الموفّق ☆

الفصل الثالث

فى ذكر فراعنة مصر ثمّ ملوك اليونان ثمّ ملوك الروم ☆

امّا الفراعنة فهم ملوك القبط بالديار المصريّة . قال ابن سعيد المغربىّ ونقله من كتاب صاعد فى طبقات الامم انّ اهل مصر كانوا اهل ملك عظيم فى الدهور الخالية والازمان السالفة وكانوا اخلاطا من الامم ما بين قبطىّ ويونانىّ وعمليقىّ الّا انّ جمهرتهم قبط . قال واكثر ما تملّك مصر الغرباء قال وكانوا صابية يعبدون الاصنام وصار بعد الطوفان بمصر علماء بضروب من العلوم خاصّة بعلم الطلسمات والنيرنجات والكيميا وكانت مدينة منف هى كرسى المملكة وهى على اثنى عشر ميلا من الفسطاط . قال ابن سعيد واسنده الى الشريف الادريسىّ انّ اوّل من ملك مصر بعد الطوفان بيصر بن حام بن نوح ونزل مدينة منف هو وثلثون من ولده واهله ثمّ ملكها بعده ابنه مصر بن بيصر وسمّيت البلاد به لامتداد عمره وطول مدّته فى الملك ثمّ ملك بعده ابنه قفط بن مصر ثمّ ملك بعده اخوه انريب بن مصر وانريب المذكور هو الذى بنى مدينة عين شمس وبها الآثار العظيمة الى الآن ثمّ ملك بعده اخوه صا وبه سمّيت مدينة صا وهى مدينة خراب على

Tunc optimates persici, postquam aliquantum dubitaverunt, cui regnum committerent, *Cosroem fil. Mihr-Choschnuschi*, qui solus e posteris Ardeschiri fil. Babeki reliquus inventus est, elegerunt; sed eundem, quum in ipsis regni initiis ei non idoneus visus esset, post aliquot dies interfecerunt. Jam nemine e stirpe regia superstite, quem recte regem crearent, *Firuz* quidam, *fil. Chasthani*, repertus est, qui se e gente Anuschirwani esse profiteretur. Ad hunc igitur regnum detulerunt et coronam ei imposuerunt. Quae quum crassiori ejus capiti non sederet: *Proh, coronae*, exclamavit, *angustiam!* Ex hac angustiae voce, qua regnum auspicatus est, optimates male ominati et, infaustum esse hominem, rati, eum interfecerunt. Eundem vitae et regni semestris exitum habuit illius successor, *Ferruch-zad Chosrew*, vir e gente Anuschirwani. Tandem regnum suscepit *Jezdedjerd fil. Schehrijari, fil. Perwizi, fil. Hormuzi, fil. Anuschirwani, fil. Kobadi, fil. Firuzi, fil. Jezdedjerdi, fil. Behram-Djuri, fil. Jezdedjerdi, fil. Behrami, fil. Saporis Dhu 'l-acthafi, fil. Hormuzi, fil. Narsis, fil. Behrami, fil. Behrami, fil. Hormuzi, fil. Saporis, fil. Ardeschiri, fil. Babeki.* Is illo tempore quo Schireweih, ut diximus, patrem ejus cum reliquis fratribus supplicio affecit, in urbe Istachar latebat. Regnum ejus, si eum cum regibus superioribus compares, vix regni simulacrum appellari potest. Regis consiliarii res administrabant; regnum ad ruinam vergere, hostes contra majori spiritu in illud consurgere coeperunt. Postquam Jezdedjerd tres quatuorve annos regnavit, terris persicis illata sunt arma moslemica. Interfectus est Rex in urbe *Merw*, annum primum et vigesimum agens, chalipha Othmano, anno fugae 31. Hic ultimus Persarum rex indigena fuit, et regnum persicum ab Islamo in perpetuum dejectum est. — Habes recensum regum persicorum ab Uschhendjo usque ad Jezdedjerdum, repetitum illum e libro Ibn-Mescoweihi, qui *Thedjarib-el-umem* inscribitur, atque e libro Abu-Isae. Quamquam solus Deus ad veritatem dirigit.

LIBER TERTIUS,

de historia Pharaonum aegyptiorum et Regum graecorum ac romanorum.

Pharaones fuerunt reges Aegyptiorum (*El-Kobt*) terram *Misr* incolentium. Ibn-Saïd Mauritanus e libro *Sa'ïdi* de *tabakath-el-umem* (ordinibus gentium) haec refert: Aegyptiorum regnum antiquitus maximum fuit. Mixti erant e gentibus pluribus, ut alii Aegyptii essent indigenae, alii Graeci, alii Amelecitae; quamquam indigenae longe majorem eorum partem efficiebant. Sed tamen Aegyptus plerumque alienigenas reges habuit. — Item: Religione Aegyptii erant Sabaei et idola colebant. Post diluvium inter eos exstiterunt viri in variis disciplinis, praecipue talismatum, fascinorum et chymiae, excellentes. Sedes regni erat *Memphis*, quae urbs Fostato (Cahira antiquiori) 12 milliaribus distabat. — Idem Ibn-Saïd auctore *Scherifo El-Edrisi* haec refert: Primus qui post diluvium in Aegypto regnavit, fuit *Pisir fil. Hami, fil. Noahi*, qui cum triginta hominibus e filiis et cognatis suis Memphide consedit. Ei successit filius *Misr*, a quo, quia diutissime et vixit et regnavit, terra ipsa nomen accepit. Ei successit filius *Kopht;* huic frater *Ethrib fil. Misri*, qui urbem *'Ain-Schems* (Heliopolin) condidit, ubi hodieque magna rudera exstant; huic frater *Sa*, qui nomen dedit urbi *Sa* (Saïdi), ad Nilum inferiorem sitae

على النيل من اسفله ثمّ ملك بعده تذراس ثمّ ملك بعده ماليق بن تذراس ثمّ ملك بعده ابنه حرايا بن ماليق ثمّ ملك بعده كلكلى بن حرايا وكان ذا حكمة وهو اوّل من جمّد الزيبق وسبك الزجاج ثمّ ملك بعده حريبا بن ماليق وكان شديد الكفر ثمّ ملك بعده طوليس وهو فرعون ابراهيم عم وهو الذى وهب سارة هاجر وكان مسكن طوليس بالفرما ثمّ ملك بعده اخته جورياق ثمّ ملك بعدها زلفا بنت مامون وكانت عاجزة عن ضبط المملكة وسمعت عمالقة الشام بضعفها فغزوها وملكوا مصر فصارت الدولة للعمالقة وكان الذى اخذ الملك منها الوليد بن دومغ العملاقىّ وكان يعبد البقر فقتله اسد فى بعض مصيداته وقيل هو اوّل من تسمّى بفرعون وصار ذلك لقبا لكلّ من ملك مصر بعده ثمّ ملك بعده ابنه الريان بن الوليد وهو فرعون يوسف ونزل مدينة عين شمس ثمّ ملك بعده ابنه دارم بن الريان وفى زمانه توفّى يوسف الصديق عم وتجبّر دارم المذكور واشتدّ كفره وركب فى النيل فبعث الله تعالى عليه ريحا عاصفا اغرقته بالقرب من حلوان ثمّ ملك بعده كاسم بن معدان العمليقىّ ايضا وقصد ان يهدم الهرمين فقال له حكماء مصر انّ خراج مصر لا يفى بهدمهما وانّهما ايضا قبران لنبيّين عظيمين وهما شيث بن آدم وهرمس فامسك عن هدمهما ثمّ ملك بعدها الوليد بن مصعب وهو فرعون موسى عم وقد اختلف فيه فقيل انّه من العمالقة وهو الاظهر وقيل هو فرعون يوسف واطال الله عمره الى ايّام موسى عم قال ابن سعيد وذكر القرطبىّ فى تاريخ مصر انّ الوليد المذكور كان من القبط وكان فى اوّل امره صاحب شرطة لكاسم العملاقىّ وكانت الاقباط قد كثرت فملّكوا الوليد المذكور بعد كاسم وانقرضت من حينئذ دولة العمالقة من مصر قال والوليد المذكور هو الذى ادّعى الربوبيّة قال وصنّف الناس فى سيرته وخلّدوا ذكرها وكانت ارض مصر على ايّامه فى نهاية من العمارة فعظمت دولته وكثرت عساكره وفى مناجاة موسى عم يا ربّ لمَ اطلت عمر عدوّك فرعون يعنى الوليد المذكور مع ادّعائه ما انفردت به من الربوبيّة وجحد نعمتك فقال الله تعالى امهلته لانّ فيه خصلتين من خلال الايمان الجود والحياء وكان هامان وزير فرعون المذكور وهو الذى حفر لفرعون خليج السردوسىّ ولمّا اخذ هامان فى حفره ساله اهل كلّ قرية ان يجريه اليهم ويعطوه على ذلك مالا فكان يأتى به الى القرية نحو المشرق ثمّ يردّه الى القرية نحو المغرب وكذلك فى الجنوب والشمال واجتمع لهامان من ذلك نحو مائة الف دينار فأتى بها الى فرعون واخبره بالقصّة فقال فرعون ويحك انّه ينبغى للسيّد ان يعطف على عبيده ولا يطمع بما فى ايديهم وردّ على كلّ قرية ما اخذ منهم واخبر فرعون المذكور المنجّمون بظهور موسى عم وزوال ملكه على يده فاخذ فى قتل الاطفال حتّى قتل تسعين الف الف طفل وسلّم الله نبيّه موسى عم منه بان التقطته زوج فرعون اسية وحمته منه وتزعم اليهود انّ التى التقطت موسى بنت فرعون لا زوجته والاصحّ انّها زوجته حسبما نطق به القران العظيم ولمّا كان منه ومن موسى ما تقدّم ذكره من اظهار الآيات لفرعون وهى العصا ويده البيضاء

et nunc vastatae; ei successit *Thedras;* huic filius *Malik;* huic filius *Haraba;* huic filius *Kelkeli*, vir sapientissimus, qui primus argentum vivum in molem solidam cogere et vitrum liquefactum formare docuit; huic successit *Harbija fil. Maliki*, homo valde impius; huic *Tulis*, quo regnante Abraham in Aegyptum venit, quique Sarae Hagarem donavit. Hic rex urbem *Pharma* sedem suam fecit. Ei successit soror *Djurijah;* huic *Zulfa filia Mamuni.* Quae quum regno tuendo impar esset, Amalecitae in Syria sedentes, hac de re certiores facti, eam adorti sunt et Aegyptum expugnarunt. Ita summa rerum ad Amalecitas transiit. Qui Zulfam regno exuit, fuit *El-Walid fil. Dumaghi* Amalecita, qui boves Deorum instar colebat. Homo impius, quum quondam venatum profectus esset, a leone dilaniatus est. Is primus *Pharao* appellatus esse dicitur, quod cognomen deinde ad omnes, qui post eum in Aegypto regnarunt, translatum est. Ei successit filius *Er-Rajan*, quo regnante Josephus in Aegypto vixit. Is sedem regni in urbe 'Ain-Schems collocavit. Ei successit filius *Darem*, quo regnante Josephus Justus vita defunctus est. Idem superbia et impietate elatus, quum quondam in Nilo navigaret, vento vehementissimo sibi a Deo immisso prope *Holwan* submersus est. Ei successit *Casim fil. Ma'dani*, et ipse Amalecita, qui, duas pyramides maximas diruere conatus, quum a viris sapientibus audiisset, totos regni reditus ad illas demoliendas non sufficere, praeterea eas sepulcra magnorum duorum prophetarum, *Sethi fil. Adami* et *Hermetis*, esse, a coepto destitit. Successit *El-Walid fil. Mas'abi*, quo Pharaone vixit Moses. Tres de eo obtinent sententiae, quarum prima probabilissime statuitur, eum Amalecitam fuisse; secunda, eum esse illum ipsum Pharaonem Josephi, cujus vitam Deus ad Mosis usque aetatem prorogarit; tertiam denique Ibn-Saïd his *El-Kortobii* (Cordubensis) in *Historia aegyptiaca* verbis refert: El-Walid ille, natione Aegyptius, primum praefectus cohortis praetorianae Casimi Amalecitae fuit; hoc autem mortuo a popularibus, numero jam praevalentibus, rex creatus est. Ab illo inde tempore imperium Amalecitarum in Aegypto plane desiit. — Eodem auctore, El-Walid sibi honores divinos arrogavit. Memoria vitae ejus, etiam libris de ea scriptis, ad posteros perpetuata est. Hoc rege Aegyptus maxime floruit; imperium latissime patuit et exercitus fuit copiosissimus. In colloquio Mosis cum Deo haec reperiuntur: *O Domine*, inquit Moses, *cur Pharaonem*, *inimicum tuum* (scilicet hunc El-Walidum), *tamdiu vivere passus es*, *quum honores illos*, *qui tibi soli debentur, usurparet nec te auctorem felicitatis suae agnosceret?* Ad ea Deus respondet: *Prorogavi ei vitam*, *quia duae in eo elucebant virtutes*, *verae religioni propriae: liberalitas et verecundia.* — Hujus regis summus consiliarius fuit *Haman*, qui illius jussu canalem, qui *Chalidj-es-serdusi* vocatur, fodiendum curavit. Quo opere instituto, incolae omnium urbium Hamanum rogarunt, ut canalem ad ipsorum urbem ageret; quod si faceret, se ei pecuniae vim daturos esse. Itaque canalem modo orientem versus ad urbem, modo ad aliam occidentem versus agere instituit, quod idem in parte australi et septentrionali fecit; unde quum fere centum millia denariorum collegisset, hanc pecuniam Pharaoni attulit eique rem exposuit. At ille: *Vae tibi*, inquit: *virum principem oportet in eos quibus imperat beneficia conferre*, *non fortunas eorum sectari.* Itaque cujusque urbis incolis id quod Haman ab iis acceperat reddidit. — Quum Astrologi Pharaoni significassent, exoriturum esse Mosen regno ipsius fatalem, jussit infantes occidere, in qua re ad nonaginta millies millia perventum est. Verum Deus prophetam suum ita a Pharaonis furore tuitus est, ut eum ipsa Pharaonis uxor, *Asia*, e fluvio retractum a marito defenderet. Judaei quidem perhibent, non ab uxore Pharaonis, sed a filia sublatum esse Mosen; sed veriorem illam sententiam disertum Codicis sacri testimonium

البيضاء والجراد والقمل والضفادع وصيرورة الماء دما وغير ذلك سلّم فرعون بنى اسرائل الى موسى عم ولمّا اخذهم موسى وسار بهم ندم فرعون على ذلك وركب بعساكره وتبعهم فلحقهم عند بحر القلزم واوحى الله الى موسى عم فضرب البحر بعصاه فصار فيه اثنا عشر طريقا لكلّ سبط طريق فتبعه فرعون فغرق هو وجنوده وكان هلاك فرعون المذكور بعد مضىّ ثمانين سنة من عمر موسى عم وكان قد تملّك من قبل ولادة موسى وكذلك امر بقتل الاطفال فى ايّام موسى عم فمدّة ملك فرعون المذكور تزيد على ثمانين سنة قطعا ولمّا هلك فرعون المذكور ملكت القبط بعده دلوكه المشهورة بالعجوز وهى من بنات ملوك القبط وكان السحر قد انتهى اليها وطال عمرها حتّى عُرفت بالعجوز فصنعت على ارض مصر من اوّل ارضها فى حدّ اسوان الى آخرها سورا متّصلا الى هنا انتهى كلام ابن سعيد المغربىّ ولم يذكر من تولّى بعد دلوكه . ثمّ انّى وجدت فى اوراق قد نقلت من تاريخ ابن حنون الطبرىّ وهو تاريخ ذكر فيه ملوك مصر فى قديم الزمان قال ثمّ ملك مصر بعد دلوكه صبىّ من ابناء اكابر القبط كان يقال له دركون بن بكطوس ثمّ ملك بعده تونس ثمّ ملك بعده اخوه لقاش ثمّ ملك بعده اخوه مَرينا ثمّ ملك بعده استمانس ثمّ ملك بعده بلطوس بن ميكاكيل ثمّ ملك بعده مالوس ثمّ ملك بعده مناكيل ثمّ ملك بعده بُوله وهو الذى غزا رحبعم بن سليمان بن داود عليهما السلام وقد ذكر فى كتب اليهود انّ فرعون الذى غزا بنى اسرائل على ايّام رحبعم كان اسمه شيشاق وهو الاصحّ ثمّ لم يشتهر بعد شيشاق المذكور غير فرعون الاعرج وهو الذى غزاه بخت نصر وصلبه وكان بين رحبعم بن سليمان عم وبخت نصر فوق اربع مائة سنة وكان شيشاق على ايّام رحبعم فشيشاق قبل فرعون الاعرج باكثر من اربع مائة سنة ولم يقع لى اسماء الفراعنة الذين كانوا فى هذه المدّة اعنى فيما بين شيشاق وفرعون الاعرج ولمّا قتل بخت نصر فرعون المذكور وغزا مصر واباد اهلها بقيت مصر اربعين سنة خرابا . ومن كتاب ابن سعيد المغربىّ قال وصارت مصر والشام من حين غزاهما بخت نصر تحت ولايته حتّى مات بخت نصر وتوالت الولاة من جهة بنى بخت نصر على مصر والشام حتّى انقرضت دولة بنى بخت نصر فكان منهم كشرخوس الفارسىّ بانى قصر الشمع ثمّ تولّى بعده طخارست الطويل قال وفى ايّامه كان بقراط الحكيم وتوالت بعده نوّاب الفرس الى ظهور الاسكندر وغلبته على الفرس ✿

ذكر ملوك اليونان امّا ملوك اليونان فاوّل من اشتهر منهم فيلبس والد الاسكندر وكان مقرّ ملكه بمقذونية وهى مدينة حكماء اليونان مدينة على جانب الخليج القسطنطينىّ من شرقيّه وكانت ملوك اليونان طوائف ولم يشتهر منهم غير فيلبس المذكور وكان فيلبس يودّى الاتاوة لملوك الفرس فلمّا مات فيلبس المذكور ملك بعده ابنه الاسكندر بن فيلبس وقد مرّت اخبار الاسكندر مع ملوك الفرس وملك الاسكندر

نحو

testimonium asserit. — Peractis inter Pharaonem et Mosen illis quorum supra mentionem fecimus, ut miraculis a Mose coram Pharaone editis, ad quae pertinent baculus in anguem conversus, manus candida, locustae, pediculi, ranae, aqua in sanguinem mutata, alia: Pharao Mosi Israelitas permisit. Sed ille vix populares eduxerat, quum Pharaonem rei poenituit. Conscenso equo cum exercitu eos insequitur, et ad sinum occidentalem maris rubri deprehendit. Moses, divinitus inspiratus, mare baculo percutit: quod protinus in duodecim vias dehiscit, ut suam quaeque tribus haberet. Eo quoque Mosen insecutus Pharao cum copiis suis submergitur. — Sic periit Pharao, quum Moses 80 annos confecisset. Quum itaque jam ante Mosen natum regnaverit, itemque eo nato infantes occidere jusserit, aliquanto plus octoginta annos regnasse censendus est. — Postquam Pharao periit, ei in regno aegyptio successit *Delucah*, quae *El-'adjuz* (anus) appellari solet. Erat e filiabus regiis indigenis et acceperat artes magicas. Regni diuturnitas ei cognomen illud El-'adjuz peperit. Totam Aegyptum muro junxit, qui a limite Syenitico ad alteram usque terrae oram pertinebat. Haec Ibn-Saïd Mauritanus, qui, quis post Delucam regnaverit, non dicit. — Postea in foliis quibusdam, decerptis illis ex *Ibn-Hanun Et-Tabari* opere historico, in quo regum aegyptiorum priscorum historiam narrat, haec inveni: Post Delucam in Aegypto regnavit puer e gente nobili indigena oriundus, cui nomen erat *Darcon Ibn-Bektus*. Ei successit *Thodas*, huic frater *Lakasch*, huic frater *Marina*, huic *Isthimades*, huic *Jeltus Ibn-Mikakil*, huic *Malus*, huic *Menakil*, huic *Jolah*, qui cum Rehabeamo fil. Salomonis, fil. Davidis, bellum gessit; quamquam in libris Judaeorum verius legitur, Pharaoni, qui adversus Israelitas, quum Rehabeamum regem haberent, bellum gesserit, fuisse nomen *Sisak*. Post hunc Sisakum solus *Pharao claudus* locum in historia invenit, quem Nabuchodonosor bello victum in crucem egit. Cum autem inter Rehabeamum fil. Salomonis, cui Sisak fuit aequalis, et Nabuchodonosorem intersint plus 400 anni, Sisak tantundem Pharaone claudo antiquior fuisse censendus erit. Equidem nomina Pharaonum, qui in hoc temporis intervallum inter Sisakum et Pharaonem claudum cadunt, reperire non potui. — Postquam Nabuchodonosor Pharaonem illum morte mulctavit, et Aegyptum ipsam expugnavit ejusque incolas excidit, haec terra per 40 annos deserta jacuit. — Ab illo inde tempore, ait Ibn-Saïd Mauritanus, quo Nabuchodonosor Aegyptum et Syriam expugnavit, utraque regio ejus imperio paruit, donec ipse decessit. Deinde praefecti a posteris ejus constituti in provinciis illis gubernandis continuo se ordine exceperunt, donec ipsa gentis Nabuchodonosoricae fortuna occidit. Ex numero praefectorum illorum fuit *Cascharchus* Persa, qui *Kasr-es-schem'a* (arcem cerae vel cerei) condidit; ei successit *Tocharesth Et-tawil* (Longus), cujus aetate vixit *Hippocrates* medicus. Et sic postea quoque Praefecti persici alii post alii fuerunt, donec exstitit Alexander et Persas devicit.

De Regibus graecis.

Primus ex iis cujus nomen aetatem tulit, est *Philippus*, pater Alexandri. Sedes regni erat *Macedonia*, urbs Sapientum graecorum, in ripa orientali freti Constantinopolitani (Bospori thracii) sita. Ille igitur solus e regibus graecis illius temporis, quorum plures erant familiae, nomen in historia nactus est. Tributum pendebat Regibus persicis. Ei defuncto successit filius, Alexander, cujus historia jam in loco de Regibus persicis relata est. Obiit post regnum

نحو ثلث عشرة سنة ومات الاسكندر فى اواخر السنة السابعة من غلبته على ملك الفرس ولمّا مات انقسمت البلاد بين الملوك فملك بعض الشام والعراق انطباخس وملك مقدونية اخو الاسكندر واسمه فيلبس ايضا باسم ابيه وملك بلاد العجم ملوك الطوائف الذين رتّبهم الاسكندر وملك مصر وبعض الشام والمغرب البطالسة وهم ملوك اليونان وكان يسمّى كلّ واحد منهم بطلميوس وهى لفظة مشتقّة من الحرب معناها اشدّ الحرب وكان عدّة البطالسة الذين ملكوا بعد الاسكندر ثلثة عشر ملكا وكان آخرهم الملكة قلوبطرا بنت بطلميوس ولم اعلم اىّ بطلميوس هو ولا كنيته وزال ملكهم بملك اغسطس الرومىّ وصارت الدولة للروم وكانت جميع مدّة ملك اليونان مائتين وخمسا وسبعين سنة وكان بين غلبة الاسكندر على ملك فارس وبين غلبة اغسطس مائتان واثنتان وثمانون سنة وبقى الاسكندر بعد غلبته على دارا نحو سبع سنين واذا نقصنا سبعا من مائتين واثنتين وثمانين سنة بقى من موت الاسكندر الى غلبة اغسطس مائتان وخمس وسبعون سنة هى مدّة ملك البطالسة واوّل البطالسة بعد الاسكندر بطلميوس سشون بن لاغوس وكان يلقّب المنطقىّ وملك المذكور عشرين سنة فيكون موت ابن لاغوس المذكور لسبع وعشرين سنة مضت من غلبة الاسكندر ثمّ ملك بعده بطلميوس الثانى واسمه فيلوذفوس ومعناه محبّ اخيه وملك ثمانيا وثلثين سنة وهو الذى نقلت له التوراة من العبرانيّة الى اليونانيّة وهو الذى عتق اليهود الذين وجدهم اسرى لمّا تملّك وقد تقدّم ذكر ذلك بعد ذكر بنى اسرائل فيكون موت محبّ اخيه المذكور لخمس وستّين سنة مضت من غلبة الاسكندر ثمّ ملك بعده بطلميوس الثالث واسمه اوراخيطس وملك خمسا وعشرين سنة وفى ايّامه ادّى له ملك الشام الاتاوة فيكون موت اوراخيطس المذكور لتسعين سنة مضت من غلبة الاسكندر ثمّ ملك بعده بطلميوس الرابع واسمه فيلوبطور ومعناه محبّ ابيه وملك سبع عشرة سنة فيكون موت محبّ ابيه المذكور لمضىّ مائة سنة وسبع سنين من غلبة الاسكندر ثمّ ملك بعده بطلميوس الخامس واسمه فيفنوس اربعا وعشرين سنة فيكون موت فيفنوس المذكور لمائة واحدى وثلثين سنة مضت من غلبة الاسكندر ثمّ ملك بعده بطلميوس السادس واسمه فيلوميطور ومعناه محبّ امّه وملك خمسا وثلثين سنة فموته لمضىّ مائة وستّ وستّين سنة لغلبة الاسكندر ثمّ ملك بعده بطلميوس السابع واسمه اوراخيطس الثانى وملك تسعا وعشرين سنة فموته لمضىّ مائة وخمس وتسعين سنة للاسكندر ثمّ ملك بطلميوس الثامن واسمه سوطيرا ستّ عشرة سنة فيكون موت سوطيرا المذكور لمضىّ مائتين واحدى عشرة سنة لغلبة الاسكندر ثمّ ملك بعده بطلميوس التاسع واسمه سيدريطس تسع سنين فيكون موته لمضىّ مائتين وعشرين سنة لغلبة الاسكندر ثمّ ملك بعده بطلميوس العاشر واسمه اسكندروس ثلث سنين فموته لمضىّ مائتين وثلث وعشرين سنة لغلبة الاسكندر ثمّ ملك بعده بطلميوس الحادى عشر واسمه فيلوذفوس آخر وملك ثمان سنين فموت فيلوذفوس المذكور لمضىّ مائتين واحدى وثلثين للاسكندر ثمّ ملك بطلميوس الثانى عشر واسمه دينوسيوس تسعا وعشرين سنة فيكون موت المذكور لمضىّ مائتين وستّين سنة لغلبة الاسكندر ثمّ ملكت قلوبطرا وهى الثالثة عشرة وملكت المذكورة اثنتين وعشرين سنة وعند مضىّ اثنتين وعشرين سنين من ملكها غلبها اغسطس على الملك فقتلت قلوبطرا نفسها وانقرض بذلك ملك اليونان وانتقلت المملكة حينئذ الى الروم وهم بنو الاصفر فموت قلوبطرا وغلبة اغسطس لمضىّ مائتين واثنتين وثمانين سنة لغلبة الاسكندر ✩

ذكر ملوك الروم ذكر ابو عيسى فى كتابه انّ اوّل من ملك على الروم روملوس وروما نوس فبنيا مدينة روميّة واشتقّا اسمها من اسمهما ثمّ وثب روملوس على اخيه رومانوس فقتله وملك بعد قتله ثمانيا وثلثين

13 annorum, anno, postquam Regem persicum devicit, septimo exeunte. Tunc terras partiti sunt reges, ita ut Syriae et Babyloniae partem sortiretur *Antiochus*, Macedoniam *Alexandri frater*, Philippo patri cognominis, terras persicas *Reges populorum*, quos constituerat Alexander, Aegyptum, alteram Syriae partem et Mauritaniam *Ptolemaei*, seu *Reges Graecorum*, quorum pro se quisque Ptolemaeus appellabatur, quod nomen, a vocabulo belli derivatum, fortem bellatorem significat. Ptolemaei, qui post Alexandrum regnarunt, numero fuere tredecim. Eorum ultima fuit *Cleopatra* filia Ptolemaei, qui quotus eorum fuerit et quo cognomine usus sit, non compertum habemus. Regno Ptolemaeorum ab Augusto Romano finis impositus est, ac Romani tunc rerum potiti sunt. Totus temporis ambitus, per quem Reges Graecorum regnarunt, est 275 annorum. Inter Regem persicum ab Alexandro superatum et victoriam Augusti intersunt 282 anni, unde si septem fere annos illos, quibus Alexander Dario devicto superstes fuit, demseris, restabunt 275 illi anni, inter mortem Alexandri et victoriam Augusti elapsi, qui iidem summam regni Ptolemaeorum efficiunt. — Primus Ptolemaeorum post Alexandrum fuit *Ptolemaeus Sechon* (?), *filius Lagi*, qui cognomen *Logici* accepit. Regnavit annos 20; mortuus est ergo 27 annis post victoriam Alexandri elapsis. Ei successit *Ptolemaeus II.*, cujus cognomen erat *Philadelphus*, id est fratris amans. Regnavit annos 38. Ejus jussu versum esse Pentateuchum e lingua hebraea in graecam, eumque dimisisse Judaeos, quos regno suscepto captivos in Aegypto invenisset, jam in fine historiae israeliticae expositum est. Obiit igitur Philadelphus 65 annis post victoriam Alexandri elapsis. Post eum *Ptolemaeus III. Euergetes*, cui Rex Syriae tributum pependit, regnavit annos 25, ut mortuus sit 90 annis post victoriam Alexandri elapsis. Ei successit *Ptolemaeus IV. Philopator*, id est patris amans, qui postquam 24 annos regnavit, obiit 131 annis post victoriam Alexandri elapsis. Ei successit *Ptolemaeus IV. Philometor*, id est matris amans, qui postquam 35 annos regnavit, obiit 166 annis post victoriam Alexandri elapsis. Ei successit *Ptolemaeus VII. Euergetes posterior*, qui postquam 29 annos regnavit, obiit 195 annis post Alexandrum. Ei successit *Ptolemaeus VIII. Soter*, qui postquam 16 annos regnavit, obiit 211 annis post victoriam Alexandri elapsis. Ei successit *Ptolemaeus IX. Siderites*, qui postquam 9 annos regnavit, obiit 220 annis post victoriam Alexandri elapsis. Ei successit *Ptolemaeus X. Alexander*, qui postquam 3 annos regnavit, obiit 223 annis post victoriam Alexandri elapsis. Ei successit *Ptolemaeus XI. Philadelphus alter*, qui postquam 8 annos regnavit, obiit 231 annis post Alexandrum elapsis. Ei successit *Ptolemaeus XII. Dionysus*, qui postquam 29 annos regnavit, obiit annis 260 annis post victoriam Alexandri elapsis. Post eum tertia et decima regnavit *Cleopatra* 22 annos, quibus confectis ab Augusto regno exuta se ipsa interemit; cujus interitu postquam regnum Graecorum occidit, rerum summa ad Romanos seu *Benu 'l-asfar* pervenit. Periit igitur Cleopatra et Augustus rerum potitus est 282 annis post victoriam Alexandri elapsis.

De Regibus romanis.

Primi Romanorum reges, inquit Abu-Isa, fuerunt *Romulus* et *Romanus*. Hi urbem condidere, quam, nomine a se ipsis sumto, Romam appellaverunt. Deinde Romulus, postquam fratrem

impetu

وثلثين سنة وحده واتّخذ روملوس برومية ملعبا عجيبا ثمّ ملك بعده على رومية عدّة ملوك ولم يشتهروا ولا وقعت الينا اخبارهم . ومن الكامل لابن الاثير انّ ملوك الروم كان مقرّ ملكهم رومية الكبرى قبل غلبتهم على اليونان وكان الروم يدينون بدين الصابيين ولهم اصنام على اسماء الكواكب السبعة يعبدونها وكان اوّل من اشتهر من ملوكهم غانيوس ثمّ ملك بعده يوليوس ثمّ ملك بعده اغشطش بشينين معجمتين ولكن لمّا عرّب صار بسينين مهملتين ولقبه قيصر ومعناه شقّ عنه لانّ امّه ماتت قبل ان تلده فشقّوا بطنها واخرجوه فلقّب قيصر وصار لقبا لملوك الروم بعده وخرج اغسطس فى السنة الثانية عشرة من ملكه من رومية بعساكر عظيمة فى البرّ والبحر وسار الى الديار المصريّة واستولى على ملك اليونان وكانت قلوبطرا فى الملكة وكان مقامها فى الاسكندريّة فلمّا غلبها اغسطس قتلت قلوبطرا نفسها فى السنة الثانية عشرة من ملك اغسطس ولمّا ملك اغسطس الرومىّ على اليونان اضمحلّ ذكر اليونان ودخلوا الى الروم ولمّا ملك اغسطس ديار مصر والشام دخلت بنو اسرائل تحت طاعته كما كانوا تحت طاعة البطالسة ملوك اليونان فولّى اغسطس ببيت المقدس على اليهود واليا منهم وكان يلقّب هردوس حسبما تقدّم ذكره وفى ايّام اغسطس ولد المسيح عم وقد تقدّم ذكره ايضا وكانت غلبة اغسطس على ديار مصر وقتل قلوبطرا لمضىّ مائتين واثنتين وثمانين سنة لغلبة الاسكندر وكانت مدّة ملك اغسطس ثلثا واربعين سنة منها اثنتا عشرة سنة قبل غلبته على اليونان واحدى وثلثون سنة من غلبته الى وفاته وكان موت اغسطس لمضىّ ثلث مائة وثلث عشرة سنة لغلبة الاسكندر ثمّ ملك بعد اغسطس طيباريوس فى اوّل سنة ثلث مائة واربع عشرة للاسكندر ومن كتاب ابى عيسى انّ طيباريوس ملك اثنتين وعشرين سنة وطيباريوس المذكور هو الذى بنى طبريّة بالشام واشتقّ اسمها من اسمه ومات طيباريوس لمضىّ ثلث مائة وخمس وثلثين سنة للاسكندر ثمّ ملك بعد طيباريوس غانيوس قال ابو عيسى وملك غانيوس اربع سنين ولمضىّ السنة الاولى من ملك غانيوس رفع المسيح عيسى بن مريم عم فيكون رفعه لمضىّ سنة ستّ وثلثين وثلث مائة للاسكندر ومات غانيوس لمضىّ سنة تسع وثلثين وثلث مائة للاسكندر ثمّ ملك بعد غانيوس قلوذيوس قال ابو عيسى وملك قلوذيوس اربع عشرة سنة . من القانون وفى ايّام قلوذيوس كان سيمون الساحر برومية . من الكامل وفى مدّة ملك قلوذيوس المذكور حبس شمعون الصفا ثمّ خلص وسار الى انطاكية ودعا الى النصرانيّة ثمّ سار الى رومية ودعا اهلها ايضا فاجابته زوجة الملك وكان موت قلوذيوس لمضىّ سنة ثلث وخمسين وثلث مائة للاسكندر ثمّ ملك بعده نارون من قانون ابى الريحان البيرونىّ انّه ملك ثلث عشرة سنة وهو الذى قتل فى آخر ملكه بطرس وبولص برومية وصلبهما منكّسين وكان موت نارون المذكور فى اواخر سنة ستّ وستّين وثلث مائة للاسكندر ثمّ ملك بعده ساسيانوس قال ابو عيسى وملك ساسيانوس المذكور عشر سنين فيكون موته فى اواخر سنة ستّ وسبعين وثلث مائة ثمّ ملك بعده طيطوس من القانون ملك سبع سنين وهو الذى غزا اليهود واسرهم وباعهم وخرّب بيت المقدس واحرق الهيكل وقد تقدّم ذلك عند ذكر خراب بيت المقدس الخراب الثانى وكان موت طيطوس فى اواخر سنة ثلث وثمانين وثلث مائة للاسكندر ثمّ ملك بعده ذومطينوس من القانون ملك خمس عشرة سنة وتتبّع النصارى واليهود وامر بقتلهم وكان دينه ودين غيره من الروم عبادة الاصنام حسبما قدّمنا ذكره وكان موت ذومطينوس فى اواخر

impetu in eum facto interfecit, 38 annos solus regnavit. Idem Romae admirabile theatrum condidit. Post eum Romae regnarunt plures reges obscuriores, qui quae gesserint, nobis non innotuit. — Sedes regni romani, inquit Ibn-el-Athir in El-Camil, antequam Romani Graecos devicissent, erat *Rumijah el-cubra* (Roma magna). Sacra Sabaeorum ecuti idola colebant, quae septem planetarum nomina gerebant. Primus e regibus eorum qui in historia locum invenit, est *Cajus*, cui successit *Julius*, et huic *Augustus*, cuius cognomen erat *Caesar*, id est incisione facta extractus; matris enim, antequam nasceretur, mortuae ventre inciso extractus est. Cognomen, quod hinc accepit, ad Imperatores romanos, qui post eum regnarunt, translatum est. — Quum Augustus annum duodecimum regnaret, magnis copiis terra marique Roma in Aegyptum profectus regnum graecum in ditionem suam redegit. Cleopatra regina, quae sedem Alexandriae habebat, ab Augusto victa, sibi ipsi eodem illo anno vim intulit. Ita Graeci ab Augusto Romano superati nomen et locum in historia amittere et in gentem romanam transire coeperunt. Eodem tempore quo Augustus Aegyptum expugnavit, Israelitae, quemadmodum Ptolemaeis, Regibus Graecorum, paruerant, illius imperium subierunt; quibus Augustus proregem vernaculum, Hierosolymis sedem habiturum, dedit, qui, ut supra dictum est, Herodis cognomen accepit. — Augusto regnante natum esse Christum, Augustum Aegypto potitum esse et Cleopatram se ipsam interfecisse annis 282 post victoriam Alexandri elapsis, eundem 43 annos regnasse, scilicet 12 annos antequam Graecos vinceret, et 31 postquam vicit, usque ad mortem, eumque obiisse 313 annis post victoriam Alexandri elapsis, jam supra diximus. — Augusto successit *Tiberius* anno 314 post Alexandrum ineunte, qui, auctore Abu-Isa, 22 annos regnavit et *Tiberiadem* in Syria condidit, cui nomen a suo tractum imposuit. Obiit annis 335 post Alexandrum elapsis. Ei successit *Cajus*, qui, eodem auctore, 4 annos regnavit. Primo hujus regni anno elapso, ergo annis 336 post Alexandrum, Jesus Christus fil. Mariae in coelum receptus est. Cajo, annis 339 post Alexandrum elapsis mortuo, successit *Claudius*, qui, eodem auctore, 14 annos regnavit. Hoc Imperatore Simeonem Magum Romae fuisse, in El-Kanun legitur; in El-Kamil, illo regnante Simeonem Kepham in carcerem conjectum esse, tum liberatum et Antiochiam profectum populo religionem christianam commendavisse, deinde Romam profectum hujus quoque urbis incolas ad illam amplectendam invitasse, et ipsius Imperatoris uxorem ei conciliasse. Claudio, annis 353 post Alexandrum elapsis mortuo, successit *Nero*, qui, ut in El-Kanun *Abu 'r-Reihan El-Birunii* legitur, 13 annos regnavit. Sub finem regni Petrum et Paulum Romae corporibus inversis in crucem agi jussit. Ei, anno 366 post Alexandrum exeunte mortuo, successit *Sasianus* (Vespasianus), qui quum, auctore Abu-Isa, regnaverit 10 annos, obiisse censendus est anno 376 post Alexandrum exeunte. Ei successit *Titus*, qui, secundum El-Kanun, 7 annos regnavit. Is Judaeis bellum intulit, eos cepit et divendidit, Hierosolyma devastavit et templum combussit, de qua re jam supra in loco de secunda Hierosolymorum ruina dictum est. Tito, anno 383 post Alexandrum exeunte mortuo, successit *Domitianus*, qui, secundum El-Kanun, 15 annos regnavit. Christianos et Judaeos persecutus est et morte mulctavit. Ipse et reliqui Romani, ut supra diximus, patria religione idola pro Diis colebant. Domitiano anno 398

exeunte

اواخر سنة ثمان وتسعين وثلث مايئة ثمّ ملك بعده نارواس من كتاب ابى عيسى انّه ملك سنة واحدة وكانت وفاته فى اواخر سنة تسع وتسعين وثلث مايئة للاسكندر ثمّ ملك بعده طرايانوس وقيل غراطيانوس من كتاب ابى عيسى ملك تسع عشرة سنة وقيل تسعا وعشرين سنة فيكون موته فى اواخر سنة ثمانى عشرة واربع مايئة للاسكندر ثمّ ملك بعده اذريانوس من كتاب ابى عيسى ملك احدى وعشرين سنة وكان فى ايّامه بطلميوس صاحب المجسطى وقد تقدّم انّ بطلميوس لقب ملوك اليونان الذين ملكوا بعد الاسكندر ثمّ تسمّى به الناس وكان من جملتهم بطلميوس المذكور قال فى الكامل وبطلميوس صاحب المجسطى المذكور من ولد قلوذيوس ولهذا قيل له القلوذى وتجذّم اذريانوس المذكور لمضىّ ثمان عشرة سنة من ملكه فسار الى مصر يطلب شفاء لجذامه فلم يجد ذلك وكان موته فى اواخر سنة تسع وثلثين واربع مايئة للاسكندر ثمّ ملك بعده انطونينوس قال ابو عيسى ملك ثلثا وعشرين سنة وكان احد ارصاد بطلميوس صاحب المجسطى فى السنة الثالثة من ملكه وكان موته فى اواخر سنة اثنتين وستّين واربع مايئة للاسكندر ثمّ ملك بعده مرقوس وقيل قوموذوس وشركاؤه من القانون ملك تسع عشرة سنة ومن الكامل لابن الاثير فى ايّامه اظهر ابن ديصان مقالته فى القول بالاثنين وكان ابن ديصان اسقفا بالرها ونسب الى نهر على باب الرها اسمه ديصان لانّه بنى على جانب النهر كنيسة ثمّ مات مرقوس فى اواخر سنة احدى وثمانين واربع مايئة للاسكندر ثمّ ملك بعده قوموذوس من القانون ثلث عشرة سنة وفى آخر ايّامه خنق نفسه ومات بغتة وكان موته فى اواخر سنة اربع وتسعين واربع مايئة للاسكندر وقال فى الكامل انّ جالينوس كان فى ايّام قوموذوس المذكور وقد ادرك جالينوس بطلميوس وكان دين النصارى قد ظهر فى ايّامه وقد ذكرهم جالينوس فى كتابه فى جوامع كتاب افلاطون فى سياسة المدن فقال انّ جمهور الناس لا يمكنهم ان يفهموا سياقة الاقاويل البرهانيّة ولذلك صاروا محتاجين الى رموز ينتفعون بها يعنى بالرموز الاخبار عن الثواب والعقاب فى الدار الآخرة من ذلك انّا نرى الآن القوم الذين يدعون نصارى انّهم اخذوا ايمانهم عن الرموز وقد يظهر منهم افعال مثل افعال من تفلسف بالحقيقة وذاك انّ عدم جزعهم من الموت امر قد نراه كلّنا وكذلك ايضا عفافهم عن استعمال الجماع فانّ منهم قوما رجالا ونساء ايضا قد اقاموا جميع ايّام حياتهم ممتنعين عن الجماع ومنهم قوم قد بلغ من ضبطهم لانفسهم فى التدبير وشدّة حرصهم على العدل ان صاروا غير مقصّرين عن الذين يتفلسفون بالحقيقة انتهى كلام جالينوس . ثمّ ملك بعد قوموذوس المذكور فرطنجوس ستّة اشهر وقتل فى رحبة القصر فيكون موته فى منتصف سنة خمس وتسعين واربع مايئة ثمّ ملك بعده سبوارس من القانون ملك ثمانى عشرة سنة وفى ايّامه بحثت الاساقفة عن امر الفصح واصلحوا راس الصوم وهلك سبوارس المذكور فى منتصف سنة ثلث عشرة وخمس مايئة ثمّ ملك بعده انطينينوس الثانى من كتاب ابى عيسى اربع سنين وقتل ما بين حرّان والرها فيكون هلاكه فى منتصف سنة سبع عشرة وخمس مايئة ثمّ ملك بعده الاسكندروس من كتاب ابى عيسى ثلث عشرة سنة فيكون موته فى منتصف سنة ثلثين وخمس مايئة ثمّ ملك بعده مكسيمينوس من القانون ثلث سنين وشدّد فى قتل النصارى وكان موته فى منتصف سنة ثلث وثلثين وخمس مايئة للاسكندر ثمّ

exeunte mortuo successit *Nerva*, qui, auctore Abu-Isa, 1 annum regnavit. Ei anno 399 post Alexandrum exeunte mortuo successit *Trajanus* (alii *Gratianum* vocant), qui, eodem auctore, 19 annos regnavit (pro quibus alii 29 ponunt), ut mortuus sit anno 418 post Alexandrum exeunte. Ei successit *Adrianus*, qni, eodem auctore, 21 annos regnavit. Hoc Imperatore floruit *Ptolemaeus*, auctor Almagesti. Dictum est jam supra, nomen Ptolemaei, quum ab initio cognomen esset Regibus graecis, qui post Alexandrum regnaverunt, peculiare, deinde ad alios quoque homines translatum esse; quorum e numero fuit noster ille Ptolemaeus. Secundum El-Camil, e posteris Claudii fuit, qua de causa vocatus est *El-Klaudi*. — Adrianus, postquam 18 annos regnavit, elephantiasi affectus, ad morbi medelam quaerendam in Aegyptum profectus est, sed frustra. Obiit anno 439 post Alexandrum exeunte. Ei successit *Antoninus*, qui, auctore Abu-Isa, 23 annos regnavit. Una ex observationibus astronomicis Ptolemaei, auctoris Almagesti, incidit in annum regni ejus tertium. Ei anno 462 post Alexandrum exeunte mortuo successit *Marcus* (pro quo alii Commodum cum collegis ponunt), qui, secundum El-Kanun 19 annos regnavit. Ibn-el-Athir in El-Camil auctor est, illo regnante *Ibn-Deisanem* (Bardesanem) disputationem suam de Dualismo edidisse. Hic vir Episcopus Edessenus erat; nomen Ibn-Deisanis accepit a fluvio portam urbis alluente, qui *Deisan* appellabatur, in cujus ripa ille ecclesiam condiderat. — Marco, anno 481 Alexandrum exeunte mortuo successit *Commodus*, qui, secundum El-Kanun, 13 annos regnavit. Postremo sibi ipse laqueo subitam mortem conscivit anno 494 post Alexandrum exeunte. Secundum El-Camil, regnante illo vixit *Galenus*, quamquam prima vita ejus pars in extremam Ptolemaei aetatem incidit. Galeni tempore religio Christianorum magna jam incrementa ceperat, eorumque mentionem fecit in libro de sententiis Politiae Platonicae, his verbis: *Hominum plerique orationem demonstrativam continuam mente assequi nequeunt; quare indigent, ut instituantur, parabolis* (narrationes dicit de praemiis et poenis in vita futura exspectandis). *Veluti nostro tempore videmus, homines illos, qui Christiani vocantur, fidem suam e parabolis petiisse. Hi tamen interdum talia faciunt, qualia qui vere philosophantur. Nam quod mortem contemnunt, id quidem omnes ante oculos habemus; item quod verecundia quadam ducti ab usu rerum venerearum abhorrent. Sunt enim inter eos, et foeminae et viri, qui per totam vitam a concubitu abstinuerint; sunt etiam, qui in animis regendis coercendisque et in acerrimo honestatis studio eo progressi sint, ut nihil cedant vere philosophantibus.* Haec Galenus. — Commodo successit *Pertinax*, qui, postquam 6 menses regnavit, in area palatii occisus est anno 495 dimidio. Successorem habuit *Severum*, qui, secundum El-Kanun, 18 annos regnavit. Hoc Imperatore Episcopi quaestionem de Paschate (sc. de tempore ejus celebrandi) agitarunt et initium jejunii vero tempori adstrinxerunt. Severo, anno 513 dimidio vita defuncto, successit *Antoninus II.*, qui postquam, auctore Abu-Isa, 4 annos regnavit, occisus est inter Harram et Edessam anno 517 dimidio. Post eum, eodem auctore, *Alexander* regnavit 13 annos, ut mortuus sit anno 530 dimidio. Post eum, secundum El-Kanun, *Maximinus* regnavit 3 annos; qui maximis in Christianos caedibus saeviit. Mortuus est anno post Alexandrum 533 dimidio. Post eum, auctore

ثمّ ملك بعده غورذيانوس من كتاب ابى عيسى ستّ سنين وقتل فى حدود فارس وكان هلاكه فى منتصف سنة تسع وثلثين وخمس مايئة للاسكندر ثمّ ملك بعده دقيوس ويقال دقيانوس من كتاب ابى عيسى سنة واحدة وكان الملك الذى قبله قد تنصّر فخرج عليه دقيوس وقتله واعاد عبادة الاصنام ودين الصابيين وتتبّع النصارى يقتلهم ومنه هرب الفتية اصحاب الكهف وكانوا سبعة وناموا والله اعلم بما لبثوا كما اخبر الله تعالى وكان هلاك دقيوس فى منتصف سنة اربعين وخمس مايئة ثمّ ملك بعده غالبوس من كتاب ابى عيسى وملك ثلث سنين ومات فى منتصف سنة ثلث واربعين وخمس مايئة للاسكندر ثمّ ملك بعده غليوس وولريانوس من كتاب ابى عيسى ملكا خمس عشرة سنة ومن الكامل انّ ولريانوس وقيل اسمه ولوسينوس انفرد بالملك بعد سنتين من اشتراكهما فيكون موت المذكور فى منتصف سنة ثمان وخمسين وخمس مايئة ثمّ ملك بعده قلوذيوس سنة واحدة فيكون هلاكه فى منتصف سنة تسع وخمسين وخمس مايئة ثمّ ملك بعده اذرفاس وقيل اورليانوس من كتاب ابى عيسى ملك ستّ سنين ومات بصاعقة فيكون هلاكه فى منتصف سنة خمس وستّين وخمس مايئة ثمّ ملك بعده قرونوس من كتاب ابى عيسى سبع سنين وهلك فى منتصف سنة اثنتين وسبعين وخمس مايئة ثمّ ملك بعده قاروس وشركته من كتاب ابى عيسى سنتين وهلك فى منتصف سنة اربع وسبعين وخمس مايئة للاسكندر ثمّ ملك بعده دقلطيانوس احدى وعشرين سنة ولثلث عشرة سنة مضت من ملكه عصى عليه اهل مصر والاسكندريّة فسار اليهم من روميّة وغلبهم وانكى فيهم ودقلطيانوس المذكور آخر عبدة الاصنام من ملوك الروم فانّهم تنصّروا بعده وكان هلاك دقلطيانوس فى منتصف سنة خمس وتسعين وخمس مايئة للاسكندر ثمّ ملك بعده قسطنطين المظفّر احدى وثلثين سنة من القانون ولثلث مضت من ملكه انتقل من روميّة الى قسطنطينيّة وبنى سورها وتنصّر وكان اسمها البزنطيّة فسمّاها القسطنطينيّة وزعمت النصارى انّه بعد ستّ سنين خلت من ملك قسطنطين المذكور ظهر له فى السماء شبه الصليب فآمن بالنصرانيّة وكان قبل ذلك هو ومن تقدّمه على دين الصابية يعبدون اصناما على اسماء الكواكب السبعة ولعشرين سنة مضت من ملك قسطنطين المذكور اجتمع الفان وثمانية واربعون اسقفا ثمّ اختار منهم ثلث مايئة وثمانية عشر اسقفا فحرّموا اريوس الاسكندرانىّ لكونه يقول انّ المسيح كان مخلوقا واتّفقت الاساقفة المذكورون لدى قسطنطين ووضعوا شرائع النصرانيّة بعد ان لم تكن وكان رئس هذه البطارقة بطريق الاسكندريّة وفى احدى عشرة سنة خلت من ملكه سارت امّ قسطنطين واسمها عيلانى الى القدس واخرجت خشبة الصلبوت واقامت لذلك عيدا يسمّى عيد الصليب وبنى قسطنطين وامّه عدّة كنائس منها قمامة بالقدس وكنيسة حمص وكنيسة الرها وكان موت قسطنطين فى منتصف سنة ستّ وعشرين وستّ مايئة للاسكندر ولمّا مات قسطنطين انقسمت مملكته بين بنيه الثلثة وكان الحاكم عليهم قسطس من القانون وملك قسطس بن قسطنطين اربعا وعشرين سنة وكان موته فى منتصف سنة خمسين وستّ مايئة ثمّ خرج الملك عن بنى قسطنطين وملك لليانوس وارتدّ الى عبادة الاصنام وسار الى سابور ذى الاكتاف وقهره ثمّ قتل فى ارض الفرس بسهم غرب وكان قد انتصر على سابور ذى الاكتاف حسبما تقدّم ذكره مع ذكر سابور ذى الاكتاف فى الفصل الثانى ولمّا هلك لليانوس اضطرب عسكره وخافوا من الفرس وكانت مدّة ملك لليانوس سنتين وهلك فى سنة ثنتين وخمسين وستّ مايئة للاسكندر ثمّ ملك بعده يونيانوس سنة واحدة من كتاب ابى عيسى ويونيانوس المذكور لمّا ملك اظهر

auctore Abu Isa, *Gordianus* regnavit 6 annos, et in finibus persicis occisus est anno post Alexandrum 539 dimidio. Post eum, eodem auctore, *Decius* seu *Decianus* 1 annum regnavit. Imperator, qui ante eum fuit, religionem christianam amplexus erat: quem Decius, seditione mota, occidit, cultum idolorum et religionem Sabaeicam restauravit, et Christianos ubique ad supplicia trahi jussit. Ejus furores fugerunt septem illi adolescentes, qui *Socii cavernae* appellantur; qui quamdiu in caverna dormiverint, Deus solus novit, quemadmodum ipse in Corano testatus est. Decio anno 540 dimidio vita defuncto successit *Galius* (Gallus), qui, auctore Abu-Isa, postquam 3 annos regnavit, mortuus est anno post Alexandrum 543 dimidio. Post eum, auctore Abu-Isa, *Gallienus* et *Valerianus* regnarunt 15 annos. El-Camil tradit, postquam per duos annos regnum commune gesserint, Valerianum, quem alii *Volusianum* appellent, solum rerum potitum esse. Obiisse igitur censendus erit anno 558 dimidio. Ei successit *Claudius*, qui, quum unum modo annum regnaverit, mortuus esse debet anno 559 dimidio. Post eum, auctore Abu-Isa *Adrephas* seu *Aurelianus* regnavit 6 annos et fulmine ictus periit anno 565 dimidio. Post eum, auctore eodem, *Probus* regnavit 7 annos, mortuus anno 572 dimidio. Post eum, eodem auctore, regnavit *Carus cum collegis imperii* 2 annos, et obiit anno post Alexandrum 574 dimidio. Ei succeesit *Diocletianus*, qui imperium per 21 annos tenuit. Postquam 13 annos regnavit, Aegyptii et Alexandrini ab eo desciverunt. Itaque Roma illuc profectus eos devicit et mulctavit. Diocletianus ultimus ex Imperatoribus romanis idola coluit; nam post eum Christiani regnarunt. Mortuus est anno post Alexandrum 595 dimidio. Post eum *Constantinus Victoriosus* regnavit 31 annos, secundum El-Kanun. Tertio regni anno absoluto sedem imperii Roma Constantinopolin transtulit, hujus urbis muros exstruxit et religionem christianam professus est. Nomen urbis, quod erat *El-Bizantijeh* (Byzantium), mutavit in *El-Kostantinijeh* (Constantinopolin). Christiani perhibent, Constantinum, sex primis imperii annis exactis, quum in coelo phaenomenon crucis instar vidisset, fidem christianam amplexum esse, quum antea et ipse, et qui eum in regno praecesserant, religionem Sabaeicam secuti statuas septem planetarum nomina gerentes coluissent. Post vigesimum imperii Constantiniani annum convenerunt 2048 episcopi, e quibus 318 ab Imperatore selecti *Arium* Alexandrinum anathemate affecerunt, quod docebat, Christum esse creatum. Episcopi illi, Imperatore ipso praesente, communi consilio Ecclesiae christianae leges, quibus adhuc carebat, scripserunt. Horum Patriarcharum princeps erat Alexandrinus. — Post annum imperii ejusdem undecimum, Helena, mater Constantini, Hierosolyma profecta lignum crucis eruit; quam ob causam festum instituit, quod *Festum crucis* appellatur. Constantinus ejusque mater plures ecclesias condiderunt, ut Hierosolymis eam quae *Kumamah* vocatur, item ecclesiam Emisenam et Edessenam. Obiit Constantinus anno post Alexandrum 626 dimidio. Tum imperium partiti sunt tres ejus filii, e quibus reliquos sibi obnoxios habuit *Constans*, quem El-Kanun ait, postquam 24 annos regnaverit, mortuum esse anno 650 dimidio. Tum imperium a gente Constantiniana migravit ad *Julianum*, qui ad idola colenda relapsus est et adversus Saporem Dhu 'l-acthaf profectus eum vicit. Deinde, victoria de Sapore jam reportata, quemadmodum supra in libro secundo, in loco de Sapore Dhu 'l-acthaf dictum est, in agro persico sagitta imis in praecordiis ictus occubuit; quo facto copiae ejus consternatae sibi a Persis metuere coeperunt. Ita periit Julianus post regnum bienne anno post Alexandrum 652. Ei successit *Jovianus*, qui, Abu-Isa auctore, unum annum regnavit. Ubi imperium suscepit, se Christianam esse palam professus

est

اظهر تنصّره واعاد ملّة النصرانيّة الى ما كانت عليه ولمّا ملك المذكور على الروم يوم بارض الفرس اصطلح يونيبانوس مع سابور ووصل الى سابور واجتمعا واعتنقا ثمّ عاد يونيبانوس بالعسكر الى بلاده ومات فى منتصف سنة ثلث وخمسين وستّ مايئة للاسكندر ثمّ ملك بعده والنطيانوس من كتاب ابى عيسى ملك اربع عشرة سنة وكان موته فى منتصف سنة سبع وستّين وستّ مايئة ثمّ ملك بعده انونيانوس قال ابو عيسى وملك ثلث سنين فيكون موته فى منتصف سنة سبعين وستّ مايئة ثمّ ملك بعده خرطيانوس من كتاب ابى عيسى ملك ثلث سنين فيكون موته فى منتصف سنة ثلث وسبعين وستّ مايئة ثمّ ملك بعده ثاوذوسيبوس الكبير من كتاب ابى عيسى ملك تسعا واربعين سنة فيكون موته فى منتصف سنة اثنتين وعشرين وسبع مايئة للاسكندر ثمّ ملك بعده ارقاذيوس بقسطنطينيّة وشريكه اونوريوس برومية من القانون ملكا ثلث عشرة سنة فيكون هلاكهما فى منتصف سنة خمس وثلثين وسبع مايئة للاسكندر ثمّ ملك بعدهما ثاوذوسيبوس الثانى من كتاب ابى عيسى ملك عشرين سنة وفى ايّامه غزت فارس الروم وفى ايّام ثاوذوسيبوس المذكور انتبه اصحاب الكهف وكان موت ثاوذوسيبوس المذكور فى منتصف سنة خمس وخمسين وسبع مايئة للاسكندر وفى مدّة ملكه كان المجمع الثالث فى افسس واجتمع مائتا اسقف وحرّموا نسطورس صاحب المذهب وكان بطركا بالقسطنطينيّة لقول نسطورس انّ المسيح جوهران جوهر لاهوتىّ وجوهر ناسوتىّ واقنومان اقنوم لاهوتىّ واقنوم ناسوتىّ وقد قيل انّ ثاوذوسيبوس المذكور ملك اثنتين واربعين سنة ثمّ ملك بعده مرقيانوس من القانون ملك سبع سنين ولسنة خلت من ملكه بنى دير مارون الذى بحمص وفى ايّامه لعن نسطورس ونفى وكان موت مرقيانوس فى منتصف سنة اثنتين وستّين وسبع مايئة ثمّ ملك بعده والنطيس من كتاب ابى عيسى ملك سنة واحدة فيكون موته فى منتصف سنة ثلث وستّين وسبع مايئة ثمّ ملك بعده لاون الكبير من القانون وملك سبع عشرة سنة وفى ايّامه كثر الخسف فى انطاكية بالزلازل وكان موته فى منتصف سنة ثمانين وسبع مايئة ثمّ ملك بعده زينون من القانون ملك ثمانى عشرة سنة ومات فى منتصف سنة ثمان وتسعين وسبع مايئة للاسكندر ثمّ ملك بعده اسطيثيانوس من كتاب ابى عيسى وملك سبعا وعشرين سنة وهو الذى عمر اسوار مدينة حماة فى اوّل سنة من ملكه وفرغت عمارتها فى مدّة سنتين ولعشر سنين خلت من ملكه اصاب الناس جوع شديد وانتشر فيهم الجراد ولاثنتى عشرة سنة من ملكه غزا قوّاد الفرس امد وحاصروها وخرّبوها وكان موت اسطيثيانوس فى منتصف سنة خمس وعشرين وثمان مايئة ثمّ ملك بعده يسطينينوس من كتاب ابى عيسى وملك يسطينينوس تسع سنين ومات فى منتصف سنة اربع وثلثين وثمان مايئة للاسكندر ثمّ ملك بعده يسطينينوس الثانى من كتاب ابى عيسى وملك ثمانيا وثلثين سنة وكثرت الحروب فى ايّامه بين الفرس والروم وكان فى السنة الثامنة من ملكه بينهم مصاف على شطّ الفرات قتل منهم خلق عظيم وغرق من الروم فى الفرات بشر كثير وكان موت يسطينينوس فى منتصف سنة اثنتين وسبعين وثمان مايئة للاسكندر ثمّ ملك بعده يسطينينوس آخر من القانون اربع عشرة سنة ولسبع سنين خلت من ملكه اقبل ملك الفرس وغزا الشام واحرق مدينة افامية وكان موته فى منتصف سنة ستّ وثمانين وثمان مايئة ثمّ ملك بعده طبريوس الاوّل من كتاب ابى عيسى ملك ثلث سنين وكان موته فى منتصف سنة تسع وثمانين وثمان مايئة ثمّ ملك بعده طبريوس الثانى من كتاب ابى عيسى ملك اربع سنين فيكون هلاكه فى منتصف سنة ثلث وتسعين وثمان مايئة ثمّ ملك بعده ماريقوس من كتاب ابى عيسى وملك ثمان سنين

est et religione christianae pristinam auctoritatem reddidit. Item in ipsis imperii initiis, quum Romani adhuc agrum persicum tenerent, pace cum Sapore facta ad eum profectus est. Tum ambo eodem in loco convenerunt et se mutuo amplexi sunt. Inde Jovianus exercitum domum reduxit, et obiit anno post Alexandrum 653 dimidio. *Valentinianus*, qui ei successit, Abu-Isa auctore, 14 annos regnavit, et obiit anno 667 dimidio. Qui huic successit, *Anonianus* (?), eodem auctore, 3 annos regnavit, ut mortuus sit anno 670 dimidio. Ei successit *Gratianus*, qui, eodem auctore, 3 annos regnavit, ut mortuus sit anno 673 dimidio. Ei successit *Theodosius Magnus*, qui, eodem auctore, 49 annos regnavit, ut mortuus sit anno post Alexandrum 722 dimidio. Post eum *Arcadius* Constantinopoli, et collega ejus *Honorius* Romae, secundum El-Kanun, 13 annos regnarunt, ut mortui sint anno post Alexandrum 735 dimidio. Qui eis successit, *Theodosius II.*, auctore Abu-Isa, 20 annos regnavit. Hoc imperatore, Persae Romanis bellum intulerunt, item socii cavernae expergefacti sunt. Mortuus est Theodosius anno post Alexandrum 755 dimidio. In ejus regnum incidit concilium tertium, quod Ephesi habitum est, ubi 200 episcopi convenerunt et Nestorio Haeresiarchae, Patriarchae Constantinopolitano, anathema inflixerunt, quod doceret, Christum e duabus naturis, divina et humana, e duabusque personis, divina et humana, mixtum esse. — Aliis auctoribus, Theodosius regnavit 42 annos. — Ei successit *Marcianus*, qui, secundum El-Kanun, 7 annos regnavit. Primo regni anno exacto, Emisae exstruxit *Coenobium Maronis (Deir-Marun)*. Eodem regnante Nestorius diris devotus in exiliumque actus est. Marciano, anno 762 dimidio vita defuncto, successit *Valentius*, qui, Abu-Isa auctore, unum annum regnavit, ut mortuus sit anno 763 dimidio. Qui ei successit, *Leo Magnus*, secundum El-Kanun 17 annos regnavit. Hoc imperatore magna Antiochiae pars terrae motibus absorpta est. Obiit anno 780 dimidio. Post eum, secundum El-Kanun, *Zeno* regnavit 18 annos et obiit anno post Alexandrum 798 dimidio. *Anastasius*, qui illi, Abu-Isa auctore, successit, regnavit 27 annos. Primo regni anno muros urbis Hamath (Epiphaniae Syriacae) instaurare coepit, quod opus intra duos annos perfectum est. Decem annis de regno ejus elapsis, populus magna annonae penuria et locustis longe lateque vagantibus afflictus est. Post duodecimum regni ejusdem annum duces Persarum adversus Amidam profecti hanc urbem obsederunt et devastarunt. Obiit Anastasius anno 825 dimidio. Ei successit, Abu-Isa auctore, *Justinianus*, qui 9 annos regnavit et anno 834 dimidio obiit. Post eum, eodem auctore, *Justinianus II.* regnavit 38 annos. Hoc Imperatore, multa inter Persas et Romanos bella gesta sunt. Anno octavo regni ejus in ripa Euphratis tempore aestivo inter eos dimicatum est, ubi magna utrimque hominum multitudo occubuit et plurimi e Romanis Euphrate submersi sunt. Obiit Justinianus anno post Alexandrum 872 dimidio. Ei successit, secundum El-Kanun, alius quidam *Justinianus*, qui regnavit 14 annos. Septem annis de regno ejus elapsis, rex Persiae Syriam adortus urbem Apameam combussit. Obiit Justinianus anno 886 dimidio. Post eum, Abu-Isa auctore, *Tiberius I.* 3 annos regnavit et anno 889 dimidio obiit. Ei successit, eodem auctore, *Tiberius II.*, qui, quum 4 annos regnaverit, mortuus esse debet anno 893 dimidio. Ei successit, eodem auctore, *Mauricius*, qui 8 annos regnavit; ut mortuus sit

 anno

سنين فيكون هلاكه فى منتصف سنة احدى وتسع مايئة ثمّ ملك بعده مرقوس الثانى من كتاب ابى عيسى وملك اثنتى عشرة سنة فيكون موته فى منتصف سنة ثلث عشرة وتسع مايئة ثمّ ملك بعده فوقاس ثمان سنين فيكون موته فى منتصف سنة احدى وعشرين وتسع مايئة ثمّ ملك بعده هرقل واسمه بالرومىّ ارقليس وكانت الهجرة النبويّة فى السنة الثانية عشرة من ملكه فيكون الهجرة لمضىّ ثلث وثلثين وتسع مايئة لغلبة الاسكندر ولكن قد اثبتنا فى الجدول انّ بين الهجرة وغلبة الاسكندر تسع مايئة واربعا وثلثين سنة وهذا التفاوت هو بسبب انّ السنين الموضوعة فى الجدول هى السنون المصريّة التى عدّتها ثلث مايئة وخمسة وستّون يوما صحاحا بلا كسر والسنون المذكورة هنا هى السنون الروميّة التى عدّتها ثلث مايئة وخمسة وستّون يوما وربع يوم فحصل بينهما من التفاوت هذا المقدار والله اعلم ۞

الفصل الرابع
فى ملوك العرب قبل الاسلام ۞

وامّا ما يتعلّق بقبايل العرب وانسابهم فانّا نذكره عند ذكر امّة العرب فى الفصل الخامس المشتمل على ذكر الامم ان شاء الله تعالى . من كتاب ابن سعيد المغربىّ انّ بعد تبلبل الالسن وتفرّق بنى نوح اوّل من نزل اليمن قحطان بن عابر بن شالح المقدّم الذكر وقحطان المذكور اوّل من ملك ارض اليمن ولبس التاج ثمّ مات قحطان وملك بعده ابنه يعرب بن قحطان وهو اوّل من نطق العربيّة على ما قيل ثمّ ملك بعده ابنه يشجب بن يعرب ثمّ ملك بعده ابنه عبد شمس بن يشجب ولمّا ملك اكثر الغزو فى اقطار البلاد فسمّى سبا وهو الذى بنا السدّ بارض مأرب وفجّر اليه سبعين نهرًا وساق اليه السيول من امد بعيد وهو الذى بنى مدينة مأرب وعُرفت بمدينة سبا وقيل انّ مأرب لقب للملك الذى يلى اليمن وقيل انّ مأرب هى قصر الملك والمدينة سبا وخلّف سبا المذكور عدّة اولاد منهم حمير وعمرو وكهلان واشعر وغيرهم على ما سنذكرهم فى الفصل الخامس عند ذكر امّة العرب ولمّا مات سبا ملك اليمن بعده ابنه حمير بن سبا ولمّا ملك اخرج ثمود من اليمن الى الحجاز ثمّ ملك بعده ابنه واثل بن حمير ثمّ ملك بعده ابنه السكسك بن واثل ثمّ ملك بعده يعفر بن السكسك ثمّ وثب على ملك اليمن ذو رياش وهو عامر بن باران بن عوف بن حمير ثمّ نهض من بنى واثل النعمن بن يعفر بن السكسك بن واثل بن حمير واجتمع عليه الناس وطرد عامر بن باران عن الملك واستقلّ النعمن المذكور بملك اليمن ولقّب نعمن المذكور بالمعافر لقوله .

اذا انت عافرت الامور بقدرة . بلغت معالى الاقدمين المقاول

والمقاول

anno 901 dimidio. Ei successit, eodem auctore, *Mauricius II.*, qui 12 annos regnavit; ut mortuus sit anno 913 dimidio. Post eum *Phocas* regnavit 8 annos; ut mortuus sit anno 921 dimidio. Ei successit *Heraclius*, in cujus annum duodecimum incidit fuga Prophetae nostri, quae adeo accidisse existimanda erit 933 annis post victoriam Alexandri exactis. Quod autem in tabula nostra chronologica inter fugam Prophetae et victoriam Alexandri posuimus 943 annos, hujus discrepantiae causa haec est, quod anni in tabula positi sunt anni aegyptiaci ipsorum 365 dierum, nulla accedente fractione; anni vero, quos hoc loco diximus, sunt anni romani, qui 365 dies et quartam diei partem continent. Hinc tantum inter utrosque exstitit discriminis. Ceterum penes Deum est perfecta veri scientia.

LIBER QUARTUS,

de Regibus Arabum ante Islamum.

Quae ad tribus Arabum eorumque prosapias pertinent, alio loco enarraturi sumus, quum ad Arabum gentem deventum fuerit, in libro quinto, ubi, Deo juvante, variarum gentium historias persequemur.

Ex libro Ibn-Saïdi Africani discimus, primum in El-Jemen migrasse sedemque ibi constituisse post linguarum confusionem et filiorum Noahi dispersionem *Kahtanum* filium Eberi, filii Schelahi, de quo jam meminimus. Kahtan hicce primus terram El-Jemen regio nomine sibi subditam habuit, primusque diademate ornatus est. Kahtano mortuo, regnavit post eum filius ejus *Ja'reb*, qui primus, ut ferunt, arabice locutus est. Huic in imperio successit *Jaschhob* Ja'rebi filius, idemque successorem habuit *'Abd-schemsum* Jaschhobi filium, qui imperium adeptus, multis in varias regiones bellicis expeditionibus susceptis, *Saba* cognominatus est. Ipse est qui aggerem struxit in regione *Maaribi*, septuaginta fluvios ad eum deduxit, torrentesque longe dissitos in hunc locum perduxit. Urbem quoque *Maarib* exstruxit, quae *urbs Sabae* dicta est. Volunt alii, Maarib appellationem fuisse omnibus regibus communem qui terrae El-Jemen imperitabant. Sunt etiam qui volunt, arci quam rex incolebat nomen Maarib inditum, urbem vero Sabam dictam fuisse. — Plures filios sibi superstites habuit Saba de quo nobis sermo est, e quorum numero fuere *Himjar*, *'Amru*, *Cahlan*, *Asch'ar*, aliique, quos in libro quinto recensebimus, quum de gente Arabum sermonem faciemus. Saba mortuo, terrae El-Jemen imperium ad filium ejus Himjarum devenit: hic regni compos factus Themuditas ex El-Jemen in El-Hedjaz migrare coëgit. Huic in imperio successit *Wathil* Himjari filius, mox *Es-Sacsac* Wathili filius, tum *Ja'far* Es-Sacsaci filius. *Dhu-rijasch* deinde regnum Jemenense vi adeptus est, qui suo nomine dicebatur *'Amir* fil. Barani, fil. 'Aufi, fil. Himjari. At insurrexit quidam ex posteris Wathili, *En-No'man* fil. Ja'fari, fil. Es-Sacsaci, fil. Wathili, fil. Himjari, hominibusque ad eum concurrentibus, regno 'Amirum dejecit, expulsique in locum imperio ditionis Jemeoensis potitus est En-No'man jam dictus. *Mo'afiri* cognomen En-No'mano huic inditum, eo quod dixerat:

Si negotia fortiter tractaveris cum virtute, ad summum pervenies fastigium, quod tenent promtissimi principes.

(*Makawil*

والمقاول لفظة جمع وهم الذين يلون الجهات الكبار من اليمن ثمّ ملك بعده ابنه اشمح بن المعافر المذكور ثمّ ملك بعده شدّاد بن عاد بن الماطاط بن سبا واجتمع له الملك وغزا البلاد الى ان بلغ اقصى المغرب وبنى المداين والمصانع وابقى الآثار العظيمة ثمّ ملك بعده اخوه لقمن بن عاد ثمّ ملك بعده اخوه ذو سدد بن عاد ثمّ ملك بعده ابنه الحرث بن ذى سدد ويقال له الحارث الرايش وقيل انّ الحرث الرايش المذكور هو ابن قيس بن صيفى بن سبا الاصغر وهو تُبّع الاوّل ثمّ ملك بعده ابنه ذو القرنين الصعب بن الرايش وقد نقل ابن سعيدٍ المغربىّ انّ ابن عبّاس سُيِّل عن ذى القرنين الذى ذكره الله تعالى فى كتابه العزيز فقال هو من حمير وهو الصعب المذكور فيكون ذو القرنين المذكور فى الكتاب العزيز هو الصعب بن الرايش المذكور لا الاسكندر الرومىّ ثمّ ملك بعده ابنه ذو المنار أبرهه بن ذى القرنين ثمّ ملك بعده ابنه افريقس بن ابرهه ثمّ ملك بعده اخوه ذو الاذعار عمرو بن ذى المنار ثمّ ملك بعده شرحبيل بن عمرو بن غالب بن المنتاب بن زيد بن يعفر بن السكسك بن وائل من حمير فانّ حمير كرهت ذا الاذعار فخلعت طاعته وقلّدت الملك شرحبيل المذكور وجرى بين شرحبيل وذى الاذعار قتال شديد قُتل فيه خلق كثير واستقلّ شرحبيل بالملك ثمّ ملك بعده ابنه الهدهاد بن شرحبيل ثمّ ملكت بعده بنته بلقيس بنت الهدهاد وبقيت فى ملك اليمن عشرين سنةً وتزوّجها سليمان بن داوود ثمّ ملك بعدها عمّها ناشِر النعم بن شرحبيل وقيل انّ ناشر النعم اسمه مالك بن عمرو بن يعفر بن عمرو من ولد المنتاب بن زيد الحميرىّ ثمّ ملك بعده شمر يرعش بن ناشر النعم المذكور وقيل شمر بن افريقس ابن ابرهه ذى المنار ثمّ ملك بعده ابنه ابو مالك بن شمر ثمّ ملك بعده عمران بن عامر الازدىّ [وهو عمران بن عامر بن حارثة بن امرء القيس بن ثعلبة بن مازن بن الازد بن الغوث بن نبت بن مالك بن ادد بن زيد بن كهلان بن سبا وانتقل الملك حينيذ من ولد حمير ابن سبا الى ولد اخيه كهلان بن سبا] وكان عمران المذكور كاهنا ثمّ ملك بعده اخوه مزيقيا عمرو بن عامر الازدىّ وقيل له مزيقيا لانّه كان يلبس فى كلّ يوم بدلةً فاذا اراد الدخول الى مجلسه رمى بها فمزقت لان لا يجد احد فيها ما يلبسه بعده انتهى كلام ابن سعيد المغربىّ ومن تاريخ حمزة الاصفهانىّ انّ الذى ملك بعد ابى مالك بن شمر المذكور قبل عمران الازدىّ ابنه الاقرن بن ابى مالك ثمّ ملك بعده ذو حبشان بن الاقرن وهو الذى اوقع بطسم وجديس ثمّ ملك بعده اخوه تبّع بن الاقرن ثمّ ملك بعده ابنه كليكرب بن تبّع ثمّ ملك بعده ابو كرب اسعد وهو تبّع الاوسط وقتل ثمّ ملك بعده ابنه حسّان بن تبّع وتتبّع قتلة ابيه فقتلهم عن آخرهم ثمّ قتله اخوه عمرو بن تبّع وملك بعده وتواترت بعمرو المذكور الاسقام حتّى كان لا يمضى الى الخلا الّا محمولا على نعش فسمّى ذا الاعواد لذلك ثمّ ملك بعده عبد

Makawil autem vox est pluralis numeri, quae de illis dicitur, qui majoribus provinciis in El-Jemen praesunt). Mo'afiro extincto, regno potitus est filius ejus *Aschmah*, cui successit *Scheddad fil. 'Adi*, *fil. El-Matati*, *fil. Sabae.* Hic totius regni compos factus, bellicas expeditiones in alias regiones suscepit, et ad ultimas plagas occidentis pervenit. Urbes quoque exstruxit, atque aedificia miranda magnaque suae potentiae vestigia post se reliquit. Scheddad successorem habuit *Lokmanum* fratrem suum, 'Adi filium, post quem imperium adeptus *Dhu-sadad*, ejusdem 'Adi filius, Lokmanique frater. Post Dhu-sadadum *El-Hareth* filius ejus regnavit, qui *El-Hareth-Ar-raïsch* dicitur. Volunt alii El-Harethum illum Ar-raïsch dictum patrem habuisse *Kaisum fil. Saifi, fil. Sabae minoris:* hic est *Thobba' prior.* Successorem in regno habuit *Dhu'l-Karnein Es-Sa'bum fil. Ar-raïschi.* Ibn-'Abbas, referente Ibn-Saïdo Africano, aliquando interrogatus de Dhu'l-Karnein, de quo mentionem injecit Deus O. M. in libro suo venerando, respondit: Dhu'l-Karnein ille ex Himjari progenie fuit, estque Es-Sa'b ille fama pervulgatus. Quod si tenemus, Dhu'l-Karnein ille, cujus meminit Alcoranus, Es-Sa'b est de quo agimus, Ar-raïschi filius, neutiquam vero Alexander Graecus. — Post hunc regnavit *Dhu'l-menar Abraha fil. Dhu'l-Karneini*, qui successorem habuit *Afrikisum fil. Abrahae.* Afrikiso successit frater ejus *Dhu'l-adh'ar 'Amru fil. Dhu'l-menari.* Imperium post Dhu'l-adh'arum adeptus est *Scharhabil fil. 'Amri*, *fil. Ghalibi*, *fil. El-Monthabi*, *fil. Zeidi*, *fil. Ja'fari*, *fil. Es-Sacsaci*, *fil. Wathili*, ex Himjaro oriundus. Himjaritae enim, cum Dhu'l-adh'arum aegre admodum ferrent, jugo ejus excusso, regem constituerunt modo dictum Scharhabilum. Acri proelio conflixerunt Scharhabil et Dhu'l-adh'ar, magnaque strage edita, Scharhabil imperium tenuit. *El-Hadhad fil. Scharhabili* post patrem rex est factus, cui successit filia ejus *Balkis.* Haec per viginti annos regnum Jemenense administravit, et Salomoni Davidis filio connubio juncta est. Imperium post Balkisam adeptus est ejus patruus *Naschir-an-ni'am* dictus, *filius Scharhabili.* Sunt tamen qui affirmant, Naschir-an-ni'amo nomen fuisse *Malik fil. 'Amri*, *fil. Ja'fari*, *fil. 'Amri ex filiis El-Monthabi*, *fil. Zeidi*, qui ex Himjaro genus ducebat. Huic successit *Schamar-Jar'asch*, *fil. Naschir-an-ni'ami* supra dicti, vel, ut alii asserunt, *filius Afrikisi*, *fil. Abrahae Dhu'l-menari;* post quem imperium adeptus est *Abu-Malik fil. Schamari,* et deinde *'Amran fil. 'Amiri Azdita.* 'Amran ille filius fuit *'Amiri*, *fil. Harethae*, *fil. Amru-al-Kaisi*, *fil. Tha'lebae*, *fil. Mazini*, *fil. El-Azdi*, *fil. El-Gauthi*, *fil. Nabethi*, *fil. Maliki*, *fil. Ododi*, *fil. Zeidi*, *fil. Cahlani*, *fil. Sabae.* Ea igitur tempestate dignitas regia translata est a progenie Himjari fil. Sabae ad filios Cahlani ejusdem Sabae filii. Erat autem 'Amran ille hariolus. Post hunc regnavit ejus frater *Mozeikia 'Amru fil. 'Amiri Azdita:* Mozeikiae nomen ei datum, quia singulis diebus synthesin novam induebat, quam, ubi cubiculum suum intrare volebat, projiciebat, statimque lacerabatur, ne quisquam in ea inveniret quod post ipsum indueret. — Hic desinunt quae ex libro Ibn-Saïdi Africani desumta sunt. Sequuntur excerpta ex chronico Hamzae Ispahanensis. — Post Abu-Malikum fil. Schamari, et ante 'Amranum Azditam regnum adeptus *El-Akran fil. Abu-maliki* ejusdem; cui successit *Dhu-habschan fil. El-akrani*, qui in Tasmum et Djedisum vehementer est grassatus. Post hunc regnavit frater ejus *Thobba' fil. El-akrani*, mox *Colaïcarb fil. Thobba'i*, et deinde *Abu-carb As'ad*, qui *Thobba' medius* dicitur. Huic occiso successit filius *Hassan*, et patris Thobba'i percussores persecutus ad ultimum eos necavit. Ipse vero a fratre suo *'Amro fil. Thobba'i* occisus est. 'Amru occisi fratris locum occupavit, morbisque assiduis indesinenter vexatus, ne ad alvum quidem exonerandam secedere poterat, nisi feretro impositus deferretur;

عبد كلال ابن ذى الاعواد ثمّ ملك بعده تبّع بن حسّان ابن كليكرب وهو تبّع الاصغر ثمّ ملك بعده ابن اخته الحارث بن عمرو وتهوّد الحارث المذكور ثمّ ملك بعده مرثد بن كلال وتفرّق بعده ملك حمير والذى اشهر بعده انّه ملك وكيعه بن مرثد ثمّ ملك ابرهه بن الصبّاح ثمّ ملك صَهبان بن محرث ثمّ ملك عمرو بن تبّع ثمّ ملك بعده ذو شناتر ثمّ ملك بعده ذو نواس وكان من لا يتهوّد القاه فى اخدود مضطرم نارا فقيل له صاحب الاخدود ثمّ ملك بعده ذو جَدَن وهو آخر ملوك حمير وكان مدّة ملكهم على ما قيل الفين وعشرين سنة [وانّما لم نذكر مدّة ما ملكه كلّ واحد منهم لعدم صحّته ولذلك قال صاحب تواريخ الامم ليس فى التواريخ اسقم من تاريخ ملوك حمير لما يذكر فيه من كثرة سنيهم مع قلّة عدد ملوكهم فانّهم يزعمون انّ ملوكهم ستّة وعشرون ملكا ملكوا فى مدّة الفين وعشرين سنة ثمّ ملك اليمن بعدهم من الحبشة اربعة ومن الفرس ثمانية ثمّ صارت اليمن للاسلام] من كتاب ابن سعيد المغربىّ انّ الحبشة استولوا على اليمن بعد ذى جدن الحميرىّ المذكور وكان اوّل من ملك اليمن من الحبشة ارباط ثمّ ملك بعده ابرهه الاشرم صاحب الفيل الذى قصد مكّة ثمّ ملك بعده يكسوم ثمّ ملك بعده مسروق بن ابرهه وهو آخر من ملك اليمن من الحبشة ثمّ عاد ملك اليمن الى حمير وملكها سيف بن ذى يزن الحميرىّ وهو الذى ملّكه كسرى انوشروان وارسل مع سيف المذكور احد مقدّمى الفرس واسمه وهرز بجيش من العجم فساروا الى اليمن وطردوا الحبشة عنها وقرّروا سيف بن ذى يزن فى ملك اليمن ولمّا استقرّ فى ملك اجداده باليمن وطرد الحبشة عنها جلس فى غمدان يشرب وهو قصر كان لاجداده باليمن فامتدحته العرب بالاشعار منها ما قاله فيه اميّة ابن ابى الصلت ووصف تغرّب سيف بن ذى يزن وقصده قيصر اوّلا ثمّ كسرى فى اعادة ملك آبآيه اليه حتّى قدم بالفرس الذين مقدّمهم وهرز فقال فى ذلك

لا تقصد الناس الّا كابن ذى يزن . اذ خيّم البحر للاعدآء احوالا .
واتى هرقل وقد شالت نعامته . فلم يجد عنده النصر الذى سالا .
ثمّ انتحى نحو كسرى بعدَ عاشرةٍ . من السنين يهين النفس والمالا .
حتّى اتى ببنى الاحرار يقدمهم . تخالهم فوق متن الارض اجبالا .
للّه درّهُمُ من فتيةٍ صُبُرٍ . ما ان رايت لهم فى الناس امثالا .

بيض

retur: qua de causa *Dhu 'l-a'wad* dictus est. Dhu 'l-a'wado huic successit *'Abd-Kelal fil. Dhu 'l-a'wadi*, moxque *Thobba' fil. Hassani*, *fil. Colaicarbi*, qui est *Thobba' minor*. Hic successorem habuit sororis suae filium *El-Harethum fil. 'Amri*, qui Judaismum amplexus est. Post eum rex factus est *Morthid fil. Kelali*. Post hunc in multas partes divisum est regnum Himjariticum; qui vero huic in regno successisse fama crebriore dicitur, *Waki'a fil. Morthidi* fuit: in cujus locum mox regnavit *Abraha fil. Es-Sabbahi*, postea vero *Sahban fil. Mohrithi*. Post Sahbanum regnum excepit *'Amru fil. Thobba'i*, cui successit *Dhu-schenathir*, et post hunc *Dhu-nowas*. Hic omnes qui Judaicae religioni nomen dare recusabant, in fossam projici jubebat igne ardentem, unde dictus est Dominus *fossae*. Dhu-nowasum in regno excepit *Dhu-djadan*, qui ultimus ex Himjaritis regnum tenuit. Bis mille et viginti annos apud Himjaritas regnum remansisse fama est: [quot vero annos quisque eorum regnaverit non diximus, quia res est incerta admodum et dubiae fidei. Ob quam causam Chronici gentium scriptor dicere haud dubitavit: „Inter omnia Chronica nullum est quod pluribus defectibus laboret quam rerum Himjarensium annales, quum in tanta annorum serie tam pauci reges numerentur. Viginti quippe et sex reges dicuntur regnasse intra bis mille et viginti annorum spatium." — Post Himjaritas regnum terrae El-Jemen obtinuerunt ex Abyssinis quatuor, ex Persis vero octo: deinde ad Islamismum accessit haec provincia.] — Ex libro Ibn-Saïdi Africani discimus, post Dhu-djadanum Himjaritam, de quo modo dictum est, terra El-Jemen potitos esse Abyssinos: quorum primus in illa terra regnavit *Arbat*, cui successit *Abraha El-Aschram*, dictus *Dominus elephanti*, qui Meccam hostiliter profectus est. Post hunc regnavit *Jacsum*, et mox *Mesruk fil. Abrahae*, qui ultimus ex Abyssinis regnum Jemenense obtinuit. — Post hunc El-Jemen recuperarunt Himjaritae, regnavitque *Seif fil. Dhu-jazani* Himjarita, quem regem constituit Cosroes Anuschirwan. Cum Seifo supradicto misit Cosroes unum ex ducibus Persarum, *Wahrazum* nomine, dato ei ex Persis exercitu. Ili quum in El-Jemen iter fecissent, expulsis ex ea Abyssinis, regem hujus regionis constituerunt Seifum fil. Dhu-jazani. Qui cum regno majorum suorum potitus esset, pulsis inde Abyssinis, *Gamdanum* conviviis ac compotatione frequentabat. Erat autem Gamdan castrum Jemenense, quod majores Seifi tenuerant. Laudes ejus carminibus suis celebrarunt Arabes. Ex horum carminum numero illud est quod dixit *Omajja fil. Abu 's-salthi*. Peregrinatione Seifi filii Dhu-jazani descripta, itinerisque quod primum ad Caesarem, deinde ad Cosroem instituit, ut in regnum avorum suorum restitueretur, mentione facta, commemoratoque Seifi in El-Jemen adventu cum Persarum exercitu cui Wahraz praeerat, ita prosequitur poëta:

Ad homines cave accedas, nisi quo modo accessit Dhu-jazani filius, quando mare ingressus est, hostibus suis perniciem ut strueret.

Heraclium quidem adiit, sedibus patriis relictis: sed ab eoauxilium non tulitquod flagitavit.

Annis decem elapsis ad Cosroem se contulit, nihil animam suam vel divitias curans;

Sicque tandem filios ingenuorum adduxit, quibus ipse praeerat, qui montes videbantur esse terrae dorso insidentes.

Fortes, mehercle, strenuique juvenes erant, quorum similes frustra inter homines quaesieris;

Splendidi,

بيضٌ مرازبةٌ غُلْبٌ اساورةٌ . أُسْدٌ تُرَبّت في الغيضات اشبالا .
فاشرب هنيًّا عليك التاج مرتفقًا . براس غمدانَ دارًا منك محلالا .
تلك المكارم لا قعبان من لبنٍ . شِيبا بماء فعادا بعد أبوالا .

وكان سيف بن ذى يزن المذكور قد اصطفى جماعة من الحبشان وجعلهم من خاصّته فاغتالوه وقتلوه فارسل كسرى عاملًا على اليمن واستمرّت عمّال كسرى على اليمن الى ان كان آخرهم باذان الذى كان على عهد النبى صلى الله عليه وسلّم واسلم ثمّ صارت اليمن للاسلام انتهى اخبار ملوك اليمن ۞

ذكر ملوك العرب الذين كانوا فى غير اليمن وكان اوّل من ملك على العرب بارض الحيرة مالك بن فهم بن غنم بن دوس بن عُدْثان بن عبد الله بن هزان بن كعب بن الحرث بن كعب بن مالك بن نصر بن الازد والازد من ولد كهلان بن سبا بن يشجُب بن يعرب بن قحطان وكان ملكه فى ايّام ملوك الطوايف قبل الاكاسرة ثمّ ملك بعده اخوه عمرو بن فهم ثمّ ملك بعده ابن اخيه جذيمة بن مالك بن فهم وكان به برص فكنّوا عنه وقالوا جذيمة الابرش وعظم شان جذيمة المذكور وكانت له اخت تسمّى رقاش فهويت شخصا من اياد كان جذيمة قد اصطنعه وكان يقال له عدىّ بن نصر بن ربيعة وهويها عَدىّ المذكور ايضا وكان عدىّ المذكور متسلّما مجلس شراب جذيمة فاتّفقت معه رقاش على ان يخطبها من اخيها جذيمة حال غلبة السكر عليه ففعل ذلك واذن له جذيمة فدخل عدىّ برقاش فلمّا اصبح جذيمة وعلم بذلك عظم عليه فهرب عدىّ المذكور فقيل انّه ظفر به جذيمة وقتله وحبلت رقاش من عدىّ المذكور فقال لها جذيمة .

خبّريني رقاش لا تكذبيني . ابحرٍّ زنيتِ ام بهجينِ .
ام بعبدٍ فانت اهل لعبدٍ . ام بدونٍ فانت اهل لدونٍ .

فقالت بل من خيار العرب وجاءت بولد وربّته والبسته طوقا وسمّته عمرًا وتبنّى به جذيمة ثمّ عدم الغلام وتزعم العرب انّ الجنّ اختطفته ثمّ وجده شخصان يقال لهما مالك وعقيل فاحضراه الى جذيمة ففرح به فرحا عظيما وكان اسم الصبىّ عمرًا فقال لمالك وعقيل الذين احضراه اقترحا ما شيتما فقالا منادمتك ما بقيت وبقينا فهما الذان يضرب بهما المثل فيقال كندمانى جذيمة وفى ايّام جذيمة المذكور كان قد ملك

Splendidi, principes, praevalentes, equites, leones qui, dum catuli adhuc erant, in sylvis et saltibus sunt educati.

Itaque caput diademate cinctus, cubito innixus, in celsa Ghamdani arce, quam sedem tibi elegisti, favente fortuna, genio indulgeas.

Haec sunt fortium gaudia; non vero duo lactis pocula, quae aqua commixta, mox in urinam resoluta diffluunt.

Seif ille Dhu-jazani filius ex Abyssinis quosdam selegerat et sibi proxime admoverat, qui eum de improviso adorti necaverunt. Misit itaque Cosroes praefectum, qui suo nomine El-Jemeno imperaret; et apud Cosrois praefectos mansit hujus regni administratio. Horum ultimus fuit *Badhan*, qui coaevus fuit Prophetae, et Islamismo nomen dedit: deinde in Islamicae religionis ditionem transiit El-Jemen. — Absoluta est rerum Jemenensium historia.

De Arabum regibus qui extra El-Jemen regnarunt.

Primus Arabibus in regione *Hirae* regio nomine imperavit *Malik fil. Fahmi*, qui continuata avorum serie per *Ghanemum*, *Dusum*, *'Odthanum*, *'Abd-allahum*, *Wahzanum*, *Ca'bum*, *El-Harethum*, *Ca'bum*, *Malikum* et *Nasrum* ab *El-Azdo* Nasri patre originem ducebat. El-Azd vero ex filiis *Cahlani* fuit, qui *Sabam* patrem habuit, *Jaschhobi* filium, *Ja'rebi* nepotem, pronepotem vero *Kahtani*. Regum provinciarum aevo ante Cosroum tempora regnavit Malik, cui successit frater ejus *'Amru fil. Fahmi*. Post 'Amrum regnavit ex fratre nepos *Djedhima fil. Maliki*, *fil. Fahmi:* a lepra qua vexabatur cognomen habuit, dictusque est *Djedhima El-Abrasch*, i. e. Leprosus. Magnam potentiam adeptus est ille Djedhima. Sororem habuit, *Rikasch* nomine, quae in amorem incidit viri cujusdam ex *Ijado* oriundi, quem beneficiis cumulaverat Djedhima: vicissimque a viro illo, cui nomen fuit *'Adi fil. Nasri*, *fil. Rebiae*, redamata est. Huic 'Adio commissa erat coenaculi cura, in quo vino indulgere solebat Djedhima: itaque Rikasch cum eo rem ita constituit, ut eam sibi a Djedhima in uxorem expeteret, cum vino victus et mentis impos esset. 'Adi, ex constituto re peracta, veniaque a Djedhima impetrata, cum Rikascha rem habuit. Postero die Djedhima, re cognita, indignatus est: fugit itaque 'Adi, quem tamen a Djedhima captum occisumque fuisse quidam referunt. Quum vero Rikasch ex 'Adii concubitu gravida facta esset, eam ita allocutus est Djedhima:

Dic mihi, Rikasch, neu mentire: cum ingenuo, an cum ignobili scortata es?

An vero cum servo? et certe servo digna es; an cum viliore? et utique digna es viliore.

Imo, inquit Rikasch, *est de Arabum nobilissimis.* Rikasch itaque filium peperit, eumque educavit, et torque induit, *'Amrum*que eum nominavit. Hunc in filium adoptavit Djedhima. Deinde vero e conspectu sublatus est puer, quem volunt Arabes a geniis surreptum fuisse. Illum repertum duo viri, *Malik* et *'Okail* nomine, ad regem reduxerunt, qui vehementer reperto illo gavisus est, Malikoque et 'Okailo, a quibus reductus ad eum fuerat, veniam dedit, ut a se, quicquid vellent, expeterent. *Volumus*, inquiunt isti, *ut tecum potare nobis liceat*, *quamdiu et nos et tu superstites erimus.* Hi sunt de quibus proverbium illud fertur: *Sicut duo compotatores*

 Djedhi-

ملك الجزيرة واعالى الفراة ومشارق الشام رجل من العمالقة يقال له عمرو بن الضرب بن حسان العمليقى وجرى بينه وبين جذيمة حروب فانتصر جذيمة عليه وقتل عمرًا المذكور وكان لعمرو بنت تدعا الزبّا واسمها نابلة فلكت بعده وبنت على الفراة مدينتين متقابلتين واخذت فى الحيلة على جذيمة واطمعته بنفسها حتى اغترّ وقدم اليها فقتلته واخذت بثار ابيها ۞ ذكر ابتداء ملك اللخميّين ملوك الحيرة وهم المنادرة بنو عدىّ بن نصر بن ربيعة من ولد لخم بن عدىّ بن عمرو بن سبا . ولمّا قتل جذيمة ملك بعده ابن اخته عمرو بن عدىّ بن نصر بن ربيعة وكان لجذيمة عبد يقال له قصير فاتّفق معه عمرو بن عدىّ وجدع انف قصير وضربه بالسياط وحضر قصير على تلك الحالة الى الزبّا على انّه مغاضب لعمرو فصدّقته الزبّا وامنت اليه لِما رات من حاله وصار قصير يتّجر للزبّا وياخذ المال من مولاه ويحضر به الى الزبّا على انّه كسب متّجرها مرّة بعد اخرى حتّى اتى بثقل نحو الف جمل من الصناديق واقفالها من داخل وفيها رجال معتدّون فلمّا شاهدت الزبّا تلك الاجمال ارتابت منها وقالت

ما للجمال مشيها رويدا　　اجندلا يحملن ام حديدا

ام صرفانا باردا شديدا　　ام الرجال جُثّما قعودا

فلمّا دخلوا الى حصن الزبّا خرجت الرجال من الصناديق واخذوا المدينة عنوة وقتلوا الزبّا واخذ قصير بثار مولاه جذيمة وطالت مدّة ملك عمرو بن عدىّ المذكور ثمّ مات وملك بعده ابنه امرو القيس بن عمرو بن عدىّ بن نصر بن ربيعة اللخمىّ وكان يقال لامرو القيس المذكور البَدا اى الاوّل ثمّ ملك بعد امرو القيس ابنه عمرو بن امرو القيس وكان ملكه فى ايّام شابور ذى الاكتاف ثمّ ملك بعده أوس بن قلام العمليقىّ ثمّ ملك آخر من العماليق ثمّ رجع الملك الى بنى عمرو بن عدىّ بن نصر بن ربيعة اللخميّين المذكورين وملك منهم امر القيس من ولد عمرو بن امرء القيس المذكور ويعرف هذا امرو القيس الثانى بالمحرّق لانّه اوّل من عاقب بالنار ثمّ ملك بعده ابنه النعمان الاعور بن امرو القيس وهو الذى بنى الخورنق والسدير وبقى فى الملك ثلاثين سنة ثم تزهّد فخرج من الملك فى زمن بهرام جور بن يزدجرد وهو الذى ذكره عدىّ بن زيد فى قصيدته الرائيّة المشهورة بقوله .

وتدبّر

Djedhimae. — Djedhimae aevo, Mesopotamiae, superioribus ad Euphratem regionibus et orientalibus Syriae finibus imperabat vir quidam ex Amalecitis, cui nomen erat *'Amru fil. Ed-Dharbi, fil. Hassani Amalecitae.* Hunc inter et Djedhimam bella intercesserunt, 'Amrumque devictum interfecit Djedhima. Huic 'Amro filia fuit, *Ez-Zebba* dicta, sed vero nomine *Naïla.* Haec patri in regno successit, duasque aedificavit civitates ad ripam Euphratis sibi invicem oppositas. Dolo aggressa est Djedhimam, et conjugii spe allectum ita delusit, ut ad eam veniret: quo occiso, patris sui necem ulta est.

De initio regni Lochmitarum qui Hirae regnaverunt, Mondarorum nempe, filiorum 'Adii, fil. Nasri, fil. Rebiae, ex posteris Lochmi, fil. 'Adii, fil. 'Amri, fil. Sabae.

Djedhimae occiso successit nepos ex sorore *'Amru fil. 'Adii*, Nasri nepos, pronepos autem Rebiae. Djedhimae servus quidam fuerat, *Kasir* nomine: huic ex compacto nasum abscindit 'Amru, eumque flagellis caedit. Ita mulctatus Kasir Ez-Zebbam adit, iratum se 'Amro simulans; nec dubitavit Ez-Zebba fidem dictis habere, nec quidquam ab eo verita est, quum eum ita male habitum videret. Coepit itaque Kasir Ez-Zebbae nomine mercaturam exercere: cumque pecunias a domino suo acciperet, eas ad Ez-Zebbam deferebat, fingebatque se eas lucratum esse mercaturae beneficio. Id quum aliquoties fecisset, cistas advexit, mille circiter camelis impositas, quae intus pessulis obseratae erant, virisque armatis refertae. His camelis visis, Ez-Zebba rem suspectam habuit, dixitque:

Quid est quod cameli isti tam lente incedant?
Lapidesne ferunt, an ferrum?
An plumbum frigidum et grave?
An viros decumbentes atque insidentes?

Ubi cameli castellum Ez-Zebbae ingressi sunt, prodierunt ex cistis viri, urbeque vi expugnata, Ez-Zebbam interfecerunt. Sic ultus est Kasir heri sui Djedhimae necem. —

'Amru fil. 'Adii, de quo verba fecimus, quum diu regnum tenuisset, supremum diem obiit, successoremque habuit filium suum *Amru-al-Kaisum fil. 'Amri, fil. 'Adii, fil. Nasri, fil. Rebiae Lochmitam*, qui *Beda*, i. e. primus, dictus est. Post Amru-al-Kaisum regnavit filius ejus *'Amru*, qui coaevus fuit Saporis Dhu 'l-aethafi. Huic in regno successit *Aus fil. Kalami Amalecita*, et post hunc alius quidam ex Amalecitis. Deinde ad posteros 'Amri fil. 'Adii, fil. Nasri, fil. Rebiae Lochmitas reversum est regnum; ex eisque imperio potitus est *Amru-al-Kais ex filiis 'Amri fil. Amru-al-Kaisi*, de quo superius dictum est. Amru-al-Kais ille, hujus nominis secundus, *El-Moharrik*, i. e. Combustor, cognomen habuit, quia primus igne in reos usus est. Huic successit filius ejus *En-No'man el-A'war*, i. e. Luscus, *fil. Amru-al-Kaisi.* Ab isto En-No'mano exstructa sunt *El-Chawarnak* et *Es-Sedir;* cumque regnum triginta annos administrasset, mundo valedixit, rebusque divinis sese totum mancipavit. Tempore Behramdjuri fil. Jezdedjerdi regno se abdicavit. De eo mentionem facit *'Adi fil. Zeidi* in carmine decantato illo quod *Er-raijjah* dicitur, his verbis:

 Ali-

وتدبّر ربّ الخورنق اذ اشـــرف يومًا وللهدى تفكيرُ .

سرّه ماله وكثرة ما يملك والبحر معرض والسديرُ .

فارعوى قلبه وقال وما غبطة حيّ الى الممات يصيرُ .

ولما تزهّد النعمان الاعور المذكور ملك بعده ابنه المنذر بن النعمان وانتهى ملكه فى زمن فيروز بن يزدجرد ثمّ ملك بعده ابنه الاسود بن المنذر وهو الذى انتصر على غسّان عرب الشام واسر عدّةً من ملوكهم واراد الاسود المذكور ان يعفو عنهم وكان للاسود ابن عمّ يقال له ابو اذينة قد قتل آل غسّان له اخا فى بعض الوقايع فقال ابو اذينة فى ذلك قصيدته المشهورة يغرى الاسود بقتلهم فمنها

ما كلّ يومٍ ينال المرؤ ما طلبا ولا يسوّغه المقدار ما وهبا

واحزم الناس من ان فرصة عرضت لم يجعل السبب الموصول مقتضبا

وانصف الناس فى كلّ المواطن من سقى المعادين بالكاس الذى شربا

وليس يظلمهم من راح يضربهم بحدّ سيفٍ به من قبلهم ضُربا

والعفو الّا عن الاكفاء مكرمة من قال غير الذى قد قلته كذبا

قتلت عمرًوا وتستبقى يزيد لقد رايت رايا يجرّ الويل والحربا

لا تقطعن ذنب الافعى وترسلها ان كنت شهما فاتبع راسها الذنبا

هم جرّدوا السيف فاجعلهم له جزرًا واوقدوا النار فاجعلهم لها حطبا

ان تعف عنهم تقول الناس كلّهُمُ لم يعف حلمًا ولكن عفوه رهبا

هُمُ اهلّة غسّانٍ ومجدهُمُ عالٍ فان حاولوا مُلْكًا فلا عجبا

وعرّضوا بفداء واصفين لنا خيلًا وابلًا يروق العجم والعربا

ايحلبون دمًا منّا ونحلبهم رسلًا لقد شرفونا فى الورى حَلَبا

علام تقبل منهم فدية وهُمُ لا فضّةً قبلوا منّا ولا ذهبا

ونقلت

Aliquando res suas secum reputavit dominus El-Chawarnaki, quum summum gloriae fastigium obtineret, (namque ad recta consilia cogitatione opus est)

Primum opibus suis, possessionum suarum amplitudine, marique quod suo subjacebat imperio, Es-Sediro quoque gavisus est;

Subito cor ejus pavere coepit, et dixit: „Quid est felicitas viventis, quem mors manet?

Postquam En-No'man Luscus mundanis rebus valedixit, regnavit in ejus locum filius ejus *El-Mondar*. Hoc mortuo, regnante Firuzo fil. Jezdedjerdi, regnum adeptus est filius ejus *El-Aswad*. Hic, devictis Ghassanitis (Arabibus qui Syriam incolebant), multos ex regibus eorum captivos fecit, quos, venia data, dimittendi consilium ceperat. Erat autem El-Aswado patruelis quidam *Abu-adhinae* nomine, cujus frater a Ghassanitis in quodam conflictu occisus fuerat. Hac occasione Abu-adhina celeberrimum suum carmen dixit, quo El-Eswadum ad eos interficiendos excitaret; ex quo carmine sunt hi versus:

Non quocunque die assequitur homo id quod in votis habet, nec, quae illi dat fatum, benigna manu et sine invidia largitur.

Prudentissimus hominum ille, qui, si quando praebetur ei occasio, non sinit funem connexum abrumpi.

Aequissimus certe hominum in omni loco is est, qui hostibus suis eundem calicem propinat quem ipse hausit.

Nec injurius est in eos, qui acie ejusdem gladii illos ferit, quo prius ipse est percussus.

Utique virtus est indulgentia, nisi ubi in aequales exercetur: quisquis aliter dixerit, mentitur.

'Amrum occidisti, et Zeidum servare destinas: consilium capis, quod post se calamitatem et exasperationem trahet.

Noli caudam viperae resecare, ipsamque dimittere, si sapis: sed eadem poena caput, qua caudam, mulcta.

Ipsi gladium strinxerunt: fac esca sint gladio; ignem ipsi succenderunt: fac igni sint lignorum loco.

Si eis condonaveris, omnes dicent homines: „Non condonavit motus misericordia: indulgentia ejus timori debetur."

Sunt illi Ghassanitarum sidera, et decus eorum est sublime; non mirum igitur, si regnum appetunt.

Pro sua redemptione camelos nobis et equos obtulerunt, quorum virtutes extollunt, qui Persis et Arabibus placeant.

Quid? illi sanguinem nostrum mulgerent, nos vero ex eis lactis liquorem mulgeremus? ita profecto inter homines multum nobis mulgendi praecellerent laude.

Quare acciperes ab eis redemptionem? ipsi certe a nobis nec aurum acceperunt, nec argentum.

Haec

ونقلت ذلك من مجموع بخطّ القاضى شمس الدين بن خلكان ورايت فى تاريخ ابن الاثير خلاف ذلك فقال انّ الاسود قتلته غسّان وانتصرت عليه غسّان ثمّ قال وقيل غير ذلك وانتهى ملك الاسود بن المنذر المذكور فى زمن فيروز ثمّ ملك بعده اخوه المنذر بن المنذر بن النعمان الاعور ثمّ ملك بعده علقمة الذميلى ونميل بطن من لخم ثمّ ملك بعده امرو القيس بن النعمان بن امرو القيس المحرّق وهو الذى قتل سنمّار الذى بنى لامرو القيس المذكور قصره وفيه يقول المتلمّس

جزانى ابو لخمٍ على ذات بيننا . جزآء سنمّارٍ وما كان ذا ذنب

ثمّ ملك بعده ابنه المنذر بن امرء القيس وكانت امّ المنذر المذكور يقال لها ماء السماء واشتهر المنذر المذكور بامّه فقيل له المنذر بن ماء السماء ولقّبت بماء السماء لحسنها واسمها ماوية بنت عوف بن جشم وطرد كسرى قباذ المنذر المذكور عن ملك الحيرة وملّك موضعه الحرث بن عمرو بن حجر الكندىّ لانّ قباذ كان قد دخل فى دين مزدك ووافقه الحرث ولم يوافقه المنذر وطرده لذلك ثم لمّا تمكّن كسرى انوشروان بن قباذ المذكور فى الملك طرد الحارث واعاد المنذر بن ماء السماء الى ملك الحيرة وقد تقدّم ذكر ذلك مع ذكر انوشروان فى الفصل الثانى من هذا الكتاب ثمّ ملك بعد المنذر عمرو مضرّط الحجارة وهو ابن المنذر بن ماء السماء وكان اسم امّه هند ويعرف بعمرو بن هند ولثمان سنين مضت من ملكه كان مولد النبىء صلّى الله عليه وعلى آله وسلّم ثمّ ملك بعده اخوه قابوس ابن المنذر بن ماء السماء وقيل انّه لم يتملّك وانما سمّى ملكا لما كان ابوه واخوه ملكين ثمّ ملك بعده اخوهما المنذر بن المنذر ثمّ ملك بعده ابنه النعمان بن المنذر بن المنذر بن ماء السماء وكنيته ابو قابوس وهو الذى تنصّر وامّه سلما بنت وايل بن عطيّة الصايغ من اهل فدك وملك اثنتى وعشرين سنة وقتله كسرى برويز وبسبب مقتله كانت واقعة ذى قار بين الفرس والعرب ثمّ انتقل الملك فى الحيرة بعد النعمان المذكور عن اللخميّين الى اياس بن قبيصة الطآئىّ ولستّة اشهر من ملك اياس بُعث النبىء صلّى الله عليه وعلى آله وسلّم ثمّ ملك بعد اياس زادوية بن ماهسان الهمدانىّ ثمّ عاد الملك الى اللخميّين فملك بعد زادوية المنذر بن النعمان بن المنذر بن المنذر بن ماء السماء وسمّته العرب المغرور واستمرّ مالكًا للحيرة الى ان قدم لها خالد بن الوليد واستولى على الحيرة وكانت المناذرة آل نصر بن ربيعة عمّالاً للاكاسرة على عرب العراق مثلما كان ملوك غسّان عمّالاً للقياصرة على عرب الشام ۞

Haec descripsi ex collectaneis quibusdam manu Judicis Schems-ed-dini fil. Challicani scriptis. In chronico Ibn-el-Athiri his repugnantia inveni: dicit enim a Ghassanitis occisum fuisse El-Aswadum, victoriamque de eo illis obtigisse; mox addit: „Res tamen aliter ab aliis refertur." — Regnum El-Aswadi illius, filii El-Mondari, finem habuit dum regnabat Firuz. Post eum regnavit ipsius frater *El-Mondar fil. El-Mondari, fil. En-No'mani Lusci.* Huic in regno successit *'Alkama Dhamilita:* est autem *Dhamil* Lochmitarum ramus. Regnum deinde adeptus est *Amru-al-Kais, fil. En-No'mani, fil. Amru-al-Kaisi Combustoris.* Is est qui *Sinimmarum* occidit, qui ipsi Amru-al-kaiso castellum exstruxerat. De eo dixit *El-Muthelemmis:*

Remuneravit me Abu-Lochm ob rem, quae inter nos intercessit, eadem mercede qua remuneratus fuit Sinimmar, quum nullius utique culpae reus esset.

Post hunc regnavit *El-Mondar fil. Amru-al-kaisi*, cujus El-Mondari mater *Ma-es-sema* diceba-tur: nomine matris vulgo appellatus est El-Mondar, dictusque *El-Mondar fil. Ma-es-semaae.* Huic mulieri nomen illud (quod *aquam coeli* significat) ob pulchritudinem inditum: vero nomine dicebatur *Mawija filia 'Aufi, filii Djoschami.* El-Mondarum regno Hirae dejecit Cosroes Kobad, regemque in ejus locum constituit *El-Harethum fil. 'Amri, fil. Hodjri Kenditae.* Kobad nempe Mardeki religionem amplexus erat, eique in hac re se accomodaverat El-Hareth, non item El-Mondar: ob quam causam e solio hunc El-Mondarum deturbavit. Regnum vero postea adeptus Cosroes Anuschirwan Kobadi filius El-Harethum expulit, El-Mondarumque filium Ma-es-semaae in regnum Hirae restituit. Haec jam superius a nobis sunt relata inter res gestas Anuschirwani in secundo historiae nostrae libro. — Post El-Mondarum regnavit *'Amru Modharrit-el-hidjarah fil. El-Mondari, fil. Ma-es-semaae.* 'Amru matrem habuit cui nomen *Hind*, unde dictus est *'Amru Ibn-Hind.* Octo regni ipsius annis elapsis natus est Propheta, cui cujusque genti faveat Deus. 'Amr huic in regno successit ejus frater *Kabus fil. El-Mondari, fil. Ma-es-semaae.* Sunt tamen qui asserant, eum nunquam regnasse, regem nihilominus ideo dictum fuisse, quod pater ejus fraterque regia potestate condecorati fuerint. Post eum regnavit utriusque frater *El-Mondar fil. El-Mondari.* Hic successorem habuit filium suum *En-No'manum fil. El-Mondari, fil. El-Mondari, fil. Ma-es-semaae.* Cognomen huic En-No'mano erat *Abu-Kabus;* isque Christianae religioni nomen dedit. Matrem habuit cui nomen *Selma filia Wajili, filii 'Atijjae,* qui *Es-Saïgh* (Aurifex) dictus est, de gente Fedeki. Viginti et duos annos regnavit, atque interfectus est a Cosroe Perwizo; morsque ejus causa fuit pugnae inter Persas et Arabes, quae *Wakia'th-Dhi-kar* (praelium Dhu-karense) dicitur. — Post supradictum En-No'manum transiit Hirae regnum a Lochmitis ad *Jjasum fil. Kabisae Tajitam.* Sexto mense regni Jjasi excitus est Propheta, cui cujusque genti faveat Deus. Post Jjasum regnavit *Zaduja fil. Mahsani Hamadanensis;* deinde ad Lochmitas rediit regnum, Zadujaeque successit *El-Mondar fil. En-No'mani, fil. El-Mondari, fil. El-Mondari, fil. Ma-es-semaae:* huncce El-Mondarum, Zadujae successorem, *El-Maghruri* cognomine donarunt Arabes; Hiraeque regnum tamdiu tenuit, donec ad hanc urbem accessit Chalid fil. El-Walidi, a quo expugnata est. Erant autem hi reges qui *El-Mondari* (numero plurali *El-Menadirah*) dicti sunt, quique genus a *Nasro fil. Rebiae* ducebant, praefecti Cosroum, Arabibusque Iracenis nomine eorum praeerant, quemadmodum reges Ghassanitae Caesarum nomine Arabibus Syriae praeerant.

De

الشام ❊ ذكر ملوك غسّان وكانوا عمّالا للقياصرة على عرب الشام واصل غسّان من اليمن من بنى الازد بن الغوث بن نبت بن مالك بن أُدد بن زيد بن كهلان بن سبا تفرّقوا من اليمن بسبب العرم ونزلوا على ماء بالشام يقال له غسّان فنسبوا اليه وكان قبلهم بالشام عرب يقال لهم الضجاعمة من سليح بفتح السين المهملة ثمّ لام مكسورة وياء مثناة من تحتها ثمّ حاء مهملة فاخرجت غسّان سليحا عن ديارهم وقتلوا ملوكهم وصاروا موضعهم واوّل من ملك من غسّان جفنة بن عمرو بن ثعلبة بن عمرو بن مزيقيا وكان ابتداء ملك غسّان قبل الاسلام بما يزيد على اربع مايئة سنة وقيل اكثر من ذلك ولمّا ملك جفنة المذكور وقتل ملوك سَليح دانت له قضاعة ومن بالشام من الروم وبنى بالشام عدّة مصانع ثمّ هلك وملك بعده ابنه عمرو بن جفنة وبنى بالشام عدّة ديورة منها دير حالى ودير ايّوب ودير هند ثمّ ملك بعده ابنه ثعلبة بن عمرو وبنى صرح الغدير فى اطراف حوران ممّا يلى البلقاء ثمّ ملك بعده ابنه الحارث بن ثعلبة ثمّ ملك ابنه جبلة بن الحارث وبنى القناطر وادرح والقسطل [ثمّ ملك ابنه الحرث بن جبلة وكان مسكنه بالبلقاء فبنى بها الحفير ومصنعه ثمّ ملك بعده ابنه المنذر الاكبر بن الحرث بن جبلة بن الحرث بن ثعلبة بن عمرو بن جفنة الاوّل ثمّ هلك المنذر الاكبر المذكور وملك بعده اخوه النعمان ابن الحرث] ثمّ ملك بعده اخوه جبلة بن الحارث ثمّ ملك بعده اخوهم الايهم بن الحارث وبنى دير ضخم ودير البنوة ثمّ ملك اخوهم عمرو بن الحارث ثمّ ملك جفنة الاصغر بن المنذر الاكبر وهو الذى احرق الحيرة وبذلك سمّوا ولده آل محرّق ثمّ ملك بعده اخوه النعمن الاصغر بن المنذر الاكبر ثمّ ملك النعمان بن عمرو بن المنذر وبنى قصر السويداء ولم يكن عمرو ابو النعمان المذكور ملكا وفى عمرو المذكور يقول لنابغة الذبيانىّ .

علىّ لعمرو نعمةٌ بعد نعمة   لوالده ليست بذات عقارب

ثمّ ملك بعد النعمان المذكور ابنه جبلة بن النعمان وهو الذى قاتل المنذر بن ماء السماء وكان جبلة المذكور ينزل بصفّين ثمّ ملك بعده النعمان بن الايهم بن الحارث بن ثعلبة ثمّ ملك اخوه الحرث بن الايهم ثمّ ملك ابنه النعمان بن الحرث وهو الذى اصلح صهاريج الرصافة وكان قد خرّبها بعض ملوك الحيرة اللخميين ثمّ ملك بعده ابنه المنذر بن النعمان ثمّ ملك اخوه عمرو بن النعمان ثمّ ملك اخوهما حُجر بن النعمان ثمّ ملك ابنه الحارث بن حجر ثمّ ملك ابنه جبلة بن الحرث ثمّ ملك ابنه الحارث بن جبلة ثمّ ملك

De regibus Ghassanitis, qui nomine Romanorum Arabibus Syriae praeerant.

Originem trahebant Ghassanitae ex El-Jemen a filiis El-Azdi, fil. El-Ghauthi, fil. Nebthi, fil. Maliki, fil. Ododi, fil. Zeidi, fil. Cahlani, fil. Sabae. Ex El-Jemen dispersi fuerant propter diluvium *Seil-el-'arim* dictum, sedesque ceperunt in Syria ad aquam cui *Ghassan* nomen erat, indeque nomen ipsi habuere. Ante hos jam in Syria fuerunt Arabes *Ed Dhadja'ema* dicti, a *Saliho* oriundi. (Salih autem scribi debet per ص absque puncto, et vocali fatha motum, quam literam sequitur ل cum Kesra, mox ي duobus punctis subtus insignitum, et ad finem ح sine puncto). Ghassanitae Salihitas de sedibus suis migrare coegerunt, regibusque eorum occisis locum illorum occupaverunt. — Primus ex Ghassanitis regnavit *Djefna filius 'Amri, fil. Tha'lebae, fil. 'Amri, fil. Mozeikiae.* Regni Ghassanitarum initia plus quam 400 annis Islamum antecesserunt: quin sunt qui multo plures annos numerent. Quum regnum occupasset Djefna ille regesque Salihitarum occidisset, sese potentiae ejus subjecerunt tum Kodhaïtae, tum Graeci qui Syriam incolebant; multaque aedificia in Syria construxit. Illo mortuo, regnavit filius ejus *'Amru fil. Djefnae*, plurimaque monasteria in Syria aedificavit, ex quorum numero sunt *Deir-Hali*, *Deir-Ejjub* et *Deir-Hind.* — *Tha'leba* hujus 'Amri filius patri successit, et in regione Hauran, qua parte eam, quae *El-Balka* dicitur, contingit, castellum *El-Ghadir* exstruxit. Successorem ipse habuit filium *El-Harethum*, et post El-Harethum regnavit *Djabala fil. El-Harethi*, qui *El-Kanatir*, *Adrah* et *El-Kastal* aedificavit. — [Djabalae successit *El-Hareth*, ejus filius, qui in El-Balka sedem habuit, ibique *El-Hafir* et castellum ejus aedificavit; post eum regnavit *El-Mondar major*, *filius El-Harethi*, *fil. Djabalae*, *fil. El-Harethi*, *fil. Tha'lebae*, *fil. 'Amri*, *fil. Djefnae prioris.* Mortuo autem El-Mondaro majore, regnavit pro eo *En-No'man* frater ejus, El-Harethi filius;] mox frater utriusque *Djabala*, El-Harethi filius; tum *El-Eihem*, ipse quoque El-Harethi filius et regum praecedentium frater; qui coenobia *Deir-ed-dhachm* et *Deir-el-bunuwwa* aedificavit. El-Eihemo successit *'Amru*, El-Harethi filius, supradictorum frater. — Mox regnavit *Djefna minor*, *fil. El-Mondari majoris;* is Hiram igne succendit, ob quam causam filii ejus dicti sunt *âl-Moharrik* (familia Combustoris). Huic successit frater ejus, *En-No'man minor*, *fil. El-Mondari majoris;* regnumque post ipsum obtinuit *En-No'man fil. 'Amri, fil. El-Mondari*, qui castellum *Es-Soweida* exstruxit. Hujus En-No'mani pater 'Amru rex non fuerat. De illo 'Amro dixit *En-Nabegha Dhobjanensis:*

> *'Amro utique gratias debeo pro collatis in me beneficiis, post beneficia quae a patre ejus accepi, quaeque non sunt ad scorpionum instar.*

En-No'man ille successorem habuit filium suum *Djabalam*, hunc qui bellum gessit cum El-Mondaro fil. Ma-es-semaae. Djabala ille *Siffini* domicilium habuit. — Post Djabalam regnum tenuit *En-No'man fil. El-Eihemi*, *fil. El-Harethi*, *fil. Tha'lebae*, moxque hujus frater *El-Hareth fil. El-Ehiemi.* Huic successit filius ejus *En-Noman;* is restauravit cisternas *Er-Rofafae*, quas destruxerat quidam rex Hirae ex Lochmitis. En-No'mano successerunt filii ejus, *El-Mondar* primum, tum El-Mondari frater *'Amru*, denique *Hodjr*, ipse quoque El-Mondari et 'Amri frater. — Post Hodjrum regnavit *El-Hareth fil. Hodjri;* tum *Djabala fil. El-Harethi;*

ملك ابنه النعمان بن الحرث وكنيته ابو كرب ولقبه قطام ثمّ ملك بعده الايهم بن جبلة بن الحرث وهو صاحب تدمر وكان عامله يقال له القين بن خسر وبنى له بالبرّيّة قصرا عظيما ومصانع واظنّ انّه قصر برقع ثمّ ملك بعده اخوه المنذر بن جبلة ثمّ ملك اخوهما سراحيل بن جبلة [ثمّ ملك اخوهم عمرو بن جبلة ثمّ ملك بعده ابن اخيه جبلة بن الحرث بن جبلة] ثمّ ملك بعده جبلة بن الايهم بن جبلة وهو آخر ملوك غسّان وهو الذى اسلم فى خلافة عمر رضى الله عنه ثمّ عاد الى الروم وتنصّر وسنذكر ذلك فى خلافة عمر ان شاء الله تعالى وقد اختلف فى مدّة ملك الغساسنة فقيل اربع مائة سنة وقيل ستّمائة سنة وبين ذلك ✿ **ذكر ملوك جُرْهم** امّا جرهم فهم صنفان، جرهم الاولى وكانوا على عهد عاد فبادوا ودرست اخبارهم وهم من العرب البايدة وامّا جرهم الثانية فهم من ولد جرهم بن قحطان وكان جرهم اخا يعرب بن قحطان فملك يعرب اليمن وملك اخوه جرهم الحجاز ثمّ ملك بعد جُرهم ابنه عبد ياليل بن جرهم ثمّ ابنه جرشم بن عبد ياليل ثمّ ابنه عبد المدان بن جرشم ثمّ ابنه نعمله بن عبد المدان ثمّ ابنه عبد المسيح بن نعمله ثمّ ابنه مضاض بن عبد المسيح ثمّ ابنه عمرو بن مضاض ثمّ اخوه الحرث بن مضاض ثمّ ابنه عمرو بن الحارث ثمّ اخوه بشر بن الحارث ثمّ مضاض بن عمرو بن مضاض وجرهم المذكورون هم الذين اتّصل بهم اسمعيل وتزوّج منهم وسنذكرهم ايضا عند ذكر بنى اسمعيل ✿ **ذكر ملوك كندة من الكامل**

قال اوّل ملوك كندة حجر آكل المرار بن عمرو هو من ولد كندة وكان اسم كندة ثور وهو ابن عفير بن الحرث من ولد زيد بن كهلان بن سبا وكانت كندة قبل ان يملك عليهم حجر بغير ملك فاكل القوىّ الضعيف فلمّا ملك حجر سدّد امورهم وساسهم احسن سياسة وانتزع من اللخميّين ما كان بايديهم من ارض بكر بن وايل وبقى حجر آكل المرار كذلك حتّى مات وقيل له آكل المرار لكون امراته قالت عنه كانّه جمل قد اكل المرار لبغضها له فغلب ذلك لقبا عليه وملك بعد حجر المذكور ابنه عمرو بن حجر ويقال لعمرو المذكور المقصور لانّه اقتصر على ملك ابيه ثمّ ملك بعده ابنه الحرث بن عمرو وقوى ملك الحارث المذكور ووافق كسرى قباذ بن فيروز على الزندقة والدخول فى مذهب مزدك فطرد قباذ المنذر بن ماء السماء اللخمىّ عن ملك الحيرة وملك الحارث المذكور موضعه فعظم شان الحارث وقد

deinde *El-Hareth fil. Djabalae*, et mox *En-No'man fil. El-Harethi*, cui cognomen fuit *Abu-carb*, et agnomen *Kotam*. — En-No'mano successit *El-Eihem fil. Djabalae*, *fil. El-Harethi*, qui *Palmyram* obtinuit. Hujus praefecto nomen erat *El-Kain fil. Chasri*, qui ei in deserto magnum castellum et aedificia exstruxit. Castellum illud hunc locum esse conjicio, qui *Kasr-Barka'* dicitur. Huic successit frater *El-Mondar fil. Djabalae*, mox amborum frater *Sarahil fil. Djabalae*, tum *'Amru*, ipse quoque *fil. Djabalae* et regum supradictorum frater. — 'Amro successit fratris filius *Djabala fil. El-Harethi*, *fil. Djabalae*; et huic *Djabala* alius, *fil. El-Eihemi*, *fil. Djabalae*, qui regum Ghassanitarum ultimus fuit. Hic est qui Islamum, regnante Omaro, amplexus est, postea vero ad Graecos rursus defecit, Christoque nomen dedit. Hanc rem narrabimus, quando de rebus gestis Omari agemus, si Deo visum fuerit. — Quamdiu steterit Ghassanitarum regnum, inter scriptores haud convenit, aliis quadringentos, aliis sexcentos annos huic Dynastiae tribuentibus. Sunt etiam qui sententiam inter utramque mediam tueantur.

De Djorhomitarum regibus.

Djorhomitae duplicis sunt generis: *Djorhomitae priores*, qui tempore Aditarum fuerunt, et interierunt, quorumque res gestae ignorantur: hi inter Arabes quorum progenies non exstat numerantur. *Djorhomitae posteriores* auctorem generis habent *Djorhomum fil. Kahtani*. Djorhom ille frater fuit *Ja'rebi fil. Kahtani*. Terram El-Jemen Ja'reb obtinuit, ejus vero frater Djorhom El-Hedjaz. — Djorhomo successit filius ejus *'Abd-jalil*, qui regnum reliquit *Djorschamo* filio suo. Post hunc regnaverunt *'Abd-el-modan fil. Djorschami*, *Naghila fil. Abd-el-modani*, *Abd-el-mesih fil. Naghilae*, *Modhadh fil. 'Abd-el-mesihi*, *'Amru fil. Modhadhi*, tum 'Amri frater *El-Hareth fil. Modhadhi*; hunc excepit *'Amru fil. El-Harethi*, hunc frater *Bischr fil. El-Harethi*. cui successit *Modhadh fil. 'Amri*, *fil. Modhadhi*. Hi Djorhomitae illi sunt quibuscum societatem iniit Ismael, et a quibus uxorem accepit. De his rursus loquendi erit locus, quando de filiis Ismaelis verba faciemus.

De regibus Kenditarum, ex libro qui El-Camil dicitur.

Dicit (sc. Ibn-el-Athir, libri El-Camil auctor): Primus regum Kenditarum fuit *Hodjr Akil-el-murar*, *fil. 'Amri*, e posteris *Kendae*. Kendae vero nomine *Thaur* appellabatur, qui patrem habuit *'Afirum fil. El-Harethi*, e posteris *Zeidi fil. Cahlani*, *fil. Sabae*. Kenditae autem regi non parebant priusquam in eos regnum acciperet Hodjr, potentiorque debiliorem devorabat. Hodjr, rex factus, res eorum bene constituit, imperium optime administravit, Lochmitisque eripuit quodcunque vi invaserant de terris, quae ad Becrum fil. Wajili pertinebant. Sicque agere perrexit Hodjr Akil-el murar, usque dum obiit. Hoc autem cognomen (sc. Akil-el-murar) inde habuit, quod uxor ejus, ob odium quo eum prosequebatur, de eo loquens dixerat: „Similis videtur camelo, qui fruticem, *murar* dictum, depastus est.“ Inde adhaesit ei hoc cognomen. — Hodjro successit *'Amru fil. Hodjri*, qui *Maksur* (i. e. se cohibens) dicitur, quia regno quod a patre acceperat contentus fuit, nihil ultra appetens. Post hunc regnavit *El-Hareth fil. 'Amri*, cujus potestas novis aucta est viribus. El-Hareth enim Cosroem Kobadum fil. Firuzi imitatus, Zendicorum dogmata Mardekique religionem secutus est. Kobad igitur, pulso ab Hirae regno El-Mondaro fil. Ma-es-semaae Lochmita, El-Harethum in ejus locum regem constituit. El-Hareth

itaque

وقد تقدّم ذلك فى الفصل الثانى مع ذكر انوشروان ابن قباذ فلمّا ملك انوشروان اعاد المنذر وطرد الحارث المذكور فهرب وتبعته تغلب وعدّة قبايل فظفروا باموالة وباربعين نفسا من بنى حجر آكل المرار منهم ابنان من ولد الحارث المذكور فقتلهم المنذر عن آخرهم فى ديار بنى مرين وفى ذلك يقول امرء القيس ابن حجر بن الحارث المذكور

فآبوا بالنهاب وبالسبايا　　وابنآء الملوك مصفّدينا
ملوك من بنى حجر بن عمرو　　يساقون العشيّة يقتلونا
فلو فى يوم معركة اصيبوا　　ولكن فى ديار بنى مرينا
ولم تغسل جماجمهم بغسل　　ولكن فى الدماء مرمّلينا
تظلّ الطير عاكفة عليهم　　وتنتزع الحواجب والعيونا

وهرب الحارث الى ديار كلب وبقى بها حتّى عدم واختلف فى صورة عدمه وكان الحارث المذكور قد ملّك ابنه حجر ابن الحارث على بنى اسد ابن خزيمة بن مدركة وملّك ايضا باقى بنيه على قبايل العرب فملّك ابنه شراحيل ابن الحارث على بكر بن وايل وملّك ابنه معدى كرب ابن الحارث وكان يلقب غلفا لتغليفه راسه بالطيب على قيس غيلان وملّك ابنه سلمة على تغلب والنمر امّا حجر المذكور وهو ابو امرء القيس الشاعر فبقى امره مماسكا فى بنى اسد مدّه ثمّ تنكّروا عليه فقاتلهم وقهرهم وبالغ فى نكايتهم ودخلوا تحت طاعته ثمّ هجموا عليه بغتة وقتلوه غيلة وفى ذلك يقول ابنه امرء القيس بن حجر المذكور ابياتا منها

بنو اسد قتلوا ربّهم　　الا كلّ شىء سواه خلل

وكان امرء القيس لمّا سمع بمقتل ابيه بموضع يقال له دمّون من ارض اليمن فقال فى ذلك

تطاول الليل علىّ دمّونْ　　دمّون انا معشر يمانونْ

ثمّ استنجد امرء القيس ببكر وتغلب على بنى اسد فانجدوه وهربت بنو اسد منهم وتبعهم فلم يظفر بهم ثمّ تخاذلت عنه بكر وتغلب وتطلّبه المنذر ابن ماء السماء فتفرّقت جموع امرء القيس خوفا من المنذر وخاف امرء القيس من المنذر وصار يدخل على قبايل العرب وينتقل من اناس الى اناس حتّى قصد السموّل بن عاديا اليهودىّ فاكرمه وانزله واقام امرء القيس عند السموّل ما شاء الله ثمّ سار امرء القيس الى قيصر ملك الروم مستنجدا به واودع ادراعه عند السموّل بن عاديا

itaque ad summum fastigium evectus est. De qua re jam diximus in secundo libro, cum de Anuschirwano Kobadi filio ageremus. Anuschirwan postea rex factus El-Mondarum restituit, El-Harethum vero expulit. Fugientem insecuti Thaghlebitae una cum aliis Arabum familiis, opes ejus universas ceperunt simulque quadraginta de posteris Hodjri Akil-el-murari, e quorum numero fuerunt filii duo El-Harethi ipsius. Hos captivos ad unum omnes interfecit El-Mondar in regione quam incolebant Merinitae. Cujus rei mentionem facit his versibus *Amru-al-Kais fil. Hodjri, fil. El-Harethi* supradicti:

Itaque reversi sunt cum spoliis, captivis, regumque liberis vincula sustinentibus:

Reges e sanguine Hodjri filii 'Amri prognati ducebantur captivi, ad vesperam occidendi.

Si die belli mortem oppetiissent (sc. utique ferri posset): *sed occisi sunt in regione filiorum Merini;*

Nec lota sunt crania eorum aqua suaveolenti, sed in sanguine jacuerunt inquinati foedatique,

Dum iis assidue incumbebant ferae volucres, supercilia oculosque eruentes.

El-Hareth igitur cum in regionem Kelbitarum fuga se contulisset, ibi mansit usque ad mortem; quomodo vero vitam finierit, variae sunt de eo opiniones. Filium suum *Hodjrum* El-Hareth regem dederat posteris Asadi, fil. Chozeimae, fil. Modrekae; aliis etiam Arabum familiis caeteros filios reges imposuerat: *Scharahilo filio El-Harethi* posteros Bekri fil. Wajili regendos dederat; *Ma'di-carbum*, qui *Ghalik* appellabatur, eo quod caput suum unguentis inficeret, Kais-ghailani posteris praefecerat; Thaghlebitis denique et Namritis *Selimam* regem imposuerat. Hodjr fil. El-Harethi supradictus, pater *Amru-al-Kaisi* poëtae, aliquamdiu Asaditis praefuit; postea vero ipsum exosos imperiumque excutientes armis aggressus devicit magnisque malis affecit. Itaque auctoritati ejus sese rursus submiserunt; sed mox de improviso eum adorti interfecerunt. Exstant hac de re versus Amru-al-Kaisi fil. Hodjri, e quibus ille est:

Filii Asadi dominum suum occiderunt: ecce jam omnia, illo sublato, luxa et clauda sunt.

Amru-al-kais cum audiret patris sui necem, in loco Jemenensi degebat, cui nomen erat *Demmun*; eo spectat quod aït:

Diu super me, Demmun, morata est nox: ipsa Demmun loquor, quae sum sedes tribus Jemenensis.

Amru-al-Kais igitur, auxilio impetrato a Bekritis et Thaghlebitis adversus Asaditas, hos fugientes insecutus, sed non assecutus est. Tum vero ab eo defecerunt Bekritae et Thaghlebitae cum eo rixati, El-Mondaroque fil. Ma-es-semaae eum acrius persequente, ab Amru-al-Kaiso discesserunt omnes, quas secum habebat, copiae, El-Mondarum veritae. Ipse quoque Amru-al-Kais El-Mondari metu ad Arabum tribus se contulit, atque ab aliis ad alios transiit. Devenit tandem ad *Samuelem 'Adiae filium*, Judaeum, qui eum honorifice excepit domiciliumque ei praebuit. Quum apud Samuelem mansisset quamdiu Deo ita visum est, Caesarem, Graecorum regem, adiit, auxilium ab eo petiturus, loricis quas habebat apud Samuelem Adiae filium

بن عاديا المذكور ومرّ على حماة وشيزر وقال فى مسيره قصيدته المشهورة

شوقٌ بعد ما كان اقصرا

ومنها

تقطّع اسباب اللبابة والهوى   وعشية جاوزنا حماة وشيزرا
بكى صاحبى لمّا رأى الدرب دونه   وأيقن انّا لاحقان بقيصرا
فقلت له لا تبك عينك انّما   نحاول مُلْكا او نموتَ فنعذرا

وكان بامرء القيس قرحة قد طالت به وفى ذلك يقول ابياته التى منها

وبدّلت قرحا داميا بعد صحّة   لعلّ منايانا تحوّلن ابؤسا

فمات امرء القيس بعد عوده من عند قيصر فى بلاد الروم عند جبل يقال له عسيب ولمّا علم بموته هناك قال

أجارتنا انّ الخطوب تنوب   وانّى مقيم مُا اقام عسيب

وقد قيل انّ ملك الروم سمّه فى حلّة وهو عندى من الخرافات ولمّا مات امرء القيس سار الحارث بن ابى شمر الغسّانىّ الى السموّل وطلبه بادرع امرء القيس وما له عنده وكانت الادراع مايّة وكان الحارث قد اسر ابن السموّل فلمّا امتنع السموّل من تسليم ذلك الى الحارث قال الحارث امّا ان تسلم الادراع وامّا ان قتلت ابنك فابى السموّل ان يسلّم الادراع وقتل ابنه قدّامه فقال السموّل فى ذلك ابياتا منها

وفيت بادرع الكندىّ انّى   اذا ما ذمّ اقوام وفيتُ
واوصى عاديا يوما بأن لا   تهدّم يا سموّل ما بنيت

وقد ذكر الاعشى هذه الحادثة فقال

كن كالسموّل اذ طاف الهمام به   فى جحفل كسواد الليل جرّارِ
فشكّ غير طويل ثمّ قال له   اقتل اسيرك انّى مانع جارى

انتهى الكلام فى ملوك كنده ۞

ذكر عدّة من ملوك العرب متفرّقين فمنهم عمرو بن لحىّ بن حارثة بن عمرو مزيقيا بن عامر بن حارثة بن امرء القيس بن ثعلبة بن مازن بن الازد من ولد كهلان بن سبا وكان عمرو

filium relictis, iterque per Hamatham et Scheizarum instituit. De quo itinere poema illud decantatum composuit, quod ita incipit:

Desiderium quod prius erat levius etc.

Ex eo sunt hi versus:

Valediximus Lubabae et amori, vesperique praeterivimus Hamatham et Scheizarum.

Flevit socius meus, cum vidisset viam sibi emetiendam, fletuique has voces subjunxit: Nimirum Caesarem adimus!

Cui respondi: ne lacrymetur oculus tuus: certum est regnum recuperare, nisi forte mors nos praevortet, sicque excusati erimus.

Ulcere vexabatur jam dudum Amru-al-kais; ad quam rem versus illi spectant, e quibus hic est:

Ulcere sanguinolento affectus sum, postquam recte valui: forsan fata nostra vertentur in malum.

Mortuus est autem Amru-al-kais postquam a Caesare rediit, in Asia minori, apud montem cui nomen *'Asib*; ubi ut se moriturum sensit, hunc versum edidit:

O uxor, fortunae casus in vices mortalibus ingruunt: ego vero stabilem hic, quamdiu 'Asib, sedem habebo.

Ferunt quidam Amru-al-kaisum a rege Graecorum veste venenata missa sublatum fuisse; verum id mihi videtur inter fabulas habendum. Mortuo Amru-al-kaiso, Samuelem adiit *El-Hareth fil. Abu-samari Ghassanita*, atque ab eo petiit loricas Amru-al-kaisi omniaque quae apud eum reliquerat. Erant autem loricae centum numero. El-Hareth captivum fecerat Samuelis filium, eoque res Amru-al-kaisi petenti illi tradere recusante: *Aut loricas mihi trades*, inquit El-Hareth, *aut filium tuum interficiam.* Samuele nihilominus loricas se traditurum negante, occisus est coram eo filius; qua de re Samuel versus edidit, e quibus sunt hi:

Fideliter servavi loricas Kenditae: contumeliam, in quam alii subinde incurrunt, ego omni tempore a me defendo.

Quodam die hoc mihi praeceptum dedit 'Adia: O Samuel, noli destruere id quod ego aedificavi.

Ejusdem rei mentionem fecit *El-A'scha*, his verbis:

Esto sicut Samuel, quum eum invasit rex potentissimus, stipatus exercitu tenebris nocturnis simili, impedimentis gravi:

Paululum haesit dubius; mox dixit: Occide captivum tuum, ego clientem meum tuebor.

Finis historiae regum Kenditarum.

De diversis Arabum regibus.

Ex eorum numero fuit *'Amru fil. Lohajji, fil. Harethae, fil. 'Amri Mozeikiae, fil. 'Amiri, fil. Harethae, fil. Amru-al-kaisi, fil. Tha'lebae, fil. Mazini, fil. El-Azdi*, e posteris *Cahlani fil. Sabae.*

عمرو بن لحىّ المذكور ملك الحجاز وكثير الذكر فى الجاهليّة والبه تنسب خزاعة فيقولون انّهم من ولد كعب بن عمرو المذكور قال الشهرستانىّ وعمرو بن لحىّ المذكور هو اوّل من جعل الاصنام على الكعبة وعبدها فاطاعته العرب وعبدوها معه واستمرّت العرب على عبادة الاصنام حتّى جاء الاسلام وكان سبب ذلك انّ عمرا المذكور سار الى البلقاء من الشام فراى قوما يعبدون الاصنام فسالهم عنها فقالوا هذه ارباب اتّخذناها على شكل الهياكل العلويّة والاشخاص البشريّة نستنصر بها فننصر ونستسقى بها فنسقى فاعجبه ذلك فطلب منهم صنما فدفعوا اليه هبل فصار به الى مكّة ووضعه على الكعبة واستصحب ايضا صنمين يقال لهما اساف ونايلة ودعى الناس الى تعظيم الاصنام والتقرّب اليها فاجابوه وقد ذكر الشهرستانىّ انّ ذلك كان فى ايّام سابور كان قبل الاسلام بنحو اربع مايئة سنة ان كان سابور بن اردشير بن بابك وامّا ان كان سابور ذا الاكتاف فهو ابعد عن الصواب لانّه بعد سابور الاوّل بمدّة كثير . من ملوك العرب زهير بن حباب بن هبل بن عبد الله بن كنانة ابن نكير ابن عون بن عذرة الكلبىّ وكان يسمّى زهير المذكور الكاهن لصحّة رايه وعاش عمرا طويلا وغزا غزوات كثيرة وكان ميمون النقيب واجتمعت عليه قضاعة فغزا بهم غطفان بسبب انّ بنى نقيص بن ريث بن غطفان بنوا حرما مثل حرم مكّة وولى سدانته منهم بنو مرّة بن عون فلمّا بلغ زهيرا ذلك قال والله لا يكون ذلك ابدا ولا اخلّى غطفان يتّخذ حرما وغزاهم وجرى بينهم قتال شديد وظفر بهم زهير وابطل حرمهم واخذ اموالهم وردّ نساءهم عليهم وفى ذلك يقول ابياتا منها

ولو لا الفضل منّا ما رجعتم　　الى عذراء شيمتها الحياء

وكان زهير المذكور قد اجتمع بابرهة الاشرم الحبشىّ صاحب الفيل فاكرمه ابرهة وفضّله على غيره من العرب وامّره على بكر وتغلب ابنى وايل واستمرّ زهير اميرا عليهم حتّى خرجوا عن طاعته فغزاهم ايضا وقتل فيهم وكذلك ايضا غزا بنى القين وجرى له مع المذكورين حروب يطول شرحها وكان الظفر لزهير ولمّا اسنّ زهير المذكور شرب الخمر صرفا حتّى مات قال ابن الاثير وممّن شرب الخمر صرفا حتّى مات عمرو بن كلثوم التغلبىّ وابو عامر ملاعب الاسنّة العامرىّ . ومن ملوك العرب ايضا كليب بن ربيعة ابن الحارث بن زهير بن جشم بن بكر ابن حبيب بن عمرو بن غنم بن تغلب بن وايل ووايل هو بن قاسط بن هنب ابن افصى بن دعمى بن جديلة بن اسد بن ربيعة الفرس بن نزار بن معد بن عدنان وكان كليب المذكور اسمه وايلا وكليب

Sabae. 'Amru hic Lohajji filius rex fuit El-Hedjazi, magnumque nomen habuit ignorantiae saeculis (i. e. aetate anteislamica). Ad eum genus referunt Chozaïtae, dicuntque se originem ducere a *Ca'bo*, hujusce 'Amri filio. Es-Schahresthanio referente, 'Amru Lohajji filius primus idola super Caabam posuit eisque cultum exhibuit: cui obsecuti Arabes quoque ea coluerunt, et idolorum cultui addicti manserunt, donec supervenit religio Islamica. — Hujus rei causa haec fuit quod 'Amru iste, itinere in Syriae regionem quae El-Balka dicitur, suscepto, homines vidit qui simulacris cultum exhibebant; a quibus quum quaesivisset, quidnam hoc rei esset, responsum tulit hujusmodi: *Haec simulacra sunt Dii, quos ad similitudinem corporum coelestium et formarum humanarum fecimus: ab eis auxilium petimus et impetramus, pluviam rogamus et obtinemus.* Id miratus 'Amru simulacrum ab eis petiit, dederuntque ei *Hobalum:* quod quum Meccam secum detulisset, Caabae imposuit; alia quoque duo simulacra secum advexit, quae dicebantur *Asaf* et *Naïla*, hominesque hortatus est ut colerent idola eaque sibi sacris rite faciendis propitia redderent: illi vero dictis ejus paruerunt. Refert Es-Schahresthani, id factum fuisse tempore Saporis, i. e. quadringentis ante Islamum annis, si Saporem fil. Ardeschiri fil. Babeki innuere voluit; si contra Saporem Dhu 'l-acthaf, hoc a vero nimis abhorret, quum Sapor iste multo post priorem Saporem vixerit. — E regibus Arabum fuit etiam *Zoheir fil. Hobabi, fil. Hobali, fil. 'Abd-allahi, fil. Kenanae, fil. Nekiri, fil. 'Auni, fil. 'Odhrae, Kelbita*, cui cognomen fuit *El-Cahin* (Vates), ob judicii acumen et praestantiam. Diutissime vixit multaque bella gessit, et fortunam sibi faventem habuit. Congregatis ad eum Kodhaïtis, cum iis bellum intulit Ghatfanitis: cujus causa haec fuit quod filii Nakisi, fil. Reithi, fil. Ghatfani, aedem sacram aedificaverant delubro Meccano similem, cujus curam illorum tribules, filii Morrae fil. 'Auni, susceperant. Qua re audita Zoheir: *Per Deum*, inquit, *illud neutiquam fiet, nec patiar Ghatfanitas aedem sacram sibi habere.* Eis igitur bello illato, ex utraque parte acriter pugnatum est: victor tandem Zoheir Ghatfanitarum delubrum destruxit, opes eorum cepit, mulieres tamen restituit; qua occasione versus quosdam edidit, quorum e numero hic est:

> *Nisi in vos indulgentia usi essemus, neutiquam reversi essetis ad virginem indolis pudicae.*

Zoheir ille aliquando convenit *Abraham El-Aschram* Aethiopem, qui *Dominus elephanti* appellatur; a quo honorifice acceptus est et prae aliis Arabibus bene habitus. Abraha imperium ei detulit in Bekritas et Thaghlebitas a Wajilo oriundos: quibus praefuit Zoheir, donec ab eo defecerunt. Itaque his quoque bellum intulit et caedem inter eos edidit. Etiam El-Kainitas bello aggressus est. Cum utrisque pluribus proeliis conflixit, quorum seriem enarrare longum est. Victoria tandem apud Zoheirum stetit. Jam senex, mero largius potato extinctus est. Ex iis, inquit Ibn-el-Athir, qui mero immoderate hausto perierunt, fuit *'Amru fil. Kulthumi Thaghlebita* et *Abu-'Amir*, cui cognomen erat *Mola'ib-el-esinneh* (cui ludi instar est lancearum conflictus), *'Amirita.* — Inter Arabum reges fuit etiam *Coleib fil. Rebiae, fil. El-Harethi, fil. Zoheiri, fil. Djoschami, fil. Bekri, fil. Habibi, fil. 'Amri, fil. Ghanemi, fil. Thaghlebi, fil. Wajili*, qui Wajil patrem habuit *Kasitum fil. Henbi, fil. Aksae, fil. Do'mae, fil. Djedilae, fil. Asadi, fil. Rebi'ath-el-farasi, fil. Nizari, fil. Ma'di, fil. 'Adnani.* Coleib iste vero

nomine

وكليب لقب غلب عليه وملك كليب على بنى معد وقاتل جموع اليمن وهزمهم وعظم شانه وبقى زمانا من الدهر ثمّ دخل كليبا زهو شديد وبغى على قومه فصار يحمى عليهم مواقع السحاب فلا يرعى حماه ويقول وحش ارض كذا فى جوارى فلا يصاد ولا ترد ابل مع ابله ولا توقد نار من ناره وبقى كذلك حتّى قتله جسّاس بن مرّة بن ذهل بن شيبان وشيبان من بنى بكر بن وايل المذكور وكان سبب مقتل كليب انّ رجلا من جرم نزل على خالة جسّاس وكان اسم خالته المذكورة البسوس بنت منقذ التميميّة وكان للجرميّ المذكور ناقة اسمها سراب فوجدها كليب ترعى فى حماه فضربها بالنشاب واخرم ضرعها وجاءت الناقة الى الجرميّ صاحبها مجروحة فصرخ بالذلّ فلمّا سمعته البسوس وضعت يدها على راسها وصاحت واذلّاه بسبب نزيلها الجرميّ المذكور فاستنصر جسّاس لخالته وقصد كليبا وهو منفرد فى حماه فضربه بالرمح فقتله ولمّا قتل كليب قام اخوه مهلهل ابن ربيعة بن الحارث المذكور وجمع قبايل تغلب واقتتل مع بنى بكر وجرى بينهم عدّة وقايع اوّلها يوم عنيزه وكانوا فى القتال على السوايم اتّفقوا بماء يقال له النهى وكان رييس تغلب مهلهلا ورييس بنى شيبان بن بكر الحارث بن مرّة اخا جسّاس وكان النصر لبنى تغلب وقتل من بكر جماعة ثمّ التقوا بالذنايب وهى من اعظم وقايعهم فانتصر مهلهل وبنو تغلب وقتل من بنى بكر مقتلة عظيمة وقتل من بنى شيبان جماعة منهم شراحيل ابن هشام بن مرّة وهو ابن اخى جسّاس وشراحيل المذكور هو جدّ معن بن زايدة الشيبانىّ وقتل ايضا الحارث بن مرّة وهو اخو جسّاس وكذلك قتل جماعة من رؤسا بنى بكر ثمّ التقوا يوم واردات فظفرت تغلب ايضا وكثر القتل فى بكر وقتل همّام اخو جسّاس لابيه وامّه وجعلت تغلب يطلب جسّاسا اشدّ الطلب فقال له ابوه مرّة الحق باخوالك بالشام وارسله سرًّا مع نفر قليل وبلغ مهلهلا الخبر فارسل فى طلبه ثلاثين نفرا فادركوا جسّاسا واقتتلوا فلم يسلم من اصحاب مهلهل غير رجلين وكذلك لم يسلم من البكريّين اصحاب جسّاس غير رجلين وجرح جسّاس جرحا شديدا مات منه وعاد الذين سلموا فخبّروا اصحابهم وكذلك قتل مهلهل ايضا بجير بن الحرث البكرىّ ولمّا قتله مهلهل قال بؤ بشسع نعل كليب فلمّا قتل بجير قال ابوه الحرث الابيات المشهورة التى منها

قرّبا مربط النعامة منّى شاب راسى وانكرتنى رجالى

لم اكن من جناتها علم اللـه وانّى بحرّها اليوم صالى

والنعامة

nomine *Wajil* dicebatur, sed cognomen habuit *Coleib*, et hoc cognomine vulgo appellatus est. Regnavit Coleib in Ma'ditis. Contra congregatas Jemenensium tribus pugnavit easque fugavit. Hoc facto magnam famam adeptus est; cumque per aliquod tempus res eo statu mansissent, feroci superbia elatus Coleib eos quibus imperabat male habere coepit: a locis quae pluviis irrigabantur illos arcebat eaque sibi reservabat, nec cuiquam licebat greges in agris iis pascere, quos Coleib sibi proprios esse jusserat; si quando dixerat: „Feras hujus vel illius tractus in meam clientelam recepi,“ nemo eas venari audebat; camelos cum camelis ejus adaquare, ignem ex foco ejus accendere nefas erat; nec talem se gerere destitit, donec occisus est a *Djessaso fil. Morrae*, *fil. Dohli*, *fil. Scheibani.* Erat autem Scheiban e posteris Bekri, fil. Wajili illius de quo modo diximus. Coleibo occidendo id ansam praebuit, quod vir quidam ex Djaramitis hospitio amitae Djessasi usus est, cujus mulieris nomen erat *Besusa filia Monkadi*, *Themimitis.* Djaramita ille camelam habebat quae *Scherab* dicebatur: hanc quum Coleib in agro quem sibi reservaverat pascentem conspexisset, sagittis eam petiit et ubera ejus transfixit: camela ad herum suum Djaramitam rediit, qui ut vulneratam vidit, contumeliam sibi illatam magnis clamoribus questus est: Besusa, hoc audito, manum capiti imposuit et, hospitis sui Djaramitae causam suam faciens: *Proh contumeliam!* exclamavit: hinc Djessas, amitae vindicta suscepta, Coleibum petiit: quem quum solum in ipso illo agro invenisset, hastae ictu eum confodit. Occiso Coleibo, surrexit frater ejus *Mohelhel fil. Rebiae*, *fil. El-Harethi*, collectisque Thaghlebiturum familiis, cum Bekritis congressus est, multaque inter eos fuere proelia. Eorum primum dicitur *Dies 'Anbarae:* manus consertae sunt adstantibus utrimque gregibus, prope aquam quae *En-Nahi* appellatur. Thaghlebitarum dux erat Mohelhel, posterorum Scheibani fil. Bekri *El-Hareth fil. Morrae*, frater Djessasi. Thaghlebitae victores proelio excesserunt, occisis Bekritis complurimis. — Postea rursus gradum contulerunt in *Ed-Denaïb:* hoc e praecipuis hujus belli praeliis fuit. Mohelhel cum Thaghlebitis rem bene gessit et magnam Bekritarum stragem edidit. E Scheibanitis multi occisi: in his *Scharahil fil. Heschami*, *fil. Morrae*, cujus pater erat frater Djessasi, quique avus fuit *Ma'ni*, *fil. Zaïdae Scheibanitae;* occisus est etiam *El-Hareth fil. Morrae*, frater Djessasi, pluresque alii e principibus Bekritarum. — Congressis rursus utrimque copiis *Die Waridhath*, Thaghlebitae iterum secunda fortuna usi sunt: e Bekritis multi occisi, inter quos fuit *Hemmam* frater Djessasi, eodem patre eademque matre genitus. Cum Thaghlebitae Djessasum acerrime persequerentur, pater Morra eum ad cognatos maternos, qui in Syria sedebant, concedere jussit eumque cum paucis comitibus clam dimisit. Id ubi rescivit Mohelhel, triginta viros post illum misit, qui eum assecuti sunt: ibi utrimque dimicatum tam acriter, ut e viris a Mohelhelo missis duo tantum incolumes evaderent, nec plures e Bekritis qui cum Djessaso erant. Ipse grave vulnus retulit, quo postea mortuus est. Qui proelio superstites fuere, ad suos reversi iis rem renuntiarunt. — Sic Mohelhel interfecit etiam *Boheirum fil. El-Harethi Bekritae*, et simul increpans: *Morere*, inquit, *estoque piaculum pro corrigia calcei Coleibi!* Quum occisus fuisset Boheir fil. El-Harethi, versus illos notissimos pater fudit ejus El-Hareth:

> *Prope ad me, pueri, admovete habenam En-Na'amae: canuerunt capilli mei, meique me jam non agnoscunt.*
>
> *Non fui (Deum testor!) e numero eorum qui in illos* (sc. Thaghlebitas) *crimen commisere: nihilominus hodie aestu eorum uror.*

En-Na'ama

والنعامة اسم فرسه ودامت الحرب بين بنى وايل المذكورين كذلك نحو اربعين سنة ولمّا قتل جسّاس ارسل ابوه مرّة يقول لمهلهل قد ادركت ثارك وقتلت جسّاسا فاكفف عن الحرب ودع اللجاج والاسراف فلم يرجع مهلهل عن القتال ولمّا طالت الحروب بينهم وادركت تغلب ما ارادته من بكر اجازهم الى الكفّ عن القتال وعدم مهلهل واختلف فى صورة عدمه تركنا ذكره للاختصار . ومن ملوك العرب زهير ابن جذيمة بن رواحة بن ربيعة بن مازن بن الحارث بن قطيعة بن عبس وهو والد الملك قيس بن زهير العبسىّ وكان لزهير اتاوة على هوازن ياخذها كلّ سنة فى عكاظ وهو سوق العرب ايّام الموسم بالحجاز وكان يسوم هوازن الخسف فكان فى قلوبهم منه ووقعت الحرب بين زهير وبين عامر فاتّفقت هوازن مع خالد بن جعفر بن كلاب وبنى عامر على حرب زهير واقتتلوا معه فاعتنق زهير وخالد وتقاتلا فقتل زهير وسلم خالد وكانت الوقعة بالقرب من ارض هوازن فحملت زهيرا بنوه ميّتا الى بلادهم فقال ورقة بن زهير ابياتا فى ذلك منها يقول لخالد المذكور

فطر خالد ان كنت تَسْتطيعُ طيرة ولا تَقَعَنْ الّا وقلبك حاذر
اتتك المنايا ان بقيت بضربة ففارق منها العيش والموت حاضر

ولمّا كان من خالد بن جعفر بن كلاب ما كان من قتل زهير خاف وسار الى النعمان بن امرء القيس اللخمىّ ملك الحيرة واستجار به وكان زهير سيّد غطفان فانتدب منهم الحارث بن ظالم المرّىّ وقدم الى النعمان فى معنى حاجة له وكان النعمان قد ضرب لخالد قبّة فلمّا جنّ الليل دخل الحارث الى خالد وقتله فى القبّة غيلة وهرب وسلم ثمّ جمع الاخوص ابن جعفر وهو اخو خالد بنى عامر واخذ فى طلب الحارث المرّىّ وكذلك اخذ النعمان فى طلبه لقتله جاره وجرى بسبب ذلك حروب وامور يطول شرحها وكان آخرها يوم شعب جبلة على ما سنذكره ان شاء الله تعالى . ومن ملوك العرب الملك قيس ابن زهير العبسىّ المذكور وكان قد جمع لقتال بنى عامر اخذا بثار ابيه زهير ثمّ نزل قيس بالحجاز وفاخر قريشا ثمّ رحل عن قريش ونزل على بنى بدر الفزارىّ الذبيانىّ ونزل على حذيفة بن بدر وكان قيس قد اشترى من الحجاز حصانه داحسا وفرسه الغبراء وقد قيل انّ الغبراء بنت داحس استولدها قيس من داحس ولم يشترها وكان لحذيفة بن بدر فرسان يقال لهما الخطّار والحنفاء وقصد ان يسابق مع فرسى قيس داحس والغبراء فامتنع قيس وكره السباق وعلم انّه لبس فى ذلك خير فابى حذيفة الّا المسابقة فاجروا الاربعة المذكورة بموضع يقال

En-Na'ama nomen erat equae, qua El-Hareth utebatur. — Sic bellum inter Wajilitas per quadraginta circiter annos furere non desiit. Postquam occisus est Djessas, pater ejus Morra ad Mohelhelum misit qui haec ad eum verba facerent: „*Jam necem fratris ultus es, Djessasumque occidisti; itaque desiste a bello, rixisque pervicacibus et immoderatis finem fac;*" sed Mohelhel arma deponere noluit. Postquam autem bellum diu continuatum fuit, et Thaghlebitae quantum volebant poenarum a Bekritis sumserunt, Mohelhel illis permisit, ut a bello desisterent. Postea periit Mohelhel; de cujus obitu varia referuntur, sed ea non attingemus brevitatis studio. — De regibus Arabum est etiam *Zoheir fil. Djedhimae, fil. Rawahae, fil. Rebiae, fil. Mazini, fil. El-Harethi, fil. Katiae, fil. 'Absi;* qui Zoheir pater fuit regis *Kaisi fil. Zoheiri 'Absitae.* Zoheiro vectigal debebatur ab Hawazinitis, quod ei quotannis 'Ocadhi pendebatur. (*'Ocadh* nomen est nundinarum quae ab Arabibus unoquoque anno, tempore conventus sacri in El-Hedjazo, agebantur). Cum Zoheir durum se et acerbum Hawazinitis praeberet, male erga eum affecti erant; quare bello inter Zoheirum et 'Amiritas orto, Hawazinitae se cum *Chalido fil. Dja'fari, fil. Kelabi,* et 'Amiritis contra Zoheirum conjunxerunt. Proelio commisso, Zoheir et Chalid, collo invicem prehenso, colluctati sunt: quo certamine interfectus est Zoheir, Chalid salvus evasit. Praelium haud procul a regione quam incolebant Hawazinitae commissum est. Zoheirum mortuum filii sustulerunt et in patriam asportaverunt. Ea de re *Waraka fil. Zoheiri* versus edidit, e quibus hic est, quo Chalidum compellat:

> *Avola, o Chalid, si volare potes, neve unquam, nisi corde insidias praecavente, deorsum labere!*
>
> *Si remanseris, ictum infliget tibi fatum, cujus vi discedet vita, aderit mors.*

Quum igitur Chalid fil. Dja'fari, fil. Kelabi, ut diximus, Zoheirum interfecisset, sibi timens ad En-No'manum fil. Amru-al-kaisi, Lochmitam, regem Hirae, se recepit, ejusque se tutelae commisit. Quum autem Zoheir Ghatfanitarum princeps fuisset, illi *El-Harethum fil. Dhalimi Morritam* ad En-No'manum miserunt, tamquam de re aliqua cum rege acturum. Is in tentorium, quod En-No'man Chalido erigendum curaverat, noctu irrupit Chalidumque eo ipso in loco imprudentem interfecit; quo facto aufugit et salvus evasit. Tum vero *El-Achwas fil. Dja'fari,* Chalidi frater, Amiritis convocatis El-Harethum Morritam persequi coepit: quod quum En-No'man quoque, cujus clientem ille necasset, facere instituisset, inde consecuta sunt proelia gestaeque res plurimae, quas enarrare longum est. Horum proeliorum ultimum illud fuit quod *Dies vallis Djabalae* dicitur; de quo, si Deo visum fuerit, posthac agemus. — Ex regibus Arabum porro fuit *Kais fil. Zoheiri 'Absitae* illius de quo supra dictum est. Kais copias collegerat, ut bello persequeretur 'Amiritas et necem patris ulcisceretur. Postea in El-Hedjaz profectus, de gloria et nobilitate cum Koreischitis contendit. His deinde relictis, apud familiam Bedri Fezaritae Dhobjanitae consedit ibique hospitio *Hodheifae fil. Bedri* usus est. Emerat autem Kais in El-Hedjazo equum suum *Dahes* et equam *El-Ghabra;* quamquam aliis auctoribus El-Ghabra, Kaiso curante, e Daheso genita, non ab illo emta erat. Hodheifae Bedri filio duae equae erant, quae *El-Chattar* et *El-Hanfa* appellabantur: hae ut cum equis Kaisi, Daheso et El-Ghabra, cursu contenderent, ille expetiit. Recusavit primum Kais et certamen, quod inutile judicabat, evitare studuit. At Hodheifa nihil remittente, quatuor illi equi in loco, cui nomen *Dhath-el-asad,* ad cursum emissi sunt. Hippo-

يقال له ذات الاصاد وكان الميدان نحو مايَة غلوة والغلوة الرمية بالسهم ابعد ما يمكن وكان الرهن مايَة بعير فسبق داحس سبقا بيّنا والناس ينظرون اليه وكان حذيفة قد اكمن فى طريق الخيل من يعترض داحسا ان جاء سابقا فاعترضه ذلك القوم فضربوه على وجهه فتاخّر داحس ثمّ سبقت الغبراء ايضا الخطّار والحنفاء فانكر حذيفة ذلك كلّه وادّعى السبق فوقع الخلف بين بنى بدر وبنى قيس وكان بين الربيع بن زياد وبين قيس خلف بسبب درع اغتصبها الربيع من قيس وكان يسوء الربيع اتّفاق بنى بدر مع قيس فلمّا وقع بينهم بسبب السباق سرّه ذلك ولمّا اشتدّ الامر بينهم قتل قيس ندبة ابن حذيفة وكان لقيس اخ يقال له مالك بن زهير وكان نازلا على بنى ذبيان فلمّا بلغهم قتل ندبة قتلوا مالك بن زهير المذكور غيلة ولمّا بلغ الربيع بن زياد مقتل مالك عظم ذلك عليه جدّا وعطف على قيس وانتصر له وعمل الربيع ابياتا فى مقتل مالك منها

من كان مسرورا بمقتل مالك   فليأتِ نسوتنا بوجه نهار
يجد النساء حواسرا يندبنه   ويقمن قبل تبلّج الاسحار

ثمّ اجتمع قيس والربيع واصطلحا وتعانقا وقال قيس للربيع انّه لم يهرب منك من لجا اليك ولم يستغن عنك من استعان بك واجتمع الى قيس والربيع بنو عبس واجتمع الى بنى بدر بنو فزارة وذبيان واشتدّت الحروب بينهم وهى المعروفة بينهم بحرب داحس فاقتتلوا اوّلا فقتل عوف بن بدر وانهزمت فزارة وقتلت بنو عبس فيهم قتلا ذريعا ثمّ اتّفقوا ثانيا فانتصرت بنو عبس ايضا وكانت الدايرة على فزارة وقتل الحارث بن بدر وطالت الحروب بينهم وكان آخرها انّهم اتّفقوا فانهزمت فزارة وانفرد حذيفة وحمل اخوه ومعهما جماعة يسيرة وقصدوا حفر الهباة فلحقهم بنو عبس وفيهم قيس والربيع بن زياد وعنترة وحالوا بين بدر وبين خيلهم وقتلوا حذيفة واخاه حملا ابنى بدر واكثرت الشعراء فى ذكر حفر الهباة ومقتل بنى بدر عليه وظهرت فى هذه الحروب شجاعة عنترة بن شدّاد ثمّ انّ فزارة بعد مقتل بنى بدر ساعدتهم قبايل كثيرة لانّهم اعظموا قتل بنى بدر فلمّا قويت فزارة سارت بنو عبس ودخلوا على كثير من احياء العرب ولم يطل لهم مقام عند احد منهم وآخر الحال انّ بنى عبس قصدوا الصلح مع فزارة فاجابتهم شيوخ فزارة الى ذلك وتمّ الصلح بينهم وقيل انّ بنى عبس لمّا سارت الى بنى فزارة واصطلحوا معهم لم يسر معهم الملك قيس بل انفرد عن بنى عبس وتاب وتنصّر وساح فى الارض حتّى انتهى الى عمان فترهّب بها زمانا وقيل انّ قيسا تزوّج فى النمر بن قاسط لمّا انفرد عن بنى عبس وولد له ولد اسمه فضالة وبقى فضالة المذكور حتّى قدم على النبىّ صلّى الله عليه وسلّم وعقد له رسول الله صلّى الله عليه وسلّم على من معه من قومه وكانوا تسعة وهو عاشرهم.

وكان

Hippodromus in centum fere *ghalwas* patebat; est autem *ghalwa* tantum spatii, quantum sagitta valide jacta maximum percurrere potest. Centum camelorum praemium victori destinatum. Certamine commisso, Dahes, omnibus spectantibus, ceteros equos satis longo intervallo post se reliquit; sed Hodheifa in curriculo aliquot homines in insidiis disposuerat, qui Daheso, fi forte ceteros praevertisset, adversi occurrerent: quod quum fecissent eumque in faciem percussissent, equus repulsus est. Sed deinde El-Ghabra quoque El-Chattaram et El-Hanfam praevertit. Hodheifa tamen ea omnia denegans, suos equos cursu vicisse contendit: unde orta est lis inter Bedritas et Kaisitas. Dissidebant jam antea *Er-Rebi' fil. Zijadi* et Kais ob loricam quandam, quam ille ab hoc vi abstulerat, et Er-Rebi'o molesta erat concordia quae Kaisum et Bedritas jungebat: ubi itaque inter eos discordia ob equorum certamen incidit, magnum inde Er-Rebi' gaudium percepit. His inimicitiis ingravescentibus, Kais occidit *Nadbam fil. Hodheifae.* Erat autem Kaiso frater, *Malik fil. Zoheiri*, qui apud Dhobjanitas habitabat. Hi certiores facti, Nadbam a Kaiso interfectum esse, Malicum illum Zoheiri filium de improviso adorti occiderunt. Hujus necem quum audivisset Er-Rebi' fil. Zijadi, rem vehementer indignatus in partes Kaisi transiit eique auxilium tulit. Versus quoque in mortem Maliki fecit, e quibus sunt hi:

> *Qui nece Maliki laetatur, vel uno die ad mulieres nostras veniat:*
> *Mulieres videbit velo remoto illum plangentes et prius quam illucescant aurorae* (sc. ad hoc officium ei persolvendum) *surgentes.*

Tum convenerunt Kais et Er-Rebi' seque mutuo amplexi pacem fecerunt. Ibi Er-Rebi'um ita allocutus est Kais: *Nunquam a te repulsus est qui ad te confugerat, neque unquam te carere sustinuit qui auxilium a te impetraverat.* Cum Kaiso et Er-Rebi'o arma junxerunt 'Absitae, cum Bedritis Fezaritae et Dhobjanitae. Acria inter eos proelia commissa sunt, quae communi nomine *Belli Dahesii (Harb-Dahes)* celebrantur. Primo conflictu occisus est *'Auf fil. Bedri*, fugatique Fezaritae, quorum magnam stragem ediderunt 'Absitae. Utrisque rursum congressis, iterum penes 'Absitas stetit victoria, et Fezaritae fortunam adversam experti. In eodem proelio occisus est *El-Hareth fil. Bedri.* Quod bellum postquam diu eos exercuit, hunc tandem finem habuit, ut fugatis quodam proelio Fezaritis, quum Hodheifa et *Hamal* frater ejus, soli cum parva suorum manu relicti, fossam *El-Hebath* petiissent, 'Absitae, in his Kais et Er-Rebi' fil. Zijadi et 'Anthara, illos assecuti, Bedritis ab equitatu suo interclusis, Hodheifam et Hamalum ejus fratrem, utrumque Bedri filium, occiderent. Decantatissima est apud poetas fossa El-Hebath et caedes Bedritarum apud eam perpetrata. In his praeliis enituit virtus *'Antharae fil. Scheddadi.* — Post caedem Bedritarum Fezaritis auxilium tulerunt multae Arabum familiae; aegre enim ferebant, Bedritas occisos fuisse. Fezaritis itaque novis viribus auctis, 'Absitae se ad plurimas Arabum tribus contulerunt, neque apud ullam earum diu commorati sunt. Tandem cum Fezaritis de pace agere coeperunt: quae, annuentibus illorum principibus, composita est. Kaisum regem ferunt, quum 'Absitae ad Fezaritas proficiscerentur et pacem cum eis facerent, cum 'Absitis non ivisse, sed, eis relictis, poenitentiam egisse, religioni Christianae nomen dedisse, et terras peragrasse; tandem in regionem 'Oman delatum, ibi per aliquod tempus vitam monasticam coluisse. Alii volunt Kaisum, postquam ab 'Absitis discessisset, uxorem e posteris En-Namri fil. Kasiti duxisse, ex eaque filium suscepisse, cui nomen *Fodhala* fuerit: hunc ad Prophetae usque aetatem vixisse, qui eum novem tribulium, quibuscum Fodhala illum aliquando adiisset quorumque ipse decimus esset, principem constituerit.

Sunt

وكان بين ملوك العرب وقايع فى ايّام مشهورة فمنها يوم خزار اتّفقت فيه بنو ربيعة بن نزار وهو ربيعة الفرس وقبايل اليمن وكانت الدايرة على اليمن وانتصرت بنو ربيعة عليهم وقتلوا منهم خلقا كثيرا وقيل انّ قايد بنى ربيعة كان كليب وايل المقدّم الذكر وخزار جبل بين البصرة الى مكّة . ومنها ايّام بنى وايل بسبب قتل كليب كانت بين تغلب وقايدهم مهلهل اخو كليب وبين بكر وقايدهم مرّة ابو جسّاس فاوّلها يوم عنيزة وتكافا فيه الفريقان ثمّ كان بينهم يوم واردات وانتصرت فيه تغلب على بكر واصيبت بكر حتّى ظنّوا انّهم قد بادوا ثمّ يوم اقضة ويقال يوم التحالف كثر فيه القتل فى الفريقين وكان بينهم ايّام اخر لم يشتدّ فيها القتال كهذه الايّام . ومن ايّام العرب يوم عين اباغ وكان بين غسّان ولخم وكان قايد غسّان الحرث الذى طلب ادراع امرء القيس وقيل غيره وكان قايد لخم المنذر بن ماء السماء بغير خلاف وقتل المنذر فى هذا اليوم وانهزمت لخم وتبعتهم غسّان الى الحيرة واكثروا فيهم القتل وعين اباغ بموضع يقال له ذات الخيار . ومن ايّام العرب يوم مرج حليمة وكان بين غسّان ولخم ايضا وقعة يوم مرج حليمة من اعظم الوقعات وكانت الجيوش فيه قد بلغت من الفريقين عددا كثيرا وعظم الغبار حتّى قيل انّ الشمس قد احتجبت وظهرت الكواكب التى فى اخلاف جهة الغبار واشتدّ القتال فيه واختلف فى النصر لمن كان منهم . ومنها يوم الكلاب الاوّل وكان بين الاخوين شراحيل وسلمة ابنى الحارث بن عمرو الكندىّ وكان مع شراحيل وهو الاكبر بكر بن وايل وغيرهم وكان مع سلمة اخيه تغلب وايل وغيرهم واتّفقوا فى الكلاب وهو بين البصرة والكوفة واشتدّ القتال بينهم ونادى منادى شراحيل من اتاه براس اخيه سلمة فله مايّة من الابل ونادى منادى سلمة من اتاه براس اخيه شراحيل فله مايّة من الابل فانتصر سلمة وتغلب على شراحيل وبكر وانهزم شراحيل وتبعته خيل اخيه ولحقوه وقتلوه وحملوا راسه الى سلمة . ومنها يوم اوارة وهو جبل وكان بين المنذر ابن امرء القيس ملك الحيرة وبين بكر وايل بسبب اجتماع بكر على سلمة بن الحارث فظفر المنذر ببكر واقسم انّه لا يزال يذبحهم حتّى يسيل دمهم من راس اوارة الى حضيضه وبرّت يمينه . يوم رحرحان من العقد قال وكان من امره انّ الحارث بن ظالم المرّى ثمّ الذبيانى لمّا قتل خالد بن جعفر بن كلاب قاتل زهير حسبما تقدّم ذكره عند ذكر مقتل زهير هرب الحارث من النعمان ملك الحيرة لكونه قتل خالدا وهو فى حيرة النعمان فلم يجر الحارث المذكور احد من العرب خوفا من النعمان حتّى استجار بمعبد بن

Sunt autem plures dies proeliis inter Arabum regulos commissis celebres, quorum hic aliquot recensebimus:

Dies Chazari, quo congressi sunt posteri Rebi'ae, qui Rebi'ath-el-faras dicitur, filii Nizari, cum tribubus Jemenensibus. Male rem gesserunt Jemenenses victique sunt a Rebiitis, qui illorum magnam caedem fecerunt. Hoc die Rebiitis praefuisse fertur Coleib-Wajil, de quo supra diximus. Est autem *Chazar* mons inter Basram et Meccam.

Dies Wajilitarum, quibus ob occisum Coleibum pugnatum est inter Thaghlebitas, quorum dux erat Mohelhel Coleibi frater, et Bekritas, quibus praeerat Morra pater Djessasi. Illorum dierum primus fuit *Dies 'Oneizae*, quo aequis utrinque armis pugnatum est; hunc secutus est *Dies Waridathi*, quo victores discesserunt Thaghlebitae, Bekritae vero tam gravem casum passi sunt, ut se plane periisse ipsi crederent. Deinde *Dies Akdhae*, qui etiam *Dies comarum tondendarum* appellatur, quo utrinque multi occubuerunt. Aliis quoque praeliis congressi sunt, sed minori, quam illis diebus, violentia.

Dies fontis Obaghi, quo praelium commiserunt Ghassanitae et Lochmitae: illi duce usi El-Haretho eodem (quamquam alii id negant) qui loricas Amru-al-Kaisi repetiit; hi, quod inter omnes constat, El-Mondaro fil. Ma-es-semaae. Occisus est hoc die El-Mondar et Lochmitae fugati: quos Hiram usque insecuti Ghassanitae magna clade affecerunt. Est autem *Fons Obaghi* in loco qui dicitur *Dhath-al-chabar.*

Dies prati Halimae, Ghassanitas inter et Lochmitas, in maximis praeliis numeratur: copiae utrinque plurimae fuere, tantusque exortus est pulvis, ut, solis lumine intercluso, in iis partibus coeli, quas pulvis non abscondebat, stellae apparuisse dicuntur. Acriter pugnatum est; utri victores discesserint, inter scriptores haud convenit.

Dies Kelabi prior, quo conflixerunt duo fratres Scharahil et Selima, filii El-Harethi, nepotes 'Amri Kenditae. A parte Scharahili, qui natu major erat, stabant Bekritae a Wajilo oriundi, aliique; a parte Selimae, fratris ejus, Thaghlebitae, eundem gentis auctorem habentes, et alii nonnulli. Congressi sunt in loco qui *Kelab* vocatur, Cufam inter et Basram sito. Postquam magna vi ad manus ventum est, Scharahil per praeconem edixit, se centum camelos ei daturum, qui caput fratris sui ad se detulisset; idem a Selima factum. Victoriam de Scharahilo et Bekritis reportavit Selima cum Thaghlebitis. Scharahil in fugam se conjecit; sed a fratris equitibus, qui eum secuti sunt et assecuti, interfectus est et caput ejus ad Selimam delatum.

Die Owarae, quod est montis cujusdam nomen, Mondarum inter, Amru-al-Kaisi filium, regem Hirae, et Bekritas Wajili posteros pugnatum est. Praelii causa haec, quod Bekritae bello contra Selimam fil. El-Harethi interfuerant. Bekritae ab El-Mondaro victi: qui quum verbis sollemnibus pollicitus esset, se non cessaturum ab illis caedendis, donec sanguis eorum a summo Owarae jugo ad imam ejus oram defluxisset, jurisjurandi religione revera se exsolvit.

Diei Rahrahani historia in libro *El-'Ikd* sic narratur: El-Hareth fil. Dhalimi, Morrita et Dhobjanita, quum interfecisset Chalidum fil. Dja'fari, fil. Kelabi, a quo occisus fuerat Zoheir (ut antea dictum est, ubi de ejus caede egimus): fuga se eripuit, En-No'manum regem Hirae metuens, quia Chalidum oppresserat Hirae in ipsa En-No'mani sede; sed nemo Arabum prae metu En-No'mani El-Haretho hospitium praebere voluit. Tandem in fidem receptus est a *Ma'bado*

fil.

بن زرارة فاجاره فلم يوافقه قومه بنو تميم وخافوا من ذلك ووافقه منهم بنو ماوية وبنو ادارم فقط فلمّا بلغ الاخوص اخا خالد مكان الحارث المرّيّ من معبد سار اليه واقتتلوا بموضع يقال له وادى رحرحان فانهزمت بنو تميم واسر معبد بن زرارة وقصد اخوه لقيط بن زرارة ان يستفكّه فلم يقدر وعذّبوا معبدا حتّى مات . ومنها يوم شعب جبلة وهو من اعظم ايّام العرب وكان من حديثه انّه لمّا انقضت وقعة رحرحان استنجد لقيط بن زرارة التميميّ ببنى ذبيان فنجدته وتجمّعت له بنو تميم غير بنى سعد وخرجت معه بنو اسد وسار بهم لقيط الى بنى عامر وبنى عبس فى طلب ثار اخيه معبد فادخلت بنو عامر وبنو عبس اموالهم فى شعب جبلة هضمة حمراء بين الشريف والشرف ومما مان فحصرهم لقيط فخرجوا عليه من الشعب وكسروا جمايع لقيط وقتلوا لقيطا واسروا اخاه حاجب بن زرارة وانتصرت بنو عامر وبنو عبس نصرا عظيما وفى ذلك يقول جرير

ويوم الشعب قد تركوا لقيطا   كانّ عليه حلّة ارجوانِ
وكبّل حاجب بالشام حولا   فحكّم ذا الرقيبة وَهْوَ عانِ

وقتل ايضا من بنى ذبيان وبنى تميم وبنى اسد فى يوم شعب جبلة جماعة كثيرة وقد اكثرت العرب من مراثى المقتولين من القبايل المذكورة وكان يوم رحرحان قبل يوم شعب جبلة بسنة واحدة وكان يوم شعب جبلة فى العام الذى ولد فيه رسول الله صلّى الله عليه وسلّم انتهى النقل من العقد لابن عبد ربّه . ومن ايّام العرب المشهورة يوم ذى قار وكان فى سنة اربعين من مولد رسول الله صلّى الله عليه وسلّم وقيل فى عام وقعة بدر الاوّل اقوى وكان من حديثه انّ كسرى برويز غضب على النعمان ابن المنذر وحبسه فهلك فى الحبس وكان النعمان قد اودع حلقته وهى السلاح والدروع عند هانى بن مسعود البكريّ فارسل برويز يطلبها من هانى المذكور. فقال هذه امانة والحرّ لا يسلّم امانته وكان برويز لمّا امسك النعمان قد جعل موضعه فى ملك الحيرة اياس بن قبيصة الطائى فاستشار برويز اياسا المذكور فقال اياس المصلحة التغافل عن هانى بن مسعود المذكور حتّى يطمينّ ونتبعه فندركه فقال برويز انّه من اخوالك ولا تألوه نصحا فقال اياس راى الملك افضل فبعث برويز الهردزان فى الفين من الاعاجم وبعث الفا من بهرا فلمّا بلغ بكر بن وايل خبرهم اتوا مكانا من بطن ذى قار فنزلوه ووصلت اليهم الاعاجم واقتتلوا ساعة وانهزمت الاعاجم هزيمة قبيحة واكثرت العرب الاشعار فى ذكر هذا اليوم ۞

الفصل

fil. Zurarae, cui tamen in hac re, praeter solos Mawiitas et Adaremitas, tribules ipsius Themimitae, quae inde eventura essent veriti, non assenserunt. El-Achwas, Chalidi frater, certior factus El-Harethum Morritam apud Ma'badum esse, ad eum perrexit: conflictum est in loco qui dicitur *Vallis Rahrahani:* Themimitae in fugam conjecti, et Ma'bad fil. Zurarae captus: frater ejus *Lakit* cum e vinculis liberare studuit, sed frustra: Ma'bad tormentis ad mortem usque excruciatus periit.

Dies Vallis Djabalae, quae e maximis est pugnis inter Arabes commissis, hanc historiam habet: Proelio Rahrahanensi confecto, Lakit fil. Zurarae Themimita auxilium a Dhobjanitis petiit et impetravit. Congregatis igitur ad eum Themimitis, praeter solos Sa'ditas, adjunctisque etiam Asaditarum armis, adversus 'Amiritas et 'Absitas profectus est Lakit, caedem fratris Ma'badi ulturus. 'Amiritae vero et 'Absitae pecora sua in vallem Djabalam, profundam, sterilem, et inter duas aquas, quae Es-Scherîf et Es-Scheref dicuntur, sitam, compulerunt. Ubi ad eos accessit Lakit, e valle Djabala prodeuntes impetum in eum fecerunt, copias ejus fregerunt ipsumque occiderunt; fratrem autem ejus *Hadjibum fil. Zurarae* captivum abduxerunt. Ita magnam victoriam reportavere 'Amiritae et 'Absitae; de qua exstant hi versus *Djeriri:*

Die Vallis Lakitum reliquerunt tamquam veste purpurea obtectum;

Hadjib autem unum annum vinctus in Syria egit: qui quum ipse captivitatem pateretur, Dhu'r-rakibam ducem constituit.

Plurimi e Themimitis quoque, Dhobjanitis et Asaditis Die Vallis Djabalae occisi sunt, multisque carminibus defleverunt Arabes eos qui ex variis tribubus illo die occubuerant. Praelium Rahrahanense uno anno praecesserat Diem Vallis Djabalae, qui ipse in eundem annum incidit quo natus est Propheta. Hic desinunt ea quae repetivimus e libro *El-'Ikd*, auctore *Ibn-'Abd-rabbihi.*

Dies Dhu-kari in annum a Propheta nato quadragesimum incidit, vel, quod alii, sed minore auctoritate, statuunt, in annum pugnae Bedrensis. In causa fuere haec, quod, quum En-No'man fil. El-Mondari a Cosroe Perwizo sibi irato in carcerem conjectus ibique mortuus esset, Perwiz miserat qui En-No'mani *halkam*, quam ille apud *Hanium fil. Mes'udi Bekritam* deposuerat (significat autem *halka* arma et loricas), ab Hanio repeteret. Is, *depositum esse*, respondit; *virum autem ingenuum deposita non prodere.* Tum Perwiz hac de re consuluit *Jjasum fil. Kabisae Tajitam,* quem, capto En-No'mano, pro eo in regnum Hirense suffecerat. Respondit Jjas, *optime Regem facturum*, *si simularet se omnem de Hanio fil. Mes'udi cogitationem abjecisse*, *donec ille securus factus esset; tunc*, inquit, *eum persequemur atque assequemur.* Quum autem Perwiz Jjasum accusasset, *quod etiamnum Hanio*, *scilicet cognato suo materno*, *bene consuleret*, ille respondit, *Regem ipsum optime*, *quid expediret*, *tenere.* Misit itaque Perwiz *Hardezanum* cum duobus millibus Persarum, quibus adjunxit mille viros e *Bahra.* Quod quum Bekritae Wajili posteri comperissent, in locum quendam vallis, quae *Dhu-kar* dicitur, profecti castra posuerunt: adveniunt Persae: aliquamdiu pugnatur: mox Persae turpiter fugantur. De rebus hoc die gestis multa exstant Arabum carmina.

الفصل الخامس

فى ذكر الامم ۞

من الصحاح الامّة الجماعة هو فى اللفظ واحد وفى المعنى جمع وكلّ جنس من الحيوان امّة وفى الحديث لولا انّ الكلاب امّة من الامم لامرت بقتلها ۞

ذكر امّة السريان والصابيين من كتاب ابى عيسى المغربىّ قال امّة السريان هى اقدم الامم وكان كلام آدم وبنيه بالسريانىّ وملّتهم هى ملّة الصابيين ويذكرون انّهم اخذوا دينهم عن شيث وادريس ولهم كتاب يعزونه الى شيث ويسمّونه صحف شيث يذكر فيه محاسن الاخلاق مثل الصدق والشجاعة والتعصّب للغريب وما اشبه ذلك ويامر به ويذكر الرذايل ويامر باجتنابها وللصابيين عبادات منها سبع صلوات منهنّ خمس توافق صلوات المسلمين والسادسة صلوة الضحى والسابعة صلوة يكون وقتها فى تمام الساعة السادسة من الليل وصلوتهم كصلوة المسلمين من النيّة وان لا يخلطها المصلّى بشىء من غيرها ولهم الصلوة على الميّت بلا ركوع ولا سجود ويصومون ثلثين يوما وان نقص الشهر الهلالىّ صاموا تسعا وعشرين يوما وكانوا يراعون فى صومهم الفطر والهلال بحيث يكون الفطر وقد دخلت الشمس الحمل ويصومون من ربع الليل الاخير الى غروب قرص الشمس ولهم اعياد عند نزول الكواكب الخمسة المتحيّرة ببيوت اشرافها والخمسة المتحيّرة زحل والمشترى والمرّيخ والزهرة وعطارد ويعظّمون بيت مكّة ولهم بظاهر حرّان مكان يحجّونه ويعظّمون اهرام مصر ويزعمون انّ احدها قبر شيث بن آدم والآخر قبر ادريس وهو حنوخ والآخر قبر صابى بن ادريس الذى ينتسبون اليه ويعظّمون يوم دخول الشمس برج الحمل فيتهادون فيه ويلبسون افخر ملابسهم وهو عندهم من اعظم الاعياد لدخول الشمس برج شرفها قال ابن حزم والدين الذى انتحله الصابيون اقدم الاديان على وجه الدهر والغالب على الدنيا الى ان احدثوا فيه الحوادث فبعث الله تعالى اليهم ابراهيم خليله عم بالدين الذى نحن عليه الآن قال الشهرستانىّ والصابيون يقاتلون الحنيفيّة ومدار مذهبهم التعصّب للروحانيّين كما انّ مدار مذهب الحنفاء التعصّب للبشر والجسمانيّين ۞

ذكر امّة القبط وهم من ولد حام بن نوح وكان سكناهم بديار مصر وكانوا اهل ملك عظيم وعزّ قديم واختلط بالقبط طوايف كثيرة من اليونان والعماليق والروم وغيرهم وانّما صاروا اخلاطا لكثرة

LIBER QUINTUS,

ethnographicus.

Es-Sihah (Lexicon Djauharianum) de voce *umma* (quam nos per *gentem* reddidimus) haec habet: *Umma* significat *djema'a* (multitudinem in unum collectam). Singularem sonat, sed pluralem valet. Omne animantium genus ita appellatur; ut in hac voce Prophetae: Nisi canes essent *umma-min-el-umem* (unum e generibus animantium), eos occidi juberem.

De gente Syrorum et Sabaeorum.

Gens Syrorum, inquit Abu-'Isa Mauritanus in libro suo, omnium est antiquissima. Ipse Adam ejusque posteri syriace locuti sunt. Religio illorum est sabaeica; sacra sua se a Setho atque Edriso accepisse ferunt. Librum habent quem Setho tribuunt et *Sohof - Schith* (Codicem Sethi) appellant. Disputatur in eo de virtutibus, ut de veritate in iis quae dicas colenda, de fortitudine, de hospitibus summo studio tuendis, aliisque similibus, quae commendantur; nec non de vitiis, quae damnantur. Sunt Sabaeis etiam sacrae quaedam caerimoniae, ut septenae preces, quarum quinque precibus moslemicis respondent; sexta media fere est inter solis ortum et meridiem; septima in finem horae sextae nocturnae incidit. Id quoque eorum precibus cum moslemicis convenit, quod mente ad rem ipsam intenta peragi debent nec quidquam alieni iis immisceri. Habent precationem quae ad funus recitatur, sine ulla corporis vel incurvatione vel prostratione. Jejunium eorum est triginta dierum; sed si quando luna nova maturius conspecta mensis brevior fit, diem unum de jejunio demunt. In jejunio solvendo lunae novae ita rationem habent, ut illud non prius solvant quam sol arietem ingressus sit. Jejunant autem ab ultima noctis vigilia donec ipse solis orbis occidit. Dies festos eo quoque tempore agunt quo quinque planetae, Saturnus, Jupiter, Mars, Venus et Mercurius, ad summa orbitarum suarum fastigia perveniunt. Venerantur aedem Meccanam. Sub urbe Harran locus est quo peregrinationes sacras instituunt. Venerantur etiam Pyramides aegyptias, quarum unam perhibent sepulcrum esse Sethi fil. Adami, aliam Edrisi seu Henochi, aliam Sabii fil. Edrisi, qui ab iis auctor gentis habetur. Colunt etiam diem quo sol signum arietis intrat: mutua tum sibi dona dant et lautissimas, quas habent, vestes induunt. Hunc diem imprimis festum agunt, quia tum sol summum orbitae suae fastigium attingit. — *Ibn-Hazim* haec de iis habet: Religio quam profitentur Sabaei, fuit omnium in orbe terrarum antiquissima et apud maximam generis humani partem obtinuit, dum nova quaedam in ea commenti sunt flagitia: tunc enim Deus Abrahamum, amicum suum, religionis ejus, quam nos nunc tenemus, ad illos interpretem legavit. Es-Schahrestanio, auctore Sabaeos inter et eos qui religionem primum ab Abrahamo traditam sequuntur, capitale est dissidium: illi, tamquam sectae arcem, studiosissime tuentur Pneumaticorum placita, quemadmodum hi Somaticorum.

De gente Aegyptiorum.

Aegyptii pertinent ad posteros Hami fil. Noahi. Sedem habebant in terra Misr (Aegypto). Maximum erat eorum imperium et potentia antiquissima. Immiscuerunt autem se Aegyptiis multi alii populi,

لكثرة من تداول عليهم وملك مصر فانّ اكثر من تملّك مصر الغرباء وكان القبط فى سالف الدهر صابية يعبدون الهياكل والاصنام وكان منهم علماء بضروب من علم الفلسفة وخاصّة بعلم الطلسمات والنيرنجات والمرايى المحرقة والكيميا وكانت دار ملكهم مدينة منف وهى على جانب النيل من غربيّه وكانت ملوكهم تلقب الفراعنة وقد تقدّم ذكرهم ☆

ذكر امّة الفرس ومساكنهم وسط المعمور ويقال لها ارض فارس ومنها كرمان والاهواز واقاليم يطول ذكرها وجميع ما دون جيحون من تلك الجهات يقال له ايران وهى ارض الفرس وامّا ما وراء جيحون فيقال له توران وهو ارض الترك وقد اختلف فى نسب الفرس فقيل انّهم من ولد فارس بن ارم بن سام وقيل انّهم من ولد يافث والفرس يقولون انّهم من ولد كيومرث وكيومرث عندهم هو الذى ابتدى منه النسل مثل آدم عندنا ويذكرون انّ الملك لم يزل فيهم من كيومرث وهو آدم الى غلبة الاسلام خلا تقطّع حصل فى مدد يسيرة لا يعتدّ به مثل تغلّب الضحّاك وفراسياب التركىّ وملوك الفرس عند الامم اعظم ملوك العالم وكان لهم العقول الوافرة والاحلام الراجحة وكان لهم من ترتيب المملكة ما لم يلحقهم فيه احد من الملوك وكانوا لا يولّون ساقط البيت شيًا من امور الخاصّة والفرس فِرَق كثيرة فمنهم الديلم وهم سكّان الجبال ومنهم الجيل وهم يسكنون الوطاة التى لجبال الديلم وارضهم هى ساحل بحر طبرستان ومنهم الكرد ومنازلهم جبال شهرزور وقيل انّ الكرد من العرب ثمّ تنبّطوا وقيل انّهم اعراب العجم وكان للفرس ملّة قديمة وكان يقال للدايبين بها الكيومرثيّة اثبتوا الها قديما وسمّوه يزدان والها مخلوقا من الظلمة محدثا وسمّوه اهرمن ويزدان عندهم هو الله تعالى واهرمن هو ابليس وكان اصل دينهم مبنيّا على تعظيم النور وهو يزدان والتحرّز من الظلمة وهو اهرمن ولمّا عظّموا النور عبدوا النيران وكان الفرس على ذلك حتّى ظهر زرادشت وكان على ايّام بشتاسف فقبل دينه ودخل فيه ثمّ صارت الفرس على دينه وذكر انّ زرادشت من اهل قرية من قرى اذربيجان ولهم فى خلق زرادشت وولادته كلام طويل لا فايدة فيه فاضربنا عنه وقال ازرادشت بإله يسمّى ارمزد بالفارسىّ وانّه خالق النور والظلمة ومبدعهما وهو واحد لا شريك له وانّ الخير والشرّ والصلاح والفساد انّما حصل من امتزاج النور بالظلمة ولو لم يمتزجا لما كان وجود للعالم ولا يزال المزاج حتّى يغلب النور الظلمة ثمّ يتخلّص الخير الى عالمه والشرّ الى عالمه وقبلة زرادشت الى المشرق حيث مطلع الانوار وللفرس اعياد ورسوم فمنها

populi, ut Graeci, Amalecitae, Romani, alii; cujus rei causa fuit haec, quod tot et tam varios habuerunt reges; nam plerumque alienigenae in Aegypto regnaverunt. Antiquitus Aegyptii, religioni sabaicae dediti, magnas moles et idola colebant. Exstiterunt inter eos viri variis disciplinis philosophicis, imprimis arte talismatum, fascinorum, speculorum ardentium et chymiae, instructissimi. Sedes regni erat urbs Memphis in occidentali ripa Nili sita. Reges ipsi cognomen Pharaonum gerebant; de quibus jam supra diximus.

De gente Persarum.

Patria eorum, quae Persia vocatur, in medio terrarum orbe sita est. Ad eam pertinent Kirman, El-Ahwaz, aliaeque provinciae, quas recensere longum est; quarum regionum quotquot cis Oxum sitae sunt, communi nomine *Iran* appellantur, ubi Persae habitant; quotquot trans Oxum, *Thuran*, ubi Turcae. De origine Persarum variant sententiae: alii eos ad posteros *Pharisi fil. Arami*, *fil. Semi*, pertinere ajunt, alii ad posteros Jafethi. Persae ipsi se in posteros *Cajumarathi* referunt, a quo apud eos generis notatio orditur, ut apud nos ab Adamo. Ab hoc Cajumaratho seu Adamo usque ad id tempus quo religio moslemica apud eos regnare coepit, reges suos continuo se ordine excepisse statuunt, si discesseris a brevioribus aliquot interregnis, quae in numerum non veniant, ut dominatione *Ed-Dhahhaki* et *Ferasiabi Turcae.* Reges Persarum a ceteris populis potentissimi orbis terrarum reges habentur. Prudentia et mentium vigore maxime pollebant, neque ullus regum ceterorum regni sapienter constituti gloria illos aequavit. Hominibus viliori loco natis nullam rem, quae ad interiorem administrationem pertineret, committebant. — Persae in multas nationes divisi sunt, ut *Ed-Deilem*, Persiae montanae incolas; *El-Djil*, qui planitiem montibus Deilemitarum subjectam, id est litora maris Caspii, habitant; *El-Curd*, qui in montibus ad urbem Scheherzur sedent. Hos alii Arabes fuisse, deinde in Nabataeos transiisse dicunt; alii, eos Arabes Persarum esse, id est, inter Persas vita et moribus proxime ad Arabes accedere. — Habuerunt Persae religionem antiquam, cui qui dediti erant, *Cajumarathani* vocabantur. Statuerunt aeternum aliquem esse Deum, *Jezdanum;* et alterum, non aeternum, e tenebris creatum, *Ahrimanum.* Jezdan illis eo loco erat quo nobis Deus O. M., Ahriman eo quo nobis Iblis (Diabolus). Summa rerum in hac religione redibat ad colendum ignem seu Jezdanum, et ad repellendam caliginem seu Ahrimanum. Quum totum elementum igneum venerarentur, singulos quoque ignes religiose coluerunt. Haec rerum conditio apud Persas obtinuit, donec regnante Buschthaspo exstitit *Zoroaster (Zeraduschth).* Rege ipso ejus religionem amplexo, etiam populus eam secutus est. Zoroaster ex urbe aliqua Adherbidjanica oriundus fuisse dicitur. Praeterea de ejus creatione et natalibus longa quaedam apud Persas fertur fabula, quam, utpote futilem nulliusque utilitatis, omisimus. Is ergo Deum esse docuit, qui persice *Ormuzd* appellatur, et lucis et tenebrarum creatorem primumque auctorem; eum esse unum, sine ullo divinitatis participe; bonum et malum, virtutes et vitia inde orta esse, quod lumen cum tenebris mixtum fuerit; sine hac mixtura mundum ipsum exsistere non potuisse, eamque non prius ad finem perventuram esse, quam tenebrae a lumine victae fuerint: tunc bonum et malum, e mutua illa concretione exemta, ad suum utrumque mundum concessura esse. Faciem inter precandum ad orientem, omnis lucis fontem, converti jussit Zoroaster. Sunt Persis etiam dies quidam festi

et

فنها النوروز وهو اليوم الاوّل من فروردينماه واسمه يوم جديد لكونه غرّة للحول الجديد وبعده ايّام خمسة كلّها اعياد ومن اعيادهم النيركان وهو ثالث عشر تيرماه ولمّا وافق اسم اليوم الثالث عشر اسم شهره صار ذلك اليوم عيدا وهكذا كلّ يوم يوافق اسمه اسم شهره فهو عيد ومنها المهرجان وهو سادس عشر مهرماه وفيه زعموا انّ افريدون ظفر بالساحر الضحّاك بيوراسب وحبسه فى جبل دُنْبَاوَنْد ومنها الفروردجان وهو الايّام الخمسة الاخيرة من ابان ماه يضع المجوس فيها الاطعمة والاشربة لارواح موتاهم على زعمهم ومنها ركوب الكوسج وهو انّه كان ياتى فى اوّل فصل الربيع رجل كوسج راكب حمارا وهو قابض على غراب وهو يتروّح بمروحة ويودع الشتاء وله ضريبة ياخذها ومتى وُجد بعد ذلك اليوم ضرب ومنها السذق وهو العاشر من بهمنماه وليلته وتوقد فى ليلته النيران ويشرب حولها ومنها الكُنبهارات وهى اقسام لايّام السنة مختلفة فى اوّل كلّ قسم منها خمسة ايّام هى الكنبهارات زعم زرادشت انّ فى كلّ واحد خلق الله تعالى نوعا من الخليقة من سماء وارض وماء ونبات وحيوان وانس فتمّ خلق العالم فى ستّة ايّام *

ذكر امّة اليونان قال ابو عيسى المنقول عن اصحاب السير من اليونان انّ اليونان نجموا من رجل اسمه أُللُنْ ولد سنة اربع وسبعين لمولد موسى النبى عليه السلام وكان اميرس الشاعر اليونانىّ موجودا فى سنة ثمان وستّين وخمس ماية لوفاة موسى وهو تاريخ ظهور امّة اليونان واشتهارهم ولم يُعلموا قبل ذلك قال وكانوا اهل شعر وفصاحة ثمّ صارت فيهم الفلسفة فى زمان بخت نصر قال وهذا منقول من كتاب كورلس اليونانىّ الذى ردّ فيه على لَلْيان الذى ناقض الانجيل اقول وقد نقل الشهرستانىّ انّ أَبِيْدقليس كان فى زمن داوود النبى وكذلك فيثاغورس كان فى زمن سليمان بن داوود عم واخذ الحكمة من معدن النبوّة وكانت وفاة سليمان بن داوود لمضىّ خمس ماية وسبعين سنة من وفاة موسى وكان ابيدقليس وفيثاغورس فيلسوفين مشهورين من اليونانيّين فقول ابى عيسى انّ الفلسفة انّما ظهرت من اليونان فى زمن بخت نصر غير مطابق لما نقله الشهرستانىّ فانّ بخت نصر بعد سليمان باكثر من اربعماية سنة ومن كتاب ابن سعيد المغربىّ انّ بلاد اليونان كانت على الخليج القسطنطينىّ من شرقيّه وغربيّه الى البحر المحيط والبحر القسطنطينىّ هو خليج بين بحر الروم وبحر القرم واسم بحر القرم فى القديم بحر نيطش بكسر النون وياء مثناة من تحتها ساكنة وطاء مهملة لا اعلم حركتها وشين معجمة قال واليونان فرقتان فرقة يقال لهم الاغريقيّون وهم اليونانيّون الاول والفرقة الثانية يقال لهم اللطينيون وقد اختلف فى نسب اليونان فقيل انّهم من ولد يافث وقيل انّهم من جملة الروم من ولد صوفر بن العيص بن يعقوب بن ابراهيم الخليل عم وكانت ملوك اليونان المقدّم ذكرهم فى الفصل الثالث من اعظم الملوك ودولتهم من افخر الدول ولم يزالوا كذلك حتى غلبت عليهم الروم حسبما تقدّم فى ذكر اغسطس فدخلت اليونان فى الروم ولم يبق لهم ذكر قال وكانت بلادهم فى الربع الشمالىّ المغربىّ متوسّطها الخليج القسطنطينىّ وجميع العلوم العقليّة ماخوذة عنهم مثل العلوم المنطقيّة

et instituta sacra; in his *Néwruz*, Calendae mensis *Ferwerdin-mah;* cujus nomen, diem novum significans, eo spectat quod novum annum auspicatur. Eum sequuntur quinque dies qui omnes religiose celebrantur. Dies alius festus est *Thir-gan*, mensis *Thir-mah* dies tertius et decimus. Quum enim nomen diei tertii et decimi cum nomine mensis ipsius congrueret, dies ille consecratus est. Aliud eorum festum est *Mihridjan*, dies sextus et decimus mensis *Mihri-mah*, quo Ed-Dhahhakum Piweraspum Magum a Feriduno captum et in monte Dunjawend inclusum esse perhibent. — Aliud festum est *Ferwerdidjan*, id est quinque dies extremi mensis *Aban-mah*, quibus religionis illius asseclae manes mortuorum suorum, ut illi quidem existimant, cibo et potu excipiunt. — Aliud festum est *Rukub-el-kausedj* (Pompa viri raram barbam habentis). Primo enim vere vir rarae barbae, corvum manu tenens et flabello se ventilans, asino circumvehitur, qui hyemem valedicentem agit. Illo die leviora aliquot verbera accipit; sed sicubi postea conspicitur, fortius vapulat. — Aliud festum est *Sadak*, dies decimus mensis *Behmen-mah* cum nocte quae eum sequitur. Ea ignes accenduntur et convivia circum eos aguntur. — Eodem pertinent *Cunbeharath*, id est quini dies a quibus singulae variarum partium, in quas dies anni divisi sunt, exordiuntur. Unoquoque illorum dierum Zoroaster perhibuit Deum aliquam mundi partem creasse, coelum, terram, aquam, plantas, animalia et homines, ita ut creatio hujus rerum universitatis intra sex dies fuerit absoluta.

De populo graeco.

Historici graeci, ut Abu-Isa inquit, docent, Graecos ortos esse ex *Hellene* quodam, qui anno 74 post Mosen natus sit. Sed illo demum tempore quo Homerus, poëta graecus, vivebat, id est anno fere 568 post Mosen mortuum, populus graecus ex obscuritate emersit ceterisque innotuit. Poësi et eloquentiae operam dederunt; postea, aetate Nabuchodonosoris, exstitit inter eos philosophia. Repetita haec sunt e libro Cyrilli Graeci, quo refutat Julianum, qui contra Evangelium disputaverat. Haec ille. — Sed Es-Schahresthani tradit, Davidis prophetae tempore vixisse Empedoclem, item Salomonis fil. Davidis Pythagoram illum, qui philosophiam e fontibus propheticis hausit, quorum uterque celeberrimus inter Graecos philosophus fuit; quum igitur Salomo annis 370 post Mosen obierit, id quod Abu-Isa dicit, philosophiam Nabuchodonosoris demum aetate inter Graecos exstitisse, cum illo quod Es-Schahresthani refert, non congruit, quandoquidem Nabuchodonosor plus 400 annis Salomone posterior fuit. — Terrae Graecorum, ut est apud Ibn-Saïdum Mauritanum, a freto Constantinopolitano orientem et occidentem versus usque ad Oceanum patebant. Mare illud Constantinopolitanum fretum est inter mare graecum (mediterraneum) et mare ~~Propontidis Tauricae~~, cujus nomen antiquitus fuit *Bahr - Nitusch* (Pontus, sc. Euxinus). Eodem auctore Graeci *(El - Junan)* bipartiti sunt: *El - Aghrikijjun* (Graeci), qui sunt Graeci *(El - Junanijjun)* veteriores, et *El - Latinijjun* (Latini, i. e. Byzantini). De Graecorum origine variant sententiae. Alii eos inter posteros Jafethi referunt, alii inter *Er - Rum*, qui ad posteros *Sofari fil. Esavi*, *fil. Jacobi*, *fil. Abrahami* pertinent. Reges Graecorum, de quibus supra in libro tertio diximus, e summis regibus fuerunt, et imperium eorum e clarissimis; neque res eorum mutatae sunt, donec Romani *(Er - Rum)* eos vicerunt, quemadmodum in historia Augusti relatum est; deinde Graeci in nomen romanum transierunt et locum in historia amiserunt. — Eodem auctore terrae eorum in orbe septentrionali sitae erant,

qua

المنطقيّة والطبيعيّة والالهيّة والرياضيّة وكانوا يسمّون العلم الرياضيّ جُومَطريا وهو المشتمل على الهيئة والهندسة والحساب واللحون والايقاع وغير ذلك وكان العالم بهذه العلوم يسمّى فَيْلُوسُوفًا وتفسيره محبّ الحكمة لانّ فيلو محبّ وسوفا الحكمة فمن فلاسفتهم ثاليس الملطىّ قال ابو عيسى وكان فى زمن بخت نصر ومنهم ابيدقلس وفيثاغورس اللذين تقدّم انّهما كانا فى زمن داود وسليمان عليهما السلام وفيثاغورس من كبار الحكماء ويزعم انّه سمع حفيف الفلك ووصل الى مقام الملك وقال ما سمعت شيًا الذّ من حركات الافلاك ولا رايت شيًا ابهى من صورتها. ومنهم بقراط الحكيم الطبيب المشهور ونجم فى سنة ماية وستّ وتسعين لبخت نصر فيكون ابقراط قبل الهجرة بالف ومائة وبضع وسبعين سنة . ومنهم سقراط قال الشهرستانىّ فى الملل والنحل انّه كان حكيما فاضلا زاهدا واشتغل بالرياضة واعرض عن ملاذّ الدنيا واعتزل الى الجبل واقام فى غار ونهى الناس عن الشرك وعبادة الاوثان فثارت عليه العامّة والجأوا ملكهم الى قتله فحبسه ثمّ سقاه سمّا فمات . ومنهم افلاطون الالهىّ وكان تلميذا لسقراط المذكور ولمّا اغتيل سقراط بالسمّ قام افلاطون مقامه وجلس على كرسيّه . ومنهم ارسطوطاليس وكان تلميذا لافلاطون وكان ارسطو المذكور فى زمن الاسكندر وبين الاسكندر والهجرة تسع مائة واربع وثلاثون سنة فيكون افلاطن قبل ذلك بمدّة يسيرة وكذلك يكون سقراط قبل افلاطن بمدّة يسيرة ايضا فبالتقريب يكون بين سقراط والهجرة نحو الف سنة ويكون بين افلاطن والهجرة اقلّ من الف سنة . ومنهم طيماوس وهو من مشايخ افلاطن . وامّا ارسطوطاليس فهو المقدّم المشهور والحكيم المطلق . قال الشهرستانىّ ولمّا صار عمر ارسطو المذكور سبع عشر سنة اسلمه ابوه الى افلاطن فمكث عنده نيفا وعشرين سنة ثمّ صار حكيما مبرّزا يُشتغل عليه ومن جملة تلامذة ارسطو الملك الاسكندر الذى ملك غالب المعمور من الغرب الى الشرق واقام الاسكندر يتعلّم على ارسطو خمس سنين وبلغ فيها احسن المبالغ ونال من الفلسفة ما لم ينل ساير تلاميذ ارسطو ولمّا لحق اباه فيلبس مرض الموت اخذ ابنه الاسكندر من ارسطو وعهد اليه بالملك . ومنهم برقلس وكان بعد ارسطو وصنّف كتابا اورد فيه شبها فى قدم العالم . ومنهم الاسكندر الافروديسىّ وكان بعد ارسطو وهو من كبار الحكماء . وممّا نقلناه من تاريخ ابن القفطىّ وزير حلب فى اخبار الحكماء قال فمنهم طِيْمُوْخارس وهو حكيم رياضىّ يونانىّ عالم بهيئة الفلك رصد الكواكب فى زمانه وقد ذكره بطلميوس فى المجسطى وكان وقته متقدّما لوقت بطلميوس باربعماية وعشرين سنة . ومنهم فرفوريوس وكان من اهل مدينة صور على البحر الرومىّ بالشام وكان بعد زمن جالينوس الذى سنذكره وكان فرفوريوس المذكور عالما بكلام ارسطو وقد فسّر كتبه لما شكا اليه الناس غموضها وعجزهم عن فهم كلامه . ومنهم فلوطيس وكان فاضلا حكيما يونانيّا وشرح كتب ارسطو ونقلت تصانيفه من الرومىّ الى السريانىّ قال ولا اعلم انّ شيا

qua ad occidentem vergit, in earumque ipso medio erat fretum Constantinopolitanum. A Graecis repetitae sunt omnes disciplinae intellectuales, ut logicae, physicae, theologicae et mathematicae. Mathesin appellabant *Djometria* (Geometriam), quae complectitur Astronomiam, Geometriam quae proprie dicitur, Arithmeticam, Musicam, Rhythmum, alias. Qui has disciplinas tenebat, Philosophus vocabatur, id est amans sapientiae; nam philos amantem significat, et sophia sapientiam. Philosophi eorum hi fere sunt: *Thales Milesius*, qui, auctore Abu-Isa, tempore Nabuchodonosoris vixit; deinde *Empedocles* et *Pythagoras*, quos jam diximus vixisse tempore Davidis et Salomonis. Pythagoras e viris sapientissimis fuit: quem perhibent sonos e motu sphaerae coelestis orientes audivisse et ad mundum illum superiorem et coelestem pervenisse. Item hoc refertur ejus dictum, se nihil illo sphaerarum volventium concentu dulcius audivisse, nec quidquam illarum specie praeclarius vidisse. — *Hippocrates*, sapiens et medicus celeberrimus. Is quum exortus sit anno post Nabuchodonosorem 196, ante fugam Prophetae 1170 et aliquot annis vixisse existimandus erit. — *Socrates*, vir, ut Es-Schahresthani in libro de religionibus et sectis refert, et sapientissimus et vitae sanctioris studiosissimus, qui se asceticae dedit, voluptates terrestres fugit, in montem secessit et in antro habitavit. Sed quum populares ab errore multorum deorum et cultu idolorum retrahere studeret, plebs ei infensa regem coegit ut illum supplicio afficeret. Itaque rex virum primum in carcerem conjecit, deinde venenum ebibere jussit, quo ille extinctus est. — *Platon ὁ θεῖος*, e discipulis Socratis, qui postquam veneno necatus est, Plato in ejus locum successit et magistri cathedram occupavit. — *Aristoteles*, e discipulis Platonis, vixit aetate Alexandri; quem inter et fugam Prophetae quum intersint anni 934, Plato paullo ante hoc tempus vixisse credendus erit, item Socrates paullo ante illam Platonis aetatem. Ergo mille circiter annorum intervallum inter Socratem et fugam Prophetae ponemus, inter hanc et Platonem paullo minus. — *Timaeus*, qui e magistris Platonis fuit. — Sed ut de Aristotele explicatius dicamus, hic est celeber ille philosophiae princeps et doctor universalis. Quum annum aetatis septimum et decimum exegisset, inquit Es-Schahresthani, a patre Platoni traditus est; apud quem plus viginti annos mansit; tum ipse egregias scholas habere et aliorum studia moderari instituit. In discipulis ejus fuit rex Alexander ille, qui maximam terrae partem ab occidente ad orientem in ditionem suam redegit: is duce Aristotele bonis artibus operam dedit per quinquennium, intra quod praeclaros fecit progressus et tantas doctrinae philosophicae copias collegit, quantas e discipulis Aristotelis praeter eum nemo. Quum Philippus, pater ejus, morbo illo, qui eum abstulit, laborare coepisset, filium Alexandrum ab Aristotele recepit eumque sibi successorem constituit. — *Proclus*, qui Aristotele posterior fuit et librum scripsit, in quo hypotheses de aeternitate mundi proposuit. — *Alexander Aphrodisiacus*, et ipse Aristotele recentior et inter viros sapientissimos habitus. — Jam transscribemus aliqua ex historia *Ibn-El-Koftii*, Veziri Halebensis, de vitis philosophorum. Ex philosophis illis, inquit, fuit etiam *Timochares*, mathematicus et astronomus graecus, qui astra observavit, cujusque mentionem in Almagesto fecit Ptolemaeus, quo ille 420 annis antiquior fuit. — *Porphyrius*, oriundus Tyro, Syriae urbe, in litore maris mediterranei sita, Galeno, de quo infra dicemus, recentior fuit. Genus dicendi Aristotelicum imprimis perspectum habebat, et quum multi apud eum conquesti essent, libros Aristotelis sibi obscuros esse seque ejus orationem intelligere non posse, illos interpretatus est. — *Plotinus*, philosophus graecus eximius, qui in libros Aristotelicos commentarium scripsit. Opera ejus e graeco syriace versa sunt, sed

num

شيا منها خرج الى العربى . ومنهم فولس الاجانيطى ويعرف بالقوابلى نسبة الى القوابل جمع قابلة وكان خبيرا بطبّ النساء كثير المعاناة له وكان القوابل ياتينه ويسالنه عن الامور التى تحدث بالنساء عقيب الولادة فينعم السوال لهنّ ويجيبهنّ بما يفعلنه وكان زمنه بعد زمن جالينوس وكان مقامه بالاسكندريّة . ومنهم ثسلون المتعصّب وكان حكيما يونانيّا يُقرى فلسفة افلاطن وينتصر لها فسمّى لذلك بالمتعصّب . ومنهم مَقسطْراطيس وكان فيلسوفا يونانيّا شرح كتب ارسطو وخرجت الى العربى . ومنهم منْطر الاسكندرى وكان اماما فى علم الفلك واجتمع هو وافطيمن بالاسكندريّة واحكما آلات الرصد ورصدا الكواكب وحقّقاها وكان زمنهما قبل زمن بطلميوس صاحب المجسطى بنحو خمسماية واحدى وسبعين سنة . ومنهم مورطس ويقال مورسطس حكيم يونانى له رياضة وحيل وصنّف كتابا فى الآلة المسمّاة بالارغن وهى آلة تسمع على ستّين ميلا . ومنهم مغنس الحمصى من اهل حمص وكان من تلامذة ابقراط وله ذكر فى زمانه وله تصانيف منها كتاب البول وغيره . ومنهم مَثْرُودِيْطوس ولم يذكر زمانه بل قال عنه انّه كان طبيبا وحكيما وهو الذى ركّب المعجون المسمّى مثروديطوس سمّى معجونه باسمه وكان معتنيا بتجربة الادوية وكان يمتحن قواها فى شرار الناس الذين قد وجب عليهم القتل فنها ما وجده موافقا للدغة الرتيلا ومنها ما وجده موافقا للدغة العقرب وكذلك غير ذلك انتهى كلام ابن القفطى . وامّا بطلميوس وجالينوس فانّ زمانهما متأخّر عن زمن اليونان وكانا فى زمن الروم واحدهما قريب من الآخر وكان بطلميوس متقدّما على جالينوس بقليل قال ابن الاثير فى الكامل وقد ادرك جالينوس زمن بطلميوس وكان بطلميوس مصنّف المجسطى المذكور فى زمن انطونينوس ومات انطونينوس فى اوّل سنة اثنتين وستّين واربع ماية لغلبة الاسكندر وكان بين رصد بطلميوس ورصد المامون ستّماية وتسعون سنة وكان رصد المامون بعد سنة ماتين للهجرة فيكون بين الهجرة ورصد بطلميوس اربع ماية وتسعون سنة بالتقريب وكان جالينوس فى ايّام قومودوس الملك وكان موت قومودوس فى سنة اربع وتسعين واربع ماية للاسكندر فيكون بين جالينوس والهجرة اكثر من اربعماية سنة بقليل وذلك كلّه بالتقريب . ومن حكماء اليونان اقليدس صاحب كتاب الاستقصات المسمّى باسمه قال ابو عيسى وكان اقليدس فى ايّام ملوك اليونان البطالسة فلم يكن بعد ارسطو ببعيد قال ولبس هو مخترع كتاب اقليدس بل هو جامعه ومحرّره ومحقّقه ولذلك نسب اليه . ومنهم ابْرْخس وكان حكيما رياضيّا ورصد الكواكب وحقّقها ونقل بطلميوس عنه فى المجسطى وكان بين رصد ابرخس وبين رصد بطلميوس مايتان وخمس ثمانون سنة فارسيّة بالتقريب ✿

ذكر امّة اليهود

قد تقدّم ذكر موسى صلوات الله وسلامه عليه وكذلك تقدّم ذكر بنى اسرايل واسرايل هو يعقوب بن اسحاق بن ابراهيم الخليل عم وكان لاسرايل المذكور اثنا عشر ابناء وهم روبيل ثمّ شمعون ثمّ لاوى ثمّ يهوذا ثمّ يَسّاخر ثمّ زبولون ثمّ يوسف ثمّ

num aliquid ex iis in linguam arabicam translatum sit, Ibn-el-Kofti se nescire dicit. — *Paulus Aegineta*, qui cognomine *Obstetricii* celeber est; quum enim imprimis medicinae muliebris peritus esset et in ea plurimum studii poneret, obstetrices eum frequentabant et de iis quae puerperis accidere solent, consulebant: quibus ille, quaecunque vellent, quaerere benigne permittebat et, quae iis facienda essent, respondebat. Vixit post aetatem Galeni et Alexandriae habitavit. — *Leslon Zelotes*, Doctor graecus, qui philosophiam Platonicam docebat et defendebat, unde Zelotae cognomen nactus est. — *Maxitrates*, Philosophus graecus, cujus commentarii in libros Aristotelis arabice versi exstant. — *Mantor Alexandrinus*, magnae inter astronomos auctoritatis, qui cum *Euthymo* Alexandriae instrumenta astronomica concinnavit. Ambo astra observaverunt eorumque scientiam ad veritatem exegerunt. Vixerunt ante Ptolemaeum, scriptorem Almagesti, circiter 571 annis. — *Myrtos* vel *Myristos*, Doctor graecus matheseos peritus et inventionis plurimae, qui scripsit librum de instrumento illo musico quod organum appellatur. Sonus ejus vel e sexaginta milliarium interstitio auditur. — *Magnes Emisenus*, e discipulis Hippocratis, vir, dum vixit, celeberrimus. Libros reliquit complures, in his librum de urina, et alios. — *Mithridates*, cujus aetatem non indicavit (sc. Ibn-el-Kofti), sed dixit eum fuisse medicum et sapientem, composuisse electuarium quod de ipsius nomine appellatum sit Mithridates, item multum studii posuisse in medicamentis usu explorandis, eorumque virtutes expertum esse in hominibus qui pro delictis capitis damnati essent. Ita eum invenisse medicamentum efficax contra ictum phalangii, aliud contra ictum scorpionis, aliaque similia. Huc usque Ibn-El-Kofti. — *Ptolemaeus* et *Galenus* post aetatem veterum Graecorum tempore Romanorum vixerunt, non multum inter se distantes, sed ita ut Ptolemaeus paucis tantum annis Galeno antiquior esset; quamquam Ibn-el-Athir in El-Camil Galenum Ptolemaeo adhuc superstite natum esse dicit. Ptolemaeus, scriptor Almagesti, cujus jam saepius mentio facta est, vixit tempore Antonini, qui anno 462 ineunte post victoriam Alexandri obiit. Quum inter observationes astronomicas Ptolemaei et El-Mamunicas intersint 690 anni, hae posteriores autem post annum 200 hedjrae institutae sint: inter hedjram et observationes Ptolemaei anni circiter 490 ponendi erunt. Galenus vixit regnante Commodo: qui quum anno 494 post Alexandrum mortuus sit, inter Galenum et hedjram habebimus paullo plus 400 annos. Sed haec omnia ad verum numerum tantum appropinquant. — Inter sapientes graecos fuit etiam *Euclides*, qui scripsit librum Elementorum (*Στοιχεῖα*), qui sub ejus nomine fertur (sc. *Kithab-Eklides*); quamquam Abu-Isa, postquam dixit, illum sub regibus graecis Ptolemaeis, igitur haud multo post Aristotelem vixisse, haec addit: Euclides librum illum non ipse primum composuit, sed jam scriptum collegit, lectionem et sententias emendavit: propterea ejus nomen libro praefixum est. — *Hipparchus*, Mathematicus, qui astra observavit et accuratiora de iis docuit. Hoc saepe auctore utitur Ptolemaeus in Almagesto. Inter observationes astronomicas Hipparchi et Ptolemaai intersunt circiter anni 285 persici.

De populo judaïco.

Jam supra dictum est de Mose et de Israëlitis. Israëli, id est Jacobo fil. Isaaci, fil. Abrahami, fuerunt duodecim filii: Ruben, Simeon, Levi, Juda, Issachar, Zebulon, Joseph, Benjamin,

ثمّ بنيامين ثمّ دان ثمّ نفتالى ثمّ كاذ ثمّ اشار اولاد اسراييل المذكور وجميع بنى اسراييل هم اولاد الاثنى عشر المذكورين وامّة اليهود اعمّ من بنى اسراييل لانّ كثيرا من اجناس العرب والروم والفرس وغيرهم صاروا يهودا ولم يكونوا من بنى اسراييل وانّما بنو اسراييل هم الاصل فى هذه الملّة وغيرهم دخيل فيها فلذلك قد يقال لكلّ يهودىّ اسراييلىّ وقد تقدّم ذكر حكّام بنى اسراييل وملوكهم فى الفصل الاوّل وامّا اسم اليهود فقد قال الشهرستانىّ فى الملل والنحل هاد الرجل اى رجع وتاب وانّما لزمهم هذا الاسم لقول موسى عم انّا هدنا اليك اى رجعنا وتضرّعنا . قال البيرونىّ فى الآثار الباقية ليس ذلك بشىء وانّما سمّى هولاء باليهود نسبة الى يهوذا احد الاسباط فانّ الملك استقرّ فى ذرّيّته وابدلت الذال المعجمة دالا مهملة كما يوجد مثل ذلك فى كلام العرب . وكتابهم التوراة وقد اشتملت على اسفار فذكر فى السفر الاوّل مبتدأ الخلق ثمّ ذكر الاحكام والحدود والاحوال والقصص والمواعظ والاذكار فى سفر سفر وانزل على موسى عم الالواح ايضا وهى شبه مختصر ما فى التوراة انتهى كلام الشهرستانىّ . من كتاب خير البشر بخير البشر قال وليس فى التوراة ذكر القيامة ولا الدار الآخرة ولا فيها ذكر بعث ولا جنّة ولا نار وكلّ جزاء فيها انّما هو معجّل فى الدنيا فيجزون على الطاعة بالنصر على الاعداء وطول العمر وسعة الرزق ونحو ذلك ويجزون على الكفر والمعصية بالموت ومنع القطر والحمّيات والجرب وان ينزل عليهم بدل المطر الغبار والظلمة ونحو ذلك وليس فيها ذمّ الدنيا ولا الزهد فيها ولا وظيفة صلوات معلومة بل الامر بالبطالة والقصف واللهو وممّا تضمّنته التوراة انّ يهوذا بن يعقوب فى زمان نبوّته زنا بامراة ابنه واعطاها عمامته وخاتمه رهنا على جدى هو اجرة الزناء وهو لا يعرفها فامسكت رهنه عندها وارسل اليها بالجدى فلم تاخذه وظهر حملها واخبر يهوذا بذلك فامر بها ان تحرق فانفذت اليه بالرهن فعرف يهوذا انّه هو الذى زنا بها فتركها وقال هى اصدق وممّا تضمّنته ايضا انّ روبيل بن يعقوب وطى سرّيّة ابيه وعرف بذلك ابوه وممّا تضمّنته ايضا انّ اولاد يعقوب من امتيه كانوا يزنون مع نساء ابيهم وجاء يوسف وعرّف اباه بخبر اخوته القبيح وممّا تضمّنته انّ راحيل اخت ليا وكان الاختان المذكورتان قد جمع بينهما يعقوب فى عقد نكاحه وكان ذلك حلالا فى ذلك الزمان قال فاشترت راحيل من اختها وضرّتها ليا مبيت ابن ليا وهو روبيل عند راحيل ليطاها بنوبتها من يعقوب ليبيت عند ليا وقد تضمّنت من نحو ذلك كثيرا اضربنا عنه رجعنا الى كلام الشهرستانىّ قال واليهود تدّعى انّ الشريعة لا تكون الّا واحدة وهى ابتدأت بموسى وتمّت به وامّا ما كان قبل موسى فانّما كان حدودا عقليّة واحكاما مصلحيّة ولم يجيزوا النسخ اصلا فلم يجيزوا بعده شريعة اخرى قالوا والنسخ فى الاوامر بدا ولا يجوز البدا على

Benjamin, Dan, Nephthali, Gad et Ascher. Ab his duodecim Israëlis filiis omnes Israëlitae prognati sunt. At populus Judaïcus latius patet quam Israëlitae; multi enim homines gentis arabicae, graecae, persicae, aliarumque, quamvis Israelitae non essent, Judaei facti sunt. Sed quum Israëlitae hujus religionis sint prima stirps, ceteri in ea tamquam insiticii: denominatio Israëlitae ad quemvis Judaeum promiscue transfertur. De judicibus et regibus Israëliticis jam primo libro diximus. De nomine Judaeorum Es-Schahresthani in libro de religionibus et sectis haec habet: *hâda*, si de homine dicitur, significat idem quod *radja'a* et *thâba* (reversus est et poenitentiam egit), et nomen inde derivatum *(Jehûd)* ideo illis inditum est, quod Moses dixit: *Innâ hudnâ ileika*, id est, reversi sumus ad te (o Deus) et animos submisimus. Sed El-Biruni in libro El-âthâr el-bâkija (Vestigia s. Monumenta restantia) haec contra monet: Derivatio illa falsa est. Judaeorum denominatio fluxit a Juda, uno e filiis Jacobi, propterea quod dignitas regia in tribu ejus perpetuo mansit. Quod autem vox Jehûd per dal sine puncto scribitur, nomen Judae per dal cum puncto, id permutationi duarum illarum literarum, in sermone Arabum non infrequenti, tribuendum est. — Codex sacer eorum est Thorah (Pentateuchus) quae plures libros complectitur. In libro primo exponitur de mundi origine et prima aetate; hinc ceteri libri ex ordine statuta, leges, res gestas, admonitiones et Dei divinarumque rerum commemorationes continent. Accepit Moses a Deo tabulas quoque, veluti compendium Pentateuchi. Haec Es-Schahresthani. — In libro *Cheir-el-bischr bi-cheir-el-bescher* haec leguntur: In Pentateucho nulla fit mentio nec resurrectionis, nec vitae futúrae, nec resuscitationis mortuorum, nec paradisi, neque inferni: omnes retributiones jam in hac vita terrestri obvenire docet: sic praemia obedientiae erga Deum proponuntur victoria de hostibus reportanda, vita longior, fortunarum amplitudo, et similia; contra impiis hae poenae denuntiantur: mors, pluviae defectus, febres, scabies, pulvis pro pluvia in eos demittendus, tenebrae, alia. Nec vero Pentateuchus in fragiles hujus mundi opes et voluptates invehitur, nec severiorem pietatem commendat, nec pensum ullum precum statutarum proponit, sed fortitudinem bellicam praecipit, ceterum deliciis omnibus animo soluto frui permittit. Inter alia Pentateuchus narrat, Judam fil. Jacobi, quum jam propheta esset, cum uxore filii (sc. mortui) moechatum, ei, quam ipse non nosset, mitram suam et annulum dedisse, quae pignus essent hoedi pro usu corporis ei promissi; mulierem autem, quae illum nosset, pignus retinuisse, et quum hoedum ad se misisset, eum non accepisse; deinde Judam, cui nuntiatum esset, illam gravidam esse, eam comburi jussisse: tum vero mulierem illi pignus misisse, quo conspecto quum Judas intellexisset, se ipsum cum illa rem habuisse, eam missam fecisse et dixisse: Illa me justior est. — Item: Rubenum fil. Jacobi subegisse concubinam patris sui, hunc autem rem non ignorasse. Item: Filios Jacobi, quos e duabus ancillis sustulerat, cum uxoribus patris moechatos esse, hinc Josephum fratrum flagitia ad patrem detulisse. Item: Rahelem, sororem Leae, quarum utramque Jacobus in matrimonium duxerat, id quod illo tempore licebat, Rahelem igitur a sorore et lecti conjugalis participe stipulatam esse, ut Ruben, Leae filius, secum concumberet, pro quo beneficio Leae mariti concubitum, qui ipsi tunc debebatur, concessit. Haec et talia multa Pentateuchus continet, quibus omissis ad orationem Es-Schahresthanii revertamur. Judaei, inquit, legem divinam unam tantum esse contendunt: ejus et primum et ultimum interpretem fuisse Mosen: ante hunc sola statuta viguisse, quae ipsa mens humana ad vitae utilitatem invenisset. Quum leges divinas abrogari posse negent, legem aliam post Mosen non admittunt. Leges latas, inquiunt, abrogare,

est

على الله تعالى وافترقت اليهود فرقا كثيرة فالربّانيّة منهم كالمعتزلة فينا والقرّآؤون كالمجبرة والمشبهة فينا ومن فرق اليهود العانانيّة نسبوا الى رجل منهم يقال له عانان بن داوود وكان راس جالوت وراس الجالوت هو اسم للحاكم على اليهود بعد خراب بيت المقدس لخراب الثانى فانّه لمّا ذهب الملك منهم بغزو بخت نصر صار الحاكم عليهم فى القدس يسمّى هردوس او هيرودس وكان واليا من جهة الفرس ثمّ صار من جهة اليونان كذلك ثمّ صار من جهة اغسطس ومن بعده من ملوك الروم كذلك حتّى غزاهم طيطوس واباذهم وخرّب بيت المقدس الخراب الثانى على ما تقدّم ذكره وتفرّقت اليهود فى البلاد ولم يعد لهم بعد ذلك رياسة يعتدّ بها وصار منهم بالعراق وتلك النواحى جماعة وكانوا يرجعون الى كبير منهم فصار اسم ذلك الكبير الذى يرجعون اليه راس الجالوت فمن مذهب العانانيّة المذكورين انّهم يصدّقون المسيح فى مواعظه واشاراته ويقولون انّه لم يخالف التوراة البتّة بل قرّرها ودعا الناس اليها وهو من انبياء بنى اسرائيل المتعبّدون بالتوراة الّا انّهم لا يقولون ببنوّته ومنهم من يدّعى انّ عيسى عم لم يدّع انّه نبىء مرسل ولا انّه صاحب شريعة ناسخة لشريعة موسى عم بل هو من اولياء الله المخلصون وانّ الانجيل ليس كتابا منزلا عليه وحيا من الله تعالى بل هو جميع احواله جمعه اربعة من اصحابه واليهود ظلموه اوّلا حيث كذّبوه ولم يعرفوا بعد دعواه وقتلوه آخرا ولم يعلموا محلّه ومغزاه . وقد ورد فى التوراة ذكر المشيحا فى مواضع كثيرة وهو المسيح . وامّا السمرة فمنهم فرقة يقال لها الدُسْتانيّة وتسمّى الدستانيّة ايضا الفانية ومنهم فرقة يقال لها كوسانيّة والدستانيّة يقولون انّما الثواب والعقاب فى الدنيا وامّا الكوسانيّة فيقرّون بالآخرة وثوابها وعقابها . ولليهود اعياد وصيام فمنها الفِسْح وهو اليوم الخامس عشر من نيسان اليهود وهو عيد كبير وهو اوّل ايّام الفطير السبعة لا يجوز لهم فيها اكل الخمير لانّهم امروا فى التوراة ان ياكلوا فى هذه الايّام فطيرا وآخر هذه الايّام الحادى والعشرون من الشهر المذكور والفسح يدور من ثانى عشر اذار الى خامس عشر نيسان وسبب ذلك انّ بنى اسرائيل لمّا تخلّصوا من فرعون وحصلوا فى التيه اتّفق ذلك ليلة الخامس عشر من نيسان اليهود والقمر تامّ الضوء والزمان زمان ربيع فامروا بحفظ هذا اليوم وفى آخر هذه الايّام غرق فرعون فى بحر السوف وهو بحر القلزم . ولهم عيد العنصرة وهو بعد الفطير بخمسين يوما ويكون فى السادس من شيُون وفيه حضر مشايخ بنى اسرائيل الى طور سينا مع موسى عم فسمعوا كلام الله تعالى من الوعد والوعيد فاتّخذوه عيدا . ومن اعيادهم عيد الحنكة ومعناه التنظيف وهو ثمانية ايّام اوّلها الخامس والعشرون من كسليو يسرجون فى الليلة الاولى سراجا وفى الثانية اثنين وكذلك حتّى يسرجوا فى الثامنة ثمانية سرج وذلك تذكار اصغر ثمانية اخوة قتل بعض ملوك اليونان فانّه كان قد تغلّب عليهم ملك من اليونان ببيت المقدس وكان يفترع البنات قبل الاهداء الى ازواجهنّ وكان له سرداب قد اخرج منه حبلين عليهما جلجلان فان احتاج الى امراة حرّك الايمن فتدخل عليه

est res novare, id quod in Deum non cadit. Judaei in plures sectas discesserunt, e quibus *Rabbanitae* comparari possunt cum Mo'thazelitis nostris, *Karaïtae* cum Mudjbiritis et Muschebbihitis. E sectis illis sunt etiam *'Ananitae*, qui ipso nomine auctorem profitentur, *'Ananum fil. Davidis*, qui Princeps exilii (*Rosch-galuth*) fuit. Sic appellatur is qui post alteram Hierosolymorum devastationem rebus Judaeorum praeest. Postquam enim, a Nabuchodonosore debellati, regnum amiserunt, is qui rebus eorum Hierosolymis praeerat, Herodes appellabatur: qui praefecti illis primum a Persis, deinde a Graecis, tum ab Augusto ejusque in imperio romano successoribus imponebantur. Tandem, quum Titus eos paene ad internecionem redegisset et Hierosolyma iterum devastasset, quemadmodum supra dictum est, Judaei hic illic dispersi principatum, qui quidem in numero aliquo haberi posset, nullum unquam recuperarunt. Aliqui ex iis illo tempore in Mesopotamia et regionibus vicinis consederunt: hi res suas alicui procerum suorum administrandas committebant, cujus nomen erat Princeps exilii. — Ananitis illis hoc peculiare est, quod Christi orationes paraeneticas et parabolas pro veris et propheticis agnoscunt, et Pentateuchum ab illo nullo modo impugnatum, sed contra confirmatum et hominibus commendatum esse dicunt: ipsum e prophetis israeliticis fuisse, qui Pentateuchi leges religiose colerent; sed filium Dei fuisse negant. Sunt etiam inter eos qui contendant, Jesum ipsum nunquam se pro legato Dei aut legis novae, Mosaïcam antiquaturae, auctore gessisse, sed unum e viris sanctis Deo sincera pietate devotis fuisse. Item Evangelium non esse librum Jesu divinitus traditum, sed historiam totius vitae ejus, a quatuor ex ejus asseclis collectam. Item Judaeos statim ab initio, antequam doctrinam ejus cognossent, eum injuriis affecisse; denique, dignitatis et consiliorum ejus etiam tum ignaros, eum interfecisse. — Jam in Pentateucho multis locis mentio facta est *El-Meschihae*, i. e. Messiae seu Christi. — Quod ad Samaritanos attinet, est inter eos secta *Dosthanitarum*, qui etiam *Fanitae (El-Fanija)* appellantur, et alia *Cusanitarum*: illi praemia et poenas divinas omnes ad hanc vitam revocant; hi contra vitam futuram in eaque et praemia et poenas agnoscunt. — Judaeorum festa et jejunia sunt haec fere: *Pascha*, dies quintus et decimus Nisani judaïci, festum magnae religionis. Est dies primus septem illorum, qui dies azymi appellantur, per quos fermentato vesci apud eos nefas est, quia Pentateuchus eos per totum hoc tempus azymo uti jubet. Horum dierum ultimus est unus et vicesimus ejusdem mensis. Tempus intra quod Pascha modo citius modo serius celebrandum venit, pertinet a die duodecimo Adari usque ad quintum et decimum Nisani. Festi ipsius et temporis causa haec est, quod, quum Israelitae furores Pharaonis evasissent et in desertum venissent, nox erat quintum et decimum Nisani judaïci diem praecedens, luna plena et tempus vernum. Itaque diei illius religionem servare jussi sunt. Ultimo horum dierum Pharaonis in mari rubro submersi memoria recolitur. — Aliud festum est *'Ansara ('Atsereth)*, quod celebratur quinquaginta diebus post diem azymorum (primum Paschatis), die sexto mensis Sivan; quo seniores populi, cum Mose ad montem Sinaï profecti, orationem Dei, qua et bona iis promisit, et, si meruissent, mala minatus est, audiverunt. Hanc ob causam dies ille consecratus est. — Aliud festum est *El-Hanuccah*, i. e. Lustratio, octo dierum, quorum primus est quintus et vigesimus mensis Kislev. Prima festi nocte singulae lucernae accenduntur, secunda binae, et sic deinceps, donec nocte octava ad octonas pervenitur. Hoc festo recolitur memoria adolescentis, ex octo fratribus natu minimi, a quo rex quidam graecus interfectus est, qui imperium in Judaeos adeptus, sede Hierosolymis fixa, virginibus, antequam ad sponsos

deduce-

عليه فاذا فرغ منها حرّك الايسر فيخلّى سبيلها وكان فى بنى اسراييل رجل له ثمانية بنين وبنت واحدة فتزوّجها اسراييلىّ وطلبها فقال له ابوها ان اهديتها اليك افترعها هذا الملعون ووبّخ بنيه بذلك فأنفوا من ذلك ووثب الصغير منهم فلبس ثياب النساء وخبا خنجرا تحت قماشه واتى باب الملك على انّه اختنه فلمّا حرّك الجرس ادخل عليه فحين خلا به قتله واخذ راسه وحرّك الحبل الايسر وخرج فخلّى سبيله فلمّا ظهر قتل الملك فرح بذلك بنو اسراييل واتّخذوه عيدا فى ثمانية ايّام تذكارا للاخوة الثمانية ومن اعيادهم المظالّ وهى سبعة ايّام اولها خامس عشر تشرى الاوّل يستظلّون فيها بالخلاف والقصب وغير ذلك وهو فريضة على المقيم دون المسافر وامروا بذلك تذكارا لاظلال الله تعالى ايّاهم بالغمام فى التيه وآخر المظالّ وهو حادى عشرين تشرى يسمّى عرابا وتفسيره شجر الخلاف وغد عرابا وهو اليوم الثانى والعشرون من تشرى يسمّى التبريك وتبطل فيه الاعمال ويزعمون انّ التوراة فيه استتمّ نزولها ولذلك يتبرّكون فيه بالتوراة . وليس فى صياماتهم فرض غير صوم الكبور وهو عاشر يوم من تشرى اليهود وابتداء الصوم من اليوم التاسع قبل غروب الشمس بنصف ساعة الى بعد غروبها من اليوم العاشر بنصف ساعة تمام خمس وعشرين ساعة وكذلك غيره من صياماتهم النوافل والسنن ۞

ذكر امّة النصارى وهم امّة المسيح عم

من كتاب الملل والنحل للشهرستانىّ قال وللنصارى فى تجسّد الكلمة مذاهب فمنهم من قال اشرقت على الجسد اشراق النور على الجسم المشفّ ومنهم من قال انطبعت فيه انطباع النقش فى الشمعة ومنهم من قال تدرّع اللاهوت بالناسوت ومنهم من قال مازجت الكلمة جسد المسيح ممازجة اللبن الماء واتّفقت النصارى على انّ المسيح قتلته اليهود وصلبوه ويقولون انّ المسيح بعد ان قتل وصلب ومات عاش فراى شخصه شمعون الصفا وكلّمه واوصى اليه ثمّ فارق الدنيا وصعد الى السماء قال وافترقت النصارى اثنتين وسبعين فرقة وكبارهم ثلاث فرق الملكانيّة والنسطوريّة واليعقوبيّة امّا الملكانيّة فهم اصحاب ملكا الذى ظهر ببلاد الروم واستولى عليها فصار غالب الروم ملكانيّة وهم يصرّحون بالتثليث وعنهم اخبر الله تعالى بقوله لقد كفر الذين قالوا انّ الله ثالث ثلاثة وصرّحت الملكانيّة انّ المسيح ناسوت كلّىّ وهو قديم ازلىّ من قديم ازلىّ وقد ولدت مريم الهًا ازليًّا والقتل

deducerentur, pudorem eripere solebat. Cryptam habebat sub terra, unde duo funiculi prodibant, quorum uterque tintinnabulo instructus erat. Quoties igitur lubidine tentabatur, funiculum dextrum movebat: quo signo audito mulier ei adducebatur; ea postquam abusus erat, moto funiculo sinistro rursus dimittebatur. Illo ipso tempore vir erat inter Israelitas, qui octo filios unamque filiam habebat. Hanc aliquis popularium in matrimonium duxit; sed quum a patre petiisset, ut eam sibi traderet, ille: *Si puellam*, inquit, *ad te deducam*, *nebulo ille eam vitiabit.* Simul filios, talis scilicet injuriae patientes, increpuit: quibus quum hac re indignationem incussisset, minimus eorun prosiluit, et sumto cultu muliebri, pugionem vestibus tegens sororisque personam agens ad aulam regiam venit. Rex funiculum movet: adolescens ad eum deducitur: ceteri discedunt: ille regem interficit, caput recisum aufert, moto funiculo sinistro exit et dimittitur. Regis nece divulgata, Judaei magno gaudio affecti festum octo dierum instituerunt, quo memoria octo illorum fratrum conservaretur. — Aliud est *Festum umbraculorum* (*Scenopegia*), quod per septem dies agitur, quorum primus est quintus et decimus mensis Thisri prioris. Per hoc tempus utuntur umbraculis seu tabernaculis e salicum frondibus, calamis aliaque materia contextis. Hujus festi religione ii tantum obstringuntur qui domi sunt, non ii qui iter faciunt. Institutum autem est ad recolendam illius temporis memoriam, quo Israelitae in deserto nubibus, veluti umbraculis, a Deo tecti sunt. Ultimus festi dies, qui est unus et vicesimus mensis Thisri, *'Araba* vocatur, quod salicem significat; dies sequens, ejusdem mensis alter et vicesimus, vocatur *Et-Thebrik*, quo omnia negotia intermittuntur: eo finem Pentateuchi divinitus patefactum esse perhibent, qua de causa sibi hoc die Pentateuchum acceptum gratulantur (*jetheberrekûne*). — Ex eorum jejuniis nullum religione sancitum est praeter *Jejunium El-Kippûr*, quod in diem decimum Thisrii judaïci cadit. Incipit die nono, hora dimidia antequam sol occidit, et absolvitur die sequenti, hora dimidia postquam occidit; id quod summam efficit quinque et viginti horarum. Eadem est ratio ceterorum jejuniorum quae Judaei voluntaria religione observant et quae Doctorum auctoritate instituta sunt.

De gente Nazarenorum s. Christianorum, id est asseclarum Christi.

Christiani, inquit Es-Schahresthani in libro de religionibus et sectis, de incarnatione Verbi in plures sententias discessere, quarum una est haec, Verbum corpus humanum irradiasse, quemadmodum lumen rem pellucidam irradiat; alia, Verbum in corpore impressum fuisse, ut sigillum in cera; alia, naturam divinam humana tamquam indumento usam esse; alia denique, Verbum cum corpore Christi commixtum fuisse, ut lac cum aqua. Consentiunt vero Christiani in eo, Christum ipsum a Judaeis supplicio affectum et in crucem actum esse: eum, postquam haec passus et vere mortuus esset, in vitam rediisse, Simeoni Petro apparuisse, verba ad eum fecisse eique, quae fieri vellet, mandavisse: hinc e mundo discessisse et in coelum sublatum esse. — Christianorum, inquit idem, sunt duae et septuaginta familiae, in quibus primas tenent *Melchitae*, *Nestoriani* et *Jacobitae*. Melchitae placita viri sequuntur qui *Melca* vocabatur: qui quum in regno graeco exstitisset eoque potitus esset, factum inde est ut Graecorum plerique sint Melchitae. Hi diserte docent trinitatem personarum divinarum: de quibus est illa Dei in Corano vox: *Impii sunt qui dicunt*, *Deum esse unum de tribus.* Nec non, Christum esse verum hominem, sed eundem Deum aeternum de Deo aeterno, ac talem e Maria natum esse: necem et crucis

 supplicium

والقتل والصلب وقعا على الناسوت واللاهوت معا واطلقوا لفظ الابوّة والبنوّة على الله تعالى وعلى المسيح حقيقة وذلك لما وجدوا فى الانجيل انّك انت الابن الوحيد ولما رووا عن المسيح انّه قال حين كان يصلب اذهب الى ابى وابيكم وحرّموا اريوس لما قال القديم هو الله تعالى والمسيح مخلوق واجتمعت البطارقة والمطارنة والاساقفة بالقسطنطينيّة بمحضر من قسطنطين ملكهم وكانوا ثلثماية وثلاثة عشر رجلا واتّفقوا على هذه الكلمة اعتقادا ودعوةً وذلك قولهم نؤمن بالله الواحد الاب مالك كلّ شىء وصانع ما يرى وما لا يرى وبالابن الواحد ايشوع المسيح بن الله الواحد بكر الخلايق كلّها وليس بمصنوع اله حقّ من اله حقّ من جوهر ابيه الذى بيده اتقنت العوالم وكلّ شىء الذى من اجلنا واجل خلاصنا نزل من السماء وتجسّد من روح القدس وولد من مريم البتول وصلب ودفن ثمّ قام فى اليوم الثالث وصعد الى السماء وجلس عن يمين ابيه وهو مستعدّ للمجىء تارة اخرى للقضاء بين الاموات والاحياء ونؤمن بروح القدس الواحد روح الحقّ الذى يخرج من ابيه وبمعوديّة واحدة لغفران الخطايا وبجماعة واحدة قدسيّة مسيحيّة جاثليقيّة وبقيام ابداننا وبالحياة الدايمة ابد الابدين . هذا هو الاتّفاق الاوّل على هذه الكلمات ووضعوا شرايع النصارى واسم الشريعة عندهم الهيمانوت . وامّا النسطوريّة فهم اصحاب نسطورس وهم عند النصارى كالمعتزلة عندنا وخالفت النسطوريّة الملكانيّة فى اتّحاد الكلمة فلم يقولوا بالامتزاج بل انّ الكلمة اشرقت على جسد المسيح كاشراق الشمس فى كوّة او على بلّور وقالت النسطوريّة ايضا انّ القتل وقع على المسيح من جهة ناسوته لا من جهة لاهوته خلافا للملكانيّة . وامّا اليعقوبيّة وهم اصحاب يعقوب البردغايى وكان راهبا بالقسطنطينيّة فقالوا انّ الكلمة انقلبت لحما ودما فصار الاله هو المسيح قال ابن حزم واليعقوبيّة يقولون انّ المسيح هو الله قتل وصلب ومات وانّ العالم بقى ثلاثة ايّام بلا مدبّر وعنهم اخبر القران العزيز بقوله تعالى لقد كفر الذين قالوا انّ الله هو المسيح بن مريم . ومن كتاب ابن سعيد المغربىّ قال البطارقة للنصارى بمنزلة الايمّة اصحاب المذاهب للمسلمين والمطارنة والاساقفة مثل القضاة والقسيسون بمنزلة المفتين والشمامسة بمنزلة القرّاء والجاثليق بمنزلة الامام الذى يؤمّ فى الصلوة والشمامسة بمنزلة المؤذّنين وقوّمة المساجد وامّا صلوات النصارى فانّها سبع عند الفجر والضحى والظهر والعصر والمغرب والعشاء ونصف الليل يقرؤن فيها بالزبور المنزل على داود تبعا لليهود فى ذلك والسجود فى صلاتهم غير محدود قد يسجدون فى الركعة الواحدة خمسين سجدة ولا يتوضّؤن للصلاة وينكرون الوضوء على المسلمين واليهود ويقولون الاصل طهارة القلب . وممّا نقلناه من كتاب نهاية الادراك فى دراية الافلاك للخرقىّ فى الهيئة انّ للنصارى اعيادا وصيامات منها صومهم الكبير وهو صوم تسعة واربعين يوما اوّلها يوم الاثنين وهو اقرب اثنين الى الاجتماع الكاين فيما بين اليوم الثانى من شباط الى اليوم الثامن من ادار فاىّ اثنين كان اقرب اليه امّا قبل الاجتماع وامّا بعده فهو راس صومهم وفطرهم ابدا يكون يوم الاحد

الخمسين

supplicium simul ad humanam et ad divinam naturam pertinuisse. Voces patris et filii sensu proprio de Deo et Christo usurpant, quia in Evangelio legitur: *Profecto tu es filius unicus*, et quia Christus, quum in crucem ageretur, ipsis scilicet auctoribus, dixit: *Abeo ad patrem meum et vestrum.* Ario, qui doceret, Aeternum illum esse Deum O. M., Christum autem creatum, anathema inflixerunt, et quum trecenti et tredecim Patriarchae, Metropolitae et Episcopi Constantinopoli, Constantino Imperatore ipso praesente, convenissent, doctrinam eam et animo et ore professi sunt, cujus hanc habent formulam: *Credimus in unum Deum, Patrem omnipotentem, factorem visibilium et invisibilium. Et in unum Filium, Jesum Christum, Filium unius Dei, primogenitum omnium creaturarum, non factum, Deum verum de Deo vero, consubstantialem Patri, per quem saecula et omnia facta sunt. Qui propter nos et propter nostram salutem descendit de coelis et incarnatus est de Spiritu Sancto, et natus ex Maria virgine: crucifixus etiam et sepultus est: et resurrexit tertia die: et ascendit ad coelos et consedit ad dextram Patris, et iterum venturus est judicare vivos et mortuos. Et credimus in unum Spiritum Sanctum, Spiritum veritatis, qui ex Patre procedit: et in unum baptisma in remissionem peccatorum: et in unam sanctam, christianam et catholicam Ecclesiam: et in resurrectionem corporum nostrorum: et in vitam aeternum duraturam per saecula saeculorum.* Illo igitur tempore primum in hanc doctrinam conspiratum et Christianis leges scriptae. Legis nomen apud eos est *el-heimânûth.* — Nestoriani, asseclae *Nestorii*, apud Christianos eo loco sunt quo apud nos Mo'thazelitae. Dissentiunt autem Nestoriani a Melchitis in loco de unione verbi cum corpore humano; negant enim, ea inter se mixta fuisse, sed Verbum corpus Christi irradiasse, ut sol fenestram aut crystallum. In eo quoque a Melchitis discedunt, quod docent, solam naturam humanam in Christo necem passam esse, non divinam. — Jacobitae, asseclae *Jacobi Baradaei*, monachi Constantinopolitani, docent, Verbum in carnem et sanguinem conversum esse, et ita Deum ipsum in Christum abiisse. Jacobitae, inquit Ibn-Hazim, perhibent Christum esse ipsum Deum, qui supplicium, crucem et mortem passus sit, nec non mundum tres dies totos rectore caruisse: ad quos spectat haec Dei in Corano vox: *Impii sunt qui dicunt, Deum esse Christum, filium Mariae.* — E libro Ibn-Saïdi Mauritani haec sunt: Patriarchae apud Christianos eo loco sunt quo apud Moslemos Imami principes sectarum; Metropolitae respondent Judicibus, Episcopi Doctoribus juris interpretibus (Mufthiis), Presbyteri Lectoribus, Catholicus Imamo qui preces in templo praeit, Diaconi praeconibus sacris (Muezzinis) et aedituis. — Preces Christiani habent septenas, quarum tempora sunt haec: primum diluculum, tempus medium fere inter solis ortum et meridiem, meridies, medium fere pomeridianum, solis occasus, vesper provectior et media nox. Recitant autem in his precibus lectiones e psalterio, quod David a Deo accepit, in qua re Judaeos imitantur. Quoties corpus inter precandum humi prosternendum sit, nulla lege definitum est: saepe in una precum parte quinquagies se prosternunt. Ante preces nulla ablutione utuntur; quem morem in Moslemis et Judaeis etiam improbant et omnia in cordis puritate posita esse dicunt. — E libro astronomico *Nihâjeth-el-idrâk fi-dirâjeth-el-eflak*, quem scripsit *El-Charki*, haec excerpsi: Christiani festa et jejunia habent, ut *Jejunium magnum* (Quadragesimam) undequinquaginta dierum, quorum primus est dies Lunae is qui proximus est conjunctioni quae incidit in tempus inter diem secundum mensis Schebat et octavum mensis Adar; ab eo igitur Lunae die qui illi conjunctioni proximus est, sive eam praecedit, sive sequitur, jejunii initium fit.

لخمسين من هذا الصوم وسبب تخصيصهم هذا الوقت بالصوم انّهم يعتقدون انّ البعث والقيامة يكون فى مثل يوم الفصح وهو اليوم الذى قام فيه المسيح من قبره بزعمهم . ومن اعيادهم الشعانين الكبير وهو يوم الاحد الثانى والاربعون من الصوم وتفسير الشعانين التسبيح لانّ المسيح دخل يوم الشعنينة المذكورة الى القدس راكب اتان يتبعها جحش فاستقبله الرجال والنساء والصبيان وبايديهم ورق الزيتون وقروُا بين يديه التوراة الى ان دخل بيت المقدس واختفى عن اليهود يوم الاثنين والثلاثا والاربعا وغسل فى يوم الاربعا ايدى اصحابه لحواريّين وارجلهم ومسحها فى ثيابه وكذلك يفعله القسيسون باصحابهم فى هذا اليوم ثمّ افصح فى يوم لخميس بالخبز والخمر وصار الى منزل واحد من اصحابه ثمّ خرج المسيح ليلة لجمعة الى لجبل فسعى به يهوذا وكان احد تلامذته الى كبراء اليهود واخذ منهم ثلاثين درهما رشوة ودلّهم عليه فالقى الله شبه المسيح على المذكور فاخذوه وضربوه ووضعوا على راسه اكليلا من الشوك وانالوه كلّ مكروه وعذّبوه بقيّة تلك الليلة اعنى ليلة لجمعة الى ان اصبحوا فصلبوه بزعمهم انّه المسيح على ثلاث ساعات من يوم لجمعة على قول متّى ومرقوس ولوقا وامّا يوحنّا فانّه زعم انّه صلب على مضىّ ستّ ساعات من النهار المذكور ويسمّى جمعة الصلوب وصلب معه لصّان على جبل يقال له لجمجمة واسمه بالعبرانيّة كاكله وماتوا على ما زعموا فى الساعة التاسعة ثمّ استوهب يوسف النجّار وهو ابن عمّ مريم المسيح من قايد اليهود هيرودس واسمه فيلاطوس وكان ليوسف المذكور منزلة ومكانة عنده فوهبه ايّاه فدفنه يوسف فى قبر كان اعدّه لنفسه وزعمت النصارى انّه مكث فى القبر ليلة السبت ونهار السبت وليلة الاحد ثمّ قام صبيحة يوم الاحد الذى يفطرون فيه ويسمّون النصارى ليلة السبت بشارة الموتى بقدوم المسيح . ولهم الاحد لجديد وهو اوّل احد بعد الفطر ويجعلونه مبدأ للاعمال وتاريخا للشروط والقبالات . ولهم عيد السُلّاقا ويكون يوم لخمسين بعد الفطر باربعين يوما وفيه تسلّق المسيح مصعدا الى السماء من طور سينا . ولهم عيد الفَنْطى قسطى وهو يوم الاحد بعد السلّاقا بعشرة ايّام واسمه مشتقّ من لخمسين بلسانهم وفيه تجلّى المسيح لتلامذته وهم السليحيّون ثمّ تفرّقت السنتهم وتوجّهت كلّ فرقة الى موضع لغتها . ولهم الدنح وهو سادس كانون الثانى وهو اليوم الذى غمس فيه يحيى بن زكريّا المسيح فى نهر الاردن . ولهم عيد الصليب وهو مشهور . ولهم الميلاد ويصومون قبله اربعين يوما اوّلها سادس عشر تشرين الآخر وكان الميلاد فى ليلة الرابع والعشرين من كانون الاوّل وفى الليلة المذكورة ولدت مريم المسيح فى قرية بالقرب من القدس تسمّى بيت لحم وامّا الانجيل فهو كتاب يتضمّن اخبار المسيح عم من ولادته الى وقت خروجه من هذا العالم كتبه اربعة نفر من

fit. Idem constanter solvitur die dominica, jejunii ipsius die quinquagesimo. Quod autem jejunium in hoc potissimum tempore collocarunt, id propterea factum est quod credunt, mortuos in vitam revocatum atque e sepulcris excitatum iri die Paschatis, quo eodem Christus e sepulcro prodierit. — Inter eorum festa est *Hosianna magnum* (*Es-Scha'ânîn el-kebîr*, Dies Palmarum), quod incidit in diem dominicam, jejunii diem alterum et quadragesimum. Vocabulum Es-Scha'ânîn significat laudationem Dei. Christus enim die illo, qui *Dies Scha'nînae (Jaum-es-Scha'nîna)* vocatur, asina vectus, quam pullus sequebatur, Hierosolyma intravit: cui viri, foeminae, pueri, frondes oleaginas gestantes, obviam ierunt et ante eum incedentes Pentateuchum recitarunt, donec urbem ipsam ingressus est. Hinc feria secunda, tertia et quarta a Judaeis se abscondidit; quarta manus pedesque Apostolorum, discipulorum suorum, lavit et vestibus suis abstersit; quod Presbyteri etiamnum eo die in iis faciunt, qui ecclesiae suae adscripti sunt. Deinde feria quinta coenam paschalem pane et vino celebravit et in aedes alicujus asseclarum suorum se recepit. Hinc ea nocte quae feriam sextam praecessit, in montem exiit: tum Judas, unus ex ejus discipulis, eum apud principes Judaeorum calumniatus est, a quibus quum triginta drachmarum pretium accepisset, eos ad illum deduxit. Tum vero Deus speciem Christi in Judam ipsum transtulit: quare hunc abreptum verberarunt, capiti ejus coronam spineam imposuerunt, eum omnibus injuriis affecerunt et per totum tempus quod de nocte illa reliquum erat, usque ad mane feriae sextae excruciarunt. Tum eum, quem pro Christo habebant, in crucem egerunt post horam tertiam feriae sextae, ut tradunt Matthaeus, Marcus et Lucas; Joannes vero narrat, eum post horam sextam illius diei supplicium passum esse. Dies vocatur *Djum'ath - es - salûb* (Fer. sexta crucifixionis). In crucem actus est cum duobus latronibus in monte qui vocabatur *El - Djumdjuma* (Calvaria), hebr. *Gagola.* Omnes expirasse dicuntur hora nona. Postea Josephus, faber lignarius, consanguineus Mariae, a Herode, praefecto Judaeorum, cui nomen erat Pilatus, apud quem ille multum auctoritate valebat, impetravit ut sibi Christum traderet: quem Josephus in sepulcro condidit, quod sibi ipsi paraverat. Ibi Christiani tradunt eum noctem Sabbati, Sabbatum ipsum et noctem diei dominicae mansisse; tum mane ejus dominicae, qua jejunium quadragesimale solvunt, surrexisse. Noctem Sabbati Christiani appellant *Beschâreth - el - mautha bi - kodûm - El - Mesîh* (Laetificus de Christi adventu nuntius ad mortuos delatus). — Christianorum *El - ahad el - djedîd* (Fer. I nova) est dies dominica prima post jejunium quadragesimale solutum, qua negotia auspicari et pacta contractusque signare solent. — Aliud festum est *Es-Solluka* (Ascensio), quod feria quinta, diebus quadraginta post Quadragesimam absolutam, celebratur: illo die Christus e monte Sinaï in coelum sublatus est. — Aliud festum est *Pentecoste*, quod die dominica, decem post Ascensionem diebus, celebratur. Nomen ductum est a numero quinquagenario, qualis illorum lingua sonat. Eo Christus discipulis suis, Apostolis, splendide apparuit, deinde linguae eorum divisae sunt, et ut quisque alicujus terrae linguam tenebant, ita in eam discesserunt. — Aliud festum est *Ed - Denah* (Epiphania), dies secundus Canuni posterioris, quo Joannes filius Zachariae Christum in Jordane sacro lavacro lustravit. — Aliud satis notum est *Festum Crucis.* — Aliud est *El - Mîlâd* (Natales dominici), ante quod jejunant dies quadraginta, quorum primus est dies decimus et sextus Thisrini posterioris. Natus est Christus nocte diei quarti et vigesimi Canuni prioris a Maria in vico prope Hierosolyma, qui Bethlehem appellabatur. — Evangelium est liber qui continet historiam vitae Christi ab ejus natalibus usque ad illud

من اصحابه وهم متى كتبه بفلسطين بالعبرانيّة ومرقوس كتبه ببلاد الروم باللغة الروميّة ولوقا كتبه بالاسكندريّة باللغة اليونانيّة ويوحنّا كتبه بافسس باليونانيّة ايضا . ولهم صوم السليحيّين وهو ستّة واربعون يوما اوّلها يوم الاثنين تالى الفنطى قسطى بعد الفطر الكبير بخمسين يوما ولهم فيه خلاف . ولهم صوم نينوى ثلاثة ايّام اوّلها يوم الاثنين الذى قبل الصوم الكبير باثنين وعشرين يوما . ولهم صوم العذارى وهو ثلاثة ايام اوّلها يوم الاثنين يتلو الدنح وفطره يوم الخميس ٭

ذكر الامم التى دخلت فى دين النصارى

فنها امّة الروم قال ابو عيسى وهذه الامّة على كثرتها وعظم ملوكها واتّساع بلادها انّما نجمت من بنى العيص بن اسحاق بن ابراهيم الخليل عم وكان اوّل ظهورهم فى سنة ستّ وسبعين وثلثماية لوفاة موسى عم وساروا الى البلاد المعروفة ببلاد الروم وسكنوها وحينئذ ابتدأت الروم توجد . ومن كتاب ابن سعيد المغربىّ انّ الروم يعرفون ببنى الاصفر والاصفر هو روم بن العيص بن اسحاق على احد الاقوال . من الكامل وغيره انّ الروم كانت تدين بدين الصابية ويعبدون اصناما على اسماء الكواكب وما زالت الروم ملوكها ورعيّتها كذلك حتّى تنصّر قسطنطين وحملهم على دين النصارى فتنصّروا عن آخرهم . ومن امم النصارى الارمن وكانت بلادهم ارمينية وقاعدة مملكتها خلاط فلمّا ملكها المسلمون صارت الارمن رعيّة فيها ثمّ تغلّبت الارمن على الثغور وملكوا من المسلمين طرسوس والمصيصة واستولوا على تلك البلاد التى تعرف اليوم ببلاد سليس وسليس مدينة ولها قلعة حصينة وهى كرسى مملكة الارمن فى زماننا هذا . ومنها الكرج وبلادهم مجاورة لبلاد خلاط آخذة الى الخليج القسطنطينىّ وممتدّة الى نحو الشمال ولهم جبال منيعة والكرج خلق كثير وقد غلب عليهم دين النصارى ولهم قلاع حصينة وبلاد متّسعة وهم فى زماننا هذا مصالحون للتتر وبيت الملك عندهم محفوظ متوارث يليه الرجال والنساء من ذلك البيت . ومنها الجركس وهم على بحر نيطش من شرقيّه وهم فى شظف من العيش والغالب عليهم دين النصارى . ومنها الروس ولهم بلاد فى شمالىّ بحر نيطش وهم من ولد يافث وقد غلب عليهم دين النصارى . ومنها البلغار منسوبون الى المدينة التى يسكنونها وهى فى شرقىّ بحر نيطش وكان الغالب عليهم النصرانيّة ثمّ اسلم منهم جماعة . ومنها الالمان وهى من اكبر امم النصارى يسكنون فى غربىّ القسطنطينيّة الى الشمال وملكهم كثير الجنود وهو الذى سار الى صلاح الدين بن ايّوب فى ماية الف مقاتل فهلك ملك الالمان المذكور وغالب عسكره فى الطريق قبل ان يصلوا الى الشام على ما سنذكر ذلك ان شاء الله تعالى مع اخبار صلاح الدين المذكور . ومنها البرجان وهم ايضا امّة كبيرة بل امم كثيرة طاغية قد فشا فيها التثليث وبلادهم واغلة فى الشمال واخبارهم وسير ملوكهم منقطعة

illud tempus, quo ex hoc mundo migravit; quem scripserunt quatuor de sociis ejus: *Matthaeus*, qui suum in Palaestina hebraice scripsit, *Marcus*, qui suum in agro Romanorum lingua romana, *Lucas*, qui suum Alexandriae graece, et *Joannes*, qui suum Ephesi item graece. — A Christianis observatur etiam *Jejunium Apostolorum* per sex et quadraginta dies, quorum primus est dies Lunae qui Pentecosten proxime sequitur, quinquaginta diebus post solutum jejunium quadragesimale. De hoc tamen jejunio non inter omnes convenit. — Observant etiam *Jejunium Ninives* per tres dies, quorum primus est dies Lunae qui jejunium quadragesimale duobus et viginti diebus praecedit. — Item *Jejunium Virginum* per tres dies, quorum primus est dies Lunae qui Epiphaniam proxime sequitur. Ejus solutio incidit in diem Jovis.

De gentibus qui ad religionem christianam accesserunt.

Ad eas pertinent 1) *Romani (Er-Rûm).* Haec gens, inquit Abu-Isa, cujus tantus erat numerus, reges tam potentes et terrae tam late patentes, prodiit e posteris Esavi fil. Isaaci, fil. Abrahami. Primum exorti sunt anno post Mosen mortuum 376, quo in terras eas, quae nunc *Bilâd-Er-Rûm*, terrae Romanorum, vocari solent, profecti, ibi consederunt. Tunc igitur Romani primum in populi numero haberi coeperunt. — E libro Ibn-Saïdi Mauritani: Romani *Benu'l-Asfar* appellantur. *El-Asfar* autem, secundum unam e variis hac de re sententiis, est *Rûm fil. Esavi, fil. Isaaci.* — Ex El-Camilo aliisque scriptoribus: Romani sacra sabaeica sequebantur et idola planetis cognomina colebant. In eo Romani, et proceres et populus, perstiterunt, donec Constantinus Christianus factus est, quo auctore deinde ceteri ad unum omnes religionem christianam professi sunt. — 2) *Armenii*, quorum sedes erat Armenia et urbs regia *Chalât;* quam quum Moslemi cepissent, Armenii ibi, ubi antea imperabant, parere coacti sunt. Sed postea Armenii, pylis Tauri occupatis, Moslemis Tarsum et El-Masisam eripuerunt et illis terris potiti sunt, quae hodie *Bilâd-Selîs* vocari solent. *Selîs* est urbs cum castello munitissimo, eaque hac nostra aetate est sedes regni Armenii. 3) *Georgii*, quorum terrae, Chalatensibus conterminae, ad fretum Constantinopolitanum vergunt atque ex altera parte ad septentrionem tendunt. Georgii montes inaccessos tenent et numero plurimum valent. Plerique eorum sunt Christiani. Castella habent munitissima et terrae eorum late patent. Nunc cum Tartaris pacem colunt. Potestatem regiam eadem gens veluti haereditatis jure retinet: ex ea et viri et foeminae ad regnum accedunt. — 4) *Circassii,* a Ponto Euxino orientem versus sedentes, homines vitae durioris, quorum plerique sunt Christiani. 5) *Russi*, qui terras a Ponto ad septentrionem vergentes incolunt, Jafethidae sunt et maximam partem Christiani. 6) *Bulgari*, quorum nomen ab urbe ductum est, quam illi in litore orientali Ponti Euxini habent, primum maximam partem Christiani erant, sed postea multi eorum Islamo nomen dederunt. 7) *Alamanni,* qui e maximis gentibus christiani nominis sunt, a Constantinopoli occidentem et septentrionem versus habitant. Rex eorum magnas alit copias. Is cum centum millibus armatorum adversus Salah-ed-dinum fil. Ejjubi profectus, in ipso itinere, antequam Syriam attingeret, cum maxima parte exercitus periit; de qua re, si Deo visum fuerit, in vita Salah-ed-dini dicemus. 8) *Burdjani* (Borussi?), et ipsi magna gens, vel potius gentes plures ferocissimae, inter quas dogma de tribus personis divinis pervulgatum est. Terrae eorum ad ultimum septentrionem recedunt; de historia gentis rebusque a regibus eorum

gestis,

منقطعة عنّا لبعدهم وجفاء طباعهم . ومنها الافرنج وهم امم كثيرة واصل قاعدة بلادهم فرنجه ويقال فرنسه وهى مجاورة لجزيرة الاندلس من شماليّها ويقال لملكهم الفرنسيس وهو الذى قصد ديار مصر واخذ دمياط ثمّ اسره المسلمون واستنقذوا دمياط منه ومنّوا عليه بالاطلاق وكان ذلك بعيد موت الملك الصالح ايّوب بن الملك الكامل محمّد بن ابى بكر بن ايّوب على ما سنذكره فى سنة ثمان واربعين وستّماية للهجرة ان شاء الله تعالى وقد غلب الفرنج على معظم جزيرة الاندلس ولهم فى بحر الروم جزاير مشهورة مثل صقليه وقبرس واقريطش وغيرها . ومنهم الجنويّة منسوبون الى جنوه وهى مدينة عظيمة وبلاد كثيرة وهى غربىّ القسطنطينيّة على بحر الروم . ومنها البنادقة وهم ايضا طايفة مشهورة ومدينتهم تسمّى البندقيّة وهى على خليج يخرج من البحر ويمتدّ نحو سبع ماية ميل فى جهة الشمال والغرب وهى قريبة من جنوه فى البرّ وبينهما نحو ثمانية ايّام وامّا فى البحر فبينهما امد بعيد اكثر من شهرين لانّهم يخرجون من شعبة البحر التى على طرفها البندقيّة وقدرها سبع ماية ميل الى بحر الروم مشرقا ثمّ يسيرون فيه مغربا الى جنوه وامّا روميّه فهى مدينة عظيمة تقع غربىّ جنوه والبندقيّة وهى مقرّ خليفتهم واسمه الباب وهى شمالىّ الاندلس بميلة الى الشرق . ومن امم النصارى الجلالقة وهم اشدّ من الفرنج وهم امّة يغلب عليهم الجهل والجفاء ومن زيّهم انّهم لا يغسلون ثيابهم بل يتركونها عليهم الى ان تبلى ويدخل احدهم دار الآخر بدون استيذان وهم كالبهايم ولهم بلاد كثيرة فى شمالىّ الاندلس . ومنها الباشقرد وهم امّة كثيرة ما بين بلاد الالمان وبلاد افرنجه وملكهم وغالبهم نصارى وفيهم ايضا مسلمون وهم شرسو الاخلاق ۞

ذكر امم الهند

وهم فرق كثيرة قال الشهرستانى ومن فرقهم الباسويّة زعموا انّ لهم رسولا ملكا روحانيّا نزل بصورة البشر فامرهم بتعظيم النار والتقرّب اليها بالطيب والذبايح ونهاهم عن القتل والذبح لغير النار وسنّ لهم ان يتوشّحوا بخيط يعقدونه من مناكبهم الايامن الى تحت شمايلهم واباح لهم الزناء وامرهم بتعظيم البقر والسجود لها حيث راوها ويتضرّعون فى التوبة الى التمسّح بها . قال ومنهم البهوديّة ومن مذهبهم ان لا يعافوا شيا لانّ الاشياء جميعها صنع الخالق ويتقلّدون بعظام الناس ويمسحون روسهم واجسادهم بالرماد ويحرّمون الذبايح والنكاح وجمع الاموال . ومنهم عبدة الشمس وعبدة القمر ومنهم عبدة الاصنام وهم معظمهم ولهم اصنام عدّة كلّ صنم لطايفة ويكون لذلك الصنم شكل غير شكل الصنم الآخر مثل ان يكون احدها بايد كثيرة او على شكل مراة ومعه حيّات ونحو ذلك . ومنهم عُبّاد الماء ويقال لهم الجَلْهَكِيْنيّة ويزعمون انّ الماء ملك وهو

gestis propter locorum longinquitatem et ingeniorum barbariem nihil ad nos pervenit. 9) *Franci*, gentes complures, quarum antiqua et propria sedes est *Francia* (Francogallia), quae Peninsulae Ibericae ad septentrionem contermina est. Rex eorum *El-Fransîs* appellatur. Is expeditione in Aegyptum suscepta Damiettam expugnavit, sed postea ipse a Moslemis captus eam rursus amisit, tamen libertatem victorum beneficio recuperavit. Haec acciderunt paullo post mortem El-Meliki Es-Salihi Ejjubi fil. El-Meliki El-Camili Muhammedis fil. Abu-Bekri fil. Ejjubi; de qua re, si Deo visum fuerit, ad annum hedjrae 648 agemus. Franci maxima parte Peninsulae Ibericae potiti sunt. Tenent etiam in mari mediterraneo plures insulas satis notas, ut Siciliam, Cyprum, Cretam, alias. Ad eos pertinent *Genuenses*, quorum nomen ductum est a *Genua*, quae urbs magna est et multo agro imperat, jacet autem a Constantinopoli occidentem versus in litore maris mediterranei. Ad eosdem pertinent *Veneti*, et ipsi populus notissimus, quorum urbs vocatur *Venetia*, sita illa ad sinum ejusdem maris, qui fere 700 milliaribus ad septentrionem et occidentem tendit. Venetia itinere terrestri Genua haud longe, scilicet octo fere dierum intervallo, abest; mari vero duorum amplius mensium itinere inter se distant. Primum enim ii qui hoc iter faciunt, e sinu illo maris, ad cujus ultimum angulum sita est Venetia, et qui in 700 milliaria patet, orientem versus in mare mediterraneum navigant; tum rursus occidentem versus Genuam tenent. — *Roma* est magna urbs, a Genua et Venetia occidentem versus sita, et sedes Chalifae christiani, qui Papa vocatur. Ab Hispania septentrionem versus sita est cum inclinatione ad orientem. 10) *Galicii*, Francis immaniores, mentium et animorum barbarie obruti. Morum specimen hoc habe, quod vestes non solum non lavant, sed eas non prius deponunt, quam in lacinias diffluant, et quod alienas aedes intraturi veniam non petunt. Verbo, pecudum similes sunt. In Hispania septentrionali per longum terrarum tractum habitant. 11) *Baschkerdi*, magna gens, terris Alamannorum et Francorum interjecta. Rex et ceteri plerique Christiani sunt, quamquam etiam Moslemi inter eos reperiuntur. Mores gentis sunt asperi.

De gentibus Indorum.

Indorum multae sunt familiae. Ex iis, inquit Es-Schahresthani, sunt *Basuitae*, qui narrant, angelum coelestem specie humana indutum legati divini nomine ad se venisse et sibi praecepisse, ut ignem venerarentur, ut eum odoribus victimisque sibi propitium redderent, neve alius rei causa quidquam interficerent aut mactarent; item eum morem sanxisse, ut filo, quod a humero dextro sub manum sinistram descenderet, se praecingerent; item sibi permisisse ut cum omnibus promiscue concumberent, et se jussisse boves venerari eosque corporibus humi prosternendis, ubicunque eos conspicerent, adorare. Quando commissorum poenitentiam agunt, animos usque eo submittunt, ut corpora bubus affricent. — Alii sunt *Behuditae*, qui nihil fastidiunt, quia omnia a Deo creata sint, ossibus humanis praecinguntur et capita corporaque cinere illinunt, victimas immolare, matrimonia inire et opes colligere pro illicitis habent. — Alii sunt qui solem et lunam pro diis colunt, alii qui idola, atquo horum longe maximus est numerus. Idola eorum multa sunt, ita ut suo quaeque tribus utatur; quorum etiam formae inter se differunt: veluti quaedam multis manibus instructae sunt, aut mulieris speciem comitesque serpentes habent, et quae sunt his similia. — Alii sunt *Djalahkinitae*, qui aquam colunt, quam pro naturae coelesti atque omnium origine

habent

وهو اصل كلّ شىء فاذا اراد الرجل عبادة الماء تجرّد وستر عورته ثمّ دخل الماء حتّى يصل الى وسطه فيقيم فيه ساعتين او اكثر وياخذ مهما امكنه من الرياحين فيقطعها صغارا ويلقيها فى الماء وهو يسبّح ويقرا واذا اراد الانصراف حرّك الماء بيده ثمّ اخذ منه فنقط على راسه ووجهه ثمّ يسجد وينصرف . ومنهم عُبّاد النار ويقال لهم الاكنواطريّة وصورة عبادتهم لها ان يحفروا فى الارض اخدودا مربّعا ويأجّجوا النار فيه ثمّ لا يدعون طعاما لذيذا ولا شرابا لطيفا ولا ثوبا فاخرا ولا عطرا فايحا ولا جوهرا نفيسا الّا طرحوه فى تلك النار تقرّبا اليها وحرّموا القاء النفوس فيها خلافا لطايفة اخرى . ومنهم البراهمة اصحاب الفكرة وهم اهل العلم بالفلك والنجوم ولهم طريقة فى احكام النجوم تخالف منجّمى الروم والعجم وذلك انّ اكثر احكامهم باتّصالات الثوابت دون السيّارات وانّما سمّوا اصحاب الفكرة لانّهم يعظّمون امر الفكر ويقولون هو المتوسّط بين المحسوس والمعقول ويجتهدون كلّ الجهد حتّى يصرفوا الفكر عن المحسوسات فاذا تجرّد الفكر عن هذا العالم تجلّى له ذلك العالم فربّما يخبر عن المغيّبات وربّما يوقع الوهم على حىّ فيقتله وانّما يصرفون الفكر عن المحسوسات بالرياضة البليغة المُجهدة وبتغميض اعينهم ايّاما والبراهمة لا يقولون بالنبوّات وينفونها بالكلّيّة ولهم على ذلك شبه مذكورة فى الملل والنحل لا تليق بهذا المختصر . ومن كتاب ابن سعيد المغربىّ ونقله عن المسعودىّ انّ الهنود لا يرون ارسال الريح من بطونهم قبيحا والسعال عندهم اقبح من الضراط والجشاء اقبح من الفساء . وممّا نقله عن المسعودىّ ايضا انّ الهنود يحرقون انفسهم واذا اراد الرجل منهم ذلك اتى الى باب الملك واستاذنه فى احراق نفسه فاذا اذن له البس ذلك الرجل انواع الحرير المنقوش وجعل على راسه اكليل من الريحان وضربت الطبول والصنوج بين يديه وقد اجّجت له النيران ويدور كذلك فى الاسواق وحوله اهله واقاربه حتّى اذا دنا من النار اخذ خنجرا بيده وشقّ به جوفه ثمّ يهوى بنفسه فى النار . قال والزناء فيما بينهم مباح قال ويعظّمون نهر كنْك وهو نهر عظيم يجرى فى حدود الهند من الشرق الى الغرب وهو حادّ الانصباب وللهنود رغبة فى اتلاف نفوسهم بالتغريق فى هذا النهر ويقتلون انفسهم على شتّه ايضا والهنود تتهادى ماء هذا النهر كما يتهادى المسلمون ماء بير زمزم وللهند ممالك فمنها مملكة المانْكبير وهى من اعظم ممالك الهند وهى على بحر اللان الذى عليه السند ولا يدرك نهذا البحر قعر وهو اوّل بحار الهند من جهة الغرب وهذه المملكة اقرب ممالك الهند الى بلاد الاسلام وهى التى كان يكثر محمود بن سبكتكين غزوها حتّى فتح منها بلادا كثيرة ومن مدنها العظام مدينة لَهَاور وهى على جانبى نهر عظيم مثل بغداد قال ويلى مملكة المانكبير مملكة القنوج وهى مملكة بلادها الجبال وهى منقطعة عن البحر وكلّ من ملكها يسمّى نُودَه ولاهل هذه المملكة اصنام يتوارثون عبادتها ويزعمون انّ لها نحو مابين الف سنة قال ويجاور هذه

habent. Quod si quis eorum aquam rite colere vult, primum vestes ponit et pudenda tegit; deinde in aquam ingreditur, donec ad medium corpus pertineat; tum duas horas aut amplius in ea manet, per quod tempus, quotquot potest, herbas odoriferas decerpit easque comminutas, dum sacra canit et sollemnia recitat, in aquam projicit. Quum autem discedere vult, aquam manu movet, deinde paullulum inde haurit eoque caput faciemque aspergit; tum corpus prosternit et discedit. — Alii sunt *Agnawataritae*, qui ignem colunt; id quod ita faciunt, ut scrobem formae quadratae in terra defodiant in eoque ignem accendant, deinde quicquid habent ciborum lautorum, potuum exquisitorum, vestium splendidarum, odorum fragrantium et gemmarum pretiosarum, ea omnia in ignem conjiciant, ut sibi eum propitium reddant. Sed in eo ab alia quadam familia discedunt, quod nefas esse ducunt se ipsos in ignem conjicere. — *Brachmanae*, qui *ashâb-el-fikra*, i. e. *οἱ φροντισταὶ*, appellantur, homines sphaerae coelestis et astrorum peritissimi. Sed in astrologia judiciaria aliam rationem sequuntur atque astrologi graeci et persici; nam plerumque non e conjunctionibus planetarum, sed stellarum fixarum argumentantur. Phrontistae autem appellantur, quia *τὴν φροντίδα* seu cogitationem maximi faciunt eamque inter ea quae sensibus et ea quae mente percipiuntur, mediam discurrere ajunt. Sed summo studio in id incumbunt, ut cogitationem ab iis, quae sensus tangunt, abstrahant; tum enim quum cogitatio ab hoc mundo plane alienata fuerit, alterum illum mundum ei sponte patere; quo interdum fieri, ut homo res divinas et arcanas aperiat, interdum etiam, ut animus vehementius commotus aliquem vita privet. Abstrahunt autem cogitationem a rebus quae sub sensus cadunt disciplina severissima, qua corpora macerant, et oculis per totos dies claudendis. Brachmanae tantum abest ut prophetas statuant, ut eos prorsus tollant: ad quod evincendum tricas quasdam nectunt quae in libro de religionibus et sectis enumerantur, sed ab hujus compendii brevitate alienae sunt. Ibn-Saïd Mauritanus El-Mes'udio auctore haec refert: Indi non turpe putant, flatus e ventre emittere; tussire apud eos turpius est quam crepitus edere, ructare turpius quam leniter pedere. Item: Indi se ipsi comburunt. Si quis id facere vult, aulam regis adit ab eoque veniam ejus rei petit: quam si impetrat, variis vestibus bombycinis iisque pictis induitur, capiti ejus corona ex herba odorata imponitur, et ante eum tympana et crepitacula aenea pulsantur. Interea ignis accenditur. Illo ornatu, a familia et cognatis stipatus, in plateis circumducitur. Tandem, ubi ad ignem venit, pugione sumto sibi ipse ventrem aperit seque in ignem praecipitat. — Concubitus promiscui apud eos liciti sunt. Venerantur Gangem, magnum fluvium, qui rapido cursu intra fines Indiae ab oriente ad occidentem fertur. Indi miro quodam, sese in hoc fluvio submergendi, studio flagrant; etiam in ripa ejus se interficiunt. Aquam ejus sibi mutuo dono dant, quemadmodum Moslemi aquam putei Zemzem. Plura sunt Indorum regna, quorum unum, idque e maximis, est regnum *El-Mankîr*. Alluitur mari *El-Lân*, ad quod etiam Sindi habitant. Hujus maris fundus nulla bolide attingitur. Iis qui ab occidente veniunt, regnum illud primum obvium idemque omnium regnorum indicorum terris moslemicis proximum est. Eo Mahmud fil. Sebukthegini frequentes expeditiones suscipiebat, quibus tandem magnam regni partem expugnavit. Inter maximas ejus urbes est *Lahâwar*, quae, Bagdadi instar, utramque magni cujusdam fluvii ripam occupat. — Regno El-Mankîr conterminum est regnum *El-Kanûdj*, ad quod montosa Indiae pars pertinet. A mari undique exclusum est. Omnes qui in eo regnant, *Nûda* appellantur. Incolae idola habent, quorum cultum tamquam per haereditatem inter se perpetuant, eorumque aetatem ad ducenta millia annorum accedere narrant. — Huic regno

هذه المملكة مملكة قُمار وهي التى ينسب اليها العود القمارىّ وهى على البحر واهل هذه المملكة يرون تحريم الزناء من بين اهل الهند قال ابن سعيد ورواه عن المسعودىّ انّ الذى يملكها يسمّى زَهِم قال وحاربه من جهة البحر ملك الجُزر المعروف بالمهراج قال وآخر ممالك الهند من جهة الشرق مملكة بُنَارس وهى تلى بلاد الصين وهى مملكة طويلة وعرضها نحو عشرة ايّام وجزاير بحر الهند فى نهاية الكثرة وهى فى البحر قبالة هذه الممالك ولها ملوك وقد اكثر المصنّفون فيها الكلام ممّا لا يليق بهذا المختصر ✿

ذكر امّة السند

وهم غربىّ الهند وبلاد السند قسمان قسم على جانب البحر ويقال لتلك البلاد اللان ومن مشاهير مدن هذا القسم الموُلتان والمنصورة والدَّيبل والمسلمون غالبون على هذا القسم والقسم الثانى فى البرّ الى جانب الجبل وبلاده كثيرة الوعر ويقال للبلاد التى فى هذا القسم القشمير وهى فى ايدى الكفّار واهلها يعبدون الاوثان مثل الهنود وكلّ من ملك السند يقال له رُتبيل ✿

ذكر امم السودان وهم من ولد حام

من كتاب ابن سعيد قال واديان السودان مختلفة فمنهم مجوس ومنهم من يعبد الحيّات ومنهم اصحاب اوثان قال وقد روى عن جالينوس انّهم يختصّون بعشر خصال وهى تفلفل الشعر وخفّة اللحا وانتشار المنخرين وغلظ الشفتين وتحدّد الاسنان ونتن الجلد وسواد اللون وتشقّق اليدين والرجلين وطول الذكر وكثرة الطرب فمن اعظم اممهم الحبش وبلادهم تقابل الحجاز وبينهما البحر وهى بلاد طويلة عريضة وبلادهم فى جنوب النوبة وشرقيّها وهم الذين ملكوا اليمن قبل الاسلام حسبما تقدّم خبره عقيب ذكر ملوك اليمن من العرب وخصيان الحبشة اخير الخصيان ويجاور الحبشة من الجنوب الزيلع والغالب عليهم دين الاسلام ومن امم السودان النوبة وهم يجاورون الحبشة من جهة الشمال والغرب والنوبة فى جنوب حدود مصر وكثيرا ما يغزوهم عسكر مصر ويقال انّ لقمان الحكيم الذى كان مع داود النبى عم من النوبة وانّه ولد بايلة ومنهم ذو النون المصرىّ وبلال بن حمامة ومن اممهم البجا وهم شديدو السواد عراة ويعبدون الاوثان وهم اهل امن وحسن مرافقة للتجار وفى بلادهم الذهب وهم فوق الحبشة الى جهة الجنوب على النيل ومن اممهم الدمادم وبلادهم على النيل فوق بلاد الزنج والدمادم تتر السودان فانّهم خرجوا عليهم وقتلوا فيهم كما جرى للتتر مع المسلمين وهم مهملون فى اديانهم ولهم اوثان واوضاع مختلفة وفى بلادهم الزرافات وفى ارض الدمادم يفترق النيل الى جهة مصر ومن اممهم الزنج وهم اشدّ السودان سوادا ويحاربون راكبين البقر ويعبدون الاوثان وهم اهل باس وقساوة والنيل ينقسم فوق بلادهم عند جبل المقسم ومن اممهم التكرور وهم غربىّ النيل وبلادهم

regno vicinum est regnum maritimum *Komâr*, a quo nomen agallochae illius ductum est, quae *Komâri* vocatur. Incolae soli inter Indos concubitus promiscuos, ut nefandos, lege prohibent. Ibn-Saïd El-Mes'udio auctore haec refert: Illius terrae rex *Zehim* vocatur. A latere maris hostem habet regem *El-Djozarorum*, qui *El-Mahrâdj* appellari solet. — Ultimum regnorum indicorum ad orientem est regnum *Benâres*, quod agrum sinicum attingit. Multum in longitudinem patet; latitudo fere decem itinerum diurnorum est. — Insulae maris indici, e regione terrarum illarum sitae, plurimae sunt et suos sibi reges habent. Scriptores multa de iis referunt, quae hujus compendii brevitas non admittit.

De gente Sindorum.

Sindi ab Indis ad occidentem habitant. Eorum terrae bipartitae sunt: altera pars maritima est et *El-Lân* appellatur; e cujus urbibus celeberrimis sunt *El-Multhân*, *El-Mansûra* et *Ed-Debîl.* In hac parte regnant Moslemi. Altera pars in mediis terris ad montes sita solum habet asperum et salebrosum. Terrae quae ad hanc partem pertinent, *El-Kaschmîr* appellantur. Eas possident homines a religione moslemica alieni, qui idola colunt, ut Indi. Communis eorum, qui inter Sindos regnant, appellatio est *Rothbîl.*

De gentibus Nigritarum, qui ad posteros Hami pertinent.

Variae sunt, inquit Ibn-Saïd, *Nigritarum* religiones. Alii enim eorum magi sunt, alii serpentes colunt, alii idola. Idem auctore Galeno refert, Nigritas decem sibi propria habere: capillos crispos, barbam tenuem, nares patulas, labra crassa, dentes acutos, cutem male olentem, colorem nigrum, manuum et pedum digitos varos, penem longum, magnam animi hilaritatem. Inter maximas eorum gentes sunt *Abyssini*, quorum terrae, e regione El-Hedjazi sitae, mari ab eo dirimuntur. Multum in longitudinem et latitudinem patent, et a Nubia ad meridiem et orientem jacent. Abyssini tempore anteislamico El-Jemen expugnarunt, quemadmodum supra post historiam regum Jemenensium e stirpe arabica narratum est. Eunuchi Abyssinii inter omnes in maximo sunt pretio. — A meridie Abyssinos tangunt *Zeilaï*, quorum plerique sunt Moslemi. — Alia Nigritarum gens sunt *Nubii*, qui Abyssinos a septentrione et occidente tangunt. Aegyptii, a quorum finibus ad meridiem habitant, saepe bellum iis inferunt. *Lokman Sapiens*, qui cum Davide Propheta vixit, e gente nubica et Baïlae filius fuisse dicitur. Ex eadem gente fuit *Dhu' n-nûn El-Misri* et *Belâl Ibn-Hamâma.* — Alii sunt *Badjâï*, homines coloris nigerrimi, qui nudi incedunt et idola colunt; erga mercatores bona fide et humanitate utuntur. Regio eorum aurifera est et supra Abyssinos in ripis Nili ultra ad meridiem tendit. — Alii sunt *Demademi*, qui supra Zingos Nilum accolunt. Hi sunt tamquam Tartari Nigritarum; nam quemadmodum Tartari Moslemos, sic illi ceteros gentiles adorti multas inter eos caedes ediderunt. In sacris summa licentia; idolorum et caerimoniarum magna varietas. Reperiuntur apud eos camelopardi. Ibidem Nilus, facto aquarum divortio, Aegyptum versus fluere coepit. — Alii sunt *Zingi*, Nigritarum omnium nigerrimi, gens strenua et dura, quae in bello bubus pro jumentis utitur et idola colit. Supra erras eorum Nili aquae ad montem *El-Maksim* dividuntur. — Alii sunt *Thecruri*, qui a Nilo ad

وبلادهم جنوبيّة غربيّة وببلادهم يتكوّن الذهب وهم كفّار مهملون ومنهم مسلمون ومن امهم الكانم واكثرهم مسلمون وهم على النيل وهم على مذهب مالك وامّا مدينة غانة فهى من اعظم مدن السودان وهى فى اقصى جنوب المغرب ويسافر التجار من سجلماسة الى غانة وسجلماسة مدينة بالغرب الاقصى بعيدة عن البحر ويسيرون من سجلماسة الى غانة فى مفازه لا يوجد فيها الماء نحو اثنى عشر يوما ويحملون اليها التين والملح والنحاس والودع ولا يجلبون منها الّا الذهب العين ❊

ذكر امم الصين

وامّا بلاد الصين فطويلة عريضة طولها من المشرق الى المغرب اكثر من مسيرة شهرين وعرضها من بحر الصين فى الجنوب الى سدّ ياجوج وماجوج فى الشمال وقد قيل انّ عرضها اكثر من طولها ويشتمل عرضها على الاقاليم السبعة واهل الصين احسن الناس سياسة واكثرهم عدلا واحذق الناس فى الصناعات وهم قصار القدود عظام الروس وهم اهل مذاهب مختلفة فمنهم مجوس واهل اوثان واهل نيران قال ومدينتهم الكبرى يقال لها جَمْدان يشقّها نهرها الاعظم واهل الصين احذق خلق الله تعالى بنقش وتصوير بحيث يعمل الرجل الصينىّ بيده ما يعجز عنه اهل الارض والصين الاقصى ويقال له صين الصين هو نهاية العمارة من جهة الشرق وليس وراءه غير البحر المحيط ومدينته العظمى يقال لها السيلى واخبارهم منقطعة عنّا ❊

ذكر البربر

وقد اختلف فى البربر اختلافا كثيرا فقيل انّهم من ولد فارق بن بيصر بن حام والبربر يزعمون انّهم من ولد قيس عيلان وصنهاجة من البربر تزعم انّها من ولد افريقس بن صيفىّ الحميرىّ وزناتة منهم تزعم انّها من لخم والاصحّ انّهم من ولد كنعان حسبما ذكرناه وانّه لمّا قتل ملكهم جالوت وتفرّقت بنو كنعان قصدت منهم طايفة بلاد المغرب وسكنوا تلك البلاد وهم البربر وقبايل البربر كثيرة جدّا منهم كتامة وبلادهم بالجبال من الغرب الاوسط وكتامة الذين اقاموا دولة الفاطميّين مع ابى عبد الله الشيعىّ ومنهم صنهاجة ومن صنهاجة ملوك افريقيّة بنو بلكين بن زيرى ومن قبايل البربر زناتة وكان منهم ملوك فاس وتلمسان وسجلماسة ولهم الفروسيّة والشجاعة المشهورة ومن البربر المصامدة وسكناهم فى جبل درن وهم الذين قاموا بنصر المهدىّ بن تومرت وبهم ملك عبد المومن وبنوه بلاد المغرب وانفرق من المصامدة قبيلة هنتاتة وملك منهم افريقيّة والغرب الاوسط ابو زكريّا يحيى بن عبد الواحد بن ابى حفص ثمّ خطب لولده ابى عبد الله محمّد بن يحيى بالخلافة واستمرّ الحال على ذلك الى سنة اثنتين وخمسين وستّماية على ما سنذكرهم ان شاء الله تعالى ومن قبايل البربر المشهورة برغواطة ومنازلهم فى تامسنا وجهات سلا على البحر المحيط والبربر مثل العرب فى

ad occidentem sedent. Regio eorum ad meridiem et occidentem vergit, et aurifera est. Quamquam plena apud eos superstitionum est licentia, tamen etiam Moslemi inter eos reperiuntur. — Alii sunt *Canemi*, Nili accolae, quorum plerique Islamum e sententia Maliki profitentur. Urbs *Ghana*, in extrema Mauritania australi sita, e maximis Nigritarum urbibus est. A *Sedjelmessa*, urbe extremae Mauritaniae occidentalis, a mari multum dissita, mercatores Ghanam proficiscuntur per deserta aqua plane carentia, in quo itinere fere duodecim dies consumunt. Ghanam ficos, salem, aes, conchas deportant: inde reportant nihil praeter aurum signatum.

De gente Sinarum.

Terrae *Sinarum* multum in longitudinem et latitudinem patent. Longitudo ab oriente ad occidentem iter bimestre superat, latitudo a mari sinico australi usque ad murum septentrionalem Gogi et Mogogi porrigitur. Haec illâ etiam major esse et tota septem climata in se comprehendere dicitur. Sinae inter omnes homines rempublicam optime administrant, justitiam maxime colunt, et in artibus sollertissimi sunt. Staturae eorum breves, capita magna. In sacris sectae variae, ut magi, idololatrae, ignicolae. Urbs eorum primaria appellatur *Djemdân*, per eamque mediam fertur fluvius maximus. Sinae omnium hominum sollertissimi sunt in sculpendo et pingendo, adeo ut vel unus eorum manu faciat quae totius terrae incolae frustra tentaverint. *Es-Sîn el-aksa* (Regio Sinarum ultima) seu *Sîn-Es-Sîn* orbem terrarum ad orientem finit: ultra nihil est nisi Oceanus. Hujus regionis urbs primaria *Es-Sili* appellatur. De incolarum historia nihil ad nos pervenit.

De Berberis.

De *Berberis* plures sunt et multum discrepantes sententiae. Quidam volunt eos e posteris esse *Fariki fil. Bisiri, fil. Hami*; Berberi autem asserunt se gentis auctorem habere *Kais-'Ailanum*. Sanhadjitae, qui et ipsi sunt Berberi, auctorem sibi vindicant *Afrikisum fil. Saifi Himjaritam*; *Zenathitae* se e Lachmitis ortos jactant. Sed si veriorem sententiam sequimur, e posteris sunt Canaanaeorum, quemadmodum jam dictum est. Occiso enim Djalutho (Goliatho), quum Canaanaei dispersi fuissent, nonnulli ex iis Mauritaniam petierunt ibique sedem fixerunt: qui sunt ipsi Berberi. Plurimae sunt Berberorum tribus, ut *Kethamitae*, qui montes Mauritaniae mediae incolunt; hi cum Abu-'Abd-allah Schiïta imperium Fatimiticum condiderunt; item *Sanhadjitae*, ex quibus orti Afrikiae (i. e. Africae quae proprie dicitur) reges, filii Belkini fil. Zeirii; item *Zenathitae*, ad quos pertinebant reges Fessi, Thelemsani et Sedjelmessae; sunt autem Zenathitae virtute bellica et fortitudine clari; item *Mosameditae*, qui in monte Deron (i. e. Atlante) sedes habent; hi causam El-Mohdii fil. Thomruthi susceperunt, eorumque ope 'Abd-el-mumin et post eum filii ejus terris Mauritanicis potiti sunt. A Mosameditis sese disjunxit *Henthanitarum* tribus: ex qua ortus Abu-Zekerijja Jahja fil. 'Abd-el-wahidi, fil. 'Abu-Hafsi, in Africa, quae proprie dicitur, et Mauritania media regnavit. Hujus filius Abu-'Abd-allah Mohammed fil. Jahjae postea Chalifa appellatus est; quo loco res manserunt usque ad annum 652, quemadmodum, si Deo ita visum fuerit, posthac narrabimus. — E clarioribus Berberorum tribubus sunt etiam *Barghawatitae*, qui Themesnam et Salae regionem juxta litora Oceani occupant. Berberi in eo

Arabum

فى سكنى الصحارى ولهم لسان غير العربى قال ابن سعيد ولغاتهم ترجع الى اصول واحدة وتختلف فروعها حتى لا تفهم الّا بترجمان ۞

ذكر امة عاد

وهم من ولد عاد بن عوص بن ارم بن سام بن نوح وكانت عاد فى نهاية من عظم الاجساد والتجبّر ونزل عاد لمّا تبلبلت الالسن فى حضرموت وارسل الله الى بنى عاد هودا نبيا حسبما تقدّم ذكره فى الفصل الاوّل فلم يستجيبوا له وكانوا اهل قوّة وبطش وكان لهم فى الارض آثار عظيمة حتى قال لهم هود اتبنون بكلّ ريع آية تعبثون وتتّخذون مصانع لعلّكم تخلدون واذا بطشتم بطشتم جبّارين وبلاد عاد يقال لها الاحقاف وهى بلاد متّصلة باليمن وبلاد عمان وصار الملك فى بنى عاد واوّل من ملك منهم شدّاد بن عاد ثمّ ملك بعده من بنيه جماعة وقد كثر الاختلاف فى ذكرهم وجميع ما ذكر من ذلك مضطرب غير قريب للصحّة فاضربنا عن ذكرهم لذلك ۞

ذكر العمالقة

وهم من ولد عمليق بن لاوذ بن سام ولمّا تبلبلت الالسن نزلت العمالقة بصنعا من اليمن ثمّ تحوّلوا الى الحرم واهلكوا من قاتلهم من الامم وكان من العمالقة جماعة بالشام وهم الذين قاتلهم موسى عليه السلام ثمّ يوشع بعده فافناهم وكان منهم فراعنة مصر وكان منهم من ملك يثرب وخيبر وتلك النواحى قال صاحب الاغانى كان السبب فى سكنى اليهود خيبر وغيرها من الحجاز انّ موسى عليه السلام ارسل جيشا الى قتال العمالقة اصحاب خيبر ويثرب وغيرهما من الحجاز وامرهم موسى عليه السلام ان يقتلوهم ولا يبقوا منهم احدا فسار ذلك الجيش واوقع بالعمالقة وقتلوهم واستبقوا منهم ابن ملكهم ورجعوا به الى الشام وقد مات موسى عليه السلام فقالت لهم بنوا اسرايل قد عصيتم وخالفتم فلا نأويكم فقالوا نرجع الى البلاد التى غلبنا عليها وقتلنا اهلها فرجعوا الى يثرب وخيبر وغيرها من بلاد الحجاز واستمرّت اليهود بتلك البلاد حتّى نزلت عليهم الاوس والخزرج لمّا تفرّقوا من اليمن بسبب سيل العرم وقيل انّ اليهود انّما سكنوا الحجاز لمّا تفرّقوا حين غزاهم بخت نصر وخرّب بيت المقدس والله اعلم ۞

ذكر امم العرب واحوالهم قبل الاسلام

قال الشهرستانىّ فى الملل والنحل والعرب الجاهليّة اصناف فصنف انكروا الخالق والبعث وقالوا بالطبع المحيى والدهر المفنى كما اخبر عنهم التنزيل وقالوا ما هى الّا حياتنا الدنيا نموت ونحيا وقوله وما يهلكنا الّا

Arabum similes sunt quod deserta habitant; sed lingua eorum ab arabica differt. Auctore Ibn-Saïdo, in linguis eorum, quamquam ad idem omnes genus redeunt, species tamen sunt tam diversae, ut inter sese non nisi per interpretem intelligantur.

De gente 'Aditarum.

'Aditae posteri sunt *'Adi filii 'Udhi, fil. 'Arami, fil. Semi, fil. Noahi.* Erant autem 'Aditae viri procerae admodum staturae et giganteae immanitatis. Post linguarum confusionem 'Ad in Hadhramautho consedit. Ad ejus posteros Deus misit Hudum prophetam, ut jam dictum est in libro primo; cui illi non obediverunt. Erant autem homines robusti et violenti, atque in terris magna aedificia, opum suarum monumenta, habebant; unde eos ita allocutus est Hud: *Ita vero in omni loco altiori ludentes signum aedificatis et aedificia construitis? Forsan putatis vos in perpetuum hic mansuros? Atque etiam quum vi in alios utimini, id facitis cum saevitia gigantea.* Regio quam incolebant 'Aditae, dicitur *El-Ahkâf* (i. e. arenae in cumulos assurgentes); est autem haec regio ditioni Jemenensi et 'Omanensi contigua. Apud 'Aditas fuit summum illius imperium, primusque ex eis regnavit *Scheddâd fil. 'Adi*, cui successerunt plures ex ejus posteris. Sed quum historia eorum varie admodum tradatur, et omnia, quae hoc loco narrantur, confusa sint et veri minime similia, illam silentio praeterire satius putavimus.

De 'Amalecitis.

'Amalecitae posteri sunt *'Amleki fil. Laudhi, fil. Semi.* Post linguas confusas ad Sanaam, urbem Jemenensem, consederunt, inde in agrum Meccanum migrarunt et tribus sibi hostiles ad internecionem deleverunt. 'Amalecitarum pars in Syria sedebat: quibus Moses et post eum Josua bellum intulerunt, hic autem eos prorsus excidit. Ex his oriundi eraut Pharaones aegyptii et ii qui Jathribae, Cheibari et in regionibus vicinis regnarunt. De his scriptor libri *El-Aghani* dicit: Quod Judaeorum colonia Cheibarum aliosque El-Hedjazi tractus occupavit, ejus rei causa haec fuit, quod Moses exercitum miserat ad debellandos 'Amalecitas, qui Cheibari, Jathribae atque in aliis El-Hedjazi locis sedebant, eosque, ne uno quidem excepto, omnes occidi jusserat. Illi vero proficiscuntur quidem, 'Amalecitas adoriuntur et caedunt; sed filio regis eorum parcunt eumque secum in Syriam reducunt. Quum adveniunt, Moses mortuus erat; ceteri vero Israelitae eos his verbis excipiunt: Abjecistis obedientiam et contrarium ejus rei quae vobis mandata erat fecistis; itaque vos non recipiemus. Quibus auditis, illi inter se: Revertamur, inquiunt, in eam regionem quam expugnavimus cujusque incolas delevimus. Redeunt igitur Cheibarum, Jathribam atque in alias El-Hedjazi regiones: ubi stabiles sedes habuerunt, donec Ausitae et Chazredjitae, qui per diluvium ruptorum aggerum *(Seil-el-'arim)* diversi ex El-Jemeno pulsi erant, illorum agrum invaserunt. Alii contra volunt, Judaeos illo demum tempore in El-Hedjazo consedisse, quum a Nabuchodonosore debellati, Hierosolymis vastatis, huc illuc dispersi essent. Utrum verum sit, Deus solus novit.

De gentibus Arabum et de rebus eorum, quales ante Islamum fuerunt.

Es-Schahresthani in libro de religionibus et sectis: Variae fuere, inquit, Arabum ethnicorum familiae. Erant qui creatorem et mortuorum resuscitationem negarent, atque omnia

الاّ الدهر وصنف اعترفوا بالخالق وانكروا البعث وهم الذين اخبر الله عنهم بقوله تعالى افعيينا بالخلق الاوّل بل هم فى لبس من خلق جديد وصنف عبدوا الاصنام وكانت اصنامهم مختصّة بالقبايل فكان ودّ لكلب وهو بدومة الجندل وسواع لهذيل ويغوث لمذحج ولقبايل من اليمن ونسر لذى الكلاع بارض حمير ويعوق لهمذان واللات لثقيف بالطايف والعزّى لقريش وبنى كنانة ومناة للاوس والخزرج وهُبَل اعظم اصنامهم وكان هُبَل على ظهر الكعبة وكان اساف ونايلى على الصفا والمروة وكان منهم من يميل الى اليهود ومنهم من يميل الى النصرانيّة ومنهم من يميل الى الصابيئة ويعتقد فى انواء المنازل اعتقاد المنجّمين فى السيّارات حتّى لا يتحرّك الاّ بنوء من الانواء ويقول مطرنا بنوء كذا وكان منهم من يعبد المليكة ومنهم من يعبد الجنّ وكانت علومهم علم الانساب والانواء والتواريخ وتعبير الرويا وكان لابى بكر الصدّيق رضى الله عنه فيها يد طولى وكانت الجاهليّة تفعل اشياء جاءت شريعة الاسلام بها فكانوا لا ينكحون الامّهات والبنات وكان اقبح شىء عندهم الجمع بين الاختين وكانوا يعيبون المتزوّج بامراة ابيه ويسمّونه الضيزن وكانوا يحجّون البيت ويعتمرون ويُحْرِمون ويطوفون ويسعون ويقفون المواقف كلّها ويرمون الجمار وكانوا يكبسون فى كلّ ثلث اعوام شهرا ويغتسلون من الجنابة وكانوا يداومون على المضمضة والاستنشاق وفرق الراس والسواك والاستنجاء وتقليم الاظفار ونتف الابط وحلق العانة والختان وكانوا يقطعون يد السارق اليمنى ۞

ذكر احياء العرب وقبايلهم

وقد قسمت المورّخون العرب الى ثلثة اقسام بايدة وعاربة ومستعربة امّا البايدة فهم العرب الاول الذين ذهبت عنّا تفاصيل اخبارهم لتقادم عهدهم وهم عاد وثمود وجرهم الاولى وكانت على عهد عاد فبادوا ودرست اخبارهم وامّا جرهم الثانية فهم من ولد قحطان وبهم اتّصل اسمعيل ابن ابرهيم الخليل عليهما السلام ولم يبق من ذكر العرب البايدة الاّ القليل على ما نذكره الان وامّا العرب العاربة فهم عرب اليمن من ولد قحطان وامّا العرب المستعربة فهم ولد اسمعيل ابن ابرهيم ۞

ذكر ما نقل من اخبار العرب البايدة

وهم طسم وجديس وكانت مساكن هاتين القبيلتين فى اليمامة من جزيرة العرب وكان الملك عليهم فى طسم واستمرّوا على ذلك برهة من الزمان حتّى انتهى الملك من طسم الى رجل ظلوم غشوم قد جعل

a natura vitam accipere et tempore destrui docerent; qualis est illa in Corano eorum vox: *Non est alia praeter vitam nostram terrestrem: morimur et vivimus;* et alio loco: *Interitus nostri nulla alia causa est nisi tempus.* Alii creatorem quidem agnoscebant, sed mortuorum resuscitationem negabant; ad quos spectant haec Dei in Corano verba: *Numquid nos creatione prima exhausti sumus? nimirum illi de creatione nova caecutiunt.* Alii idola colebant, quorum sua quaeque tribus sibi peculiaria habebat. Kelbitae qui Dumeth-el-djendeli habitabant, *Waddum* colebant, *Sowâ'um* Hudheilitae, *Jaghûthum* Medhhidjitae et aliae quaedam Jemenensium familiae, *Nesrum* Dhu'l-kelaïtae in agro Himjaritico, *Ja'ûkum* Hamdhanitae, *Allâtham* Thêkifitae in regione Et-Tajifi, *El-'Ozzam* Koreischitae et Kenanitae, *Menâtham* Ausitae et Chazredjitae. Simulacrorum autem quae colebant maximum erat *Hobal:* is Caabae tecto impositus erat; *Asaf* et *Naïla* stabant in montibus Es-Safa et El-Merwa. Erant etiam inter Arabes qui ad Judaismum inclinarent, alii qui ad Christianismum, alii qui ad Sabaeismum: hi, quos ultimo loco posuimus, occasibus eorum siderum, quae mansiones lunae appellantur, vim eandem inesse credebant quam planetis Astrologi, ita ut in negotiis suscipiendis tantum illorum rationem haberent, et talia frequentarent ut: *Pluviam debemus hujus illiusve sideris occasui.* Alii angelos, genios alii colebant. Res quarum scientiae operam dabant, erant hae: stemmata, occasus siderum, historia, somniorum interpretatio. Earum scientia plurimum valebat Abu-Bekr Es-Siddîk (i.e. legationis divinae Muhammedis promtus agnitor). Jam Arabes ethnici res quasdam observabant, quae postea ab Islamo sancitae sunt: nec matres nec filias in matrimonium ducebant: duas sorores simul ducere, apud eos erat odiosissimum: qui uxorem patris sui duxerat, ignominia afficiebatur et *Dhaizen* appellabatur: ad delubrum Meccanum peregrinationes instituebant: ibi commorantes loca sacra visitabant: per illud tempus eo corporis cultu, qui *Ihram* dicitur, utebantur: sacros circa Caabam obitus, cursum inter Es-Safam et El-Merwam, sollemnes stationes et jactum lapillorum observabant: tertio quoque anno mensem intercalabant: post pollutiones totum corpus lavabant: assidue os gargarismo, nares attracta aqua purgabant, capillos discriminabant, dentes defricabant, post egestiones naturales loca corporis secreta mundabant, ungues resecabant, axillas depilabant, pubis pilos tondebant, circumcisionem exercebant, furibus manum dextram resecabant.

De tribubus Arabum et minoribus familiis.

Historiae scriptores Arabes in tria genera diviserunt: *Baïda*, Exstinctos, *'Ariba*, Indigenas, *Mostha'riba*, Insititios. *Exstincti* sunt prisci illi Arabes, quorum historia accuratior propter temporum vetustatem nos fugit: 'Aditae, Themuditae, Djorhomitae priores. Hi, quos ultimo loco posuimus, ejusdem aetatis fuerunt atque 'Aditae: postmodo extincti sunt rerumque ab eis gestarum memoria abolita. Djorhomitae posteriores autem e gente sunt Kahtani, ad eosque adjunxit se Ismael fil. Abrahami Deo dilecti. De Arabum exstinctorum historia paucissima supersunt, quae jamjam enarrabimus. *Indigenae* sunt Arabes Jemenenses e gente Kahtani; *Insititii*, posteri Ismaelis fil. Abrahami.

De iis quae de Arabum exstinctorum historia memoriae prodita sunt.

Arabes exstincti sunt Tasmitae et Djedisitae. Duae hae tribus illam partem peninsulae arabicae incolebant quae El-Jemâma appellatur. Imperium penes Tasmitas erat. Postquam per sat longum

جعل سنّته ان لا يهدى بكر من جديس الى بعلها حتّى يدخل عليها فيفترعها ولمّا استمرّ ذلك على جديس انفوا منه واتّفقوا على ان دفنوا سيوفهم فى الرمل وعملوا طعاما للملك ودعوه اليه فلمّا حضر فى خواصّه من طسم عمدت جديس الى سيوفهم وقتلوا الملك وغالب طسم فهرب رجل من طسم وشكا الى تبّع ملك اليمن وقيل هو حسّان بن اسعد واستنصر به وشكا ما فعله جديس بملكهم فسار ملك اليمن الى جديس واوقع بهم فافناهم فلم يبق لطسم وجديس بعد ذلك ذكر ٭

ذكر العرب العاربة

وهم بنوا قحطان بن عابر بن شالح بن ارفخشذ بن سام بن نوح جميعهم بنوا جرهم بن قحطان وكانت مساكنهم بالحجاز ولمّا اسكن ابرهيم الخليل ابنه اسمعيل فى مكّة كانت جرهم نازلين بالقرب من مكّة فاتّصلوا باسمعيل وتزوّج منهم وصار من ولد اسمعيل العرب المستعربة لانّ اصل اسمعيل ولسانه كان عبرانيّا ولذلك قيل له ولولده العرب المستعربة وامّا ملوك جرهم فقد تقدّم ذكرهم فى الفصل الرابع مع ملوك العرب. ومن العرب العاربة بنوا سبا واسم سبا عبد شمس فلمّا اكثر الغزو والسبى سمّى سبا وهو بن يشجب بن يعرب بن قحطان وكان لسبا عدّة اولاد منهم حمير وكهلان وعمرو واشعر وعاملة بنوا سبا وجميع قبايل عرب اليمن وملوكها التبابعة من ولد سبا المذكور وجميع تبابعة اليمن من ولد حمير بن سبا خلا عمران واخيه مزيقيا فانّهما ابنا عامر بن حارثة بن امرء القيس بن ثعلبة بن مازن بن الازد والازد من ولد كهلان بن سبا وفى ذلك خلاف امّا التبابعة فقد تقدّم ذكرهم فى الفصل الرابع مع ملوك العرب فاغنى عن الاعادة وامّا هنا فنذكر احياء عرب اليمن وقبايلهم المنسوبين الى سبا ونبدا بذكر بنى حمير بن سبا فاذا انتهوا ذكرنا كهلان بن سبا وكذلك حتّى ناتى على ذكر بنى سبا ان شاء الله تعالى ٭

ذكر بنى حمير بن سبا

من بنى حمير التبابعة ملوك اليمن وقد تقدّم ذكرهم فى الفصل الرابع ومنهم قضاعة وهم بنوا قضاعة بن مالك بن سبا وقيل قضاعة بن مالك بن عمرو بن مرّة بن زيد بن مالك بن حمير بن سبا وكان قضاعة المذكور مالكا لبلاد الشحر وقبر قضاعة فى جبل الشحر ومن قضاعة ايضا كلب وهم بنوا كلب بن وبرة بن ثعلبة بن حلوان بن عمران بن الحاف بن قضاعة وكانت بنوا كلب فى الجاهليّة ينزلون دومة الجندل وتبوك واطراف الشام ومن

longum tempus res eo loco fuerunt, imperium nactus est Tasmita quidam, vir iniquus et violentus, qui eum morem instituit, ut nulla virgo e Djedisitis ad sponsum deduceretur, quin ipse prius cum ea rem haberet eique pudorem praeriperet. Quod quum Djedisitae aliquamdiu tulissent, tandem, rei indignitate moti, commune capiunt consilium: gladios in arena abscondunt et regi eo in loco convivium parant: qui ubi invitatus cum optimatibus Tasmitarum eo venit, Djedisitae, arreptis gladiis, et illum et plerosque Tasmitarum occidunt. Unus tamen ex iis evasit et causam detulit ad Thobba'um, regem Jemenensem, qui eo tempore Hassân fil. As'adi fuisse dicitur. Apud hunc igitur de facinore a Djedisitis in ipsorum regem commisso questus est, et, ut suorum vindictam susciperet, ab eo petiit. Itaque rex, adversus Djesiditas profectus, eos adortus est et ad internecionem delevit. Sic Tasmitae et Djedisitae hominum memoria exciderunt.

De Arabibus indigenis.

Hi sunt posteri Kahtani fil. 'Eberi, fil. Schelahi, fil. Arphachschadi, fil. Semi, fil. Noahi; idque ita ut eorum omnium communis pater sit Kahtani filius Djorhom. Sedes eorum in El-Hedjazo erant; atque eo quidem tempore quo Abraham filium Ismaelem Meccam deduxit, Djorhomitae in vicinia hujus urbis habitabant. Itaque cum Ismaele societatem junxerunt, atque ille mulierem ex iis duxit: unde orti sunt Arabes, qui dicuntur, insititii; quum enim et stirps Ismaelis hebraea esset, et lingua, ipse et posteri ejus illud potissimum nomen acceperunt. De regibus Djorhomitarum jam diximus in libro quarto inter reges Arabum. — Ad Arabes indigenas pertinent posteri *Sabae*. Is proprio quidem nomine *'Abd-schems* vocabatur; sed quum multas expeditiones bellicas suscepisset multosque captivos duxisset, Saba appellatus est. Patrem habuit Jaschhobum fil. Ja'rebi, fil. Kahtani. Filii ejus plures fuere, in his *Himjar*, *Cahlan*, *'Amru*, *Asch'ar*, *'Amila*. Omnes familiae Arabum Jemenensium et Thobbaï, reges eorum, e Saba prognati sunt; et Thobbaï quidem omnes ex ejus filio Himjaro, si 'Amrânum ejusque fratrem Mozeikiam exceperis: horum enim uterque fuit filius 'Amri, fil. Harethae, fil. Amru-al-kaisi, fil. Tha'lebae, fil. Mazini, fil. Azdi; Azd autem fuit e filiis Cahlani fil. Sabae. De ea re tamen controversia est. Quum de Thobbaïs jam in libro quarto inter reges Arabum dixerimus, non est quod actum agamus. Hic igitur in universum de tribubus et familiis Arabum Jemenensium, quarum origo a Saba repetitur, dicemus, idque ita ut a posteris Himjari fil. Sabae ordiamur, his perlustratis ad posteros Cahlani fil. Sabae pergamus, et sic deinceps, donec, Deo annuente, ad finem historiae posterorum Sabae pervenerimus.

De posteris Himjari fil. Sabae.

E posteris Himjari sunt primum *Thobbaï*, reges Jemenenses, de quibus in libro quarto diximus. Deinde *Kodhaïtae;* quamquam enim Kodhâ'a, auctor gentis, a nonnullis filius Maliki fil. Sabae fertur, ab aliis tamen filius Maliki, fil. 'Amri, fil. Morrae, fil. Zeidi, fil. Maliki, fil. Himjari, fil. Sabae fuisse dicitur. Kodhâ'a regionem Es-Schihr possidebat, et sepultus est in monte ejusdem nominis. Ad Kodhaïtas pertinent *Kelbitae*, posteri Kelbi fil. Wabrae, fil. Tha'lebae, fil. Holwâni, fil. 'Amrâni, fil. Alhâfi, fil. Kodhâae. Tempore anteislamico Kelbitarum sedes erant Dumeth-el-djendel, Thebûk et limites Syriae. E viris illustribus eorum fuit Zoheir fil. Chabâbi Kelbita,

ومن مشاهير كلب زهير بن خباب الكلبىّ وقد ذكره صاحب كتاب الاغانى واورد له شعرا ومنهم زهير بن شريك الكلبىّ وهو القايل

الا اصبحت اسماء فى لخمر تعذل   وتزعم انّى بالسفاه موكّل
فقلت لها كفّى عتابك نصطبحْ   والّا فبينى فالتعزّب امثل

ومنهم حارثة الكلبّى وهو ابو زيد بن حارثة مولى رسول الله صلّى الله عليه وسلّم وكان قد اصاب ابنه زيدا سبى فى الجاهليّة فصار الى خديجة زوج النبى صلّى الله عليه وسلّم وانشد بن عبد البرّ فى كتاب الصحابة لحارثة المذكور يبكى ابنه زيدا لمّا فقده

بكيت على زيد ولم ادرِ ما فعل   احىّ يرجّى ام اتى دونه الاجل
تذكّرنيه الشمس عند طلوعها   ويعرض ذكراه اذا قارب الطفل
وان هبّت الارواح هيّجن ذكره   فيا طول ما حزنى عليه ويا وجل

ثمّ اجتمع بزيد ابوه حارثة وهو عند رسول الله صلّى الله عليه وسلّم فخيّره رسول الله صلّى الله عليه وسلّم فاختاره على ابيه واهله ومن قضاعة بلىّ ومن قبايل قضاعة تنوخ وكان بينهم وبين اللخميّين ملوك لحيرة حروب ومن قضاعة بهرا ومن قضاعة جهينة وهى قبيلة عظيمة ينسب اليها بطون كثيرة وكانت منازلها باطراف لحجاز الشمالىّ من جهة بحر جدّة ومن قبايل قضاعة بنوا سليح وكان لهم بادية الشام فغلبتهم عليها ملوك غسّان وابادوا بنى سليح ومن قبايل قضاعة بنوا نهد ومن مشاهيرهم الصقعب بن عمرو النهدىّ وهو ابو خالد بن الصقعب وكان ريّسا فى الاسلام ومن قضاعة بنوا عذرة ومنهم عروة بن حزام وجميل صاحب بثنيّة ومن بطون حمير بنوا شعبان ومنهم الشعبىّ الفقيه واسمه عامر انتهى الكلام فى بنى حمير بن سبا ☆

ذكر بنى كهلان بن سبا

وصار من بنى كهلان المذكور احياء كثيرة والمشهور منها سبعة وهى الازد وطىء ومذحج وهمدان وكندة ومراد وانمار امّا الازد فهم من ولد الازد بن الغوث بن نبت بن مالك بن ادد بن زيد بن كهلان بن سبا ولنذكر قبايل الازد حتّى ينتهوا ثمّ نذكر قبايل طى ثمّ مذحج ثمّ من بعده الى آخرهم امّا قبايل الازد فمنهم الغساسنة ملوك الشام وهم بنوا عمرو بن مازن بن الازد ومن الازد الاوس ولخزرج اهل يثرب والمسلمون منهم هم الانصار رضى الله عنهم ومن الازد خزاعة وبارق ودوس والعتيك وغافق فهولا بطون

Kelbita, cujus meminit auctor libri El-Aghani ejusque versus aliquot refert; item Zoheir fil. Scherîki Kelbita, cujus sunt hi versus:

A primo statim mane Asmaa mihi vinum exprobravit dixitque me insipientiae tamquam praefectum esse;

Ego vero illi respondi: Parce objurgationibus tuis, ut per otium potare possimus; sin minus, vade foras: satius enim est, coelibem vivere.

Item Haretha Kelbita, pater Zeidi fil. Harethae, liberti Prophetae nostri. Zeid enim, illius filius, tempore anteislamico ab hostibus captus, Chadidjae, uxori Prophetae, obtigerat. *Ibn-'Abd-el-barr* in *Kithâb-es-sahâba* (Libro de sociis Mohammedis) versus Harethae illius refert, quibus filium Zeidum amissum deflet:

Jam dudum Zeidum defleo, ignorans quid ei acciderit; num vivat adhuc, ut ejus recuperandi spes supersit, an fatum ei reditum intercluserit.

Memoriam ejus mihi revocat sol, quum oritur: memoria ejus mihi se offert, quum appropinquat illius occasus.

Quum venti flare coeperunt, ejus in me excitant memoriam: eheu! quamdiu est quod eum lugeo, quantopere ei timeo!

Postea Zeidum pater ejus Haretha apud legatum Dei convenit: qui quum Zeido se inter et patrem optandi copiam fecisset, ille apud Mohammedem manere maluit, quam ad patrem et tribules reverti. — Ad Kodhaïtas pertinent etiam *Belawitae;* nec non *Thenuchitae*, inter quos et Lachmitas, reges Hirenses, plura bella gesta sunt; item *Bahraïtae* et magna *Djoheinitarum* familia, multarum minorum mater, quae in partibus septentrionalibus El-Hedjazi, ad mare cui ab urbe Djidda nomen est *(Bahr-Djidda)*, habitabat. E Kodhaïtis fuere porro *Selihitae;* qui quum regionem campestrem Syriae tenerent, Ghassanitae eam non solum illis eripuerunt, sed eos ipsos ad internecionem redegerunt. Ad eandem gentem pertinent *Nahditae*, e quorum viris illustribus fuit Es-Sak'ab fil. 'Amri Nahdita, pater Chalidi fil. Es-Sak'abi, viri inter Moslemos principis. Ejusdem stirpis sunt *'Odhritae*, e quibus fuit 'Orwa fil. Hizami, et Djemîl, qui Batheniam possidebat. E minoribus Himjaritarum familiis sunt *Scha'banitae*, unde ortus est Es-Scha'bi (Scha'banita) Jurisconsultus, cujus verum nomen erat 'Amir. Atque haec quidem de posteris Himjari fil. Sabae.

De posteris Cahlani fil. Sabae.

Posteri Cahlani in multas tribus discesserunt, e quibus septem potissimum inclaruere: *El-Azditae*, *Tajjitae*, *Medhhidjitae*, *Hamdanitae*, *Kenditae*, *Moraditae* et *Anmaritae*. *El-Azditae* gentis auctorem habuerunt El-Azdum fil. El-Ghauthi, fil. Nebthi, fil. Maliki, fil. Odedi, fil. Zeidi, fil. Cahlani, fil. Sabae. Itaque primum familias El-Azditarum recensebimus; quas ubi absolverimus, ad familias Tajjitarum pergemus, deinde ad familias Medhhidjitarum, tum ad eas quae sequuntur, usque ad ultimas. — Ex El-Azditarum igitur familiis sunt *Ghassanitae*, reges Syriae, posteri 'Amri fil. Mazini, fil. El-Azdi. Deinde *Ausitae* et *Chazredjitae*, qui Jathribam incolebant; e quibus qui Islamo nomen dedere, *El-Ansar* illi (Adjutores, sc. Prophetae) sunt.

 Tum

بطون الازد امّا خزاعة فانّها لمّا انخزعت عن غيرها من قبايل اليمن الذين تفرّقوا ايدى سبا من سيل العرم ونزلت ببطن مرّ على قرب مكّة سمّيت خزاعة وحصل لهم سدانة البيت والرياسة ولمّا اصطلح رسول الله صلّى الله عليه وسلّم مع قريش في عام الحديبية دخلت خزاعة في عقد رسول الله صلّى الله عليه وسلّم وعهده وقد اختلف فى نسب خزاعة بين المعدّية واليمانية والاكثر انّها يمانية والذى تنتسب اليه خزاعة هو كعب بن عمرو بن لحيّ بن حارثة بن عمرو مزيقيا وقد تقدّم ذكر عمرو مزيقيا بن عامر بن حارثة بن امرء القيس بن ثعلبة بن مازن بن الازد فى الفصل الرابع مع تبابعة اليمن وما زالت سدانة البيت فى خزاعة حتّى انتهت الى رجل منهم يقال له ابو غبشان وكان فى زمان قصيّ بن كلاب فاجتمع مع قصيّ فى الطايف على شرب فاسكره قصيّ وخدع ابا غبشان الخزاعيّ المذكور واشترى منه مفاتيح الكعبة بزقّ خمر واشهد عليه فتسلّم قصيّ المفاتيح وارسل ابنه عبد الدار بن قصيّ بها الى مكّة فلمّا وصل اليها رفع صوته وقال معاشر قريش هذه مفاتيح بيت ابيكم اسمعيل قد ردّها الله عليكم من غير عار ولا ظلم فلمّا صحا ابو غبشان ندم حيث لا تنفعه الندم فقيل اخسر من ابى غبشان واكثرت الشعراء القول فى ذلك فمنه

باعت خزاعة بيت الله اذ سكرت　　بزقّ خمر فبيست صفقة البادى

باعت سدانتها بالنزر وانصرفت　　عن المقام وظلّ البيت والنادى

وجمع قصيّ اشتات قريش وظهر على خزاعة واخرجها عن مكّة الى بطن مرّ ومن خزاعة بنوا المصطلق الذين غزاهم رسول الله صلّى الله عليه وسلّم وامّا بارق فهم من ولد عمرو مزيقيا الازديّ نزلوا جبلا بجانب اليمن يقال له بارق فسمّوا به ومن مشاهيرهم معقرّ بن حمار البارقيّ ذكره صاحب الاغانى وهو صاحب القصيدة التى من جملتها البيت المشهور

والقت عصاها واستقرّت بها النوى　　كما قرّ عينا بالاياب المسافر

وامّا دوس فهو بن عدثان بن عبد الله بن وهران بن كعب بن الحرث بن كعب بن مالك بن نصر بن الازد وسكنت بنوا دوس احدى الشروات المطلّة على تهامة وكانت لهم دولة باطراف العراق واوّل من ملك منهم مالك بن فهم بن دوس وقد تقدّم ذكر مالك بن فهم المذكور ومن ملك بعده فى الفصل الرابع المشتمل على ذكر ملوك العرب ومن الدوس ابو هريرة وقد اختلف فى اسمه والاكثر انّ اسمه عمير بن عامر وامّا العتيك وغافق فقبيلتان مشهورتان فى الاسلام وهم من ولد الازد ومن الازد ايضا بنوا الجلندى ملوك عمان والجلندى

Tum *Chozaïtae*, *Barikitae*, *Dausitae*, *El-Athikitae*, *Ghafikitae*, hae quidem minores El-Azditarum familiae. Chozaïtae, quum a reliquis familiis Jemenensibus propter diluvium ruptorum aggerum huc illuc dispersis separati essent *(inchaza'eth)* et seorsum in Batn-Morr prope Meccam consedissent, inde Chozaïtarum nomen acceperunt. Iis contigit cura delubri Meccani et inter ceteros principatus. Quum legatus Dei anno illo, qui annus El-Hodeibiae dicitur, cum Koreischitis pacem fecisset, Chozaïtae cum eo foedus inierunt et auctoritatem ejus agnoverunt. Origo Chozaïtarum utrum e Ma'additis, an e Jemenensibus repetenda sit, controversum est; plerique tamen eos pro Jemenensibus habent, ¦et Chozaïtae ipsi genus referunt ad Ca'bum fil. 'Amri, fil. Lohajji, fil. Harethae, fil. 'Amri Mozeikiae. Hujus 'Amri Mozeikiae fil. 'Amiri, fil. Harethae, fil. Amru-al-kaisi, fil. Tha'lebae, fil. Mazini, fil. El-Azdi, jam supra in libro quarto inter Thobbaos, reges Jemenenses, mentio facta est. — Delubri Meccani cura postquam diu penes Chozaïtas fuit, tandem ad Abu-Ghabschanum quendam, hujus gentis virum, devenit, qui eodem tempore quo Kosaj fil. Kilâbi vixit. Hic quum aliquando in urbe Et-Tajif cum Abu-Ghabschano, Chozaïta illo, potaret, hominem inebriavit et per dolum claves aedis sacrae, testibus adhibitis, pro utre vini ab eo emit. Claves acceptas Kosaj filio suo 'Abd-ed-daro Meccam portandas dedit: qui ubi ad urbem venit, alta voce clamavit: O Koreischitae, ecce claves aedis avi vestri Ismaelis: eas vobis restituit Deus sine dedecore et injustitia. — Abu-Ghabschan autem, postquam ad se rediit, rei poenitentia, scilicet sero, tactus est; unde fluxit proverbium: *Majorem jacturam expertus quam Abu-Ghabschan.* E multis poëtarum hac de re versibus hi sunt:

Vendiderunt Chozaïtae ebrii aedem Dei pro utre vini: vah! infaustum hominis consilium, qui primus, copulatis cum emtore manibus, venditionem illam ratam fecit.

Vili pretio vendiderunt munus aedis tuendae, et exsularunt a sacra statione, ab umbra aedis et a comitio publico.

Tum Kosaj Koreischitas dispersos collegit victosque Chozaïtas Mecca expulit et in Batn-Morr concedere coegit. — Ad Chozaïtas pertinent etiam *El-Mostalikitae*, quibus arma intulit legatus Dei. *Barikitae* sunt e posteris 'Amri Mozeikiae El-Azditae. Consederunt in monte quodam ad oram regionis Jemenensis sito, qui Barik vocabatur: unde Barikitarum nomen acceperunt. E viris illustribus eorum est Mo'kirr fil. Himâri Barikita, cujus meminit auctor libri El-Aghani. Is carmen illud edidit, in quo est versus notissimus:

Projecit illa baculum suum et placida mansionis quiete refrigerata est, quemadmodum aestuantis viatoris oculus reditu ad penates refrigerari solet.

Daus est filius 'Odthani, fil. 'Abd-allahi, fil. Wahzâni, fil. Ca'bi, fil. El-Harethi, fil. Ca'bi, fil. Maliki, fil. Nasri, fil. El-Azdi; cujus posteri, *Dausitae*, in aliquo e montibus Es-Scherewâth, qui Thehamae imminent, consederunt. Ditionem habuerunt in finibus Iraki, primusque ex iis regnavit Malik fil. Fahmi, fil. Dausi, cujus et successorum ejus supra mentionem fecimus in libro quarto qui historiam regum Arabicorum continet. E Dausitis fuit Abu-Horeira. De vero ejus nomine non convenit; plerisque tamen placet, eum nomen habuisse 'Omeirum fil. 'Amiri. *El-Athikitae* et *Ghafikitae* sunt duae familiae ex El-Azdo ortae, inter Moslemos illustres. Ad eosdem El-Azditas pertinent *El-Djolenditae*, reges 'Omani; quorum qui ibi regnarunt, omnes

24 * commune

والجلندى لقب لكلّ من ملك منهم عمان وكان ملك عمان فى الاسلام قد انتهى الى حبقر وعبد ابنى الجلندى واسلما مع اهل عمان على يد عمرو بن العاص انتهى الكلام فى الازد ذكر الحىّ الثانى من بنى كهلان وهم قبايل طى ولمّا تفرّقت اليمن بسبب سيل العرم نزلت طى بنجد الحجاز فى جبلى اجاء وسلمى فعرفا بجبلى طى الى يومنا هذا وامّا طى فهو ادد بن زيد بن كهلان بن سبا فمن بطون طى جديلة ونبهان وبولان وسلامان وهَنْى وسُدوس بضمّ السين وامّا سدوس التى فى قبايل ربيعة بن نزار فمفتوحة السين ومن سلامان بنوا بحتر ومن هَنْى اياس بن قبيصة الذى ملك بعد النعمان ومن طى عمرو بن المشبج وهو من بنى ثعل الطائىّ وكان عمرو ارمى وقته وفيه من قول امر القيس

ربَّ رامٍ من بنى ثعله مخرج كفّيه من سُترِهِ

ومن بنى ثعل الطائىّ ايضا زيد الخيل وسمّاه رسول الله صلّى الله عليه وسلّم زيد الخير ومن طى حاتم طى المشهور بالكرم وامّا الحىّ الثالث من بنى كهلان فهم بنوا مذحج واسم مذحج مالك بن ادد بن زيد بن كهلان بن سبا والمذحج بطون كثيرة فمنها خولان وجُنب ومن جنب معاوية الخير الجنبىّ صاحب لواء مذحج فى حرب بنى وايل وكان مع تغلب ومن مذحج اود قبيلة الافوه الاودىّ الشاعر ومن مذحج بنوا سعد العشيرة وسمى بذلك لانّه لم يمت حتّى ركب معه من ولده وولد ولده ثلثماية رجل وكان اذا سيل عنهم يقول هولا عشيرتى دفعا للعين عنهم فقيل له سعد العشيرة لذلك ومن بطون سعد العشيرة جُعْف وزبيد قبيلة عمرو بن معدى كرب ومن بطون مذحج ايضا النخع ومنهم الاشتر النخعىّ واسمه مالك بن الحرث صاحب رسول الله صلّى الله عليه وسلّم ثمّ علىّ بن ابى طالب ومن النخع سنان بن انس قاتل الحسين ومنهم ايضا القاضى شريك ومن مذحج عنس بالنون وهى قبيلة الاسود الكذّاب الذى ادّعى النبوّة باليمن وعنس ايضا رهط عمّار بن ياسر صاحب رسول الله صلّى الله عليه وسلّم [وامّا الحىّ الرابع من بنى كهلان وهم همدان فهم من ولد ربيعة بن حيّان بن مالك بن زيد بن كهلان ولهم صيت فى الجاهليّة والاسلام] وامّا الحىّ الخامس من بنى كهلان وهم كندة فهم بنوا ثور وثور المذكور هو كندة بن عفير بن الحرث من ولد زيد بن كهلان وسمّى كندة لانّه كند اباه نعمته وبلاد كندة باليمن تلى حضرموت وقد تقدّم ذكر ملوك كندة فى الفصل الرابع عند ذكر ملوك العرب ومن كندة حجر بن عدىّ صاحب علىّ بن ابى طالب وهو الذى قتله معاوية صبرا ومنهم القاضى شريح ومن بطون كندة السكاسك والسكون بنوا شرس بن

commune El-Djolendae cognomen gesserunt. Prima aetate Islami regnabant duo filii El-Djolendae, Habkar et 'Abd: qui una cum 'Omanensibus, ministerio 'Amri fil. El-'asi, Islamo conciliati sunt. Atque haec quidem de El-Azditis.

Jam de secunda tribu Cahlanitarum, de familiis *Tajjitarum*, dicendum est. Quum Jemenenses propter diluvium ruptorum aggerum dispersi essent, Tajjitae consederunt in Nedjdo El-Hedjazi (i. e. ea parte superioris Arabiae quae ad El-Hedjazum pertinet) inter montes Adjâam et Selmam, qui inde montes Tajjitarum dicti sunt, quod nomen hodieque retinent. Taj autem idem est qui Oded fil. Zeidi, fil. Cahlani, fil. Sabae. Ad minores Tajjitarum familias referendae sunt *Djedilitae*, *Nebhanitae*, *Baulanitae*, *Selamanitae*, *Henjitae*, *Sudusitae*, prima litera per dhammam mota; Sedusitae enim, prima litera per fatham prolata, ad familias eas pertinent, quae originem ducunt e Rebî'a fil. Nizâri. E numero Selamanitarum sunt *Bahtharitae.* Ad Henjitas pertinet Jjâs fil. Kabisae, qui post En-No'manum (Hirae) regnavit. E Tajjitis, idque e posteris Tho'ali Tajjitae, est etiam 'Amru fil. El-Meschîhi, qui fuit optimus sui temporis sagittarius. De eo est in carminibus Amru-al-kaisi:

Saepe sagittarius e filiis Tho'ali manus exserebat e tentorio suo.

Ad Tho'alitas pertinet etiam Zeid-el-chail, cujus nomen a legato Dei in Zeid-el-chair mutatum est. E Tajjitis fuit denique Hathim-Taj ille, vir liberalitatis laude immortalis.

Tertia tribus Cahlanitarum sunt *Medhhidjitae*, posteri Medhhidji, cujus verum nomen fuit Malik fil. Odedi, fil. Zeidi, fil. Cahlani, fil. Sabae. Medhhidjitae in multas familias minores dividuntur, ut *Chaulanitas*, *Djonbitas*, e quibus fuit Mo'awieth-el-chair Djonbita, qui in bello Wajilitarum copiis Medhhidjiticis praeerat cum iisque a partibus Thaghlebitarum stabat; item *Auditas*, unde ortus poëta El-Afwah Audita. Ad Medhhidjitas pertinent item *posteri Sa'd-el-'aschîrae*, cui hoc nomen (quod significat comitum catervâ fortunatum) ideo inditum est, quod tamdiu vixit ut, quum equo vel camelo veheretur, trecenti filii et nepotes, jumentis suis insidentes, eum comitarentur; et si quis ex eo, quinam hi essent, quaerebat, respondere solebat: Comitum meorum caterva est; scilicet ut ita oculum malignum ab iis defenderet. Hanc igitur ob causam Sa'd-el-'aschîra appellatus est. E minoribus Sa'd-el-'aschiritarum familiis sunt *Djo'fitae* et *Zebiditae*, unde ortus est 'Amru fil. Ma'di-carbi; item *En-Nochaïtae*, unde El-Aschthar, cujus verum nomen fuit Malik fil. El-Harethi, socius legati Deo, et postea 'Alii fil. Abu-talibi. Nochaïta fuit etiam Sinân fil. Anesi, qui El-Hoseinum interfecit, et Judex Scherîk. Ad Medhhidjitas referendi sunt denique *'Ansitae*, e qua familia fuit impostor El-Aswad, qui se in El-Jemen pro propheta venditavit, et 'Ammâr filius Jâsiri, socius Mohammedis.

Quarta tribus Cahlanitarum, *Hamdanitae*, auctorem gentis habent Rebî'am fil. Hajjâni, fil. Maliki, fil. Zeidi, fil. Cahlani. Et ante ortum Islamum, et postea, nomen eorum celebre fuit.

Quinta tribus Cahlanitarum, *Kenditae*, auctorem habent Thaurum, qui non differt a Kenda, fil. 'Ofeiri, fil. El-Harethi e posteris Zeidi fil. Cahlani. Kenda ideo appellatus est, quod patris beneficia erga se non agnovit (*kened*). Incolebant Kenditae tractum Jemenensem, Hadhramautho contiguum. De eorum regibus dictum est in libro quarto inter reges Arabum. E Kenditis oriundus fuit Hodjr fil. 'Adii, socius 'Alii fil. Abu-talibi, a Mo'awia violenter necatus; item Judex Schoreih. Minores Kenditarum familiae sunt *Es-Sekasikitae* et *Es-Sekunitae*, posteri Scherisi fil.

بن كندة فمن السكون معاوية بن خديج قاتل محمّد بن ابى بكر رضى الله عنهما ومنهم حصين بن نمير السكونىّ الذى صار صاحب جيش يزيد بن معاوية بعد مسلم بن عقبة نوبة وقعة الحرّة بظاهر مدينة الرسول صلّى الله عليه وسلّم وامّا الحىّ السادس من احياء بنى كهلان وهم بنوا مراد فبلادهم الى جانب زبيد من جبال اليمن واليه ينسب كلّ مرادىّ من عرب اليمن وامّا الحىّ السابع من احياء بنى كهلان فهم بنوا انمار بن كهلان ولانمار فرعان وهما بجيلة وخثعم وبجيلة هى رهط جرير بن عبد الله البجلىّ صاحب رسول الله صلّى الله عليه وسلّم وكان يقال لجرير المذكور يوسف الامّة لحسنه وفيه قيل

لولا جرير هلكت بجيلة   نعم الفتى وبيست القبيلة

انتهى الكلام فى بنى كهلان بن سبا ✿

ذكر بنى عمرو بن سبا

امّا القبايل المنتسبة الى عمرو بن سبا فنهم لَخْم بن عدىّ بن عمرو بن سبا ومن لخم بنوا الدار رهط تميم الدارىّ صاحب رسول الله صلّى الله عليه وسلّم ومن لخم المناذرة ملوك الحيرة وهم بنوا عمرو بن عدىّ بن نصر اللخمىّ وكانت دولتهم من اعظم دول ملوك العرب وقد تقدّم ذكرهم فى الفصل الرابع مع باقى ملوك العرب فاغنى عن الاعادة ومن القبايل المنتسبة الى عمرو بن سبا جذام وهو اخو لخم وجميع جذام من ابنيه حزام وجشم ابنى جذام وكان فى بنى حزام العدد والشرف ومن بطون جشم بن جذام عتيب بن اسلم ✿

ذكر بنى اشعر بن سبا

وامّا بنوا الاشعر فيقال لهم الاشعريّون وهم رهط ابى موسى الاشعرىّ عبد الله بن قيس ✿

ذكر بنى عاملة

وامّا بنوا عاملة فهم ايضا من القبايل اليمانية التى خرجت الى الشام عند سيل العرم ونزلوا بالقرب من دمشق فى جبل هناك يعرف بجبل عاملة فمن عاملة عدىّ بن الرقاع الشاعر انتهى ذكر اولاد سبا وهم عرب اليمن ✿

ذكر العرب المستعربة

وهم ولد اسمعيل بن ابرهيم الخليل صلوات الله عليه وقيل لهم العرب المستعربة لانّ اسمعيل لم تكن لغته عربيّة بل عبرانيّة ثمّ دخل فى العربيّة فلذلك سمّى ولده العرب المستعربة وقد تقدّم عند ذكر ابرهيم الخليل عليه السلام سبب سكنى اسمعيل وامّه هاجر مكّة وانّ ذلك كان بسبب غيرة سارة [رضى الله عنها من

fil. Kendae. Ex his quidem, quos ultimo loco posuimus, fuit Mo'awia fil. Chadîdji, qui interfecit Mohammedem fil. Abu-bekri; item Hosain fil. Nomeiri Es-Sekunita, qui post Moslemum fil. 'Okbae praefuit copiis Jezîdi fil. Mo'awiae, quando pugnatum est ad El-Harram in campis Medinae subjectis.

Sexta tribus Cahlanitarum, *Moraditae*, sedebant in montibus Jemenensibus, quâ Zebîdum attingunt. Quicunque ex Arabibus Jemenensibus Moradita dicitur, ad hanc tribum referendus est.

Septima tribus Cahlanitarum, *Anmaritae*, sunt posteri Anmâri fil. Cahlani. Eorum stirps discessit in duos veluti ramos primarios *Bedjilitarum* et *Chath'amitarum*. Ex illis oriundus fuit Djerîr fil. 'Abd-allahi Bedjilita, socius Mohammedis, qui ob pulcritudinem Josephus Moslemorum dicebatur. De eo est hic versus:

Ni Djerir esset, perierant Bedjilitae. Quam egregius puer! At quam sordida familia!

Atque haec quidem de posteris Cahlani fil. Sabae.

De posteris 'Amri fil. Sabae.

Quod attinet ad familias, quae originem ducunt ab 'Amro fil. Sabae, ex earum numero sunt primum *Lachmitae*, posteri Lachmi fil. 'Adii, fil. 'Amri, fil. Sabae. Ad hos referuntur *Ed-Daritae*, e quibus fuit Themîm Ed-Darita, socius Mohammedis; item *El-Mondari*, reges Hirenses, posteri 'Amri fil. 'Adii, fil. Nasri, Lachmitae. Hi e potentissimis Arabum regibus fuerunt; de quibus quum supra in capite quarto inter ceteros reges Arabicos egerimus, non est quod eadem hic repetamus. — Deinde ad familias ex 'Amro fil. Sabae oriundas pertinent *Djodhamitae*, posteri Djodhâmi, qui Lachmi frater fuit. Djodhamitae omnes prognati sunt e duobus illius filiis, Hizâmo et Djoschamo; sed *Hizamitae* numero et fama potiores fuerunt. E minoribus *Djoschamitarum* familiis sunt *'Otheibitae*, posteri 'Otheibi fil. Aslami.

De posteris Asch'ari fil. Sabae.

Posteri El-Asch'ari dicuntur *El-Asch'arijjûn (Asch'aritae)*: e quibus fuerunt Abu-Musa Asch'arita 'Abd-allah fil. Kaisi.

De posteris 'Amilae.

'Amilitae quoque fuerunt inter familias illas Jemenenses, quae propter diluvium ruptorum aggerum in Syriam migrarunt; ubi in monte prope Damascum consederunt, qui Mons 'Amilitarum vocari solet. Ex iis fuit poëta 'Adi fil. Er-Rikâ'i. — Diximus de posteris Sabae, seu Arabibus Jemenensibus.

De Arabibus insititiis.

Hi prognati sunt ex Ismaele fil. Abrahami. Causa nominis haec, quod Ismael, quum primum non arabice, sed hebraice loqueretur, subinde lingua et moribus Arabs factus est. Propterea posteri ejus Arabes insititii appellati sunt. In loco de rebus Abrahami jam diximus, qua de causa Ismael et mater ejus Hagar Meccam migraverint, scilicet propter invidiam qua Sara in Hagarem flagrabat; item

من هاجر وانّ الله تعالى امره ان يطيع سارة] وان يخرج اسمعيل عنها وانّ الله تعالى ينكفّله فخرج ابرهيم من الشام باسمعيل وامّه هاجر وقدم بهما الى مكّة وانزلها بموضع الحجر وقال ربّ انّى اسكنت من ذرّيتى بواد غير ذى زرع الآية وانزلهما ابرهيم هناك وعاد الى الشام وكان عمر اسمعيل انذلك نحو اربع عشرة سنة وذلك لمضىّ مائة سنة من عمر ابرهيم الخليل فمن سكنى اسمعيل مكّة الى الهجرة الفان وسبعماية وثلث وتسعون سنة وكان هناك قبايل جرهم فتزوّج اسمعيل منهم امراة وولدت له اثنى عشر ولدا ذكرا منهم قيذار وماتت هاجر ودفنت بالحجر ثمّ لمّا مات ابنها اسمعيل بمكّة دفن معها بالحجر ايضا وقد اختلف المورّخون اختلافا كثيرا فى امر الملك على الحجاز بين جرهم وبين اسمعيل فمن قايل كان الملك على الحجاز فى جرهم ومفتاح الكعبة وسدانتها فى يد ولد اسمعيل ومن قايل انّ قيذار توّجته اخواله جرهم وعقدوا له الملك عليهم بالحجاز وامّا سدانة البيت الحرام ومفاتيحه فكانت مع بنى اسمعيل بغير خلاف حتّى انتهى ذلك الى نابت من ولد اسمعيل فصارت السدانة بعده لجرهم ويدلّ على ذلك قول عامر بن الحرث الجرهمىّ من قصيدته التى منها

وكنّا ولاة البيت من بعد نابت نطوف بذاك البيت والامر ظاهر

ومنها

كأنْ لم يكن بين الحجون الى الصفا انيس ولم يسمر بمكّة سامر
بلى نحن كنّا اهلها فابادنا صروف الليالى والجدود العواثر

ثمّ ولد لقيذار ابنه حمل بن قيذار ثمّ ولد لحمل نَبْت بن حمل ويقال له نابت وقيل نبت بن قيذار وقيل نبت بن اسمعيل وفى ذلك خلاف كثير ثمّ ولد لنبت سلامان بن نبت ثمّ ولد لسلامان الهميسع بن سلامان بن نبت ثمّ ولد للهميسع اليسع بن الهميسع ثمّ ولد لليسع ادد بن اليسع بن الهميسع ثمّ ولد لادد ابنه ادّ ابن ادد ثمّ ولد لادّ ابنه عدنان ابن ادّ وقيل عدنان ابن ادد ثمّ ولد لعدنان معدّ ثمّ ولد لمعدّ نزار ثمّ ولد لنزار اربعة منهم مضر على عمود النسب النبوىّ وثلثة خارجون عن عمود النسب اوّلهم اياد وكان اكبر من مضر والى اياد بن نزار المذكور يرجع كلّ ايادىّ من بنى معدّ وفارق اياد الحجاز وسار باهله الى اطراف العراق فمن بنى اياد كعب بن مامة الايادىّ وكان يضرب بجوده المثل وقسّ بن ساعدة الايادىّ وكان يضرب بفصاحته المثل والثانى من بنى نزار ربيعة بن نزار ويعرف بربيعة الفرس لانّه ورث الخيل من مال ابيه وولد لربيعة المذكور اسد وضُبيعة ابنا ربيعة فولد لاسد جديلة وعنزة ومن جديلة وايل ومن وايل بكر وتغلب ابنا وايل فمن تغلب كليب ملك بنى وايل قتله جسّاس فهاجت الحرب فى بنى وايل بين بنى بكر وبنى تغلب حسبما تقدّم ذكره فى الفصل الرابع ومن بكر بن وايل بنوا شيبان ومن رجالهم مرّة وابنه جسّاس قاتل كليب وطرفة بن العبد الشاعر ومن بكر ايضا المرقّشان

item Abrahamum a Deo jussum esse Sarae obtemperare et Ismaelem ab ea removere; nec non Deum pollicitum esse, se ipsum illius curam habiturum. Itaque Abraham Ismaelem et matrem ejus Hagarem e Syria Meccam conduxit: ubi quum eos illo in loco constituisset, in quo nunc est El-Hidjr (pars septentrionalis septi aedis sacrae): *Mi Domine*, inquit, *ego partem sobolis meae collocavi in valle quae non seritur*, et quae in Corano sequuntur. Eis igitur ibi constitutis, Abraham in Syriam reversus est. Ismael tunc quatuordecim fere annos natus erat, Abraham saeculum jam confeçerat. Ab hoc tempore, quo Meccae consedit Ismael, ad fugam usque Mohammedis numerantur anni 2793. Regionem illam tunc incolebant familiae Djorhomitarum. Ex iis uxorem duxit Ismael, quae ei duodecim filios peperit, in his *Kaidârum*. Mortua deinde est Hagar et in El-Hidjro sepulta. Postea Ismael quoque, quum Meccae diem supremum obiiset, ibidem apud matrem sepultus est. De eo autem historiae scriptores vehementer dissentiunt, utrum Djorhomitae in El-Hedjazo regnaverint, an Ismaelitae. Alii dicunt, regnum penes illos fuisse, penes hos clavem et praefecturam aedis sacrae. Alii volunt, Kaidarum a Djorhomitis, gentilibus maternis, diadema accepisse et regem El-Hedjazi, cui ipsi obedirent, constitutum esse. Ceterum inter omnes convenit, praefecturam et claves aedis sacrae penes Ismaelitas fuisse usque ad Nabithum: hunc ex iis ultimum illo munere functum esse: post eum in illud successisse Djorhomitas. Cujus rei argumentum praebet carmen *'Amiri fil. El-Harethi*, Djorhomitae, in quo haec leguntur:

> *Nos post Nabithum exstitisse aedis sacrae, jam a nobis rite circumeundae, praefectos, res est nemini obscura.*

Item haec:

> *Diceres, El-Hadjunum inter et Es-Safam jam omnia esse hominibus vacua, nec Meccae ullum inveniri confabulationum nocturnarum sodalem.*
>
> *Fuimus scilicet nos ejus incolae, sed absumti sumus temporis vicissitudinibus et instabilis fortunae casibus.*

Kaidaro deinde natus est *Hamal:* Hamalo *Nebth*, vel, ut alii scribunt, *Nâbith;* quamquam sunt qui hunc Kaidari filium fuisse velint, sunt etiam qui ipsius Ismaelis, omninoque magna est de hac re controversia. Nebtho deinde natus est Selâmân: Selamano *El-Homeisa':* El-Homeisa'o *Elisa:* Elisa'o *Oded:* Odedo *Odd*, Oddo *'Adnân* (quem alii Odedi filium fuisse dicunt), 'Adnano *Ma'add*, Ma'addo *Nizâr*. Nizaro quatuor fuere filii: *Modhar*, qui ad stemma Mohammedis pertinet, et tres alii, qui non. Horum primus est *Jjâd*, Modharo natu major, communis auctor omnium eorum Arabum e gente Ma'addi, qui *Jjaditae* appellantur. Is, relicto El-Hedjazo, cum omni familia in regiones Iraki migravit. E posteris ejus fuerunt *Ca'b fil. Mâmae* et *Koss fil. Saïdae*, uterque Jjadita, quorum illius proverbio celebratur liberalitas, hujus facundia. — Secundus e tribus illis Nizari filiis est *Rebî'a*, qui vulgo *Rebî'ath-el-faras* vocatur, quia ei ex haereditate paterna equi obtigerunt. Is duos filios habuit, *Asadum* et *Dhobei'am*. Asado nati sunt *Djedila* et *'Anza*. Djedila pater fuit *Wajili*, Wajil *Bekri* et *Thaghlebi*. E Thaghlebitis fuit *Coleib*, rex Wajilitarum, qui a Djessâso occisus est: unde exarsit bellum acerrimum inter utramque Wajilitarum familiam, Bekritas et Thaghlebitas; de qua re supra in capite quarto diximus. Ad Bekritas pertinent *Scheibanitae*, e quibus fuit *Morra* et filius ejus *Djessâs* ille, qui Coleibum interfecit; item *Tarafa fil. El-'Abdi*, poeta; deinde duo illi viri qui *El-Morakkischân* appellati

25

sunt,

المرقّشان الاكبر والاصغر ومن بكر بن وايل ايضا بنوا حنيفة ومنهم مسيلمة الكذّاب وامّا عنزه بن اسد بن ربيعة المذكور فمنه بنوا عنزه وهم اهل خيبر ومن بنى عنزه القارظان وامّا ضُبيعة بن ربيعة فمن ولده المتلمّس الشاعر ومن قبايل ربيعة النمر ولجيم والعجل وبنوا عبد القيس وهو من ولد اسد بن ربيعة ومن بنى ربيعة سدوس واللهازم والثالث انمار بن نزار ومضى انمار الى اليمن فتناسل بنوه بتلك الجهات وحسبوا من العرب اليمانية ثمّ ولد لمضر الياس بن مضر على عمود النسب وولد له خارجا عن عمود النسب قيس عيلان بن مضر ويقال قيس بن عيلان بن مضر وعيلان بالعين المهملة قيل انّ عيلان فرسه وقيل كلبه وقيل بل عيلان هو اخو الياس واسم عيلان الناس بن مضر وولد لعيلان قيس بن عيلان وقد جعل الله تعالى لقيس المذكور من الكثرة امرا عظيما فمن ولده قبايل هوازن ومن هوازن بنوا سعد بن بكر بن هوازن الذين كان فيهم رسول الله صلّى الله عليه وسلّم رضيعا ومن قبايل قيس بنوا كلاب وصار منهم اصحاب حلب وكان اوّلهم صالح بن مرداس ومن قيس قبايل عُقيل الذين كان منهم ملوك الموصل المقلّد وقرواش وغيرهما ومن ولد قيس ايضا بنوا عامر وصعصعة وخفاجة وما زالت لخفاجة امرة العراق من قديم والى الآن ومن هوازن ايضا بنوا ربيعة بن عامر بن صعصعة بن معوية بن بكر بن هوازن بن منصور بن عكرمة بن خصفة بن قيس عيلان ومن هوازن ايضا جُشم بن معوية بن بكر بن هوازن ومن جشم دريد بن الصمّة ومن قيس ايضا بكر وبنوا هلال وثقيف واسمه عمرو بن منبّه بن بكر بن هوازن وقد قيل انّ ثقيفا من اياد وقيل من بقايا ثمود وهم اهل الطايف ومن قيس بنوا نمير وباهلة ومازن وغطفان وهو بن سعد بن قيس عيلان ومن قيس ايضا بنوا عبس بن بغيض بن ريث ابن غطفان بن سعد بن قيس عيلان وكان بين عبس وذبيان حرب داحس المقدّم ذكرها فى الفصل الرابع ومن بنى عبس عنترة العبسىّ [وادّعاه ابوه بعد الكبر ومن قيس اشجع وهم ايضا من ولد غطفان ومن قيس ايضا قبايل سليم] ومن قيس ايضا بنوا ذبيان بن بغيض بن ريث بن غطفان بن سعد بن قيس عيلان ومن بنى ذبيان المذكورين بنوا فزارة منهم حصن بن حذيفة بن بدر الذى يمدحه زهير بقوله شعر

تراه اذا ما جيته متهللا		كانّك تعطيه الذى انت سايله

واسلم حصن ثمّ نافق وكان بين بنى ذبيان وبين عبس الحرب المشهورة بحرب داحس وهو اسم حصان تسابقوا به واختلفوا بسبب السباق فثارت الحرب بينهم اربعين عاما ومن بنى ذبيان ايضا النابغة الذبيانىّ الشاعر المشهور ومن قبايل قيس عدوان بن عمرو بن قيس عيلان وكانوا ينزلون الطايف قبل ثقيف

sunt, major et minor; nec non *Hanifitae*, e quibus fuit *Moseilima* Pseudopropheta. Ex 'Anza autem fil. Asadi, fil. Rebîae, prognati sunt *'Anzitae*, qui Chaibarum incolebant. Ad eos pertinent duo viri qui *El-Kâridhân* appellati sunt. — E Dhobei'a, altero Rebîae filio, originem duxit *El-Mothelemmis* poeta. — Ad familias Rebiïtarum pertinent etiam *Nemiritae*, *Lodjeimitae*, *El-'Idjlitae* et *'Abd-el-kaisitae*, quorum auctor, *'Abd-el-kais*, ex Asado fil. Rebîae prognatus erat. Denique ad Rebiïtas referuntur *Sedusitae* et *El-Lehazimitae*. — Tertius Nizari filius, *Anmâr*, in El-Jemen migravit: unde posteri ejus stirpem in illis regionibus propagarunt et inter Arabes Jemenenses numerati sunt.

Modhar filios habuit *Iljâsum*, qui stemma Mohammedis continuat, et *Kais-'Ailânum*, extra illud positum; quamquam alii volunt, Kaisum fuisse filium 'Ailani, Modhari nepotem. Vocabulum 'Ailan per *'ain*, non per *ghain*, scribendum est. Alii 'Ailanum equum vel canem Kaisi fuisse tradunt; alii contra statuunt, 'Ailanum fuisse Iljasi fratrem ejusque verum nomen *En-Nâsum fil. Modhari:* ex hoc demum natum esse Kaisum fil. 'Ailani. — Huic Kaiso beneficio divino contigit soboles latissime fusa. Primum ex ejus posteris sunt familiae *Hawazinitarum*, ad quos pertinent *Sa'ditae*, e Sa'do fil. Bekri, fil. Hawazini, prognati, inter quos, dum lactebat, nutritus est Legatus Dei (i. e. Mohammed). Deinde e familiis Kaisitarum sunt *Kilabitae*, unde orti reges Halebenses, quorum primus fuit *Sâlih fil. Mirdâsi;* tum *'Okailitarum* familiae, e quibus fuere reges Mosulenses, *El-Mokalled*, *Kirwâsch*, et alii; nec non *'Amiritae*, *Sa'saïtae* et *Chafadjitae*. Hi, quos ultimo loco posuimus, imperium Iraki ab antiquissimis inde temporibus usque ad hanc aetatem retinuerunt. Ex Hawazinitis sunt etiam *Rebiïtae*, posteri Rebîae fil. 'Amiri, fil. Sa'saae, fil. Mo'awiae, fil. Bekri, fil. Hawazini, fil. Mansûri, fil. 'Ikrimae, fil. Chasafae, fil. Kais-'Ailani; item *Djoschamitae*, posteri Djoschami fil. Mo'awiae, fil. Bekri, fil. Hawazini. E Djoschamitis fuit *Doreid fil. Es-Sammae*. Ad Kaisitas pertinent etiam *Bekritae*, *Helalitae* et *Thekifitae*, quorum auctor, Thekîf, vero nomine fuit 'Amru fil. Monebbihi, fil. Bekri, fil. Hawazini. Alii volunt, Thekifitas ex Ijado oriundos esse; alii eos pro reliquiis Themuditarum habent. Sedes eorum erat Et-Tajif. Porro inter Kaisitas numerantur *Nomeiritae*, *Bahilitae*, *Mazinitae*, *Ghatafanitae*, posteri Ghatafâni fil. Sa'di, fil. Kais-'Ailani; item *'Absitae*, posteri 'Absi fil. Baghîdhi, fil. Reithi, fil. Ghatafani, fil. Sa'di, fil. Kais-'Ailani. Inter 'Absitas et Dhobjanitas gestum est bellum quod a Daheso nomen habet, de quo in capite quarto diximus. Ex 'Absitis fuit *'Anthara*, quem pater senex demum sibi filium asseruit. Ad Kaisitas referuntur etiam *Aschjaïtae*, qui et ipsi e Ghatafani posteris sunt; item familiae *Soleimitarum* et *Dhobjanitae*, posteri Dhobjâni fil. Baghidhi, fil. Reithi, fil. Ghatafani, fil. Sa'di, fil. Kais-'Ailani. E Dhobjanitis sunt *Fezaritae*, unde ortus est *Hysn fil. Hodheifae*, *fil. Bedri*, quem hoc versu celebrat Zoheir:

> *Quum eum aliquid rogaturus adis, gaudio renidentem vides, quasi id, quod ab eo petis, ipse a te accipiat.*

Amplexus est Hysn religionem moslemicam, sed postea, animo quidem, ab ea defecit. — Dhobjanitae cum 'Absitis bellum illud gesserunt, quod nomine celeberrimo Bellum Dahesi appellatur. Dahes nomen erat equi, qui in certamine ab illis instituto ad cursum emissus est, quum autem postea de victoria non convenisset, ortum est inter eos bellum quadraginta annorum. — Ex his Dhobjanitis oriundus fuit poeta clarissimus, *En-Nabigha Dhobjanita*. — Denique ad Kaisitas

pertinent

ثقيف ومنهم ذو الاصبع العدوانيّ الشاعر انتهى الكلام على قيس بن مضر الخارج عن عمود النسب ولنرجع الى ذكر الياس بن مضر وولد لالياس مدركة على عمود النسب وولد له خارجا عن عمود النسب طابخة بن الياس وبعضهم ينسب مدركة وطابخة الى امّهما خندف واسمها ليلى بنت حلوان بن عمران بن الحاف بن قضاعة وجميع ولد الياس من خندف المذكورة واليها ينسبون دون ابيهم فيقولون بنوا خندف ولا يذكرون الياس بن مضر وصار من طابخة الخارج عن عمود النسب عدّة قبايل منهم بنوا تميم بن طابخة والرباب وبنوا ضبّة وبنوا مزينة وهم بنوا عمرو بن ادّ بن طابخة نسبوا الى امّهم مزينة ابنة كلب بن وبرة ثمّ ولد لمدركة بن الياس خزيمة بن مدركة على عمود النسب وولد لمدركة خارجا عن عمود النسب هذيل بن مدركة ومن هذيل المذكور جميع قبايل الهذليّين منهم عبد الله بن مسعود صاحب رسول الله صلّى الله عليه وسلّم وابو ذويب الهذليّ الشاعر وغيره ثمّ ولد لخزيمة بن مدركة المذكور كنانة بن خزيمة على عمود النسب وولد له خارجا عن عمود النسب الهون واسد ابنا خزيمة فمن الهون عَضَل وهي قبيلة ابوهم عضل بن الهون بن خزيمة ومنه ايضا الديش بن الهون وهو اخو عَضَل ويقال لهاتين القبيلتين وهما عضل والديش القارة وامّا اسد بن خزيمة فمنه الكاهليّة ودودان وغيرهما واليه يرجع كلّ اسديّ ثمّ ولد لكنانة بن خزيمة المذكور النضر بن كنانة على عمود النسب وكان لنضر المذكور عدّة اخوة ليسوا على عمود النسب وهم ملكان وعبد مناة وعمرو وعامر ومالك اولاد كنانة فصار من ملكان بنوا ملكان وصار من عبد مناة عدّة بطون منهم بنوا غفار رهط ابى ذرّ وبنوا بكر ومن بكر الدءل رهط ابى الاسود الدءليّ ومن بطون عبد مناة ايضا بنوا ليث وبنوا الحارث وبنوا مدلج وبنوا ضمرة وصار من عمرو بن كنانة العمريّون ومن اخيه عامر العامريّون ومن مالك بن كنانة بنوا فراس ومن بطون كنانة الاحابيش وكان الحُلَيْس بن عمرو ريس الاحابيش نوبة احد ومن لم يقف على ذلك اذا سمع ذكر الاحابيش فى نوبة احد ظنّ انّهم من الحبشة وليس كذلك بل هم عرب من بنى كنانة كذا ذكره فى العقد وهولا اخوة النضر بن كنانة وولدهم وامّا النضر المذكور فقد قيل انّه قريش والصحيح انّ قريشا هم بنوا فهر الذى سنذكره وولد لنضر المذكور مالك بن النضر على عمود النسب ولم يشتهر له ولد غيره ثمّ ولد لمالك فهر بن مالك على عمود النسب وفهر المذكور هو قريش فكلّ من كان من ولده فهو قرشيّ ومن لم يكن من ولده فليس قرشيًّا وقيل سمّى قريشا لشدّته تشبيها له بدابّة من دوابّ البحر يقال لها القرش تاكل دوابّ البحر وتقهرهم وقيل انّ قصيّ بن كلاب لمّا استولى على البيت وجمع اشتات بنى فهر سمّوا قريشا لانّه قرّش بنى فهر اى جمعهم حول الحرم فقيل لهم قريش كذا نقله ابن سعيد المغربيّ فعلى هذا يكون لفظة قريش اسما لبنى فهر لا لفهر نفسه ولم يولد لمالك غير فهر المذكور على عمود النسب وولد لفهر غالب على عمود النسب وولد خارجا عن عمود

pertinent *'Odwanitae*, posteri 'Odwâni fil. 'Amri, fil. Kais-'Ailani, qui in Et-Tajifo sedem habebant ante Thekifitas. Ex hac familia ortus est poeta *Dhu'l-asba' 'Odwanita.* — Ac de posteris Kaisi fil. Modhari, qui inter majores Mohammedis non sunt, satis dictum est: redeamus nunc ad Iljasum fil. Modhari. Huic igitur duo filii fuerunt: *Modrika,* qui stemma Mohammedis continuat, et *Tabicha,* extra illud positus. Sunt qui Modrikam et Tabicham de matris nomine *filios Chindafae* appellent; quamquam verum mulieris nomen fuit *Leila* fil. Holwâni, fil. 'Amrâni, fil. Alhâfi, fil. Kodhâae. Ex ea omnes Iljasitae prognati sunt, unde, posthabito Iljaso ipso, gentis auctore, *filii Chindafae* seu *Chindafitae* vocantur. — A Tabicha, qui, ut diximus, ad stemma Mohammedis non pertinet, multae ortae sunt familiae, ut *Themimitae*, e Themîmo fil. Tabichae prognati, *Er-Rebabitae*, *Dhabbitae*, *Mozeinitae.* Hi quidem sunt posteri 'Amri fil. Oddi, fil. Tabichae; nomen autem acceperunt a matre Mozeina filia Kelbi, fil. Wabrae. — Modrikae, filio Iljasi, nati sunt *Chozeima*, qui stemma Mohammedis continuat, et *Hodheil*, extra illud positus. Ex Hodheilo ortae sunt omnes *Hodheilitarum* familiae, e quibus fuit *'Abd-allah fil. Mes'udi*, socius Legati Dei, *Abu-Dhoweib* poeta, et alii. — Chozeimae, filio Modrikae, nati sunt *Kenâna*, qui stemma Mohammedis continuat, atque *El-Haun* et *Asad*, extra illud positi. Ab El-Hauno genus ducunt *'Adhalitae,* cujus familiae auctor fuit 'Adhal fil. El-Hauni, fil. Chozeimae; item *Ed-Deischitae,* ex Ed-Deischo fil. El-Hauni, 'Adhali fratre, prognati. Duae hae familiae, 'Adhalitae et Ed-Deischitae, *El-Kâra* appellantur. Asad fil. Chozeimae auctor fuit *El-Cahilitarum*, *Dudanitarum,* et aliorum. Omnino ad ejus stirpem referendi sunt quicunque *Asaditarum* nomen gerunt. — Kenanae fil. Chozeimae natus est *En-Nadhr*, qui stemma Mohammedis continuat; sed extra illud veniunt plures En-Nadhri fratres: *Melcân*, *'Abd-menâth*, *'Amru*, *'Amir* et *Mâlik*, quorum omnes communis pater fuit Kenana. E Melcano orti sunt *Melcanitae;* 'Abd-menathi posteri in plures familias minores discesserunt, ut *Ghofaritas*, unde oriundus fuit *'Abu-dherr; Bekritas,* ad quos pertinent *Ed-Daulitae*, unde *Abu'l-aswad Ed-Daulita; Leithitas*, *El-Harethitas,* *Modledjitas*, *Dhamritas.* 'Amru fil. Kenanae auctor fuit *'Amritarum*, 'Amir, frater ejus, *'Amiritarum*, Malik *Firasitarum.* E minoribus Kenanitarum familiis sunt *Ahabischitae*, quorum in proelio Ohodensi dux fuit *El-Holeis fil. 'Amri.* Id qui ignorat, quum viderit, Ahabischitarum in hoc proelio mentionem fieri, eos Abyssinos esse existimare possit; sed falso: sunt enim meri Arabes e posteris Kenanae. Haec monet scriptor libri El-'Ikd. — De fratribus En-Nadhri fil. Kenanae jam satis diximus. Quod autem ad En-Nadhrum ipsum attinet, eum nonnulli Koreischum appellatum esse perhibent. Sed verior sententia est, Fihri demum, de quo jamjam videbimus, posteris hoc nomen inditum esse. En-Nadhr filium habuit *Mâlikum*, qui stemma Mohammedis continuat; neque ulla de alio En-Nadhri filio memoria exstat. — Malik pater fuit *Fihri*, qui stemma Mohammedis continuat. Is *Koreischi* nomen accepit, unde omnes qui ex eo prognati sunt, nec praeter eos alii, *Koreischitae* appellantur. Nominis causa fortitudo viri fuisse dicitur, qua similis esset *el-karscho,* belluae cuidam marinae, quae ceteras devorat et opprimit. Aliis contra placet, posteros demum Fihri tum Koreischitas vocari coepisse, quum Kosaj fil. Kilâbi, recepta aede Meccana, illos, qui tunc dispersi essent, circa eam *karrascha*, i. e. congregasset, ita ut nomen illud ab hoc verbo ductum sit. Hoc tradit Ibn-Saïd Mauritanus: quod si tenemus, Koreisch nomen erit, non Fihri ipsius, sed Fihritarum. Malik praeter hunc Fihrum nullum filium habuit, qui quidem inter majores Prophetae esset. — Fihro nati sunt *Ghâlib*, qui stemma Mohammedis continuat, et duo alii filii

عمود النسب ولدان هما محارب والحرث ابنا فهر فمن محارب بنوا محارب ومن الحرث بنوا الخلج ومنهم ابو عبيدة بن الجرّاح احد العشرة رضى الله عنهم ثمّ ولد لغالب لوىّ على عمود النسب وولد خارجا عن عمود النسب تيم الادرم والادرم الناقص الذقن ومن تيم المذكور بنوا الادرم ثمّ ولد للوىّ المذكور ستّة اولاد وهم كعب على عمود النسب واخوته الخمسة خارجين عن عمود النسب وهم سعد وخزيمة والحرث وعامر واسامة اولاد لوىّ بن غالب ولكلّ منهم ولد ينسبون اليه خلا الحرث منهم ومن ولد عامر بن لوىّ عمرو بن عبد ودّ فارس العرب الذى قتله علىّ بن ابى طالب ثمّ ولد لكعب مرّة على عمود النسب وولد له خارجا عن عمود النسب هصيص وعدىّ ابنا كعب فمن هصيص بنوا جمح ومن مشاهيرهم اميّة بن خلف عدوّ رسول الله صلّى الله عليه وسلّم واخوه ابىّ بن خلف وكان مثله فى العداوة ومن هصيص ايضا بنوا سهم ومن بنى سهم عمرو بن العاص ومن عدىّ بن كعب بنوا عدىّ ومنهم عمر بن الخطّاب وسعيد بن زيد من العشرة رضى الله عنهما ثمّ ولد لمرّة على عمود النسب كلاب وولد له خارجا عن عمود النسب تيم ويقظة ابنا مرّة فمن تيم بنوا تيم ومنهم ابو بكر الصدّيق وطلحة من العشرة رضى الله عنهما ومن يقظة بنوا مخزوم نسب خالد بن الوليد وابى جهل بن هشام واسمه عمرو بن هشام المخزومىّ ثمّ ولد لكلاب قصىّ بن كلاب على عمود النسب وولد له خارجا عن عمود النسب زهرة بن كلاب ومنه بنوا زهرة نسب سعد بن ابى وقّاص احد العشرة ونسب امنة امّ رسول الله صلّى الله عليه وسلّم ونسب عبد الرحمن بن عوف رضى الله عنهما وقصىّ المذكور كان عظيما فى قريش وهو الذى ارتجع مفاتيح الكعبة من خزاعة حسبما تقدّم ذلك وهو الذى جمع قريشا واثّل مجدهم ثمّ ولد لقصىّ المذكور عبد مناف بن قصىّ على عمود النسب وولد له خارجا عن عمود النسب عبد الدار وعبد العزّى ابنا قصىّ فمن عبد الدار بنوا شيبة الحجبة ومن ولد عبد الدار النضر بن الحرث وكان شديد العداوة لرسول الله وقتله رسول الله صبرا يوم بدر ومن عبد العزّى بن قصىّ الزبير بن العوّام احد العشرة ومن ولد عبد العزّى ايضا خديجة بنت خويلد زوج النبى صلّى الله عليه وسلّم ومن بنى عبد العزّى ايضا ورقة بن اسد بن عبد العزّى بن قصىّ وولد لعبد مناف هاشم على عمود النسب وولد له خارجا عن عمود النسب عبد شمس والمطّلب ونوفل اولاد عبد مناف فمن عبد شمس اميّة ومنه بنوا اميّة ومنهم عثمان بن عفّان بن ابى العاص بن اميّة بن عبد شمس ومعاوية بن ابى سفيان بن حرب بن اميّة وسعيد بن العاص بن اميّة وعقبة بن ابى معيط بن ابى عمرو بن اميّة وعتبة بن ربيعة بن عبد شمس وبنت عتبة المذكور هند امّ معاوية وقتل رسول الله عقبة صبرا يوم بدر ومن المطّلب بن عبد مناف المطّلبيّون ومنهم الامام الشافعىّ ومن نوفل النوفليّون ثمّ ولد لهاشم عبد المطّلب على عمود النسب ولم يعلم لهاشم ولد غيره وولد لعبد المطّلب عبد الله على عمود النسب وولد له خارجا عن عمود النسب جميع اعمام رسول الله صلّى الله عليه وسلّم وهم حمزة والعبّاس وابو طالب وابو لهب والغيداق ومنهم من يقول هو جحل الذى سنذكره والحرث وجَحْل والمقوّم وضرار والزبير وقثم درج صغيرا وعبد

extra illud positi, *Mohârib* et *El-Hareth.* A Moharibo orti sunt *Moharibitae*, ab El-Haretho *El-Chaldjitae*, e quibus fuit *Abu-'Obeida fil. El-Djarrâhi*, unus decemvirorum illorum (sc. quibus a Propheta paradisus promissus est). — Ghalibo nati sunt *Lowej*, qui stemma Mohammedis continuat, et *Theim*, extra illud positus. Hic cognomen *El-Adrami* habuit, quod imberbem significat; unde posteri ejus appellati sunt *El-Adramitae.* — Lowej sex filios suscepit: *Ca'bum*, qui stemma Mohammedis continuat, et quinque alios extra illud positos, *Sa'dum*, *Chozeimam*, *El-Harethum*, *'Amirum* et *Osâmam*, quorum quisque posteros reliquit, ipsius nomine insignes, praeter solum El-Harethum. E posteris 'Amiri fil. Lowejji fuit *'Amru fil. 'Abd-waddi*, *Eques Arabum*, quem interfecit 'Ali fil. Abu-talibi. — Ca'bo nati sunt *Morra*, qui stemma Mohammedis continuat, et duo alii extra illud positi, *Hosais* et *'Adi.* Ex Hosaiso prognati sunt *Djemhitae*, inter quos clari fuerunt *Omajja fil. Chalfi* et frater ejus *Obaj fil. Chalfi*, uterque Prophetae inimicus. Ex eodem Hosaiso orti sunt *Sahmitae*, e quibus fuit *'Amru fil. El-'Asi.* Ex 'Adio fil. Ca'bi genus ducunt *'Aditae*, e quibus fuere *'Omar fil. El-Chattâbi* et *Saïd fil. Zeidi*, uterque e numero illorum decemvirorum (sc. quibus a Propheta paradisus promissus est). — Morrae nati sunt *Kilâb*, qui stemma Mohammedis continuat, et *Theim* et *Jakdha*, extra illud positi. A Theimo genus ducunt *Theimitae*, e quibus fuerunt *Abu-Bekr Es-Siddîk* et *Talha*, quorum uterque ad eundem illum decemviratum pertinet; a Jakdha autem *Machzumitae*, gentiles *Châlidi fil. El-Walîdi* et *Abu-djehli fil. Hischâmi*, cujus verum nomen fuit *'Amru fil. Hischâmi Machzumita.* — Kilabo nati sunt *Kosaj*, qui stemma Mohammedis continuat, et *Zohra*, extra illud positus: hic auctor fuit *Zohritarum*, gentilium *Sa'di fil. Abu-Wakkâsi*, unius e decem illis viris, item *Eminae*, matris Legati Dei, et *'Abd-er-rahmâni fil. 'Aufi.* Kosaj ille magna inter Koreischitas auctoritate fuit; idem, ut supra dictum est, claves aedis Meccanae Chozaïtis ablatas suae genti restituit, Koreischitas in unum corpus coëgit et dignitatem eorum stabilivit. — Kosaj filios habuit *'Abd-menâfum*, qui stemma Mohammedis continuat, et *'Abd-ed-dârum* et *'Abd-el-'ozzam*, extra illud positos. Ex *'Abd-ed-daritis* fuerunt *Scheibitae Ostiarii* (cujus cognominis causa haec est, quod claves aedis Meccanae eorum custodiae concreditae erant) et *En-Nadhr fil. El-Harethi*, inimicus acerrimus Legati Dei, qui illum proelio Bedrensi interfecit; ex *'Abd-el-'ozzitis* autem *Ez-Zobeir fil. El-'Awwâmi*, unus e decem illis viris, *Chadîdja filia Choweilidi*, uxor Prophetae, et *Waraka fil. Asadi*, *fil. 'Abd-el-'ozzae*, *fil. Kosajji.* — 'Abd-menâfo nati sunt *Hâschim*, qui stemma Mohammedis continuat, et *'Abd-schems*, *El-Motalleb* et *Naufel*, extra illud positi. Ex 'Abd-schemso natus est *Omajja*, auctor gentis *Omajjitarum* (vulgo *Ommiadarum*), e quibus fuerunt *'Othmân fil. 'Affâni*, *fil. Abu'l-'asi*, *fil. Omajjae*, *fil. 'Abd-schemsi*, *Mo'awia fil. Abu-sofjani*, *fil. Harbi*, *fil. Omajjae*, *Saïd fil. El-'asi*, *fil. Omajjae*, *Okba fil. Abu-moïti*, *fil. Abu-'Amri*, *fil. Omajjae*, et *'Othba fil. Rebîae*, *fil. 'Abd-schemsi*, cujus 'Othbae filia fuit *Hind*, mater Mo'awiae. 'Okba a Propheta proelio Bedrensi interfectus est. — Ex El-Motallebo fil. 'Abd-menâfi orti sunt *El-Motallebitae*, e quibus fuit Imâm *Es-Schafeï*; e Naufelo *Naufelitae.* — Haschimo natus est *'Abd-el-motalleb*, qui stemma Mohammedis continuat, nec quidquam de alio ejus filio accepimus. — 'Abd-el-motallebo natus est *'Abd-allah*, qui stemma Mohammedis continuat, et praeter eum omnes ii qui patrui Prophetae fuerunt, *Hamza*, *El-'Abbâs*, *Abu-tâlib*, *Abu-leheb*, *El-Ghaidâk*, quem nonnulli dicunt non differre a Djahlo jamjam recensendo, *El-Hareth*, *Djahl*, *El-Mokawwem*, *Dharrâr*, *Ez-Zobeir*, *Kothem*, qui sine prole puer decessit,

et

وعبد الكعبة ومنهم من يقول هو المقوّم ثمّ ولد لعبد الله رسول الله صلّى الله عليه وسلّم فى عام الفيل ولنذكر اوّلا قصّة الفيل ثمّ مولده صلّى الله عليه وسلّم من الكامل لابن الاثير قال انّ الحبشة ملكوا اليمن بعد حمير فلمّا صار الملك الى ابرهة منهم بنى كنيسة عظيمة وقصد ان يصرف حجّ العرب اليها ويبطل الكعبة الحرام فجاء شخص من العرب واحدث فى تلك الكنيسة فغضب ابرهة لذلك وسار بجيشه ومعه الفيل وقيل كان معه ثلثة عشر فيلا ليهدم الكعبة فلمّا وصل الى الطايف بعث الاسود بن مقصود الى مكّة فساق اموال اهلها واحضرها الى ابرهة وارسل ابرهة الى قريش وقال لهم لست اقصد الحرب بل جيت لاهدم الكعبة فقال عبد المطّلب والله ما نريد حربه هذا بيت الله فان منع عنه فهو بيته وحرمه وان خلّا بينه وبينه فوالله ما عندنا من دفع ثمّ انطلق عبد المطّلب مع رسول ابرهة واكرمه ونزل عن سريره وجلس معه وسأله فى حاجته فذكر عبد المطّلب اباعره التى اخذت له فقال ابرهة انّى كنت اظنّ انّك تطلب منّى ان لا اخرّب الكعبة التى هى دينك فقال عبد المطّلب انا ربّ الاباعر فاطلبها وللبيت ربّ يمنعه فامر ابرهة بردّ اباعره عليه فاخذها عبد المطّلب وانصرف الى قريش ولمّا قارب ابرهة مكّة وتهيّا لدخولها بقى كلّما قبل فيله مكّة وكان اسم الفيل محمودا ينام ويرمى بنفسه الى الارض فاذا قبلوه غير مكّة قام يهرول وبينما هم كذلك اذ ارسل الله عليهم طيرا ابابيل امثال الخطاطيف مع كلّ طاير ثلثة احجار فى منقاره ورجليه فقذفتهم بها وهى مثل الحمص والعدس فلم يصب احدا منهم الّا هلك وليس كلّهم اصابت ثمّ ارسل الله سيلا فالقاهم فى البحر والذى سلم منهم ولّى هاربا مع ابرهة الى اليمن يبتدر الطريق وصاروا يتساقطون بكلّ منهل واصيب ابرهة فى جسده وسقطت اعضاؤه ووصل الى صنعا كذلك ومات ولمّا جرى ذلك خرجت قريش الى منازلهم وغنموا من اموالهم شيا كثيرا ولمّا هلك ابرهة ملك بعده ابنه يكسوم ثمّ اخوه مسروق بن ابرهة ومنه اخذت العجم اليمن ۞

انتهى الكلام فى الفصل الخامس وهو آخر التواريخ القديمة

et *'Abd-el-ca'ba*, quem et ipsum nonnulli non differre dicunt ab El-Mokawwemo. — 'Abd-allaho denique natus es *Mohammed*, *Legatus Dei*, eo anno qui ab elephanto nomen habet. Primum de historia hujus elephanti dicemus, deinde de natalibus Legati Dei, secundum El-Camilum Ibn-el-Athiri. Post Himjaritas, inquit, regno Jemenensi potiti sunt Abyssini. Ex iis *Abraha*, postquam regnum adeptus est, magnum templum aedificavit, eo consilio, ut peregrinationes, quas Arabes sacrorum causa instituere solebant, ab aede Meccana, jam derelinquenda, ad fanum suum derivaret. Quum autem Arabs quidam templum illud consulto sordibus inquinasset, Abraha, vehementi ira accensus, elephantum, vel, ut alii tradunt, tredecim elephantos secum ducens, cum exercitu ad Caabam destruendam profectus est. Ubi Et-Tajifum venit, Meccam praemisit *El-Aswadum fil. Maksûdi*, qui greges Meccanorum abactos ad Abraham deduxit. Koreischitis autem rex per legatum indixit, se venisse non ut bellum iis inferret, sed ut Caabam deleret. Ibi 'Abd-el-motalleb: *Mehercle*, inquit, *ne nos quidem cum illo bellum geremus. Haec Dei aedes est: quodsi Deus eam defenderit, vere ejus aedes et sanctuarium erit: sin eam Abrahae delendam permiserit, nos profecto eum repellere non poterimus.* Deinde ipse cum legato ad Abraham profectus est. Rex eum honorifice excepit, de solio descendit, apud eum consedit, et, quid a se vellet, quaesivit. Tum 'Abd-el-motalleb de camelis suis verba facere, qui sibi abacti fuissent. Miratus rex: *Putabam*, inquit, *te a me petiturum esse, ne Caabam, religionis tuae arcem, everterem.* Ille vero: *Equidem camelorum sum dominus: hos igitur repeto; aedes sacra suum sibi dominum habet, qui eam defendat.* His auditis, rex 'Abd-el-motallebo camelos reddi jussit, quibuscum ille ad Koreischitas reversus est. — Deinde quum rex prope ad Meccam accessisset et urbem intrare jam pararet, elephantus ejus, cui *Mahmûd* nomen erat, quoties Meccam versus agebatur, procumbere seque humi prosternere coepit; quoties autem aliorsum, surgere et incitato gradu pergere. Quae res dum exercitum illic detinebat, Deus iis catervas avium, verspertilionibus similium, immisit, quae singulae rostro et utroque ungue trinos lapillos gerebant: quos quum in Abrahae milites projecissent, quamvis ciceribus et lentibus non essent majores, tamen neminem ferierunt quin periret. Sed non omnes his lapillis tacti sunt. Itaque Deus reliquis torrentem immisit, qui eos in mare conjecit. Ii autem qui incolumes evaserant, praecipiti fuga cum rege in El-Jemen reversi sunt: in quo itinere, quoties ad aliquod aquae receptaculum venerant, prae nimia festinatione alii super alios in illud ruebant. Abraha ipse gravi morbo correptus est, quo membra ejus de corpore defluxerunt: quo laborans ubi Sanaam venit, exspiravit. Haec quum ita evenissent, Koreischitae, in castra hostilia egressi, ingentem inde praedam reportarunt. — Mortuo Abraha, in locum ejus successit filius *Jacsûm*, qui ipse successorem habuit fratrem *Mesrûkum*, alium Abrahae filium. Ei regnum Jemenense eripuerunt Persae.

FINIS LIBRI QUINTI ET ULTIMI HISTORIAE ANTEISLAMICAE.

NOTAE AD ABULFEDAE HISTORIAM ANTEISLAMICAM.

Pag. 2, l. 4—5. Nomen Abulfedae dedi quale est in Cod. 101, nisi quod ex altero ابو الفدا illud adjeci, quod jam nollem factum. Laudatorem vides in Cod. 615: قال الفقير الى الله تعالى سيّدنا ومولانا السلطان الملك المويّد عماد الدين ابو الفدا اسماعيل بن الملك الافضل نور الدين ابى الحسن علىّ بن السلطان الملك المظفّر تقىّ الدين ابى الفتح محمود بن السلطان الملك المنصور ناصر الدين ابى المعالى محمّد بن السلطان الملك المظفّر تقىّ الدين ابى الخطّاب عمر بن شاهان شاه بن ايّوب لا زالت علومه مشهورة فى المغارب والمشارق ورافته شاملة لكافّة الخلايق اعزّ الله انصاره وضاعف جلاله. Igitur uterque codex avo Abulfedae Mahmudum nomen fuisse tradit, non Mohammedem, ut est in excerpto de vita nostri, quod ex Ibn-Schehna dedit Reiskius in praef. ad primam partem Annalium moslemicorum latine versorum, Lips. 1778, p. XX. Verum habet Koehlerus in Repert. Eichhorn. II., p. 55, ubi ex professo de vita et scriptis nostri disputavit.

— l. 7—8. De Ibn-el-Athiro otium mihi fecerunt Abulfeda ipse pluribus locis Annalium moslemicorum, de quibus vide Indicem historicum s. v. *Azz-ed-din;* Pocockius in Specim. hist. Arab. p. 355 novae editionis, Herbelotus s. v. *Athir* et *Camel Al Tavarikh*, Koehlerus l. l. p. 32 sqq., De Guignes in Notices et Extraits, Tom. I. pag. 52 sq., Cl. Renaldus in Extraits des Historiens arabes, relatifs aux guerres des croisades, novae editionis, praef. X sq. Placet tamen, de eo locum Es-Safedii adscribere, quem Flügelio meo debeo: وفى سنة ثلاثين وستّماية توفّى الشيخ العالم المورّخ عزّ الدين علىّ بن محمّد بن محمّد بن عبد الكريم الجزرىّ المعروف بابن الاثير صاحب الكامل فى التاريخ قال ابن خلكان ولد بالجزيرة ونشا بها وانتقل الى الموصل مع والده واخوته ورحل الى الشام والقدس وسمع الحديث ثمّ عاد الى الموصل ولزم بيته منقطعا على النظر فى العلم والتصنيف وكان بيته مجمع الفضلاء وكان اماما فى علم الحديث حافظا للتواريخ المتقدّمة والمتاخّرة وخبيرا بانساب العرب وايّامهم وكتابه الكامل فى التاريخ من خيار التواريخ ابتدا فيه من اوّل الزمان الى سنة تسع وعشرين وستّماية واختصر اسباب (leg. انساب) السمعانى وله كتاب اسد الغابة فى معرفة الصحابة ثلاث مجلّدات وله اشياء غير ذلك رحمه الله تعالى

In Cod. Leydano, e quo versionem praefationis nostrae dedit Reiskius l. l. pag. X (repetitam illam cum textu arabico in praefatione Adleri ad Annales moslemicos) pro نحو ثلثة عشر مجلّدا legitur نحو ثلثة عشرين مجلّدا, unde Reiskius: *viginti tribus fere voluminibus*, et inde Koehlerus l. l. eundem numerum habet. Sed omnes Hadji-Chalfae codices, quos Flügelius, futurus ejus editor, contulit, in loco de nostro cum utroque Codice Parisiensi tredecim volumina tuentur, unde etiam Herbelotus.

Pag. 2, l. 8—9. De Mescoweiho ejusque libro (vid. Herbel. s. v. *Mascouiah*) Hadji-Chalfa sic: تجارب الامم وتعاقب الهمم فى التاريخ لابى علىّ احمد بن مسكويه المتوفّى سنة ۴۲۱ وهو كتاب عظيم النفع ذيّله ابو شجاع محمّد بن الحسين وزير المستظهر المتوفّى سنة ۴۸۸ ومحمّد بن عبد الملك الهمدانى.

E تاريخ الحكماء Ibn-el-Koftii Flügelius, quum Viennae esset, hunc de nostro locum excerpsit, quem legisse non poenitebit: مسكويه ابو علىّ الخازن من كبار فضلاء العجم واجلّاء فارس له مشاركة حسنة فى العلوم الادبيّة والعلوم القديمة خازنا للملك عضد الدولة ابن بويه مأمونا لديه اثيرا عنده وله مناظرات ومحاضرات وتصنيفات فى العلوم فمن تصانيفه كتاب انس الفريد وهو احسن كتاب صُنّف فى الحكايات القصار والفوايد اللطاف وكتاب تجارب الامم فى التاريخ بلغ فيه الى بعض سنة اثنتين وسبعين وثلثماية وهى السنة التى مات فيها عضد الدولة ابن بويه صاحبه وهو كتاب جميل كبير يشتمل على كلّ ما ورد فى التاريخ ممّا اوجبته التجربة تفريط من فرط وجزم من استعمل الجزم (leg. مِنْ تفريطِ مَنْ فَرّطَ وحَزْمِ مَنِ آستعمل الحَزْمَ) وله فى انواع علوم الاوايل كتاب الفوز الكبير وكتاب الفوز الصغير وكتاب فى الادوية المفردة وكتاب فى تركيب الباجات من الاطعمة احكمه غاية الاحكام واتى فيه من اصول علم الطبيخ وفروعه بكل غريب حسن وعاش زمانا طويلا الى ان قارب سنة عشرين واربع مابة (sic!) وقال ابو علىّ بن سينا فى بعض كتبه وقد ذكر مسألةً حاضرتُ بها ابا علىّ مسكويه فآستعادها كَرّاتٍ وكان عَسْرَ الفهم فتركتُه ولم يفهمها على الوجه هذا معنى ما قاله ابن سينا لانّى كتبت الحكاية من حفظى. (Verba ultima inde a هذا معنى Ibn-el-Koftii sunt: Haec certe sententia est eorum quae Avicenna dicit; nam historiolam hanc memoriter retuli. Itaque, num ipsa Avicennae verba conservaverit, nesciebat). — Cur *Meskoweih* scripserim (debebam equidem e ratione ceterorum *Meskeweih*), quamquam ne altera quidem efferendi ratio, *Meskujeh*, improbanda est, vide apud Ill. de Sacy, Anthol. gramm. p. 152 sqq., ubi lis illa, ni Dis aliter visum, confecta et composita est.

— l. 9. De Abu-'Isa Ahmede fil. 'Ali, Astronomo, ejusque libro nihil mihi constat praeter ea quae hoc ipso loco leguntur. Nam quae Herbelotus s. v. *Ahmed Ben-Ali* ex Hadji-Chalfa retulit, eadem sunt. In eo tamen hic a nostro dissentit, quod opus esse dicit فى مجلّد كبير, unde Herbelotus: *Traité de Chronologie fort ample.* Sed potuit idem liber et laxius et pressius scribi.

— l. 10—11. De Judice Schehab-ed-dino fil. Abu 'd-dem vide Herbelotum s. v. *Schehabeddin Al Cadhi* et *Tarikh Al Modhafferi* (Ed. Paris. p. 870). Hadji-Chalfae verba sunt: تاريخ المظفّرى للقاضى شهاب الدين ابرهيم بن عبد الله بن ابى الدم الحموىّ المتوفّى سنة ۶۴۲ وهو تاريخ يختصّ بالملّة الاسلاميّة فى نحو ستّ مجلّدات. Hinc corrige Herbeloti annum 442. Omnes Flügelii Codices in numero illo consentiunt. Sed rem conficit Abulfeda ipse, qui sub anno 642 nostri mortem refert. Ibidem causam nominis invenies, quod libro suo imposuit. Erat enim cliens Mozhafferidae Schehab-ed-dini Ghazi, qui eodem anno obiit.

l. 12. De Ibn-Challicano (vid. Annal. mosl. V, p. 64) non est quod post Herbelotum s. v. *Khalekan*, Koehlerum l. l. III, p. 269 sq., Tydemannum in Conspectu operis Ibn-Chalicani, et Ill. de Sacy in

Chresto-

Chrestomathia arab. III, p. 537—8, pluribus dicam. Faxit modo Deus O. M., ut praeclarum Ibn-Challicani opus, quale nobis exhibebit Vir doctissimus mihique amicissimus, Rosen, Professor Londinas, mox lucem adspiciat!

Pag. 2, l. 13. Pro عمان scribe عمارة, *Omāra.* Cod. 615 haec verba non habebat: addidi igitur e Cod. 101, ubi perspicue عمان. Sed recte Cod. Leyd. عمارة apud Reiskium l. l. Nomen *'Omāra* pronunciandum esse, non *'Amāra,* colligo ex Indice nominum propriorum ad calcem Hamasae Freytagianae, ubi ter عُمارة. Hadji-Chalfa in loco de تواريخ اليمن: ومنها تاريخ نجم الدين ابو محمّد عمارة بن ابى الحسن علىّ بن زيدون اليمنىّ المتوفّى سنة ٥٦٩, et idem in Tabulis chronologicis sub A. H. 569: توفّى عمارة بن علىّ فقيه يمن. Hinc corrige Herbelotum s. v. *Tarikh Al Jemen* (Ed. Paris. p. 872), qui nostrum *Omad* appellat et A. H. 269 Historiam suam scripsisse dicit. — Cf. etiam de eodem viro Annal. moslem. IV, 9 sqq. et Reiskii notam ad h. l.

— ibid. De Es-Sanhadjii opere Hadji-Chalfa: الجمع والبيان فى تاريخ قيروان لابى الغريب الصنهاجىّ, unde Herbelotus s. v. *Tarikh Cairouan* (Ed. Paris. p. 868). Sub voc. *Sanhagi* et *Cairavan* liber apud eundem *Akhbar Cairouan* appellatur. Veram nominis scriptionem esse قَيْرَوَان, Reiskius in margine apographi Geographiae Abulfedanae a Wilhelmo Schickardo latine versae (Cod. Dresd. 316), f. 51 v., ad descriptionem hujus urbis notavit: بفتح القاف وسكون المثناة من تحت وفتح الراء المهملة وواو والف وفى آخرها نون. Ceterum vide sis de urbe et regione, praeter Herbelotum, Abulfedae Annal. mosl. I, p. 369, Gol. ad Alfrag. p. 162, Kurzmannum ex Edriso in Pauli Memorab. III, p. 32, Edrisii Africam edit. ab Hartmanno, p. 255, Abulfedae Africam edit. ab Eichhornio, p. 23—24, ubi tamen pro يعرف بجمال العرب cum Cod. Parisiensi, cujus apographum a Seebischio factum Bibliotheca regia Dresdensis (Cod. 379) habet, lege تصلح لجمال العرب, pro الاغلب l. ابن الاغلب, et pro فيه (p. 24, l. 6) l. منه. Neque alias lectiones Reiskius, qui haec vertit in Büschingii Promtuario histor. et geograph. IV, p. 215, in Cod. Leyd. invenisse videtur. Pro عماد بن مجالد Reiskii, Codex noster habet عمار بن مخالد. Ceterum illa وهى فى جنوبىّ الجبل والجبل فى شماليّها, quae Reiskius vertit: *Sita est ad montis septentrionem, habetque vicissim ab austro montem,* significant: Sita est a monte, qui eam a septentrione tangit, ad meridiem. Quamquam res per se non falsa est. Cf. Shawii Itiner. p. 105—6 vers. germ.

— l. 14. Cod. Leyd. et inde Reiskius لابى منصور. Sed audi Hadji-Chalfam: الدول المنقطعة للوزير جمال الدين ابى الحسن علىّ بن ابى منصور طاهر (ظافر .al) الازدىّ المتوفّى سنة ٦٢٣ وهو كتاب بديع فى بابه فى نحو اربع مجلّدات. Vide Freytagium in praefatione Chrestomathiae arabicae, in qua ex hoc libro nonnulla excerpsit.

— l. 14—16. Hadji-Chalfa, ubi de لذّة الاحلام فى تاريخ امم الاعاجم dicit, de Ibn-Saïdo non plura quam noster habet, atque omittit etiam in illius stemmate avum Mohammedem et proavum 'Abd-el-melikum; addit tamen, Ibn-Saïdum mortuum esse A. H. 673. Sed uberior est in loco de altero ejus opere, المُغْرِب فى اخبار اهل المَغْرِب (sic enim, المُغْرِب, utique cum Hadji-Chalfa et Cod. Leyd. apud

Reiskium

Reiskium legendum, etsi uterque Cod. Paris. المعرب habet) quod tamen apud illum nomine paullulum mutato المغرب فى محاسن حلى اهل المغرب appellatur. Dicit, librum esse فى نحو خمسة عشر مجلّدا لابى الحسن نور الدين علىّ بن موسى بن سعيد الغرناطىّ الاندلسىّ المورّخ توفّى سنة ٦٧٣ آلفه لمحيى الدين محمّد بن محمد الصاحب بذى الجزرى (al. بن بذى الجزرى s. الجذرى), unde discimus, Ibn-Saïdum Granata oriundum fuisse, certe ibi habitasse.

Pag. 2, l. 17. Hadji-Chalfa: مفرّج الكروب فى اخبار ملوك بنى ايوب للقاضى جمال الدين بن واصل محمّد بن سالم الحموىّ الشافعىّ توفّى سنة ٦٩٧ وهو فى نحو ثلث مجلّدات.

— l. 18. De Hamza Ispahanensi vide Koehlerum in Repert. Eichhorn. III, p. 263 sqq.

— ibid. De تاريخ خلاط ejusque auctore Hadji-Chalfa nuda nostri verba refert. Nota est urbs Armeniae Chalat s. Achlat. Cf. Indicem geographicum Schultensii s. v. *Chalata*, et Jakuthum in Notices et Extraits, II, Clim. 5, No. 27.

Pag. 4, l. 4. De Abu-Ma'scharo v. Herbel. s. v. *Abou-Maaschar*. In exemplari Dresdensi Raudh-el-achjari (Cod. 404) ad locum illum, quo usus est Herbelotus, fol. 20 r. in margine legitur nota de Abu-Ma'scharo, cujus auctor est ipse Zamachscherii epitomator, Mohammed Ibn-Kasim. Novi nihil in ea, confirmat tamen veriorem sententiam de anno mortis Abu-Ma'schari, A. H. 272. — De Cuschijaro vix quidquam ultra nomen constat. Casiri Bibl. Escur. I, p. 400, librum ejus de apotelesmatibus recenset. Vocatur ibi كوشيار بن لبان الجبلى, sed optimus Hadji-Chalfae codex, quem Flügelius inspexit, pro الجبلى habet الجيلى, *Gilanensem*, alius الخيلى, alii nominum monstra.

— l. 18. Non 937 annos, sed 942. Cf. Eusebii Chron. Can. ed. a Majo et Zohrabo, p. 65. Unde 2789 anni, l. 28, et ipsi quinque annis augendi.

— l. 25. Non 1556 annos, sed 1656. Cf. Eusebium p. 57, l. 1.

— l. 29. Scilicet Chronologi 2348 annos ponunt (v. nostri tab. chronolog.), Astronomi 2099.

Pag. 6, l. 1—2. Sur. 7, vers. 67, Hinkelm. l. 3—4. Ibid. vers. 72.

— l. 8—9. Scilicet si 2348 illos annos Chronologorum et vicissim 2099 annos Astronomorum addas annis 2493, quos Judaei, ut noster quidem existimat, numerant ab Adamo ad mortem Mosis. Sed totus calculus centum annis a vero aberrat. Vide supra pag. 4, l. 25.

— l. 11. 1475 *annis*. Nimirum e falsa illa opinione, Judaeos ab Adamo ad diluvium numerare 1556 annos, et Septuaginta interpretes inter Noahum et Abrahamum ponere 1081 annos (v. lin. penult.), quum revera 942 ponant. Cf. Euseb. p. 62. Discrepant igitur, ut nos jam pridem novimus, Judaei a LXX in ratione temporum ab Adamo ad Abrahamum annis 1236, scil. 586 ante diluvium, et 650 post diluvium.

— l. 23. الذى كان بعد الاسكندر ببطلميوس واحد. Ne quis hoc usu praepositionis ب offendatur: idem est ac si dixerit الذى كان مدّته بعد الاسكندر بمدّة بطلميوس واحد, qui post Alexandrum vixit ita ut inter hunc et illum interpositum esset tempus Ptolemaei unius, sc. primi. Eodem modo dicitur كان هذا بعد ذلك باربعة ايّام, hoc quatuor diebus post illud accidit.

— l. 24. Vid. infra, pag. 54 sq.

Pag. 6, l. penult. 1081 *annos*. Vid. supra, l. 11.

Pag. 8, l. 4. 6216 *annos*. Quatenus noster LXX sequi volebat, ex iis quae modo de illo 1081 annorum errore dixi, intelligis eum debuisse ponere annos 6077. Superant igitur anni 139.

— 13 — 14. 720 *annos*. Ita uterque Codex. Sed quum Abulfeda ipse toties illud inculcet, Astronomos a Chronologis differre 249 annis, necessario pro عشرين reponendum est ثلثين: 730 *annos*.

— l. 20. 952 *annos*. Immo, si probabiles Eusebii calculos in libro posteriori Chron. Can. sequaris, fere centum annis minus.

— l. penult. In utroque Codice est ازدشير, *Azdeschir*, atque eadem lectio obtinet infra in historia de regibus Persarum. Ita Arabes in aliis quoque nominibus persicis et barbaris literam ر constanti quadam ratione, aut certe saepius, in ز mutant, ut in اردوان, بيرن, مردك, بلغار, quas scribi vides ازدوان, بيزن, مزدك, بلغاز. (Vid. quae infra notavi ad p. 66, l. 10, p. 88, l. 6, p. 168, l. 203). Quod quum eo tempore, quo Abulfedam ad prelum mittere coeperam, nondum recte perspectum haberem, talia rescribere ausus sum; postea autem, ut in mea mihi ratione constarem, rescribere perrexi. Sed nunc facti poenitet, et ubi id commissum, rem tibi religiose indicabo. Ceterum genuinam et antiquam pronuntiationem esse اردشير, praeter Persarum ipsorum testimonium, vel hebraica et graeca lingua demonstrat, ubi in talibus pehlwicum *arta*, magnus, recte conservatum est.

Pag. 12, l. 3. في ذكر امم العالم, debebam vertere ut Reiskius: *universim de totius terrarum orbis gentibus*, vel, quod ab initio libri ipsius feci, scribere: *Liber quintus ethnographicus*. Est enim non tam de variorum populorum historia, quam de eorum situ, origine et propagatione, rebus publicis, religionibus, literis, artibus, moribus, et quae sunt his similia; unde fit, ut eos quoque, quorum historiam libris praecedentibus enarravit, quinto repetat.

— l. 5. In reddendo عمود التواريخ القديمة erravi. Non *de ratione* scribendum erat, sed *de serie*, ut id, quod Abulfeda in mente habebat, aliquo modo redderetur. Historia enim antiquissima, ab Adamo ad Noahum, عمودًا efficit, columnae instar in rectum porrigitur, quoniam nihil aliud exhibet nisi unum stemma recto itinere decurrens, nullis veluti ramis et frondibus in diversa tendentibus, et, ut fit, novorum stemmatum sylvam effundentibus. — In iis quae sequuntur non est quod dicam, nostrum, vel potius Ibn-el-Athirum, ubi poterat, Corani vocibus usum esse; sed eas singulatim enotare et versiculos indicare, id, puto, nemo a me postulabit. Faciam tamen in potioribus.

Pag. 14, l. 10. De Abu'l-Faradj 'Abd-er-rahman Ibn-'Ali Ibn-el-Djuzi vid. Herbelot. s. v. *Giouzi* et *Akhbar Al-Baramekah*. Eum obiisse A. H. 597 (sc. Bagdadi, ut Hadji-Chalfa ait) etiam Abulfeda confirmat, Ann. mosl. IV, p. 195.

— l. 15. Sic Cod. 615. Sed Cod. 101 pro والذال المعجمة habet والزاى المعجمة, e qua ratione hoc nomen in eo semper يزد scribitur. Vid. quae notavi ad Pag. 10, l. penult.

— l. 16. 950 *annos*. Ex ipsius Abulfedae rationibus reponendus est numerus Septuaginta interpretum, 905, quem computatis Patriarcharum aetatibus invenies. Eodem jure in linea sequenti pro 61 leges 81, l. 19 pro 266 l. 280, l. 21 pro 13 l. 33, ib. et lin. seq. pro 165 l. 155.

— l. 24. Methuschelahum cum LXX 969 annos natum obiisse statuit. Igitur sibi ipsi contradicit in eo quod mortem illius ante ipsum diluvium accidisse inquit. Nam aut illud verum est, Methuschelahum, quum obiret,

obiret, natum fuisse 969 annos: ita autem obiisse debet anno aetatis Noahi 614, 14 annis post diluvium; aut illud, eum mortuum esse diluvio ingruente: ita autem 955 modo annos vixisse potest. Vide de hoc nodo chronologico Eusebium, p. 54, not. 1.

Pag. 14. l. ult. Sur. 71, v. 22—24, Hinkelm.

Pag. 16, l. 16. عقبة حلوان, jugum montium ad quod sita est urbs Holwan, in ipsis finibus Persiae ad occidentem. Abulfeda: وحلوان آخر مدن العراق ومنها يصعد الى الجبال واكثر ثمارها التين وليس بالعراق مدينة بالقرب الى الجبل غيرها ويسقط على جبلها الثلج وانّما قال ابن حوقل وحلوان مدينة فى سفح الجبل مطلّ على العراق وبها النخل والتين الموصوف والثلج بها على مرحلة وقال فى المشترك حلوان آخر حدّ العراق من جهة الجبل وبينها وبين بغداد خمس مراحل. Vid. Herbel. s. v. *Holvan.*

— ib. Sur. 37, v. 75.

— l. 20. De Amalecitis vid. infra p. 179. Ibidem de Aditis.

Pag. 18, l. 10. Fabulam narrat; nam Gen. XI, 20 sqq. est שְׂרוּג.

Pag. 20, l. 2. Pudendo poenitendoque errore بالحجر verti *in Arabia petraea*, quasi vero Mecca in illa regione sita sit. Effer igitur بالحِجْر et scribe cum Ill. de Sacy, qui haec ad calcem novae editionis Specim. hist. Arabum vertit: *in septo templi Meccani.* Ibidem Ismael cum matre sepultus esse traditur p. 26, l. 11.

— l. 16—17. Vide de hac Kainani omissione, quae ab Eusebio fluxit, jam a Syncello vehementer exagitata, Eusebii Chron. Can. (Ed. Mediolan.) p. 61, no. 1, et Samuelem Armenum eodem volumine editum, p. 5—6.

— l. 18. De urbe et regione El-Ahwaz vide Herbel. s. v. *Ahuaz*, Jakuthum in Notices et Extraits, II, Clim. 3, no. 13, Haririum, p. 263, et Freytagii Selecta ex Hist. Halebi, p. 91.

Pag. 24, l. 10. Sur. 29, v. 27 et 28.

— l. ult. تطهّر, *circumcisus est.* Hanc significationem recentiorem didici, quum Parisiis essem, a Cl. Caussinio jun., viro linguae arabicae hodiernae peritissimo. Is mihi dixit, verbum ختن hodie non plane quidem ex ore et memoria hominum in Syria arabice loquentium excidisse, sed vulgo pro illo usurpari طهّر, unde circumcisio ipsa الطُّهور vel التطهير.

Pag. 26, l. 22. رازح, ita uterque Codex, nisi quod C. 615 gutturalem finalem puncto auget. Non dubito, quin Abulfeda ipse sic scripserit (cf. locus persicus in nota sequenti, et Herbel. s. v. *Aiub* et *Razahh*), sed verum esse زارح, intelligitur e Gen. XXXVI, 13.

— l. antepenult. البثنيّة, בָּשָׁן, *Βασανῖτις*, *Βαταναία*, regio fertilissima trans Jordanem. Lexica hanc vocem tantum ut nomen appellativum exhibent (Freytagii Sel. ex Hist. Halebi, p. 50), sed etiam alibi nomen proprium est (ibid. p. 75, l. 24), atque illam regionem, quam dixi, eo significari, vocum perfecta similitudo demonstrat. Jam video Koehlerum quoque in Tab. Syriae idem sensisse, p. 97. Cf. Addenda et Corrigenda Koehleri ad h. l. — Ibn-el-Wardi, ed. Hyland. p. 80, refert كورة البثنية inter كور ارض دمشق. Obiter notandum, Herbelotum (s. v. *Aiub*) in Chondemiro pro بثنيه reperisse ثنيه, quod

quod *Thaniah* scribit, plane ut Koehlerus in tabula Abulfedana, p. 50. Cf. ibi ejus nota. Sed recte alius Persa, 'Ali Ibn-El-Hosein Ibn-'Ali, qui notior est nominibus Djàr-allah El-Helâli et 'Ala El-Kazwîni, in opere historico, مناهج الطالبين فى معارف الصادقين, Cod. Dresd. 383, f. 122: ايوب عم از فرزندان عيص بن اسحاق بن ابراهيم است عليهم السلام وهذا نسبه ايوب بن اَمُوص بن رَزَاح (sic) بن رُوم بن عَيْص بن اسحاق بن ابراهيم عليهم السلام وامّه من اولاد لوط النبى عم حق سبحانه وتعالى اورا بركزيد ونبوّت داد ومال ومنال بحساب ومقام او بَثنِيَة بود موضعى است ميان شام ورمله. Constat igitur Batheniam vel Bathanaeam in traditione Mohammedana esse sedem Jobi. Adde Gesen. Thes. s. v. בָּשָׁן.

Pag. 30, l. 19. De voce العالمون nihil addi potest iis quae doctissime, more suo, disputavit Ill. de Sacy in Novo Diario Asiatico, Fasc. 21, ab init.

Pag. 34, l. 2. الموسى — haud scio an hic usus articuli in nominibus per se determinatis a nemine adhuc observatus fuerit. Neque aliud ejus exemplum in promtu est. Sed ni omnia me fallunt, الموسى idem est ac si dixerit ذات موسى vel موسى بعينه, Moses ipse, id quod revera Moses erat, opp. vestes, quae non ad eum pertinebant; aut, si mavis, موسى بكلّيّته, totus Moses, et corpus et anima ejus, ut articulus sit للاستغراق.

— l. 24. Pronomen in يقرأها et بها spectat quidem ad id quod per سفرى قضاة الحج significatur, unde aliquis conjicere possit, legendum esse هما; sed non est quod de codicum fide dubitemus. Accipiatur modo pronomen ها de iis quae duobus illis libris continentur, ut si quis latine dicat: Duos ei libros dedi, ut illa mihi verteret. Voces ثلث نسخ sunt de codicibus historicis arabice scriptis. Verbum احضر me nondum ea significatione, quam hic res ipsa postulat, legere memini; sed similis est ejus usus de citandis testibus, ut coram judice cum reo audiantur.

Pag. 36, l. 9. كفر حارث C. 615, كفر حارس C. 101. Utrum verum sit, et omnino ubi terrarum hunc locum situm esse dicam, nescio. De traditione Judaeorum et Samaritanorum vid. Hottingeri Smegma, p. 523. Scholzius in Itinerario (Lips. 1822) p. 267 prope Neapolin seu Sichem habet *Kafer harat,* sed arabice scribit الكفر حارة; quamquam viro doctissimo, ubi nomina literis arabicis exprimit, non temere fidem habendam esse, jam ab aliis monitum est.

— l. penult. يابين, ita scripsi cum Hebraeis. Codices mei نابين.

Pag. 38, l. 5. يواش, — Codices بواش.

— l. 9. يشّسوخر, — C. 101 يتسوخر, C. 615 يسثوخر. Scribere debebam يشّسوخر, ut infra, p. 46, l. 13 in utroqne Codice est يَشّسُوخُر. Vides, Abulfedam, qui idem nomen p. 26, l. 20, ad normam pronuntiationis arabicae scripserat يِسّاخَر, his locis literas hebraicas, יִשָּׂשכָר, quas a Judaeo suo accepisse poterat, expressisse, et obscuriorem ejus, vocalem Kamez per o efferendi rationem secutum esse.

— l. 25. العواميد, — mirari possis, non, quod Abulfeda recentiori hac voce usus sit (talia enim plura apud eum reperiuntur), sed quod pluralem legitimum, أعمدة, quem modo posuisset, cum hoc commutaverit. Pro عمود hodieque dicitur عامود, plur. عواميد. Cf. 1001 Noct. ed. Cl. Habicht., I, p. 12, l. 5, p. 263, l. 5. Itinera Sindbadi, ed. Langl., p. 89, l. 4.

Pag. 40, l. 22. نخشون, — solus C. 615 habet, ubi tamen falso بخشون.

— l. 26. توعو C. 101, hebr. תֹּעוּ, I Chron. XVIII, 9, et תֹּעִי, II Sam. VIII, 9. — C. 615 ناعوا, scilicet pro ثاعوا. C. 101 quoque lin. seq. ثاعو, cui respondet ibidem C. 615 ناعو.

— l. penult. أَبْشُولُمْ C. 101; C. 615 in ultima syllaba plene ابشولوم.

Pag. 42, l. 9. وفرغ منها C. 615; C. 101 وفرغها, quae est constructio vulgaris. Cf. 1001 Noct. II, p. 269, l. 4.

— l. 16. جوابكم C. 615, pronomine suffixo vim passivam habente; C. 101 جوابه.

Pag. 44, l. 4. Noli mirari, quod Abulfeda sonum literae ב raphatae medium esse dicat inter ف et ذ. Res ita est. Judaeus enim, quo utebatur, protulit ב illud in אֲבִיבִים, ut debebat, medio quodam inter f et w labiorum flatu vel sibilatu. Atqui litera w carent Arabes. Nam qui و ut w nostrum aut v Italorum et Gallorum efferunt, Persae sunt et Turcae. Nihil autem in sermone Arabum tam prope ad debilem sonum illius literae accedit, quam ذ, dummodo genuino illo et blaeso sono efferatur, quem Arabes ipsi plerique jam paene amiserunt. Sed ausculta Graecum δ suum pronuntiantem, et, nisi aure admodum tereti utaris, videberis tibi w nostrum audire.

— l. penult. Cf. infra p. 52 sq.

Pag. 46, l. 1—2. Pro بضمّ الهمزة, quod C. 101 habet, in C. 615 simplicius et probabilius بهمزة legitur. Si tamen illam lectionem sequaris, voces ممدودة ممالة casu quarto legendae erunt et pro حال Genitivi praecedentis habendae. Sed videtur omnino nescio quis illo additamento indicare voluisse, الامالة cum المدّ non esse hoc loco depressiorem sonum literae a productae, qui ad e accedit, sed obscuriorem illum et ore pleniore efferendum, quo delectantur Judaei recentiores et Syri. Cf. p. 48, l. 10, ubi eadem vocis inflexio in syllaba priori nominis آموں eodem modo designatur; quasi *Åhåz* et *Åmun*, ut Sueci scribunt. Huc spectant illa Abulfedae verba, p. 50, l. 20—21.

— l. 21. كِنَّسْر, — ita enim, vocalibus adjectis, est in C. 615. In ipsius nostri tabulis geographicis vocem frustra quaesivi; igitur conjectura utendum erit. Commode Flügelius meus incidit in chald. et talm. גנוסר, Genesar, Gennezareth, hebr. כִּנֶּרֶת et כִּנְּרוֹת. Aliter quidem Scriptura ipsa, II Reg. XIV, 25, ubi est: ab Hamath usque ad יָם הָעֲרָבָה; sed quid obstat, quin auctor Abulfedae nostri mare illud deserti, i. e. mare mortuum, habuerit pro lacu Tiberiensi seu Genesarano?

Pag. 48, l. 1. اللذان, — uterque Cod. اللذين, i. e. اَللَّذَيْنِ, permutatione vulgari casuum obliquorum numeri dualis cum recto. Igitur nihil mutandum erat, quoniam, ut jam dixi, Abulfeda talia non aspernatur.

— l. 7. منه C. 615; C. 101 عليه, quod in hac locutione magis usitatum. Sed doctius منه, i. e. من جهته seu من قِبَله, ut subjectum verbi sit ipsum ما, et كان vim habeat verbi صدر.

— l. 14. فرعون الاعرج, — vid. infra, p. 102, l. 14—15.

Pag. 50, l. 9. بارين والرَّفَنِيّة (sic enim Abulfeda in tabulis geographicis pronuntiari jubet) in agro Hamatheno sitae erant. Cf. Schultensii Ind. geogr. ad Vid. Salad. s. v. *Barinum*, et Koehl. Tab. Syr. p. 54—55, et p. 107. — E similitudine nominis et collatione S. Scripturae conjicio, الرفنية seu رفنية, sine articulo, ut legitur in C. 615, esse Hebraeorum רִבְלָה, ubi Rex babylonius illo ipso tempore consedisse dicitur II Reg. XXV, 6.

Pag. 50, l. 15. حَسْبَ, vulg. pro حَسْبًا, sufficienter, i. e. tantum; plane ut pers. بَسْ, quod illa significatione in sermonem Arabum recentiorum transiit. Vid. Cel. Caussinii Gramm. ling. arab. vulg. p. 77—78. Apud veteres حَسْبُ, ubi significat id quod sufficit, nunquam, quod sciam, Genitivo vel Pronomine suffixo caret. Sed recentiores Accusativum absolutum et indeterminatum significatione illa adverbiali usurpant; ut in Hottingeri Promtuario, p. 302: لا تكون الفايدة لك حسبًا ولكن لامثالكم, *non ad te solum rei utilitas pertinebit, sed etiam ad vestri similes.*

— l. penult. ما له صورة, proprie quod speciosum et spectabile est; deinde de fortunis, pecuniis, opibus, sat multis magnisque; ut 1001 Noct. II, p. 209, l. 8—8. وهبنى مالًا له صورة, *dedit mihi sat magnam pecuniam, une somme considérable;* in qua voce gallica, ut in nostris *beträchtlich* et *ansehnlich,* eandem vides significationis translationem.

Pag. 52, l. 4. اردشير, — uterque Codex ازدشير, ut fere semper. Vid. quae notavi ad pag. 8, l. penult. — De re ipsa cf. p. 77.

— l. 9. ووضعها C. 101, ووصفها C. 615. In vertendis verbis quae proxime sequuntur, vereor ne vehementer erraverim. Equidem حال illum, qui verbo يعرفون continetur, de re accipiebam, quae illo tempore jam obtineret, et putabam, his verbis id significari, populum argumentum quoddam habuisse, quo cognoscerent, Esdram in lege rescribenda bona fide usum esse, scilicet quod leges Mosaicas de rebus permissis et vetitis, quas per captivitatem non neglexissent, certe non plane obliti essent, in novo exemplari plane easdem esse viderent. Sed jam intelligo, Abulfedae, si hoc sensisset, dicendum fuisse وهم يعرفونها. Ut nunc verba se habent, حال ille, qui a verbo وضع pendet, id significare debet, quod illo وَضْع effectum est. Igitur vertendum: qui eum deinde populo rescriptum tradidit, ita ut eum a rebus ejus auctoritate permissis et vetitis denuo bene tenerent. — Verba بحلالها وحرامها valent بمعرفة حلالها وحرامها.

Pag. 54, l. 2. الأُبُلَّة — Vid. de hoc loco ad Tigridem infimum sito, qui apud Orientales inter quatuor paradisos terrestres refertur, Gol. ad Alferg. p. 120, et versio Reiskiana Geograph. Abulfed. in Büschingii Promtuar., IV, p. 263—4. Quum totus hic tractus ad agrum Basrensem pertineat, appellatur ابلّة البصرة, Schol. ad Harir., p. 114, l. 2. — De Jona sunt loci coranici Sur. 24, v. 87 sq., Sur. 37, v. 139 sqq., Sur. 68, v. 48 sqq.

— l. 9 sqq. Verba sunt Sur. 2, v. 261.

Pag. 56, l. 4. Praepositio ب in بالتوراة est باء الملابسة, quasi dicas: sex et triginta codices cum Pentateucho, i. e. qui eum continebant.

— l. 11. Sur. 3, v. 32 sqq., Sur. 19 ab init., Sur. 21, v. 89 sq.

Pag. 58, l. 3. يوحنا المعدان, syr. ܝܘܚܢܢ ܡܥܡܕܢܐ.

— l. 5 sqq. Haec petita sunt e Sur. 3, v. 31 sqq., et Sur. 5, v. 109 sqq.

— l. antepen. sqq. Nomina Apostolorum scripsi qualia sunt in Cod. 101. Nam Cod. 615 partim alia et falsa habet: شمعون الصفا وشمعون العنانى ويعقوب بن زبدى ويعقوب بن حلقى وقولوس ومارقوس واندرواس وتمريلا ويوحنا ولوقا وقوما ومتى, in quibus vides, العنانى (quod tamen C. 101 quoque habet)

esse

esse pro القنانى, ὁ *Κανανίτης*, زبدى pro زبدى, ὁ *τοῦ Ζεβεδαίου*, حلقى pro حلفى, ὁ *τοῦ Ἀλφαίου*, قولوس pro فولوس, *Παῦλος*, ثمريلا corrupte pro Bartholomaeo, قوما pro توما, *Θωμᾶς*. Sed, si contuleris ea quae e Schahresthanio citantur p. 60 ult., facile credes, hunc recensum vere esse Abulfedanum, sed deinde ab eo ipso vel ab alio meliora edocto mutatum.

Pag. 60, l. 6. Habes novam formae sextae vb. عظم significationem, qua idem est quod forma decima, cc. Acc. rei, quam aliquis magnam, gravem et non ferendam, *δεινὴν*, habet et dicit. Si tamen cum C. 101 (nam ذلك est e C. 615) لذلك legas, significatio erit eadem quae verbi كبّر cc. على, et praepositio ل habebit vim causalem. Utrum verum sit, equidem non dijudico. Viderint alii. Prius tamen mihi magis placet. — Wankuli iis quae Djauhari, et inde Golius, habet, nihil addit: التعاظم بر نسنه اولو كورنمك تقول تعاظمه امرٌ كذا وتقول اصابنا مطرٌ لا يتعاظمه شى؟ اى لا يعظم عنده شى؟.

— l. 15. Sur. 3, v. 48.

— l. 20. عن C. 101; C. 615 من, quod et ipsum ferri potest, si id accipias pro من جبة.

— l. penult. De opere celebratissimo Schahresthanii, كتاب المِلَل والنِّحَل, cujus scriptoris et libri nomen viris doctissimis, Marraccio (vid. quae Ill. de Sacy excerptis Abulfedanis in nova editione Specim. Hist. Arab. praemisit, post praefationem meam repetita, in fine) et Herbeloto (s. v. *Scheherestani*) fraudi fuit, non est quod pluribus dicam post ejus specimina quae dederunt Pocockius in immortali illo opere (vid. Autorum nomenclatura ei adjuncta, p. 343, nov. edit.) et Ill. de Sacy, Chrestom. arab. I, p. 360 sqq.

Pag. 62, l. 7. غانيوس, — sic constanter, etiam infra in historia romana.

— l. 18. Verba inde a والمذكور usque ad بهمن addidi e Cod. 101, nisi quod وفيكورش, quod in eo erat, mutavi in وقيل كورش. At non deerit fortasse, qui فى illud acute pro articulo aegyptiaco, nescio qua forte fortuna huc illapso, haberi velit. Laudabo ingenium, sed mirabor, si consenserint Codioes.

— l. ult. C. 615 اوشباسيانوس وقيل اسفشيوش, C. 101 اوسباسيانوس وقيل اسفيبشوس. Rescripsi ita ut fortasse Abulfedam ipsum emendaverim. Sed qui in talibus curiose anquisiverit, quid homo orientalis, accuratioris historiae rerum occidentalium ignorantissimus, e codicibus suis, scilicet e falsis falsa, exscripserit, nae is magnum et temporis et operae dispendium fecerit. Infra p. 106, l. 24, Imperatorem optimum truncato capite ساسبيانوس appellat. Pag. 64 tamen, l. 4, ambo Codices in scriptione probabilissima اوسباسيانوس consentiunt.

Pag. 64, l. 10. العزيزى, — saepissime utitur hoc libro Abulfeda in tabulis geographicis. Explicate de eo dicit ibidem (verbis utor Reiskii in Promtuar. Büsching. IV, p. 151): *Kitab ol Masaleki wal Mamaleki, vulgo al Azizi dictus, ab al Azizo, Chalifa aegyptio dynastiae Fathemitarum* (regn. A. H. 365—86), *cui dedicatus est ab auctore el Hasano filio Ahmadi, Mohallabita.* — Hinc Hadji-Chalfa augeri potest, qui de eo nil nisi haec habet: كتاب اسمه العزيزى تصنيف الحسن بن احمد المهلبى فى المسالك والممالك. Ceterum eadem, quamquam non omnia, ex Mohallabita refert in Tab. Syriae, ed. Koehler., p. 10 et p. 86 sq. Cf. cum his quae habet Gol. ad Alferganium, p. 137 sqq. Mirandum, Abulfedam in Annalibus nec de 'Abd-el-meliki, nec de filii El-Walidi magnificentia in Hierosolymis ornandis quidquam dixisse; de 'Abd-el-meliko quidem nonnulla habet Elmakin, p. 58, sed nihil de El-Walido.

Pag. 64, l. 16. المزابل C. 101, الزبائل C. 615.

— l. 21. Quae inde a وخلاصة usque ad finem libri leguntur, desunt in Cod. 101.

Pag. 66, l. 2. الفيشداذية, — sic C. 101 constanter. In altero prius quoque ذ hujus nominis puncto instructum est. Sed omnino in hac re, ubi saltem unum meorum Codicum auctorem habebam, eam legem secutus sum, quam binis versiculis expressam legi in Anthologia persica, Cod. Dresd. 392, l. 175 v.

در میانِ فارسی فرقِ میانِ دال وذال   یاد گیر از من که این نزدِ افاضل مبهم است
پیش ازو در لفظ مفرد گر صحیح ساکن است   دال خوان آنرا وباقی جمله ذالِ معجم است

Discrimen quod in lingua persica inter dal et dhal obtinet, a me disce et retine, quum illud etiam doctos viros lateat. Si in voce per se spectata ante literam د est consona vere quiescens (sc. quae non est e literis lenibus اوی), *illam per dal effer; ceterae د omnes per dhal efferendae sunt.* Et idem aliter:

آنها که بپارسی سخن می رانند   در موضعِ دالْ ذال را ننشانند
من قبل وی ار ساکن جز وای است   دالست وجز این بذال معجم خوانند

Ei qui persice loquuntur, non ponunt dhal ubi ponendum est dal. Si ante د est litera quiescens praeter has tres, وای, *illa simpliciter dal valet; sin minus, per dhal effertur.* — Haec pronuntiandi norma, quamquam non apud Persas ipsos, tamen apud Arabes persica scribentes etiam literis ipsis exprimi solet.

— l. 8. ملوك الطوائف sunt reges et reguli, qui in provinciis imperii macedonici in multas partes resoluti regnaverunt. Cf. infra, p. 78 sq. Igitur magis perspicue vertissem Reges provinciales.

— l. 10. بيرن, — uterque Cod. ubique بيزن. Ibid. اردوان est constans lectio Codicis 101, ازدوان Cod. 615. Cf. nota ad p. 8, l. penult.

— l. 17—18. Ne Abulfeda hic secum ipso pugnet, quoniam, qui diluvium negat, proprie non potest dicere, hunc vel illum antediluvianum fuisse, statuendum erit, eum id sensisse, e Persarum opinione reges illos regnasse prius quam alii diluvium accidisse existiment. Nisi forte parum explicate de iis Persarum qui diluvium agnoscunt, et de iis qui negant, ita locutus est, quasi iidem essent. Cf. enim p. 16, l. 13—16. — Sed vid. infra p. 68, l. antepen.

Pag. 68, l. 3. ولا يتعدّاها, — Codd. ويتعدّاها, quod res ipsa falsum esse docet.

— l. 5. المظالم, plene النظر فى المظالم, pertinet ad eam partem reipublicae administrandae, quam nostrates fere ministerium justitiae appellant. Vid. Ill. de Sacy Chrest. arab. I, p. 132. Pro „morum publicorum" scribe in versione latina: injuriarum reprimendarum.

— l. 9. اشره بمنشار C. 101, نشره بمنشار C. 615, eadem sententia.

— l. 11. المكوس, vectigalia ab iis pendenda qui publice merces aliquo apportant et exponunt, telonia. Vid. Chrest. arab. I, p. 171—2.

— l. 19. بداوند C. 101, بدياوند C. 615. Uterque p. 152, l. 4, دُنْبَاوَنْد. Hic reponere debebam بدماوند, illic دُنْبَاوَنْد. Abulfeda ipse in apographo Reiskiano versionis latinae tabularum geographicarum, quam Schickardus inchoavit (Cod. Dresd. 316, f. 230 r.), haec de ratione nominis scribendi et legendi habet:

habet: جبل دنباوند من اللباب بضمّ الدال المهملة وسكون النون وبآء موحدة والف وفتح الواو وسكون النون ثمّ دال مهملة وبعضهم يقول دماوند بالميم والاوّل اوضح. Sed tamen etiam دیناوند et دباوند reperitur. Vid. Gol. ad Alferg. p. 197 et de nomine et de monte ipso. It. Reiskii versio Geograph. Abulfed. in Büschingii Promtuario, IV, p. 177—8, vel opus ipsum arabicum, a Jouy, viro sollertissimo, lapidi incisum, in prolegomenis, ubi de montibus dicit.

Pag. 68, l. penult. Verba verti, sententiam non assequor. Quid illud: Persae statuunt, eum ante diluvium vixisse, quia diluvium non agnoscunt —? Nexum, quem Logici dicunt, causalem plane desidero.

Pag. 70, l. 5. جيم بين الجيم والشين, — sic dedi e Cod. 615, quoniam الواو, quod in C. 101 pro الجيم legitur, prorsus absonum videbatur. Sonum literae persicae چ significari, in promtu est.

— l. 9. نهر بلخ, i. e. Oxus seu Djihon. Sic Abulfeda apud Büschingium, IV, p. 169. „*Fluvius Balchae idem est qui Gihun.*" Cf. etiam Herbel. s. v. *Balkhe*.

Pag. 72, l. 13. اصبهبذا, — C. 615 اصبهبدا, C. 101 صبهبذا. Cf. infra p. 96, l. 20. Est vox persica اسپهبد, princeps, satrapa, qui cum imperio in provincia est.

— l. antepen. معد, — lege مَعَدّ, ut auctores linguae arabicae jubent. Vid. Wankuli s. rad. عدّ. In latinis itaque scribendum *Ma'add*.

— l. ult. Locus est in Daniele propheta, cap. 2.

Pag. 74, l. 21. كندز, — scribe كندر, ut recte C. 615. Nam C. 101, nisi oculi me fefellerunt, كنككز. Sed suspicor, dhammam penultimae literae impositam et longius protractam mihi fraudi fuisse. Est autem *Kondor* vicus in Chorasania, qui ad ditionem Nisaburensem pertinet. Apogr. Seebisch. tabul. Abulfed. p. 209: وكُندُر بضمّ الكاف وسكون النون قرية من اعمال طرينت من نواحى نيسابور. Reiskius in exemplari Leidensi pro طرينت sibi legere visus est طرثيث; vertit enim *Thartschit*, Promt. Büsching. V, p. 336.

— l. ult. طميذر C. 101, طمندر C. 615. De hoc monte ubique altissimum silentium.

Pag. 76, l. 5 sqq. Locus Isaïae non est in capite 22, sed 45, v. 1—3.

— l. 21. عور, — si lectio sana, habemus pluralem fractum vocis عَوْرة, quem neque Lexica agnoscunt, neque equidem alias inveni.

— l. ult. وتناول اطراف الصين, — ne a vera historia nimium discedamus, verte: et ipsos fines (sc. occidentales) regni Serici ditioni suae adjecit.

Pag. 78, l. 1. بشهرزور, — Abulfeda in tabulis شَهْرَزُور legi jubet. Vid. de nobilissima hac Iraki persici urbe Gol. ad Alferg. p. 226 sqq., Schultens. in Ind. geogr. s. v. *Sjahresourum*, Abulf. ap. Büsching. V, p. 322, Jakuth in Not. et Extr. II, Clim. 4, No. 75.

— l. 5. ولا يجتمعوا — in utroque Cod. erat ولا يجتمعون, quod si tueri velis, res impedita sic expedienda erit, ut verba accipias pro حال ita explendo: وهم لا يجتمعون.

— l. 10. Cf. Sur. 18, v. 82 sq. et Herbel. s. v. *Jagiouge*.

— l. 14. Cf. noster ipse p. 117. Plura dabunt Pocockius in Spec. hist. Arab. p. 59, nov. edit., et Schultensius in Historia imperii vetustissimi Joctanidarum in Arabia felice.

Pag. 78, l. 17. ابن عبّاس — Muhammedis patruelis, vir inter socios ejus princeps. V. Herbel. s. v. *Abbas.*
Pag. 80, l. 1. التشاحى C. 615, ut supra p. 78, l. 5. Fere eadem sententia C. 101 التشاجر.
— l. 14. بيرن C. 101, بيزن C. 615.
Pag. 82, l. 4 ab inf. فعقدوا C. 615, فعقد C. 601. Abulfeda utrumque scripsisse potest. Auctores enim disceptant, utrum a patre ipso successor designatus sit, an post illius obitum a proceribus. Illud tuetur Historicus meus persicus, Djâr-allah El-Helâli in Menâhidj-et-talibîn (Cod. Dresd. 383, f. 540 r. et v.), hoc auctor Lubb-et-thewarichi in versione Gaulmini p. 18. Herbelotus s. v. *Schabour Ben Hormouz* sententiam posteriorem solam recepit.
Pag. 84, l. 2—3. الحسا والقطيف — duo oppida provinciae El-Bahrein. V. Abulfed. Arab., ed. Grav. in Hudsonii Geogr. min. p. 17, p. 21, p. 64 sqq. Niebuhrii Descr. Arab. p. 339 sqq. — الحسا et الاحسا promiscue scribuntur, et hanc formam Abulfeda dicit illius esse pluralem: الاحساء جمع حسا وهو رمل يغوص فيه الماء حتى اذا صار الى صلابة الارض امسكته فتحفر العرب وتستخرجه. Plura loca Arabiae a soli natura ita appellari, sed hoc oppidum esse احساء بنى سعيد من هجر, El-Ahsa quod habitant Benu-Saïd in regione Hadjar. Ceterum Niebuhrius nos docet, El-Ahsa, quae eo tempore, quo scribebat Abulfeda, minoris erat ambitus (بليدة), nunc esse sat magnam et totius illius tractus, qui ab ea nomen El-Ahsa seu per aphaeresin Lahsa accepit, metropolin.
— l. 3. المشقّر, — nomen est arcis antiquae in El-Bahrein sitae. Wankuli: المُشَقَّر بر قديمى حصارك اسميدر كه بحرينده در.
— l. 8. ليبانوس et يونيانوس — constans est apud nostrum nominum Juliani et Joviani scriptio, etiam infra in historia romana, p. 110.
— l. 9. بكشافة, — leg. بكشّافة, Collect. v. كشّاف, explorator in bello, speculator, praecursor.
— l. 18. يخالفونى, — sic uterque Cod. per syncopen vulgarem pro يخالفوننى. Quamquam apud antiquiores quoque Hedjazenos et alios literam n cum vocali in fine personarum Aoristi ante pronomina suffixa primae personae elisam esse, docent Grammatici exemplis poëtarum. V. Schol. Hamas. p. 110, ad v. 4, et p. 146, ad v. 1, ubi videbis, id etiam in praeteritis fieri.
Pag. 86, l. 8. المنذر, — in versione ubique scribere volui *El-Mundir* s. *El-Mondir;* quod infra ad formam vulgatam, *El-Mondar*, relapsus sum, factum est per *ἁμάρτημα μνημονικόν.* V. Index Nom. propr. ad Hamasam.
— l. 11. فانْ, — nolui contra Codd. fidem quidquam mutare, etsi فانْ illud pro لانْ mihi hoc loco durum et insolens videtur.
— l. ult. الاخشنوار, — sic constanter C. 101, nisi quod pag. seq. l. 3 articulo caret; C. 615. h. l. الاخشوار, p. 88, l. 1 الاخسوار, l. 3 احسنوار.
Pag. 88, l. 6. مردك, — Codd. ubique مزدك (cf. quae professus sum in nota ad f. 8, l. penult.). Certum est, Arabes sic scribere et pronuntiare. V. Herbel. s. v. *Mazdak.* It. nota marginalis Cod. Dresd. 404, f. 60 v. الزنديق بالكسر هو الذى ينفى الصانع للعالم وقيل الملحد الخارج من الدين اوّل من زندق مَزْدَكْ خرج فى عهد قباد فاباح الفروج والاموال قتله انوشروان بن قباد. Neque aliter nunc Persae ipsi. Sed antiquitus fuisse مَرْدَكْ, *Μαρδοχαῖον*, Dimin. v. مَرْد, mihi probabile videtur e voce مَرْدَكى, quasi dicas Mardochaeatum.

Pag. 88,

Pag. 88, l. 19—20. Inter vertendum animo obversabatur, legendum esse وإنْ. Sed constructio hoc refellit. Sequitur Subjectum, id quod, nisi ubi pronomen est, post adverbia conjunctiva in sermone pedestri fieri nequit. Scribe igitur وإنّ, et in latinis: *foetor autem tibialium tuorum, mehercle, tam taeter erat ut* etc.

Pag. 90, l. 12. Cf. infra p. 127.

— l. 19. برجان, — Alfergani p. 38 hunc populum in climate sexto recenset post Constantinopolin. Neque aliter Abulfeda (Apograph. Seebisch., Cod. Dresd. 379, p. 240), qui metropolin eorum appellat برشان, de quo nomine Apographum Reiskianum versionis Schickardianae, Cod. 316, f. 279, haec adjicit: برشان بضمّ الباء الموحدة وسكون الراء المهملة وفتح الشين المعجمة ثمّ الف ونون فى الآخر ويقال لها ايضا برجان بالجيم. Urbis longitudinem esse dicit 40° 8′, latitudinem 45° 8′. Deinde: قال ابن سعيد وبرشان كانت قاعدة الامّة التى يقال لهم برجان وكان لهم شهرة وباس فى قديم الزمان فاستولت عليهم الألمانية وابادوهم حتّى لم يبق منهم احد ولا بقى لهم اثر. Alia habet Jakuth in Not. et Extr. II, Clim. 7, No. 2. Neque multum cum illiis conveniunt quae noster ipse tradit infra, p. 168, ubi in versione latina dele, si me amas, conjecturam vanissimam de Borussis. Alii cogitarunt de Burgundionibus, ut Herbelot. p. 128 s. v. *Arminiah*, p. 217 s. v. *Burgian*, et p. 556 s. v. *Margian*; Reiskius apud Büsching. V, p. 363, probabilius de Bulgaris s. Borgaris, cui tamen id obstat quod Abulfeda eos sub vero nomine in eadem tabula, ap. Büsching. p. 365, recenset.

Pag. 92, l. 3. ملك العرب C. 615, العرب simpliciter C. 101.

— l. 12. مدينة, — sic uterque, per ellipsin substantivi مُدَّة.

Pag. 94, l. 3. قصر شيرين, — v. Gol. ad Alferg. p. 223, Jakuth in Not. et Extr. II, Clim. 4, No. 94, Reiskius ap. Büsching. IV, p. 262.

— l. 7. Verti quasi اقتلهم et quae sequuntur, accipienda sint de Perwizo ipso; sed jam intelligo, Imperativos esse: *Immo, omnes interfice* etc.

— l. 14. عفر بابل, lege عقر cum C. 101. Quod in versione vides *'Afari-Babek*, petitum est e lectione C. 615, عفر بابك, quam primum pro vera habebam. Meninskius e Djihannuma tradit, عَقَر esse nomen proprium arcis in Iraca arabica. Adde vetus nomen persicum Babek, et erroris fontem vides. Sed meliora me docuit Wankuli, qui s. v. عَقْر sic: وعَقْر قصره وهر بناء مرتفعه ديرلر وعقر بابل ولايتنده بر يرك آدى در كه يزيد بن مهلّب آنده قتل اولندى, *'Akr dicitur arx vel palatium et omne aedificium excelsum. 'Akr est etiam nomen loci in regione Babylonica, ubi Jezîd fil. Mohellebi interfectus est.* Hinc vide ne Hadji-Chalfa ipse vel ejus librarius in Djihan-numa عفر pro عقر arripuerit. — Neque aliter Abulfeda in tab. VII: عقر بابل قرب كربلا من نواحي الكوفة قتل عنده اليزيد بن مهلّب بن ابى صفره.

Pag. 96, l. 10. بطسست C. 101, بطشت C. 615, non plane spernendum; طشت enim est vocabuli forma persica et hodie apud Arabes vulgata, quam saepe sono obscuriore a Cel. Caussinio et aliis fere ut *tuscht* pronuntiari memini. Cf. 1001 Noct. II, p. 306, l. 13, p. 325, l. 10 sq., p. 342, l. 3 sq. Item Dialog. arab. ad calcem Gramm. arab. Savarianae, p. 430, l. ult., et p. 437, l. antepen.

— l. 16. بوران C. 101, بوزان C. 615. Persae توران دخت.

Pag. 96.

Pag. 96, l. 19. ازرمى — Codd. ubique ارزمى, quod forsan ab ipso Abulfeda profectum est. Omnino magna in his scriptorum et codicum fluctuatio. Sed auctores quidem linguae persicae ut scripsi.

— l. 20. اصبهبذ recte C. 171; C. 615 اصبهبد. Cf. quae notavi ad p. 72, l. 13.

Pag. 98, l. 3. خستان C. 101, حشان C. 615.

— l. 16. De Sa'ïdo ejusque libro vid. Herbel. s. v. *Thabacat alumem.*

— l. 18. واكثر ما تملّك مصر الغرباء, saepissime in Aegypto regnarunt alienigenae. Lectio est Cod. 615, nisi quod pro يملك putavi تملّك reponendum esse. Cod. 101 habet اكثر من تملك يملك الغربا, ubi si pro يملك legas بمصر vel مصر, sententiam habebis non minus probabilem: plerique eorum qui in Aegypto regnarunt, alienigenae fuerunt. Ipse Cod. 615 alio loco, ubi eadem recurrunt, p. 150, l. 1, من pro ما habet. Ibi quoque يملك mutavi in تملّك.

— l. 4 ab inf. بيصر, — apud Graecos Osiris. Cf. Euseb. Chron. Can. ed. a Majo et Zohrabo, p. 93. Praefixus est articulus aegyptius, ut in بوصير, quod est nomen plurium oppidorum in Aegypto sitorum. Vid. Abulf. Aegypt. ed. Michael., p. 9, et Ill. Quatremerii Mémoires sur l'Egypte, I, p. 102 sqq.

— l. 3 ab inf. مصر, מִצְרַיִם, quem S. Scriptura Hami filium fuisse dicit. Vid. Euseb. l. l. p. 94. Habes hic quoque nomen urbis notissimae, quae in Coptorum libris *Μιστραμ* appellatur. Quatremer. l. l. p. 50.

— penult. قفط, Coptos, et ipsum urbis nomen, de qua vid. Abulf. Aegypt. ed. Michael, p. 13, et Quatremer. l. l. p. 149 sqq.

— ibid. اتريب, — de urbe Athrib vid. Quatremer. l. l. p. 1 sqq.

— l. ult. عين شمس, — vid. Abulf. Aegypt. p. 27.

— ibid. صا, — vid. Quatremer. l. l. p. 290 sq. Apud Aegyptios *Σάϊτης* fuit primus rex Dynastiae Pastorum; vid. Euseb. Chron. Can. p. 100.

Pag. 100, l. 1—2. حرابا C. 101, حزابا C. 615.

— l. 2. كلكلى C. 101, ككلى C. 615.

— l. 3. حربيا C. 101 perspicue, حربيا vel حربيا C. 625. Sed legendum esse خربتا, quod item est nomen urbis, apud Aegyptios *Αρβατ* (vid. Quatremer. l. l. p. 43, et Ill. de Sacy Recens. locorum aegyptior. ad calcem Abdollatifi gallice versi, p. 663, ubi vocalibus adjectis خِرْبِتَا scribitur), jam ante suspicatus eram, et confirmavit hanc conjecturam Ill. Hamaker, qui, quum eum de lectione Cod. Leyd. in cognomine Ptolemaei I, سشون vel شسون, quod illi infra p. 104, l. 9, tribuitur, et de aliis quibusdam consuluissem, literis eruditionis et humanitatis plenis non solum ad illas quaestiones respondit, sed ultro, veluti *εὐεργεσίας ἐπίμετρον*, addidit multa de nominibus regum aegyptiorum apud Abulfedam Leydanum aliosque scriptores arabicos, quibus liceat notulas meas, tamquam gemma quadam, distinguere. Haec igitur scripsit Vir doctissimus: „In Ms. 554, quo in Annalium Moslem. editione paranda usus est Reiskius, alterius Ms. 851 nullam rationem habens, folia nonnulla

nonnulla desunt, quo fit ut Regum Aegyptiorum series in eo deficiat. At in Cod. 851 reperitur illorum memoria, uti etiam in مروج الذهب Mesoudii et in descriptione Aegypti Makrizii, e quibus singulis nomina diligenter in tuam gratiam enotavi. In Ms. 851 sic recensentur: بيصر بن حام; مصر بن بيصر; قفط بن مصر; صنا vel ضبا; تدراس (تدارس Ibn Abd al Hakim apud Makr. qui eum facit filium τοῦ صا cui successit. Hic reliquos quoque habet usque ad كلكى; sic enim كلكاى appellat); جوداق illius طوليس; حرسا (sic); كلكاى بن مالبق; حرايا بن حرايا; ماليق بن تدراس; soror; زلفى بنت مانون. Huic Amalekitae regnum eripuerunt: quorum primus fuit الوليد بن دومع. Sequuntur ejusdem stirpis reges الريان بن الوليد; دارم بن ريان; كاشم بن معدان et وليد بن مصعب, Pharao Mosis qui periit in sinu Arabico. Sequitur regina دلوكة. Tum دركون بن بكطوش; تونس; لقاش frater ejus; مشرنيا; استماوس; باطلوس بن ميباكيل; مالشوس; يولة, alias شنشاق, i. e. Sisak. Ab hoc usque ad فرعون الاعرج sive Nechonem reges ignorantur. Sequitur بخت نصر et e Persis كشرخوس et طنحارست. Apud Mesoudium est haec series in Cod. 537, a quo si discrepat Cod. 282, addam in parenthesi: بنصر بن حام; مصر بن بنصر, cujus quatuor filii: قفط, *) اشمون, ما et اتريب (sic etiam Ibn Abd ol Hakim apud Makrizium de Misro et de quatuor ejus filiis tradit; sed in C. 282 pro ما est طاه vel صاه) unus post alterum regnant. Sequitur ماليق بن دارش (بن سالق); تدارس (فارس); tum خرانا بن ماليق (حرانا بن سالق); كلكى بن خرانا (كلكا بن حرانا); ماليا بن حوريا (حوريا) حوريا بنت لوطن; لوطس بن ماليا (لوطيق بن ماليا); خرانا (Ms. 282 sine punctis); ماموم regina; الوليد بن دومع; الريان بن الوليد; دارم بن الريان; كامس بن معدان (بنت لوطس); الوليد بن مصعب; دلوكة; دركوش بن بلطوس (دركوس بن ملوطس); بورس (سورس) بن دركوش; (بن حوسا) عارس بن مرينا; دنيا بن بورس (دسا بن نورس); يعاش بن بورس (نعلس بن حركوس); ميباكيل بن بلوطس; مالس بن سرطس (مالس بن نموطس); بلوطس بن مساكل (بن مساكل); (مساكل بن ملوطس); مولية بن مشاكل (دلوية بن ميباكيل), qui idem est ac فرعون الاعرج. Sequuntur قوس (بن نوقس بن بعاش); لحاس بن مرموس (نعاس بن مرموس); مرسوس (مرموس); نعاس) quem occidit Nebucadnezarus. Addit regnasse in Aegypto 32 Pharaones, 5 Chaldaeos, 4 Amalekitas sive Moabitas (ملوك مواب), 17 Graecos, Persas nonnullos, spatio annorum 2300. Restat ut videamus de Makrizio, cujus tres sunt Codices, 276, 371 et 372. Horum optimus est 371, cujus lectionem eam ob causam primo loco posui in tabella quae sequitur. Caput unde haec desumta sunt, inscribitur ذكر مدينة منف وملوكها.

Ms.

*) Habes iterum nomen urbis, de qua vid. Quatremerii Mémoires sur l'Egypte, p. 490 sqq.

Ms. 371.	Ms. 372.	Ms. 276.
مصر بن حام		
مصرايم بن بيصر		
قبطليم بن مصرايم		
اشمن بن مصر (*		
صا بن مصر		
تدارس بن صا		
ماليف البونسير بن	البودسير	البودسير
تدارس		
ارقليمون بن البونسير	ارفليمون	ابن فليمون
عديم بن قفطيم		
شدات بن عديم	سدات	سدات
منقاوش بن شدات		
عديم بن منقاوش		
مناوس بن منقاوش		
هرميس بن مناوش		
اشمون بن قبطيم		
صا بن اسمون		
تدارس بن صا (**	ممافيوس	Nomina hic
مرقوره بن مناقبوس	pro تدارس	mirum in
بلاطس بن مرقوره		modum tur-
اتريب بن قبطليم		bata sunt.
ندوره بنت اتريب		
قليمون بن اتريب	desunt haec	
قرسون بن قليمون	in Ms. 372.	
صا بن قفطيم		

Ms. 371.	Ms. 372.	Ms. 276.
نوبنة الكاهنة	نوبية	idem
مرقونس ابن		inserit السا post
بنت ملك النوبه		مرقونس , quem
صا بن مرقونس		scribit مرقوس et
تدارس بن مرقونس	صا بن قبطيم	mox pro كلكن
ماليق بن تدارس	مرقونس بن صا	habet سلكن
خربتا بن ماليف	ابشاد بن مرقونس	
كلكن بن خربتا	صا بن مرقونس	
ماليا بن خربتا	pro duobus regi-	فاليا
وقيل ابن كلكن	bus Cod. 371, صا	
طوليس يقال انه عمرو	et تدارس. Se-	
بن امرى القيس من	quuntur ماليف,	
بنى قحطان ويقال	كلكن , حربتا.	
الوليد بن الريان		
حوريا ابنته	خروبا	حزوبا
زالفا بنت ماموم (*		
ايهين (**	ايمن	ايمن
الوليد بن دومع		
الريان بن الوليد		
دريموس ويقال له دارم		
بن الريان		
معاديوس ابنه		يوس معاد
اكسامس بن معاديوس		
لاطس بن اكسامس	لاطيس	لاطيس
ظلما بن قومس		

Ms.

*) Sec. alios قفطريم بن قفطيم.

**) Sec. alios مناقبوس.

*) Item زلبيفا.

**) Vel ايمين.

Ms. 371.	No. 372.	No. 276.
دلوكه ابنة ريا وقيل بنت زغان	زغان pro رقان	زغان pro ذبا
دركون بن بلاطس		
بورس بن دركون	بيودس	
لعاس بن تدارس	لقاس	
مريفا بن مريونس	مريفا pro مرينا	
استمارس بن مدينا	مدينا pro مرينا	In his* magna corruptio et confusio indigna quae annotetur.
بلوطس بن مناكيل	desunt in C. 372.	
مالوس بن بلوطس		
ميناكيل اخوه		
نوله بن ميناكيل وهو الاعرج		
مرينوس بن نوله		
قرقوره بن مرينوس		
نقاس اخوه		
قربحون بن نقاس	قومبيس	
devictus a Nebucadnezaro		

Absolutis his tabellis Vir doctissimus subjunxit alia quae ad eandem rem pertinent; quibus lectores defraudare, mihi nefas duco. Ut scripta sunt, gallice, ab aliis quoque legantur. „Voilà, Monsieur, ce que j'ai cru devoir extraire pour vous des Mss. de Mesoudi et de Makrizi, croyant qu'il ne serait pas tout-à-fait inutile de comparer ces listes avec celles d'Aboulféda. Du reste, il est évident que Makrizi a combiné diverses listes, qui toutes commençaient au même point de départ. De là la quantité de rois qu'il nous donne. Le même auteur, qui parait avoir connu quelques écrivains occidentaux, entre autres Orose (هروشيش الاندلسى), cite encore d'autres traditions relatives aux rois d'Egypte. J'y ai trouvé quelque chose qui vous intéressera sans doute, et que, pour cela, je veux vous communiquer. Makrizi dit que, selon l'opinion de quelquesuns, 27 Rois Coptes avaient régné sur l'Egypte après la mort de Dalouka et de son fils pendant 626 ans. Ensuite il ajoute: وعو ديوسقليطنا ومدّته ثمان وسبعون سنة وقيل ثمان وثمانون سنة ثمّ ملك بعده سماناذوس ستّا وعشرين سنة. Il continue l'énumération des 25 rois qui restent, et des années de leur règne, j'usqu'au dernier qui est اماسلس, qui, selon lui, a gouverné l'Egypte pendant 42 ans. Lisez اماسيس, car ceci répond à la phrase de la Chronique d'Eusèbe: Ἄμωσις ἔτη μβʹ; de même que le سماناذوس ستّا وعشرين سنة de Makrizi est le Σμένδης ἔτη κϛʹ d'Eusèbe. Ce Smendis est le premier roi de la 21e dynastie, et Amosis, ou Amasis, le dernier de la 26e et des rois indigènes avant Cambyse. La comparaison des autres noms, qui pour la plupart sont très-reconnaissables, démontre que

Makrizi

Makrizi a suivi la liste d'Eusèbe depuis le commencement de la 21e jusqu'à la fin de la 26e dynastie, et non pas celle de Jules l'Africain, qui nous offre quelques rois de plus, et plus ou moins de différence dans les années, attribuées à quelques règnes. Dans la liste de Makrizi, ou remarque la plus scrupuleuse exactitude à cet égard, et dans cette longue série de rois, je n'ai trouvé que deux fautes dans les nombres. L'une se rapporte à Psusennes, deuxième roi de la 21e dynastie, que Makrizi nomme سوماناس, peut-être parceque le Ms. grec, qui servit de base à la traduction arabe, portait *ΨΟΥΣΕΝΝΗΣ* au lieu de *ΨΟΥΣΕΝΝΗΣ*. Un peu plus loin, il a bien rendu le nom de Psusennes 2e, 7e roi de la même dynastie, par فسساناس. Eusèbe attribue à ce roi 41 ans de règne, Makrizi au contraire 101, ماية سنة وسنة. Car c'est ainsi qu'il faut lire dans le Ms. 372, qui en cet endroit est le moins corrompu des trois, au lieu de ماية سنة وسنة. L'autre erreur se trouve dans le passage rapporté ci-dessus. Makrizi, en prenant la 20e dynastie des Diospolitains (ديوسقوليطا, l. ديوسفوليطا) pour un nom de roi, attribue à ce monarque de sa façon 78 ou 88 années de règne. D'après Eusèbe, il faudra lire 178. Il résulte de toute cette discussion, que Dalouka, cette reine si fameuse chez les Orientaux, mais dont ou ne trouve aucune trace chez les Grecs, représente la 19e dynastie. Car comme nous venons de le voir, les Diospolitains de la 20e la suivent immédiatement, et de l'autre côté elle remplaça le Pharaon qui périt dans la mer rouge. C'est là une circonstance dans la quelle tous les Orientaux s'accordent. Or ce Pharaon, si nous en croyous Eusèbe, appartenait à la 18e dynastie. La longua vie de Dalouka, qui parvint à l'âge de 180 ans (la 19e dynastie en compte 194) confirme cette conjecture."

Pag. 100, l. 4. بالفرما, — de hac urbe in finibus Aegypti orientalibus ad mare mediterraneum sita vid. Abulfed. Aegypt. ed. Michael., p. 7, et Quatremerii Mémoires, I, p. 259 sqq. — Ibid. جورياق C. 101, جوريان C. 615.

— l. 6. دومغ C. 101, دومع C. 615.

— l. 9. حلوان, — vid. Abulfed. Aegypt., p. 3.

— l. 13. القرطبى فى تاريخ مصر, — de hoc viro et libro mihi gratum fecerit qui certi aliquid e ditiori penu in medium protulerit.

— l. 11. مناجاة موسى, — colloquium quod Deus cum Mose de variis rebus altioris indaginis in monte Sinaï instituisse dicitur, cujus plura feruntur exempla. In Codd. Bibliothecae nostrae regiae ter quaterve legitur. Vide sis indicem Catalogi mei s. v. مناجاة موسى.

— l. 19. خليج السردوسى, — سَرْدُوس est oppidum Aegypti in provincia Gharbijja; vid. de Sacy in Recensu locorum aegyptiorum ad calcem Abdollatifi, p. 640. Canalem e Nilo derivatum, qui a Serduso nomen accepit, iis accuratius describendum relinquo, qui Makrizium adire possunt.

— l. 20. ويعطوه, — sic uterque Codex, ita ut verbum regatur ab أَنْ. Ad sensum autem quod attinet, zeugma quoddam hic agnoscamus atque per تضمين e verbo سال aliud eliciamus, a quo illud ان يعطوه commode pendeat. Itaque phrasis integra haec erit: سالة اهل كل قرية ان يجريه اليهم ووعدوه ان يعطوه الخ.

— l, ult. Cf. Sur. 28, 8.

Pag. 102,

Pag. 102, l. 5. قطعا, — lege قِطَعًا, proprie *partes aliquot temporis*, plane ut vocem كُسُورًا quoque in talibus adhiberi videmus. Atque ita eandem vocem p. 8, l. 15, legendam et accipiendam esse, nunc nullus dubito.

— l. 9. ابن حنون الطبرى, — C. 101 habet حنون, ne dubites حنون ver ح simplex legendum esse. Ceterum doctiores rogo, ut et de viro et de libro aliquid nobis eruant.

— l. 10 sqq. Lectiones omnes sunt Codicis 101. Nam C. 615 l. 10 habet نركون بن يكطوس, l. 11 بودس (tabella Eusebiana *Bydin* in fine dynastiae primae ponit), l. 11 بلطوس pro يلطوس, l. 12 بوله.

— l. 20. كشرخوس, — C. 615 كسرخوس, C. 601 كشرحوس. Sed quis literam ح ferat in nomine persico vel graeco?

— ibid. قصر الشمع, — vid. Gol. ad Alferg. p. 152, et Quatremerii Mémoires, p. 71.

— l. 21. طخارست C. 101, طخارشت C. 615.

— l. antepen. بمقدونية, — idem error de Macedonia urbe est in nostri tab. geogr. 28, ubi longitudinem ejus esse aït e Resm-el-Atwal 50° 8′, e Canone 49° 8′, latitudinem ex illo 41° 8′, ex hoc 40° 8′: قال فى القانون وماقدونيه مدينة الاسكندر وقال ابن خرداذبه ومن اعمال قسطنطينيه بلاد ماقدونيه وهى فى غربى الخليج القسطنطينى, ubi saltem hoc verum, Macedoniam sitam esse ad occidentem Bospori, non, ut hic, ad orientem.

Pag. 104, l. 9. سشون C. 101, شسون C. 615. In literis Ill. Hamakeri de hoc cognomine haec sunt: „Ad Ptolemaeum quod attinet, de cujus cognomine quaeris, est illud شسون vel سشون in Ms. 851 scriptum hoc modo: سشون. Non dubito quin in eo lateat سوتير, σωτήρ. Reliqui libri illud cognomen non habent. Tuorum Codicum scriptio orta videtur ex transposito سيتور." — Conjecturam Viri doctissimi non minus ingeniosam quam veri similem esse, nemo non intelligit. Id unum alicui fortasse scrupulum movere possit, quod infra, l. 20, in Ptolemaeo VIII idem cognomen سوطيرا scriptum est, ubi τ legitime per ط redditum vides. Equidem rem in medio relinquo.

— l. 17. فيفنوس, Ἐπιφανής, ad quam vocem etiam propius accedit lectio C. 615 افنفيوس, si eam mutaveris in افيفنوس; quamquam fieri potest ut Abulfeda ipse illo modo scripserit, nam C. 101 quoque فنفيوس habet.

Pag. 106, l. 1. واتّخذ — ملعبا عجيبا, — possis etiam vertere: *Idem Romae mirabiles ludos instituit.* Videtur sub his nescio quid de mulieribus Sabinis per ludorum occasionem raptis latere.

— l. 7 ab inf. قانون ابى الريحان البيرونى, — liber cujus frequentissimus est usus in tabulis Abulfedae geographicis. De eo Hadji-Chalfa: قانون مسعودى فى الهيئة والنجوم لابى الريحان محمّد بن احمد (al. محمّد) البيرونى الخوارزمى المتوفى سنة ۴۳۰ ألفه لمسعود بن محمد بن سبكتكين فى سنة ۴۲۱ حذا فيه حذو بطلميوس فى المجسطى وهو من الكتب المبسوطة فى هذا الفن. Hinc petita sunt ea quae Herbelotus habet s. v. *Canun Massoudi.* Cf. etiam de Sacy in Chrest. arab. I. p. 345.

Pag. 108, l. 9. احد C. 101, حد C. 615, quod significaret finem vel observationum ultimam. Sed repugnat historia.

Pag. 108, l. 11. ابن ديصان, — haec locum illum Makrizii illustrant apud de Sacyum, Chrest. arab. II, p. 88, et sententiam clarissimi editoris, quam in adnotatione ad h. l. proposuit, confirmant. Nam quod Makrizi simpliciter ديصان appellat, qui apud nostrum rectius est ابن ديصان, id, puto, neminem offendet, qui noverit, quanta sit scriptorum orientalium in ejusmodi rebus fluctuatio.

— l. 16. جالينوس فى كتابه الخ, — hunc librum inter opera Galeni apud Fabricium frustra quaesivi. Sed apud Orientales librum ejus nominis et argumenti Galeno tribui, constat etiam e Casirii Bibl. Escur. I. p. 253 sq., ubi hic ipse locus e Bibliotheca Philosophorum arabica (quam non dubito esse Ibn-el-Koftii تاريخ الحكماء) citatur et vertitur. Ceterum constat, locum esse talem, ut non facile nisi vel a Galeno ipso, vel ab alio scriptore illius aetatis profectus esse possit. — De voce جوامع, quam reddidi per *sententias*, in Kithâb-el-thârîfâth haec leguntur: جامع الكلم ما يكون لفظه قليلا ومعناه جزيلا كقوله عم حقّت الجنّة بالمكارم (al. بالمكاره). In Cod. Dresd. 276, f. 1, citatur vox Muhammedis: اعطيت بجوامع الكلم مطلوب سائل مجامع العلم. Ab initio Cod. Dresd. 244 legitur: تسئل عن جوامع كتب جالينوس فى امراض العين وعلاج كلّ مرض منها. In Achlâki-Nâsiri, Cod. Dresd. 343, f. 7 r., l. 4, inveniuntur جوامع حكمت عملى (pers.), *aphorismata philosophiae practicae*, s. breves sententiae quibus placita Philosophorum de moribus regendis comprehenduntur.

Pag. 110, l. 9. اذرفاس C. 615, اذفاس C. 101. Quid sub hoc nomine lateat, divinando non assequor, nisi fortasse ex اورلاس corruptum est.

— l. 10. قرونوس, — ق per errorem irrepsit; nam in Codicibus ف legitur. Quodsi ف in ب mutaveris, nomen Probi restitutum habebis.

Pag. 112, l. 19. اسطيثيانوس, nescio quomodo factum sit, ut hic et l. 22 اسطيثينوس utriusque Codicis litera elif auxerim, quae ad nomen انسطاسيوس integritati restituendum plane nihil valet.

— l. 22. In nomine يسطينينوس vel يسطينوس (nam ita C. 101 ter, l. 22, 23 et 24; sed l. 26 bis ut C. 615) Codd. ab initio constanter ت pro ي habent.

— l. 4 ab inf. افاميه C. 615, فاميه C. 101 per aphaeresin. Utraque forma proba est. Vid. Koehleri Tab. Syr. p. 114—5.

Pag. 114, l. 5. Pro وهذا التفاوت et rel. usque ad finem, in C. 615 leguntur haec: وذلك باعتبار التفاوت بين السنين الشمسيّة والقمريّة فيما بين مولد رسول الله صلعم وهجرته وهو ثلاث وخمسون سنة قمريّة وبالتقريب يكون هو احدى وخمسين سنة شمسيّة وثلاث سنة والله الموفّق بمنّه وكرمه. Vix dubitari potest, Abulfedam ipsum haec primum scripsisse, sed, quum postea falsa esse intellexisset, illa substituisse, quae recepi e Cod. 101.

— l. 11 sqq. Quae sequuntur, ipsius Abulfedae manu scripta codex Sangermanensis exhibet. S. de S.

— l. 4 ab inf. باران, — in codice Sangermanensi prima hujus nominis litera puncto caret diacritico. S. de S.

— l. penult. بالمعاثر, — المعاثر Djewhario ille est من يمشى :: الرِّفق فينال من فضلهم. In Kamouso illud tantum legitur: من يمشى مع الرفق. Haec interpretatio fraudi fuit Cl. A. Schultensio, qui cum الرِّفق per vocalem Kesram efferret, post Golium Castellumque, ita interpretatus est: *leniter incedens quasi*

quasi per pulverem, et ita, perque blanditias aliquid impetrare studens. Sed longe aliud voluit Djewharius, nempe: *qui incedit cum turba viatorum, atque ex eorum benevolentia aliquid excipit;* est enim الرفق pluralis numerus vocis رُفْقَة, quae, auctore eodem Djewhario, significat الجاعة ترافقهم في سفرك: et vocem الرُّفَق ita esse efferendam, omnino comprobat pronomen affixum pluralis numeri in من فضلهم. Cautius egit Giggejus, qui quum dubius haereret, quomodo efferenda esset et interpretanda vox الرفق apud Kamousi autorem, utramque conjunxit interpretationem. Sic enim habet: المُعافِر *qui incedit blande. Qui cum comitatu incedit.* De sensu vero ipsius verbi عافر judicium ferre difficilius est. Mihi videtur idem fere esse ac مارس, quod maxime ex eo probabile fit, quod عِفْر, auctore Firouzabadio, sit الشجاع الجلد الغليظ الشديد, unde subnatae voces عفرية — عفريت etc. quae in malam partem sumuntur, et forte عفرين, unde ليث عفرين, quod de leonibus dicitur, et de homine strenuo, forti, imperandi perito, ut autor est Firouzabadius. عفرّين ماسدة وليث عفرّين . . الاسد. والرجل الكامل الضابط القوى (Vide Schultensii monumenta vetustiora Arabiae, p. 12). S. de S. — (Verbum عافر significare i. q. مارس vel باشر vel عالج, quamquam Lexica de hac re silent, intellexi imprimis e Mss. Paris. MI Noctium (de quibus vide sis in Diario asiatico veteriore, No. 64), quae in locis qui leguntur in Edit. Cl. Habichtii, I, p. 67, l. 7, p. 69, l. 4, et p. 72, l. 3 et 11, pro عاقر illius editionis constanter habent عافر, sc. primo loco يعافر فيها pro يعاقر بها, secundo يعافرها pro يعاقر بها, tertio l. 3 يعافر فيها pro يعاقر بها, et l. 11 عافر فيها pro عاقر بها. Lectio ultimi loci est e Cod. 1506, quo usus est Gallandius in versione sua adornanda; Cod. Caussin. eam explicat per وعالج بها, et Cod. 1491 per وعالج في الرصاص. Vides, verbum عافر hic construi et cum Accusativo, et cum praepositione في, plane ut synonymum عالج. In literis quas vir eruditus, Aydé, natione Aegyptius, ad me dedit, quum eum de his locis consuluissem, haec sunt: „Je pense que l'auteur a pu mettre l'un et l'autre mot, avec la différence cependant, que عاقر suppose plus de force, et عافر plus d'adresse de la part de celui qui manie le filet.“ Id igitur jam constabit, عافر significare *rem aliquam vel negotium callide, sollerter et arte adhibita tractavit.* F.). — Nec in voce مقاول interpretanda felicior fuit vir doctus. Frustra enim ex codice Djewharii hic loci corrupto quo utebatur, Pocockii lectionem et interpretationem quae unice vera est, convellere nititur. Quicquid enim in contrarium dicat Schultensius, certum est et autoritate tum Djewharii, tum Firouzabadii comprobatum, voce قيل quae plurali numero اقيال, اقوال, et مقاول dicitur, *magnum aliquem in Yemana principem, sed summo rege inferiorem* designari. S. de S.

Pag. 116, l. 4. لحارث الرايش, — sic est in autographo. S. de S.

— l. 5. In autographo secunda litera nominis istius (sc. Saifi) puncto caret diacritico; similiter et secunda litera vocis قيس. S. de S.

— l. 9. عالب, — sic est in autographo. S. de S.

— l. 10. من جبير, — in cod. 615 legitur بن جبير, sed in autographo scriptum videtur من جبير, quod cum ante dictis melius convenit. S. de S.

— l. 15. برعش, sic est in autographo. S. de S.

Pag. 116,

Pag. 116, l. 16 sqq. Quae uncinis inclusi, in margine scripta sunt, et quaedam litterae cultro ejus qui librum compegit excisae, quas ex altero codice supplevi. S. de S.

— l. 19. بدلة reddidi per *synthesin;* mihi enim certum videtur, hanc vocem, quae hodie vestem exteriorem in universum significat (*bedlé* pronuntiant), differre a بِذْلَة, veste viliori qua quis domi et in opere faciendo utitur, et recte derivari a بدل, ut proprie sit vestium commutatio, i. e. vestium quae simul pro aliis induuntur complexio (angl. *a suit of clothes*), ut Hebraeorum חֲלִיפוֹת s. חֲלִיפוֹת בְּגָדִים a rad. חלף, quae multum habet cum arab. بدل affinitatis. (Cf. Ibn-Kotheiba apud Eichhorn. monum. antiq. p. 190, qui in eadem re utitur voce حُلَّتان; حُلَّة autem duos بُرْد complectitur; vid. Schol. Hamas. pag. 81, l. 9—11). Hanc significationem expressam vides in MI Noct. Ed. Calc. I, p. 67. البسته بدلة ثياب من ثيابى, et p. 94. فجىء له ببدلة ثياب جديدة. Neque aliam nostro loco convenire, e فيها illo, l. 20, quod plures vestes fuisse indicat, intelligitur.

— l. ult. الاسقام, — sic est in autographo. Cod. 615 habet الاسقام, et sic legitur apud Hamzam (Hist. imp. vet. Joctan. p. 32). S. de S.

Pag. 118, l. 2. اختنه, — autographus اختنه legit, punctis diacriticis ab ipso Abulfeda, ut videtur, appositis, et ita Schultensius edidit. In codice 615 legitur اخيه. S. de S.

— l. 3. محرث, — Abulfeda videtur scripsisse primo محْرث, mox vero uno puncto inducto محرث legi voluisse, et ita habet Codex 615. S. de S.

— l. 6 sqq. Quae uncinis inclusa sunt, in margine codicis autographi ascripta leguntur; primum quidem ita scripserat Abulfeda: ثمّ استولى بعد المذكور على اليمن للحبشة وكان منهم ابرهة صاحب الفيل. Postea vero, his litura inducta, eorum loco ea supplevit quae in textum recepi. Notandum tamen, verborum ad marginem libri ascriptorum aliquam partem ejus qui librum compegit cultro resectam fuisse; quam tum ex codice 615, tum ex Schultensii editione restitui. — In cod. 615 pro لعدم محنته male legitur لصحنته. In cod. autographo vox لعدم resecta est. In cod. Vat. legitur لعدم حجته. S. de S. صاحب تواريخ الامم, qui hic dicitur, est ipse Hamza Ispahanensis; vid. Koehler. in Repert. Eichh. III, p. 263.

— l. 8. Scripserat primum Abulfeda ثلثة, mox superscripsit اربعة, ita ut vox quae prius scripta fuerat vix hodie legi possit; quin imo credi possit, nec ثلثة nec اربعة legi debere, sed lituram hic esse. Codex 615 hanc vocem omnino omisit, unde eum ex autographo descriptum fuisse quodam modo conjicere licet; idem forte conjici potest ex eo quod لصحنته legit pro لعدم محنته: potuit enim fieri, vocem لعدم jam tunc compactoris cultro resectam fuisse, quum Cod. 615 descriptus est, unde errandi amanuensi facta est ansa. S. de S.

— l. 10. ارباط, — ita habet cod. 615; in cod. autographo ارىاط, et mox ابرهه punctis diacriticis omissis legitur: unde dubitari potest, ارباط an ارناط an vero ارياط efferri voluerit Abulfeda. S. de S.

— l. 15. غمْدان, lege غُمْدان, *Ghomdân;* vid. de Sacy in Chrest. arab. III, p. 192—3. Neque aliter Rex Audanus in *Septem maribus* s. v. غمدان: *Ghomdân, efferendum per dhammam literae primae, mim quiescens, dal simplex, elif productum et nun in fine, est nomen aedificii praealti, tempore Chalifarum destructi. Sensu translato etiam de mundo instabili usurpatur.*

Pag. 120,

Pag. 120, l. 1. In hoc versu pro بيضٌ مرازبةٌ غلبٌ اساورةٌ metrum البسيط postulare videtur, ut quatuor illae voces legantur casu primo cum nunnatione. Itaque sic rescripsi.

— l. 7 sqq. Cf. cum his Ibn-Kotheiba ap. Eichhorn. Monum. antiquiss. p. 179 sqq.

— l. 10. De rege Djedhîma cf. Schol. Harir. p. 242, et Rasmuss. Additam. ad hist. Arab. p. 2 sqq. Esse legendum جَذِيمَة, non جُذَيْمَة, auctores sunt Lexicographi, ut Wankuli s. h. v. Neque aliter hoc nomen in Haririo, p. 291, l. 14 et 16, et in Hamasa, quoties ibi reperitur, scriptum est; vide Indicem nom. propr. ad calcem Edit. Freytagianae.

— l. 12. من اياد, — Iyad ex filiis est Maadi, Nezari filii. S. de S. Vide infra p. 192, l. 7 ab inf.

— l. 13. فاتّفقت الخ, — Vid. Monum. Vet. Arab. p. 34. S. de S. De Rikascha ejusque filio vid. imprimis Schol. Harir. p. 436—7, et Rasmuss. l. l.

— l. 14 ab inf. وتبنّى به, — Ill. de Sacy vertit: *Hunc in filium adoptavit*, tamquam scriptum esset وتبنّاه. Fieri potest ut haec significatio auctoritate aliqua nitatur, quae me latet. Quum tamen tota radicis بنّ vis et natura inde aliena esse videatur, equidem putaverim, تبنّى cc. ب p. significare fere idem quod لزم به vel لازمه, *aliquem unice diligere, ita ut ab eo avelli nequeas, animo et voluntate alicui esse conjunctissimum (être attaché à quelqu'un)*. Quomodo hic sensus e prima et propria verbi بنّ significatione derivetur, facile est intellectu. Simili ratione غَنِيَ cc. ب significat *in aliquo loco commorari*, et deinde *in aliqua re acquiescere, ita ut ultra eam aliam non appetas*. Nuweirius apud Rasmuss. l. l. p. ٣ in eodem argumento utitur verbis احبّه وجعله مع ولده (non dixit وجعله ولده) et Ibn-Kotheiba ap. Eichh. l. l. p. 182 احبّه وعطف عليه. Sed tamen quum hoc, per se veri simillimum, adhuc certa aliqua auctoritat careat, versionem Viri illustrissimi recipere malui, quam opinionem meam sequi.

Pag. 122, l. 2. الزبّا, vel accuratius الزبّاء, ut sit foemininum v. أَزَبُّ, ex auctoritate Lexicographorum arabicorum et hujus derivationis ratione الزَّبّآء legendum est. Ita Wankuli: الزبّاء زانك فتحى وبانك تشديديله والفك مدّيله جزيره پادشاهى اولان عورت كه ملوك طوائفدن عدّ اولنور. Et ita recte in Haririo, p. 291, l. 15, et in Schol. Hamas. p. 322, l. 9 ab inf. الزَّبّاء. Adde Harir. p. 446, l. 5, cum Schol. p. 447. Non defuisse tamen qui hoc nomen, fere ut Pocockius *Zoba*, efferrent per dhammam primae literae, intelligitur e Lexico persico Regis Audani, ubi sic est: زبا بضمّ اوّل وتشديد موحدهٔ تحتانى بالف كشيده نام دختر پادشاه حيره است كه در غايت حسن ولطافت وكياست وفراست بود چون پدرش را جذيمه ابرش كُشت وقابض ممالك او شد سوكند خورد كه تا انتقام پدر نكشد موى زيرين كه زهار باشد نكند چون جذيمه ابرش را كُشت موى زهار را كند. Ceterum cf. Meidanii proverbia a Schultensio edi coepta, p. 89 sq. et Rasmussen l. l. p. 4 sq.

— l. 4. Quod in versione latina hic et in iis quae sequuntur, contra Lexicographorum, ut Wankulii, auctoritatem, scripsi *Lochmitas* per o, id e nimio quodam feci erga Abulfedam meum obsequio,

quippe qui hac ipsa pagina, l. 7 et 4 ab fin., in autographo bis لُخمى et لُخميين scripserit. Sed meminisse debebam, cum ipsum infra, p. 190, l. 10, vocali fatha adscripta veriorem lectionem commendasse. Itaque me cum scriptore meo errasse cogitabis.

Pag. 122, l. 6. قصير, — hic quoque a vulgata efferendi ratione discessi, sed, ut equidem puto, jure meo. Wankuli, postquam adjectivum قَصير posuit, eodem tenore adjicit: القصير بن سعد اللخمى جذيمة الابرش مصاحبى اولنور, et in Hamasa Freytag. p. 322 in versu El-Mothelemmisi scriptum est ejusdem viri nomen قَصير. Unum est quod me sollicitum habet, quod in Haririo p. 284, l. 3, et p. 291, l. 14 sqq. saepius est قُصَيْر. Num illustrissimus Editor in hac scriptione Codicum aut aliorum auctorum potiorem sententiam secutus sit, nescio.

— l. 8. Vox يتجر primaque litera vocis للربا, quae in margine scriptae erant, compactoris cultro resectae sunt: e codice 615 locum restitui. S. de S.

— l. 9. بثقل, — in editione Sacyana est بقفل, et in versione latina: *catervam adduxit mille circiter camelorum, cistis onustorum, quae intus pessulis obseratae erant.* Sed, quod equidem sciam, قفل pro قافلة non dicitur; neque haec ipsa vox, etiamsi hic legeretur, suo loco esset, quum من illud in من الصناديق indicet, rem aliquam praecedere debere, cujus الصناديق illae sint vel species vel pars. Igitur si قفل vere in autographo legitur, mihi constat, Abulfedam in scribendi festinatione, quum forsan اقفال illud, quod sequitur, in mente aut ante oculos haberet, قفل posuisse pro ثقل vel حِمْل: *cum onere fere mille camelorum e cistis*, i. e. quod onus e cistis constabat.

— l. 13. صرفان, — dele quaeso theschdid. Primum enim, quum vidissem, formam Golianam صَرَفَان cum metro الرجز pugnare, meo periculo formam aliquam صرَّفان exsculpsi, quam metrum postulare videbatur. Sed quum haec jam typis exscripta essent, sero quidem, Wankulium consului: qui et Golium et me damnavit; nam فتحينله, igitur صَرْفَان, legendum esse aït, id quod metro omnino convenit, quum in eo pro Epitrito tertio et Dijambo etiam Choriambus locum habeat. Consentit Rex Audanus: صرفان بكسر اوّل وسكون راى مهملة وفا بالف كشيده ونون زده نام نوعى از خرما آمده واسرب را نيز كويند وبفتح اوّل وثانى در تازى نيز همين معنى دارد.

— l. 4 ab inf. بن امرء القيس, — hae voces ad marginem rejectae erant, et vix aliquod earum apparet vestigium. S. de S.

— l. penult. الخورنق والسدير. — Vid. Herbel. s. v. *Hirah* (de qua urbe egit etiam Gol. ad Alferg. p. 124) et *Sedir;* Jakuth in Not. et Extr. II, Clim. 3, no. 42; Eichhorn. Monum. antiq. p. 188—9. Abulfeda in tab. 8 الخَوَرْنَق efferendum esse aït, Persis autem Rex Audanus in Lexico suo legere praecipit خُوْرْنْق, quam efferendi rationem lingua arabica non fert. Verba ejus sunt: *Chawrnak est nomen palatii Behram-Guri, idque erat aedificium praealtum quod No'mân fil. Mundhiri admirabili quadam arte exstruxerat. Persae alterum palatium ejus* (sc. duae erant totius palatii partes —) *Chôrenghah* (خورنكه) *nominabant, i. e. locum consessus et convivii* (جاى نشستن وطعام خوردن);

palatium

palatium alterum, quod e tribus fornicibus constabat, quorum alius in alio inclusus erat (كه سه كنبد متداخل بوده), *et quod in usum sacrorum et rei divinae exstructum erat, nomine Seh-dír insigniverant; in lingua pehlwica enim fornix* (كنبد) *appellatur dír* (دير). Vides originem vocum Chawarnak et Sedír. Hoc certe probabilius, eo quod Wankuli tradit, vocem Sedír ortam esse e *Seh-dileh* (سه دله), quod idem esse vult ac *Seh dil* (سه دل), *tria corda*; vocem cordis enim translatam esse ad tres fornices (قبه) illius aedificii, quorum alius alium in se contineret.

Pag. 124, l. 1. Mihi videtur legendum وتدبّر et mox وللهدى تفكير hac sententia ut و sit hic loci واو ربّ, de quo vide Pocock. ad carmen Tograii, p. 46. S. de S. Ego e lege metri الخفيف scripsi وتدبّر ربّ (lege: *we-thedebber rabb*), ita ut litera r in fine verbi, abjecta vocali, per الادغام الكبير في المثلين (Gramm. arab. I, p. 49) cum eadem litera ab initio substantivi sequentis pronuntiando copuletur.

— l. 2. Si البحر de ipso Euphrate intelligere nolis, quippe qui paullo longius ab urbe abfuerit, habes Jakuthum in Not. et Extr. l. l., qui olim ad Hiram mare fuisse refert, quod nunc cum urbe ipsa evanuerit et Tigridi (voluit Euphratem dicere) locum dederit; it. Abulfedam in tab. 8 s. v. حيرة, ubi sinum persicum e majorum sententia olim ad Hiram usque pertinuisse dicit. Nunc quoque in tabulis nostris geographicis ad eum locum ubi Hira sita erat, prope Cufam, conspicitur magnus quidam lacus, qui si jam tum ibi erat, a poëta scilicet, magnifica maris appellatione condecorari potuit. — Quod ad rationem grammaticam accuratiorem attinet, poteris verba والبحر معرض والسدير dupliciter accipere, aut ita ut sint propositio nova, جملة مستأنفة, per و cum ea quae praecedit copulata: *exhilaravit eum fortunarum suarum amplitudo, et mare palatiumque Es-Sedír oculis ejus objecta erant* (معرض, sc. عليه); aut ita ut و sit واو الحال: *dum mare palatiumque oculis ejus obversabantur*, sc. ex loco edito desuper spectantis; nam اشرف illud in primo versu cum يوما copulandum et simplicius sic vertendum videtur: *Quum dominus El-Chawarnaki aliquando in locum editum ascendisset, res suas* etc.

— l. 8 sqq. Vid. Mon. vetust. Arab. p. 57. S. de S.

— l. 5 ab inf. تقول, — Sic uterque codex, et ita edidit Schultensius: ratione grammaticae scribendum fuit تقل, sed videtur poëta prosodiae gratia hac licentia usus. S. de S. Metrum البسيط omnino تقول illud postulat. Habemus igitur in hoc versu certum licentiae illius exemplum.

— l. ult. In margine codicis authographi eadem manus quae deperditas codicis partes resarcivit, haec verba hoc loco ascripsit: رحم الله الملك المويد المولف الذى كتب هذه الابيات التى كلها غرر, misereatur Deus Almeliki Almouayyad, libri hujus autoris, qui scripsit hos versus, qui totidem sunt micantia lumina. S. de S.

Pag. 126, l. 5. سنمّار, — theschdid hujus vocis pertinere ad literam m, non ad n, et efferendum esse *Sinimmâr*, docet Wankuli: *Es-Sinimmâr, per duplicem kesram et mim theschdido affectum, est nomen viri e terris graecis* (روم), *qui Cufae No'mâno fil. Amru-al-kaisi palatium illud aedificavit, quod Chawarnak appellari solet. Hoc absoluto, No'mân hominem e tecto ejus ipsius palatii praecipitem dedit et interemit, ne cuiquam alii tale palatium aedificaret. Unde inter Arabes natum est proverbium:* جزاء سنمار, *praemium Sinimmâri.* Aliter quoque fabula narratur, ut a Rege Audano in Lexico persico et in Menâhidj-et-tâlibîn, Cod. Dresd. 383, f. 541 sq. Ceterum cf. Herbel. s. v. *Senna-*

Sennamar. Id unum addo, Regem Audanum more persico efferre *Sinmâr:* بكسر اوّل وسكون نون ومیم بالف کشیده ورای قرشت زده; quibus tamen subjungit, apud Arabes esse *Sinimmâr:* بكسر سين وتشديد ميم. — A narratione vulgata Abulfeda in eo discedit, quod Sinimmarum non a No'mâno fil. Amru-al-kaisi, sed ab ejus filio sublatum dicit.

— l. 12. Vide supra pag. 91. — De مضرّط الحجارة, qui non differt ab المحرّق posteriori, vid. Rasmuss. Additam. p. 50, et Eichhorn. Monum. antiq. p. 193 sq.

Pag. 128, l. 1 sqq. De regibus Ghassanitis cf. Ibn-Kotheiba apud Eichhorn. l. l. p. 172 sq., et de Salihitis ibid. p. 150 sqq.

— l. 3. In cod. 615 legitur على ماء السماء بالشام, sed, ut videtur, errore amanuensis. S. de S.

— l. 5. بن (post عمرو), — vox haec legitur in tribus nostris codicibus, nihilominus opinor eam superfluam esse, voluisseque Abulfedam scribere: *Thalebae filii Amri Mozaikiae.* S. de S.

— l. 10. Haec quae uncinis inclusa sunt, leguntur quidem in autographo, sed non sunt manu Abulfedae scripta. Infimae nempe hujus paginae parti glutinis ope superinductum est chartae fragmentum, in quo is qui codicem resarcivit, ea rescripsit quae in autographo inter lituras aegre legebantur. S. de S.

— l. 6 ab inf. ذات عقارب, — *scorpiones in se habentia, scorpiones alentia,* i. e. simultatem et nocendi studium tegentia. Scorpionis enim est, clam obrepere et inopinantem ferire; unde locutio تدبّ عقاربه, Hamas. p. 156, v. 2, cum schol. Ibidem, p. 105, v. 1, de hostibus apertis et occultis est شجاع وعقرب.

Pag. 130, l. 11. ثعلبة, — nomen hoc in autographo utraque vice punctis caret diacriticis, addita inter lineas voce مخفّف, ut cognoscatur veram esse ipsius scriptionem, nec eam emendare aliquis praesumat, et ثعلبة substituat. In cod. 615 legitur ثعلبة. Vid. Specim. Hist. Arab. p. 79. S. de S.

— l. 14. ذكر ملوك لخم, — quae sequuntur, in autographo leguntur, sed manu illius qui codicem reparavit scripta in fragmento chartae, quod glutine applicatum est parti infimae hujus paginae. S. de S.

— l. 4 ab inf. كانّه جمل الخ, — vid. Specim. Hist. Arab. p. 80. S. de S.

— l. penult. الحرث بن عمرو, — hucusque codex autographus: paginae sequentes desunt. Quae sequuntur, e codice 615 exscripsi. S. de S.

Pag. 132, l. 8. بغسل, — الغسلة بالكسر الطيب وما تجعله المراة فى شعرها عند الامتشاط وما يُغْسَل به الراس من خطمىّ ونحوه كالغسل بالكسر Kamous.

— l. 13. De sensu vocis تغليق nonnihil dubito. Desumpta videtur a غلقة, arbusculo quodam amaro, quo utuntur coriarii ad pelles concinnandas, et Abyssini ad tela toxico imbuenda. S. de S.

— ibid. قيس غيلان, — lege قيس عيلان, *Kais-ailani.* Vide text. arab. p. 484, l. 7 (— in hac editione p. 194, l. 5 sqq.) et Specim. Hist. Arab. p. 48, l. 6. S. de S.

— ibid. والنمر, — in cod. 615 legitur نمر, sed cum Pocockio lego نمر, — Specim. Hist. Arab. p. 81. S. de S.

— l. 7 ab inf. Ill. de Sacy hemistichium posterius ita vertit: *Nonne omnis res praeter illud parva est?* sed ad marginem notavit: Sensus hujus hemistichii incertus mihi videtur. — Equidem pronomen ه in سواه retuli ad ربّه, et خلل accepi sensu proprio.

Pag. 132,

Pag. 132, l. 5 ab inf. Si in hoc versu piaculum commisi, sciens volensque commisi, et ne nunc quidem rei poenitet. Ill. de Sacy versum sic dedit: تطاوى الليل على دمون دمون انا معشر يمانون, et vertit: *Noctes transigebas apud Dammounum: O Dammoune, nos sumus coetus Yemanensium.* Ad quae haec notavit: Cod. 615 habet يمانون, sed legendum يمانون pro certo habeo. Forte pro تطاوى legendum نطاوى, *transigebamus.* Sensum hujus versus me assecutum esse affirmare non audeo. Djewharius in Sihaho partem hujus versus adducit: haec habet: دمون مشدد موضع وقال

دمون انا معشر يمانون   واننا لاهلنا محبّون

Haec Vir illustrissimus. — Jam ex his versibus constat, metrum esse jambicum, الرجز, et singula hemistichia in homoeoteleuta exire. Igitur على in versu primo legendum erit علىّ. Restat crux ab initio versus. Nam تطاوى metrum turbat nec commodum sensum parit. Quodsi rem ita mecum expedies, ut تطاول legas (facillime autem potuerunt ى et ل in fine vocis confundi), omnia recte procedent. Sed in eo jam mihi displiceo, quod دمّون accepi pro Nominativo, et locum ipsum loquentem feci. Id refellitur imprimis hemistichio posteriore, ubi verbo tenus est: *Demmun, profecto nos sumus viri Jemenenses* (إنّا, non أنا legendum esse, e metro constat), ubi *Demmun* illud pro بيان pronominis primae personae habere, quasi dixerit: *Nos Demunenses* etc., durissimum est. Verte igitur: *Diu, o Demmun, super me morata est nox* etc. i. e. longam et aerumnosam, o Demmun, in te noctem transegi.

Pag. 134, l. 4. اللبابة, — لبابة hic mihi videtur idem esse quod لَبَب apud Castellum in Lexico Heptaglotto. S. de S. Waukuli docet, اللُّبابة esse nomen mulieris cujusdam. Quare intellige amasiam nostri.

— l. 5. والحق, — Ill. de Sacy legisse videtur وَأَلْحَقْ; vertit enim: *utique nos ambo Caesarem adituri sumus;* sed metro الطويل jubente legi وَأَلْحَقَ.

— l. 6. نحاول ملكا, — Videsis poemation Ebn Doreidi, edente Aggaeo Haitsma, p. 191. S. de S. Quod cum Viro illustrissimo non verti: *quippe aut rex revertar, aut moriar,* id propterea feci quod significatio illa verbi حاول non satis certa visa est; deinde مُلْكًا scribendum esse, et او seq. Aor. subjunct. idem valere quod إلّا أَنْ, docet Zuzenius ad Lebidi Moallakam, ed. de Sacy ad calcem Calilae we Dimnae p. ٣١٩ inf. Cf. eadem locutio in versibus apud nostrum p. 124, l. 4 ab inf.

— l. 9. عسيب, — Asiba nomen est filiae cujusdam regis ad pedem hujus montis sepultae. Ib. (sc. in poematio Ebn Doreidi ed. ab Haitsma) p. 22. S. de S.

— l. 10. Ill. de Sacy vertit: *Illud nos consociat, quod similia infortunia invicem passi sumus, quodque ibi manebo, quamdiu manebit Asiba.* Legit igitur أَجَارَتْنَا, tert. pers. praet. foem. vb. أَجَارَ, et deinde أَنّ et وَأَنّي. Sed num أَجَارَ possit illud significare, dubito; et si posset, obstaret metrum, quod أَجَارَتَنَا postulat. Quodsi hunc vocativum agnoveris, ultro intelliges legendum esse إنّ et إنّي.

— l. 15. Cf. Schol. Harir. p. 241, Rasmuss. Additam. p. 14, et Schol. Hamas. p. 49. Corrige sis in versione latina hemistichium posterius ita ut scribas: *licet alii me vituperent* (vel, si mavis, ad verbum: quo me cunque tempore vituperant), *ego tamen fidem servo.* Nam primum ذُمّ legendum esse putabam.

Sed

Sed versus qui apud Rasmuss. l. l. ante hunc nostrum est, id sententiae poëtae parum convenire demonstrat. Obiter moneo, versum quartum apud Rasmuss. sic vertendum esse: *Mille me, et, si ego erro, tu rectam viam insiste; et tamen, opinor, tu haud ita errabis, ut ego erravi.* Vides, pulcherrimam esse ironiam: tu nimirum sapientior eris neque unquam stulta illa in fide servanda constantia uteris.

Pag. 134, l. 14 ab inf. Plures versus Aschae, qui huc pertinent, vide apud jam laudatum Aggaeum Haitsma, p. 192. S. de S.

Pag. 136, l. 13. والله لا يكون ذلك, — de hac re vide Kamousum ad vocem بَسّ. S. de S.

— l. 15. شيمتها, — in codice legitur سيمتها, sed legendum puto سيمتها, et hanc lectionem expressi. In Cod. Vat. legitur شيمتها, mutato س in ش. S. de S. Lectionem Cod. Vat., quae magis commoda visa est, secutus sum.

— l. antepen. ملاعب الاسنّة, — vid. Rasmuss. l. l. ٣٩.

Pag. 138, l. 1. وقاتل جموع اليمن, — pro eo quod in utroque codice, Reg. et Vat., legitur: وقبايل جموع اليمن, legendum censeo وقاتل جموع اليمن. Nowairius, rem ipsam narrans, his verbis utitur: قاد معدا كلّهم يوم حراز نقض جموع اليمن وهزمهم S. de S. Emendationem certissimam, ut plures alias, recepi.

— l. 7. السبوس, — sic codex ms., sed legendum البسوس. Sic Nowairius. S. de S. Item ceteri linguae et historiae auctores, ut Meidanius in proverbiis a Schultensio editis, s. prov. اشأم من بسوس, Thebrizius ad Hamasam pluribus locis, de quibus vid. Index nominum propriorum s. h. v., Haririus p. 218, l. 6 sqq. et p. 266, l. 2, c. schol.

— l. 10. عنبرة, — editio Sacyana in textu habet عبزة, in margine: *Vel* عنبرة; hinc in versione: *Dies Anbarae;* sed legendum esse عُنَيْزَة, constat ex Hamasa p. 211, l. 6, et p. 501, l. 6, item e Noweirio in Rasmuss. Additam. ١۴, l. 7. Et ita recte noster ipse infra p. 145, l. 9.

— l. 12. الذنايب, — Noweirius apud Rasmuss. ١١ med. et ١۴, l. 3, et Wankuli in Lexico scribunt per ذ.

— l. 14. جدّ, — forte *proavus.* Vid. Abulfed. Ann. Mosl. tom. II, p. 29 et 627, Schultens. Excerpt. ex Hamas. p. 555. S. de S.

— l. 15. واذات, — infra p. 144, l. 5, واردات, ut Noweirius apud Rasmuss. ١٣, l. 14.

— l. 4 ab inf. بحير, — legendum esse بُجَيْر, testatur Hamasa p. 251, l. 16 sqq. et Noweirius apud Rasmuss. ١٩, l. 16 sqq. Pro بوء lege بُؤْ, ut recte est in Hamasa l. l., l. 4 ab inf.

— l. penult. Cf. Rasmuss. Additam. ٩۴, et Hamasa ٢٥٣, l. 6.

— l. ult. Pronomen in جُنَاتِها et جَرّها retuli, cum Ill. de Sacy, ad بنو تغلب. Haud scio an commodius referatur ad facinus illud Bekritae, quod belli et calamitatum inde ortarum causa fuit.

Pag. 140, l. 11. ولا تَقْعَس الخ, — apud Ill. de Sacy est نفعس et in fine hemistichii حادر; ad quae in margine notavit: Vox نفعس absque dubio corrupta. Ita interpretatus sum quasi legendum foret تقعد *(requiescas)*, quam tamen lectionem pro certa non habeo; pro حادر quoque lego حاذر. — Hanc quidem

quidem emendationem, utpote certissimam, recepi; sed pro نفعن, quoniam تقعد aperte versum turbat, conservatis literarum ductibus, mutatis tantum punctis diacriticis, dedi تَقَعْنَ. Verbum وَقَعَ enim proprium est de avibus quae inhibito alarum nisu deorsum labuntur. In priore quoque versu, quod oblitus sum dicere, pro تستطيع per syncopen in hoc verbo haud raram (vid. Harir. p. 80, l. penult., c. schol.) metro jubente scripsi تسطيع.

Pag. 140. l. 6 ab inf. Vid. p. 147, l. 6 sqq.

— l. 4 ab inf. sqq. Cf. de toto hoc loco Hamasa p. 222, l. ult., et p. 223.

Pag. 142, l. 1. ذات الاصاد, — lege ذَاتُ ٱلْأَصَادِ cum Hamasa, p. 223 med.

— l. 5. فلمّا وقع بينهم, — supple الخُلْفُ. S. de S. Habes aliud exemplum locutionis ellipticae, de qua vid. nota ad p. 86 l. ult.

— l. 10. بوجد نهار, — sic dedit Ill. de Sacy ex autographo. Sed vix, puto, satis arabice. Ceteri auctores, ut Hamasa ٤٤٨ et Noweirius in Rasmuss. Additam. ٤١ et ٧. tuentur بوجه نهار, *primo die, tempore matutino*, quamquam alii, contradicente Thebrizio l. l., loci nomen esse volunt: *in Wadjhi-nehâr*. Certe sine ulla auctoritate et plane incongrue vertit Rasmussen utroque loco (p. 38 et p. 64): *adferat is mulieribus nostris faciem serenam.*

— l. 12. Accuratius vertissem sic: *Nunquam a te refugit qui ad te confugerat, neque unquam te caruit qui auxilium a te petierat.*

Pag. 144, l. 1 et 3. خزار, — Hamasa ٤٥٥, l. 4—3 ab inf. خَزَازِ seu خَزَازَى, si modo nomen idem est. Wankuli quoque خزار non habet, sed خَزَازِ et خَزَازَى, quod explicat sic: *Chazâz et Chazâza est nomen montis cujusdam, in quo Arabes iis diebus quibus incursiones ad praedas agendas suscepturi erant, mane ignem accendebant.*

— l. 8. التحالف, -- lege التَّحَلَّاقِ ex Nowairio, qui causam hujus nominis refert. S. de S. Constat tamen, التحالق plurimae esse auctoritatis; vid. Wankuli apud Meninskium s. h. v., et Hamasa ٢٥٣, l. 10 sqq.

— l. 7. عين اباغ, — cf. Hamasa ٤.١ et ٤.٢.

— l. antepen. رَحْرَحَان, — hanc veram esse hujus vocis orthographiam docet Djewharius: „Est autem *Rahrahan* nomen montis prope Ocadh: رحرحان اسم جبل قريب من عكاظ. S. de S. — De libro العِقْد (sic enim inscribitur propterea quod auctor singula capita جواهر esse voluit, quae conjuncta tamquam monile efficerent), quem noster ipse p. 146, l. 15, ab *Ibn-'Abd-rabbihi* scriptum esse dicit, haec habeo ex Hadji-Chalfa: العقد لابى عمرو احمد بن محمّد المعروف بابن عبد ربّه القرطبى المتوفّى سنه ٣٦٨ (al. ٣٢٦) قال ابن خلكان وهو من الكتب الممتعة حوى من كلّ شيء وقال ابن كثير يدلّ من كلامه على تشيّع منه *El-'Ikd, auctore Abu-'Amru Ahmed fil. Mohammedis, qui vulgo appellatur Ibn-'Abd-rabbihi, Cordubensi, mortuo A. H.* 368 (*al.* 326). *Ibn-Challikan dicit: Hic liber est ex iis unde plurima disci possunt, et varias admodum res in se continet. Ibn-Kethir dicit, e verbis auctoris intelligi eum aliquatenus Schiitam fuisse.*

Pag. 146, l. 17. حلقة, — *Halka* proprie est *annulus:* nisi apud Nowairium quoque حلقة legeretur, خلفة

خلفة i. e. *quae ad hereditatem ejus pertinebant,* emendavissem: sed videtur حلقة vox peculiaris Arabibus Hirensibus fuisse: temporibus recentioribus حلقة dicti sunt *milites praetoriani* qui apud Sultanos Aegyptiorum corporis custodiae inserviebant. حلقة legit cod. Vat. S. de S.

Pag. 146, l. 4 ab inf. الهردزان, — legendum forte *Marzebanum* (المرزبان), quae vox apud Persas summum Satrapam designasse videtur. Cod. Vat. habet هرمزان: non male. S. de S.

— l. antepen. بهرا, *Bahra* nomen est tribus Arabum (sc. Kodhaïtarum, auctore Wankulio et nostro ipso infra p. 184, l. 13), quae Christianam religionem profitebatur. Vid. *Specim. Hist. Arab.* p. 141, l. 19. S. de S.

Pag. 148, l. 1 sqq. Libri quinti initium e Cod. 101 excidit usque ad voces وان الخير p. 150, l. antepen., unde quae sequuntur scripta sunt ab Abulfeda ipso usque ad verba والنيل ينقسم ثوق بلادم عند جبل المقسم, p. 174, l. ult.

— l. 6 ab inf. ابن حزم, — sic etiam Codd. Lugd. 554 et 851, ut comperi e collatione hujus loci, quam comiter mecum communicavit Ill. Hamaker. Sed p. 164, l. 16, ab Abulfeda ipso scriptum videtur جزم pro حزم. Quum de homine ipso non constet, rem integram relinquo.

Pag. 150, l, 2. الهياكل omnino sunt magnae molis aedificia, ut templa, pyramides, obelisci.

— l. 4 ab inf. In cod. 615, quo hic solo utebar, erat وقال ازرادشت بالفارسى. Ut sententia esset integra, addidi ea quae vides, بالله يسمّى ارمزد. Eos quibus alii codices Abulfedae ad manus sunt, observantissime rogo ut hunc locum inspiciant et, quantum a vero aberraverrim, mihi indicent.

Pag. 152, l. 4. دُنْبَاوَنْد, — sic Abulfeda ipse, punctis diacriticis et vocalibus omnibus expressis. Igitur nihil mutandum fuit, quamquam in opere geographico unice commendat lectionem دُمْبَاوَنْد. Vid. quae notavi ad p. 68, l. 19. Rex Audanus in Lexico persico s. v. *Demâwend* (دَمَاوَنْد) haec habet: *Demâwend est nomen regionis et urbis, item montis in ditione urbis Rei, in quo est puteus Babylonicus* (چاه بابل, ubi duo angeli rebelles, Haruth et Maruth, artium magicarum inter homines auctores, detineri dicuntur). *In Ferhenki legitur: Mons est qui pertinet ad urbem Demâwend, in quo Dhahhâk captivus inclusus esse dicitur.* Sub v. *Denjâwend* (دَنْبَاوَنْد, sic enim legi jubet, quamquam pro Fatha primae syllabae etiam Kesram usu venire dicit) haec: *Denjâwend adhibetur ut synonymum nominis Demâwend. Est autem urbs celebris terrae Mazenderân, item mons ad hanc urbem pertinens, ubi Dhahhak inclusus est. In Ferhenki legitur: Est nomen urbis, et item montis in ditione urbis Rei, in quo est puteus Babylonicus.*

— l. 5. ركوب الكوسج, — vid. Gol. ad Alferg. p. 35 et 36, et Muradgea d'Ohsson Geschichte der ältesten Persischen Monarchie, aus seinem historischen Gemälde des Orients übersetzt von Rink, p. 41. In his libris, eodem fere loco, de ceteris quoque diebus festis Persarum alia invenies.

— l. 7. ويودع الشتاء, — proprie: *et valedicit hyemi;* sed quia homo ipse personam hyemis egisse videtur, id in versione significavi.

— l. 8. الكنبارات, — sic Abulfeda ipse, pro الكهنبارات, pers. كهنبارها. Vid. Meninskius s. h. v., Golius ad Alferg. p. 23 et 39, et, qui illum correxit, Th. Hyde in Hist. relig. vett. Persarum, p. 165, item

Rink

Rink l. l. p. 46 et 47. Ceterum ad verbum Abulfeda haec dicit: *Et ex iis* (sc. festis) *sunt El-Cunbeharath, et hae sunt variae partes dierum anni, a quarum singularum initio sunt quini dies, qui sunt El-Cunbeharath.* Impedita oratio; sed videtur id dicere voluisse, quamquam sex illae periodi in universum sic appellentur, tamen nomen proprie dici de quinis diebus festis qui illarum singulas auspicentur. Ad voces فى كلّ واحد possis subintelligere aut الايّام, aut الاقسام; prius sensisse videtur Abulfeda, quoniam in fine dicit فى ستّة ايّام; sed numerus et res ipsa postulant الاقسام: *intra unamquamque illarum periodorum* et *intra sex priodos.*

Pag. 152, l. 12. أَلْلُنْ, — in autographo est اللُّنْ.

Pag. 154, l. 6 ab inf. من تاريخ ابن القفطى, — de hoc viro et libro interponam disputationem quam ab amicissimo Flügelio, harum rerum scrutatore, accepi: „Casirius, Bibliothecae Arabico-Hispanae Escurialensis auctor, in prima Catalogi sui parte, multa dedit e libro depromta, quem, cum auctoris nomen nusquam appareret, in universum Bibliothecam philosophorum appellare placuit. Cum Vindobonae versarer, ad manus venit codex ms., sub N° 105 in Biblioth. Caesareo-Regia asservatus, qui, auctoris nomine non minus omisso, sic inscribitur: تاريخ الحكماء من كلّ قبيل وامّة قديمها وحديثها على ترتيب حروف هجائية, *Historia philosophorum ex quavis tribu et gente, et antiquioribus et recentioribus, in ordinem alphabeticum redacta.* Qui in Catalogo Biblioth. l. l. libri auctor appellatur, Schehristani, is haud dubie, quod Hadschi Chalifa diserte dicit, similem historiam scripsit, nec tamen hic liber ejus nomini tribui potest, cum nonnulli philosophi in eo commemorentur, qui post illius mortem vixerunt. Re accuratius considerata, facile intellexi, codicem illam ipsam bibliothecam continere, qua usus est Casirius. Textum impressum contuli, et, reliquis trecentis paginis descriptis, mihi videor probare posse, Casirium haud ita diligenter et judicato in locis excerpendis versatum esse. Saepe non recte legit, multa omisit quae, ceterorum ratione habita, minime omittenda erant, neque vitas integras dedit, sed haud raro ex ingenio et pro arbitrio suo nova confinxit. Jam vero opportune contigit, ut Rev. Hoeck, Academiae Orient. Praepositus, pro illa, qua apud omnes celebratur, liberalitate, Manuscriptorum bibliothecae clarissimae, quam Raghib Pascha Constantinopoli collegit, catalogum mecum communicaret, in cujus fine notae copiosiores de nonnullis illius bibliothecae codicibus reperiuntur. Earum una inscripta est تاريخ الحكماء, addito etiam ab eo, qui catalogum confecit, codicis initio: الحمد لله الذى خلق الكلّ وعالم كلّما قلّ وجلّ, (Catal. perperam: وعالم الفاقل). Ex his et nonnullis aliis, quae de argumento totius libri adjuncta sunt, protinus apparuit, eundem hunc librum, de quo quaerimus, designari. Jam igitur nec de auctoris nomine amplius dubitabimus, cum nota illa diserte doceat, eum appellari جمال الدين ابو الحسن القطى (l. القفطى) الوزير. Huc accedit quod, quae Abulfeda h. l. ex illa historia Koftii excerpsit, omnia verbotenus cum textu codicis Vindobonensis congruunt. Abulfaragius eundem librum tam cupide in usum suum vertit, ut totas inde paginas mutuatus sit, ut in Hist. Dynastiarum pp. 355, 452, 462. — Addamus nunc vitam illius Veziri Halebensis, depromtam ex libro الوافى بالوفيات, quem composuit Selah-ed-dîn Chalil Ben-Ibek Es-Safedi, mort. A. H. 764. وفيها (يعنى السنة السادسة والاربعين والستمائة) توفّى الوزير على بن

يوسف بن ابرهيم بن عبد الواحد القفطى المعروف بالقاضى الاكرم وزير حلب احد الكتّاب المشهورين المبرّزين فى النظم والنثر مولده سنة ستّين وخمس مائة وكان يقوم بعلوم اللغة والنحو والفقه والحديث وعلوم القران والاصول والمنطق والنجوم والهندسة والتاريخ وكان صدرا محتشما كامل المروّة جمع من الكتب ما لا يوصف وقصد بها من الآفاق وكان لا يحبّ من الدنيا سواها ولم يكن له دار ولا زوجة واوصى بكتبه للملك الناصر صاحب حلب وكانت تساوى خمسين الف دينار وله حكايات عجيبة فى غرامه بالكتب منه (sic) انّه وقع له نسخة مليحة بكتاب الانساب لابن السمعانى بخطّه يعوزها مجلّد من اصل خمسة (جنسه .l) فلم يزل يبحث عليه ويطلبه من مضانّه (مظانّه pro) فلم يحصل له فبعد ايّام اجتاز بعض من يعرفه بسوق القلانسين فوجدوا (فوجد .l) اوراقا منه فاحضرها اليه وذكر القصّة فاحضر الصانع وسأله عنه فقال اشتريته فى جملة اوراق وعملته قواليب للقلانس فحدث عنه من الهمّ والغمّ والوجوم ما لا يمكن التعبير عنه حتّى انّه بقى ايّاما لا يركب الى القلعة وقطع جلوسه واحضر من ندب على الكتاب كما يندب على الميّت المفقود المؤيس منه وحضر عنده الاعيان يسلّونه كما يسلّى من فقد له عزيز والحكايات الدالّة على عشقه الكتب الكثيرة (كثيرة .l) وهو اخو مؤيّد الدين بن القفطىّ ومن شعره

صِدّانِ عندى قَصَرَا هِمّتى — وَجْهُ حبيبى ولسانٌ وقاحْ
إِنْ رُمْتُ أَمْرًا خاننى ذو ٱلْحيا — ومِقْوَلٌ يُطْمِعنى فى النجاحْ
فأنثنِى فى حيرةٍ منهما — فى مِخْلبِ ماضٍ وما لى جناحْ
شِبْهُ جبانٍ فَرَّ مِنْ معركٍ — خوفا وفى يُمْناه عَضْبُ الكفاحْ

وله من التصانيف كتاب الضاد والظاء ، كتاب الدرّ الثمين فى اخبار المتيّمين ، كتاب من الوت الايّام عليه (اليه ?) فرفعته ثمّ التوت عليه فوضعته ، كتاب اخبار المصنّفين وما صنّفوه ، كتاب اخبار النحويّين ، كتاب اخبار مصر من ابتدائها الى ايّام صلاح الدين يوسف ستّ مجلّدات ، تاريخ العرب ، تاريخ اليمن ، كتاب اصلاح خلل صحاح الجوهرىّ ، كتاب الكلام على صحيح البخارىّ ، تاريخ محمود بن سبكتكين وبنيه ، تاريخ السلجوقيّة ، كتاب الايناس فى اخبار آل مرداس ، كتاب الردّ على النصارى ، مشيخة تاج الدين الكندىّ ، كتاب نزهة الخاطر ونزهة الناظر فى احاسن ما نقل من ظهور الكتب .

Eodem anno (sexcentesimo quadragesimo sexto) mortuus est Ali Ben Jusuf Ben Ibrahim Ben Abd-el-Wâhid El-Kofti *), qui El-Kadhi El-Ekrem (Judex generosissimus) appellari solet, Vezirus Halebensis,

*) Ex iis quae sequuntur, ubi noster El-Kofti frater Muajjed-ed-dini Ibn El-Kofti dicitur, apparere videtur, Abulfedam non sine causa Ibn El-Kofti posuisse. Sed tamen Hadschi Chalifa, Safedi aliique (Abulfaragius utrumque admittit) eum constanter El-Kofti nominant. Igitur omnino id tenebimus, eum e gente Coptica originem duxisse.

Halebensis, scriptorum celebriorum, oratione et poëtica et prosaïca excellentium, numero adscribendus. Natus est seculi prioris anno sexagesimo sexto. Disciplinas lexicales, grammaticas, canonicas, traditionales, coranicas, metaphysicas, logicas, astronomicas, geometricas et chronologico - historicas perfecte tenebat. In persona ejus summa erat dignitas, in moribus honestas. Libros collegit innumeros, iique ut ex omnibus regionibus ad se deferrentur mandavit. Praeter eos nulla re terrestri delectabatur. Nullam domum sibi propriam habuit, nullam uxorem. Heredem bibliothecae, cujus pretium quinquaginta millia aureorum aequabat, scripsit El-Melikum En-Nàsirum, Halebi dynastam. Mira narrantur de viri (ut ita dicam) bibliomania. Velut aliquando elegans exemplar libri Genealogiarum, quod ipsius auctoris Ibn-Es-Sem'àni manu scriptum erat, ad illum delatum est. Sed deerat fasciculus ex ea parte libri qui de ipsius nostri stirpe exponebat. Hinc El-Kofti folia illa deperdita, ubicunque forte inveniri possent, studiosissime quaerere et investigare; sed frustra. Aliquanto post homo, qui Vezirum noverat, quum forte forum calanticarium transiret, nonnulla libri folia reperit, ea Veziro attulit et rem, ut erat, narravit. Protenus El-Kofti opificem arcessit et de foliis sciscitatur. Respondet homo, se illa cum multis aliis emisse, cetera autem ad modulos calanticarum adhibuisse. Hac vero re audita Vezirus tanta molestia, tanto dolore ac moerore affectus est, quantus verbis declarari nequit. Per plures dies principis officium, ad quem equo in arcem vehi solebat, intermisit, et, justitio edicto, arcessivit qui librum illum instar hominis, quem periisse constat et de quo recuperando jam desperandum est, naeniis et planctu prosequerentur. Optimates quoque civitatis ad eum venerunt eumque perinde ac si familiarem sibi carissimum amisisset, consolati sunt. Feruntur omnino narrationes permultae e quibus, quantum ille librorum studiosus fuerit, intelligitur. Frater erat Muajjed-ed-dini Ben El-Kofti. Versuum nostri specimen hoc est:

Sunt apud me duo inter se pugnantia, quae efficiunt ut id quod studiosissime appeto, non consequar: amasii mei facies et lingua procax.

Cum aliquid molior, illa pudoris plena me frustratur, dum haec dicacissima prosperi successus mihi spem facit.

Hinc consilii expers recedo, ungue quidem acuto armatus, sed alis destitutus;

Haud secus ac miles ignavus qui prae metu ex acie fugit, dum dextra gladium mavortium tenet.

Jam sequuntur nomina aliquot librorum quos noster scripsit: quae quum per se facilia sint intellectu, ea non verti. Poteram equidem plures libros, quos vir impigerrimus composuit, ex bibliotheca Hadschi Chalifae addere; sed eorum recensus hujus notae modulum excessisset. Ceterum cf. Abulfarag. Hist. Dynast. p. 520, et Biblioth. orient. d'Herbel. s. v. *Cofthi*, p. 270."

Pag. 156, l. 8. تحيل, — sic Abulfeda ipse in C. 101. Nec certius quidquam dat C. 615. Igitur meo periculo legi تخييل, et intellexi eam vim animi qua quis nova et incognita excogitat. Ita etiam de poëtis, ut Latifi in historia et censura poëtarum turcicorum, Cod. Dresd. 83, f. 31 r. de 'Aschiq-Pascha: اما نظمی اونقدر نازك ورنكين دكلدر زيرا اهل الله نظمنده قبول خلق ايچون تصنع وتخييل قصد ايدوب افتخار

افتخار واشتهار ايچون تزيين الفاظ مراد ايدنمزلر, *Sed versus ejus haud ita elegantes et expicti sunt, quia viri rerum divinarum studiosi non sunt ii qui, ut multitudini placeant, artificia et phantasiae commenta sectentur et gloriolae causa verborum ornatum anquirant.*

Pag. 156, l. 15. انطونينوس, — Abulfeda ipse bis انطونيثوس.

Pag. 158, l. 6. Locum inde a قال البيروني usque ad في كلام العرب, l. 8, etsi non est in autographo, tamen, quia verum docet, e Cod. 615 recepi.

— l. 10. كتاب خير البشر بخير البشر, — sic dedi e C. 615, nam Abulfeda solum ب et ش in voce بشر bis plene scripsit, cetera puncta diacritica omisit. Aliunde nihil de libro comperi. Sed quum nomen significet *Laetitiam perfectissimam de mortalium perfectissimo*, i. e. Mohammede, hinc de argumento propemodum constare poterit.

— l. 14. وظيفة, — Abulfeda ipse per commutationem vulgarem وضيفة, quod correctum est in C. 615. Erravi autem in vertenda voce البطالة, quae, ut patet ex iis quae sequuntur, hic significat *otium, rerum seriarum cessationem.* Scribe igitur: *Sed vitam otio, ludis et deliciis transigere praecipit.*

— l. 14 sqq. Vide Gen. XXXVIII, 13—26, XXXV, 22, XXXVII, 2 (nam quae noster habet de commercio filiorum Jacobi cum uxoribus patris, nata sunt ex hujus loci interpretatione), et XXX, 14—16.

— l. 4 ab inf. Abulfeda, ne ambigua esset oratio, nomina propria posuit, ubi pronomina ponenda erant. Enimvero scripserat primum عندها, sed perspicuitatis causa id in عند راحيل mutavit. — Praepositio ب in بنوبتها est باء الثمن, et pendet ab اشترت. Ad verbum: *Et emit Rahel a sorore sua et lecti conjugalis participe Lea pernoctationem filii Leae, qui erat Ruben, apud Rahelem, ut subigeret ipsam, pro vice sua* (sc. Rahelis) *a Jacobo, ut pernoctaret* (sc. Jacob) *apud Leam*, i. e. illum cum Rubeno concubitum ita a Lea stipulata est, ut huic cederet concubitum Jacobi, qui ipsi (Raheli) tunc forte e vice debebatur.

— l. ult. بدأ, — insolito vocis بدأ significatu, ut fere بدع de rebus novis in religione ponitur.

Pag. 160, l. 1. De Mo'thazelitis, Mudjbiritis et Muschebbihitis vid. Ill. de Sacy Chrest. arab. I. p. 351 sq. et p. 325, not. 56. Ibi etiam, p. 325—6, hunc ipsum locum versum video; unde intelligo, me l. 20 falso posuisse *doctrinam ejus* pro دعواه, quum دعوته in mente haberem; scribe igitur: *ea quae de se praedicabat.* Sed in eo meam sententiam tueor, quod l. 10 non legi بنبوته (de Sacy: *le don de prophétie*), ut C. 615 habere videtur, (nam Abulfeda ipse sine punctis بنوته), sed ببنوته, quae vox absolute ponitur de natura filii Dei. — Huc omnino faciunt omnia ea quae Vir Illustrissimus in aureo illo libro dedit de institutis et sectis Judaeorum et Samaritanorum, quae quum in omnium manibus sint, singula non enotabo.

Pag. 162, l. 8. التبريك, — scil. a Judaeis arabice loquentibus; nam hebraice dicitur שמחת תורה. Vide L'Art de vérifier les dates (Edit. 1818) p. 228, ubi in Fastis judaicis cetera quoque poteris cum nostris comparare.

Pag. 164, l. 16. ابن حزم, — vide quae supra notavi ad p. 148, l. 17.

— l. 19. المفتين, — sic ipse Abulfeda per syncopen, quam etiam animadverti p. 68, l. 11, ubi C. 101 pro المغتبين habet المغنين. — C. 615 plene المفتيين.

Pag. 164, l. 4—3 ab inf. كتاب نهاية الادراك الخ, — de hoc libro res impedita. Exstat opus hujus nominis, cujus auctor est Kotb-ed-dîn Mahmûd Ibn-Mes'ûd Schirazenus, qui العلّامة الشيرازى appellatur, quo saepe utitur Golius ad Alferganium, ut p. 13 et p. 28. Vid. Herbel. s. v. *Schirazi*, p. 788. Sed El-Chiraki noster (nam sic legendum esse, docet Hadji-Chalfa: الخِرَقى بكسر المعجمة وفتح المهملة وبعدها قاف منسوب الى خِرَقه [al. خِرَق] قرية من قرى مرو), qui pleno nomine est *Schems-ed-dîn Abu-Bekr Mohammed Ibn-Ahmed Ibn-Abi-Bescher* المَرْوَزى المعروف بالخِرَقى, mort. A. H. 533, composuit quidem opus ejusdem vel similis argumenti, sed nomen differt: منتهى الادراك فى تقاسيم الافلاك. Sic Hadji-Chalfa. Itaque litem hic et noster ipsi inter se componant.

— l. penult. الاجتماع, — quae sit haec conjunctio, Astronomiae peritos rogo ut me doceant.

— ult. Post راس صومهم C. 615 hunc locum interponit: ثمّ وجدت ضابطا لراس صومهم اصحّ ممّا ذكر وهو ان ينظر الى الدغ (?) وهو سادس كانون الثانى فى اىّ شهر هو من الشهور العربيّة ثمّ ينتقل الى سابع عشرين الشهر العربىّ الذى يليه من حين رؤية الهلال فان كان يوم الاثنين فهو راس صومهم والّا فاىّ اثنين كان اقرب اليه قبله او بعده فهو راس صومهم, *Postea inveni aliam rationem, initium jejunii eorum certo tempori adstringendi, quae illa, quam modo indicavi, verior est. Est autem haec, ut primum videas, in quem mensium arabicorum incidat El-dagh* (?), *i. e. dies sextus Canuni posterioris* (Januarii); *deinde transeas ad diem septimum et vigesimum ejus mensis arabici qui illum sequitur, ita ut tempus subducas a prima lunae apparitione; quodsi hic dies forte erit dies Lunae s. feria secunda, is ipse faciet jejunii initium; sin minus, dies Lunae ei proximus, sive ante eum veniet, sive post eum, jejunium auspicabitur.*

Pag. 166, l. 18. الفنطى قسطى, — Abulfeda ipse hic et p. 168, l. 3, falso scripsit فسطى per ف.

Pag. 168, l. 14. الثغور, — proprie claustra s. pylae Amani, vel urbes munitae in confiniis Ciliciae et Syriae sitae. Sed est nomen totius provinciae quae et cis Amanum et trans eum satis late patet. Vid. Gol. ad Alferg. p. 125, et Koehl. Tab. Syr. p. 30 et 31, it. in Addendis et Corrigendis ad p. 32.

— l. 15. Nescio quid aliud agens Abulfeda bis سليس scripsit pro سيس, ut constanter est alibi. Vid. Gol. ad Alferg. p. 266 et p. 291—2, Koehl. Tab. Syr. p. 1—2 et p. 69, Ibn-El-Wardi ed. Hylander, p. 100.

— l. 5. ab inf. شرقى, ita C. 101 e correctione Abulfedae ipsius. Primum شمالى, quod etiamnum habet C. 615.

— l. penult. De Bordjaniis vide quae notavi ad p. 90. l. 19.

Pag. 170, l. 11. Immanis est error de situ Romae, immanior etiam in Cod. autographo, ubi desunt voces عبيلة الى المشرق, quibus in Cod. 615 res paullulum emollitur.

— l. 14. الباشقرد, — quid hac gente faciamus, quae pro auctorum lubitu modo inter Constantinopolin et Bulgariam, ut apud Jakuthum, Not. et Extr. II, Clim. 7, No. 1, modo, ut apud nostrum, inter Alamannos et Francos collocatur? Addamus tertium: quid si Bascos seu Biscajos esse dixerim, qui inter Gallos et Hispanos sedent?

Pag. 172, l. 10. وربّما يوقع الوهم, — hunc locum vix recte a me redditum esse, scio; sed quomodo melius vertam, nescio. Igitur tu pro me videbis.

Pag. 178,

Pag. 178, l. 6. Alcor. Sur. 26, v. 128 et sq. Hunc locum ita interpretatur Beidhawius: [اتبنون بكلّ ريع أية] عَلَما للمارّة [تعبثون] ببنيانها (al. ببنآئها) اذ كانوا يهتدون بالنجوم فى اسفارهم فلا يحتاجون اليها او بروج لحمام او بنيانا يجتمعون اليها للعبث بمن يمرّ عليهم او قصورا يفتخرون بها [وتتخذون مصانع] ماخذ الماء وقيل قصورا مشيّدة وحصونا [لعلّكم تخلدون] فتحكمون بنيانها [واذا بطشتم] بسَوْط او سيف [بطشتم جبّارين] متسلّطين غاشمين بلا رأفة ولا قصد تاديب ونظر فى العاقبة S. de S.

— l. 15. انّ موسى, — in margine codicis 615 aliquis adscripsit: لا موسى بل ساموعيل, *non Moses, imo vero Samuel.* S. de S.

Pag. 182, l. 13. عمران, — Codex Sangermanensis habet عمرا: male. In cod. Vat. et regio 615 bene legitur عمران. S. de S.

Pag. 184, l. 3—7. Has lineas omittit codex regius 615, nec agnoscit codex Vat. S. de S.

— l. 12. Djewhari: بلىّ قبيلة من قضاعة والنسبة اليهم بلوى. S. de S.

— l. 16. بثنية, — de vera lectione subdubito. In cod. Sangerm. ita scriptum videtur; aliorum codicum incerta est lectio. S. de S Vide de hac Palaestinae regione quae notavi ad p. 26, l. antepen.

Pag. 186, l. 1. تفرّقوا ايدى سبا, — vid. de re et locutione Gol. ad Alferg. p. 87 et Harir. p. 171, c. schol.

— l. 5—6. Sic legitur in cod. Sangerm. At cod. regius 615 ita habet: هو كعب بن عمرو بن لحى بن حارثة بن عمرو مزيقيا بن عامر بن حارثة بن امرء القيس بن ثعلبة بن مازن بن الازد وقد تقدّم ذكر عمرو مزيقيا فى الفصل الرابع — et sic scripsisse Abulfedam pro certo habeo. Saltem vox بن delenda inter عمرو et مزيقيا, quam non agnoscit Cod. Vat. S. de S. Nam hanc voculam cod. Sangerm. bis falso ponit l. 5. Igitur delevi. Locum quem noster dicit in libro quarto, est p. 116, l. 18 sqq.

— l. 11. اخسر من ابى غبشان, — vid. de hoc proverbio Meidanius a Schultensio edi coeptus p. 201.

— l. 13. Ill. de Sacy hemistichium posterius sic verterat: *manebat vero aedes sacra, et ille qui alta voce clamabat.* Sed quum a Viro Illustrissimo ipso didicerim, ظلّ, ubi significationem manendi habeat, ut alias *sorores vb.* كان, semper adsciscere Accusativum vel Aoristum, qui id indicet quod vel in quo quis maneat, et praeterea النادى, ubi ad Meccam refertur, solennem habeat significationem comitii in quo res publicae agebantur: versionem ita mutavi ut vides. Vox ظلّ sensu translato accipienda est de tutela, ut in Meidanio a Schultensio edi coepto, p. 195: اَجْعلْه لنا مَفْزعا نلجأ اليه ونسكن الى ظلّه, et in Haririo, p. 3: لا تُضحنا عن ظلّك السابغ, ubi cf. schol. المقام autem erit مقام ابرهيم, de quo vid. supra p. 26, l. 7.

— l. 6 ab inf. Ut Paronomasia in verbis استقرّت et قرّت aliquo modo redderetur, paullo liberiorem paraphrasin adhibui. Ceterum استقرّت بها النوى proprie significat اقرّتها النوى, *terminus itineris* (nam نوى gen. foem. etiam est الجهة المنوية, Schol. Harir. p. 171) *ei requiem dedit*, ut saepe استقرّ به المكان et similia.

Pag. 188,

Pag. 188, l. 8. In cod. regio 615 hic versus ita legitur: رام من بنى ثعله يخرج نفسه من ستره. Codex Vaticanus illum omittit. S. de S. Metrum in utroque hemistichio aequabile: ‒ ⏑ ‒ ‒ | ‒ ⏑ ‒ ⏑ | ⏑ ‒ |, lectionem cod. Sangerm. veram esse demonstrat. Vocem ثعله lege ثُعَلَهْ, ita ut ه sit هاء الوقف, vocali in exitu Genitivi ideo subjunctum, quod e metri ratione vehementior vocis ictus in eam cadit.

— l. 9. Verba inde a ومن بنى ثعل usque ad زيد الخير ab Ill. de Sacy e cod. regio 615 et Cod. Vat. seorsum enotata in textum recepi.

— l. 14. هولا عشيرتى, nolebat scilicet dicere: *Sunt filii mei et nepotes*, ne ita invidiam moveret, oculique maligni fascinationes in eos provocaret. S. de S.

— l. 18—19. Quae uncinis inclusa sunt, non habet cod. regius: in cod. Vat. leguntur, ut et in cod. Sangerm. S. de S.

Pag. 190, l. 2. نوبة وقعة الحرة, — vid. Abulfedae Ann. Mosl. tom. I, p. 394 et 396. S. de S.

— l. 14. In cod. regio legitur حرام pro حزام. S. de S.

— l. 6 ab inf. فمن عاملة عدى بن الرقاع الشاعر, — haec verba absunt a cod. Sangerm. In cod. regio, ut et in Vatic. leguntur. S. de S.

— l. ult. et sq. Quae uncinis inclusi, in margine cod. Sangerm. scripta sunt, quia ab eo qui haec folia scripsit omissa fuerant: sed margine ab eo resecta qui librum compegit, vox una videtur excidisse: itaque legendum credo الله تعالى امره. (Et ita ego scripsi. F.) In cod. regio 615 ita legitur hic locus: من هاجر ومن ابنها اسمعيل وان الله تعالى يتكفله — sed non est dubium quin aliquid omissum fuerit. Codex Vatic. haec omnia omittit. S. de S.

Pag. 192, l. 2. بموضع, — Ill. de Sacy e cod. Sangerm. scripsit مع الحجر, sed in margine notavit, in utroque codice regio et Vaticano legi بموضع الحجر. Inde ego recepi. Sed nunc vellem me scripsisse موضع sine praepositione, casu quarto, quod doctius est, et haud dubie per مع illud solito scribendi compendio significatur.

— l. 3. وكان عمر اسمعيل, — in cod. regio legitur: من كتب اليهود وكان عمر اسمعيل. Cod. Vat. haec verba, من كتب اليهود, haud agnoscit. S. de S.

— l. 14. Accuratius verte sic: *Diceres, El-Hadjunum inter et Es-Safam nunquam hominum quemquam versatum esse* (sc. tanta est horum locorum solitudo), *nec Meccae ullum unquam fuisse confabulationum* etc.

Pag. 194, l. 17 et 18. Quae uncinis distinxi, in cod. regio 615 non leguntur. Codex Vatic. post ابوه addit شداد — haud male. S. de S.

Pag. 196, l. 16. وبنوا الحارث, — haec verba addit Cod. reg., eademque habet cod. Vatic. Sic etiam legit Pocock. Spec. Hist. Arab. p. 50. S. de S.

Pag. 198, l. 2. العشرة, — vid. Ann. Mosl. tom. I. p. 245. S. de S.

— l. ult. الغيداق, — sic Pocockius, Spec. Hist. Arab. p. 52, l. 13. Codex ms. legit الفيداق, *Faidakum.* S. de S.

— l. 15. In cod. reg. 615 legitur وصاروا يبتدرون ويتساقطون. S. de S.

FINIS NOTARUM.

INDEX

INDEX NOMINUM.

ا

الرُّو,

ب

ت

تاريخ

ابن

*) نوح illud, quod 16, 18, ante بن حام e Cod. 615 dedi, sine dubio falsum est. Alter codex habet قوط, quod fortasse primum fuit فوط, פוט, Gen. 10, 6, deinde ad similitudinem nominis قبط detortum in قوط.

---

*) Quod in notis dixi, legendum esse كندر, id necessarium non est. Rex Andanus in Lex. pers. dicit, كُنْدُزْ esse nomen urbis a Djemschido conditae, ubi Feridun sedem regni habuerit, quam Arabes قندز appellent; كُنْدِزْ, e كهن دز contractum, significare veterem arcem, atque etiam nomen esse urbis in Turania a Feriduno conditae, quae hodie بيكند appelletur; كَنْدَرْ autem significare omnino urbem vel civitatem, et praecipue urbem quandam Chorasanicam. In charta geographica quam Ill. Malcolm operi de historia persica adiunxit, inter Oxum et Bedachschaniam reperies regionem *Koondeez*, in eaque urbes *Mushud*, *Buglan* et *Kailgur*.

*) Rex Audanus in Lex. pers. veram nominis formam esse aït كَيُومَرْث, *Ghejumreth*, sed recentius efferri per Kaf arabicum ab initio et th blaesum in fine: كَيُومَرْث. Cf. خيومرت.

*) Hoc cognomen Ptolemaei I apud Arabes ortum esse e falsa lectione *ὁ του Λογου* pro *ὁ του Λαγου*, jam anteа suspicatus eram, et confirmavit hanc conjecturam Ill. Hamaker literis suis, ubi sibi de eadem re in mentem venisse aït.

FINIS INDICIS NOMINUM.

INDEX LEXICALIS ET GRAMMATICUS.

ا

أتى بالخليج الى موضع كذا, 100, 20.

أتى على الشيء, 182, 17, et not.

آخذ الى موضع كذا, 168, 16.

أدّى الاناوة لغيره, 102 penult. 104, 14, ubi tamen C. 615 ادّى absolute ponit sine الاتاوة.

أستان, 28, 16.

أكّد عليه, 94, 18.

أكل القوىُّ الضعيفَ, 130, 7 et 6 inf.

إلّا seq. praeter., in adjurando, 32, 13 et 14.

إلّا cum iis, quae inde pendent, positum ante id, unde fit exceptio, 124, 12, poët.

الآن adv. temp., post substant. determ., vice adjectivi fungens, 12, 17.

الذان et الذين pro اللذان, 120 penult. et ult. 48, 1, et not.

اللاى, plur. foem. vocis الّتى, 90, 4 et 6.

ألا cum negat., ccga. 146, 4 inf.

إمّا أنْ — وإمّا أنْ —, *aut* —, *aut* —, prius cum Aor. conjunct., posterius cum praeterito de re certe eventura, 134, 13.

أنْ post comparativum per ellipsin praepos. عن, 14, 23. (Sic etiam 2, 1, in C. 615 عن post علا elegantius abest).

أنّ pro أنْ, de re futura aut facienda, 86, 10 et 11.

إنْ negat., pleon. post مَا, seq. praeter., 118 ult. ex poëta.

أوْ seq. Aor. conjunct., i. q. إلّا أنْ 134, 6, et not.

أُوَل, plur. v. أوّل, 152, 5 inf. 180, 15.

تأوّل قول غيره, 60, 15.

أىّ seq. Genit. indetermin., pro أيّما.

آية, 16, 6.

ب

بِ praepos. Singularis ejus usus post بعد, 6, 23, et not.

باءَ الملابسة, 56, 4, et not. 76, 9.

باءَ الثمن, 158, 21, et nota.

الباب, Papa, 170, 11.

البدأ, 158 ult., et not.

ابتدى pro ابتدأ, 42, 4 et 5. 56, ult. 58, 1 et 18. 150, 8.

بدلة, 16, 7 ab inf., et not.

برّت يمينه, 144, 4, et برّ فى يمينه, 28, 3.

تبرّز, 96, 10.

بسط يده بالقتل, 68, 11.

انبسطت يده, 76, 2.

البشر pro البشريّون, 148 antepen.

بطرك i. q. بطريق, 112, 12.

امرأة بغىّ, 32, 10.

ابقى cca. i. q. بقّى, خلّف, 116, 3.

بلبل الله السنتهم الى لغات شتّى, construct. praegn., confudit vel turbavit Deus eorum linguas (non linguam, ut verti; est enim h. l. ipsum vocis edendae instrumentum intelligendum), ut diversis dialectis loquerentur.

تبنّى cc. ب p., 120, 4 inf., et not.

البنوّة, 128, 13. 160, 10, et not. 164. 1.

ما بين pro فيما بين, 108 penult.

بين البصرة الى مكّة, 144, 3.

ت

ترك غيره يفعل كذا, signif. recent. pro جعله يفعل كذا, امره ان يفعل كذا, 34, 4 inf. (cf. nostrum: *Einen etwas thun lassen*).

تانّى

تَالِيَ seq. Genit., i. q. بَعْدَ, عَقِيبَ, 168, 2 et 3.

ث

مَثْبُوث pro مُثْبَت, 8, 12. (cf. مضمون, مفسود).

المثلّثات, 4, 10.

اثنان pro يوم اثنين, 164 penult.

ج

جَبَرُوت pro تجبُّر, 68, 7.

اجترى pro اجترأ, 98, 10.

الجسمانيّون, 148 antepen.

مجلّدات, plur. v. مجلّد, volumen, constr. c. numeris masculinis, 2, 11, 12, 14, 17.

الاجتماع astron. quid? 164 penult. et ult.

الجوامع, 108, 16, et not.

جمايع i. q. جموع, 146, 8.

جمهرة i. q. جمهور, 98, 18.

اجاز ccap. et الى r., 140, 3.

جوف pro بطن, de utero materno, 82, 5 inf.

جاء pro صار, 12, 7.

جاءت بولد, i. q. ولدته s. وضعته (angl. *to bring forth a child*).

ح

حَجَر foem., ubi habet vim nom. unit., 74, 2 et 4. (Itaque C. 615 l. 4 pro لحجر habet الحاجرة).

احدثوا للحوادث في الدين, 148, 5 inf. احدث في ثيابه, 30 penult.

احدث في الكنيسة, 200, 4.

تحرّز على نفسه, 40, 17.

تحرّك cc. ب r., 180, 6.

حسب pro حَسْبًا, i. q. فقط, 80, 15, et not.

محصّل (verti quasi legendum esset محصَّل: falso; lege محصِّل et verte: *summam annorum non accurate definit*) 4, 10.

احضر كتابا بغيره, 34, 24, et not.

محضر: — بمحضر من فلان, 164, 4.

حَلَبَ ccga., 124 penult. e poëta (ubi etiam constr. vulg. ccar. quae mulgendo exprimitur, et من ejus cui exprimitur). N. Act. حَلَبٌ ibid.

حَلْقة signif. pecul., 146, 17, et not.

حَمَلَ ccap. quam aliquis in navem suam recipit secum vehendam, q. d. φορτίζεσθαί τινα, 16, 7 et 8.

تحمّلت به, 62, 9. it. cc. من viri, 76, 13.

حمى موضعا على غيره, 138, 2.

حينئذ tum, i. e. ea re posita vel admissa, 4, 19.

حَالٌ: — عادت الاحوال الى احسن حال, ad verbum: redierunt res miserae ad rem unam optimam, 86 ult. Hunc pluralem, qui, ut الامور, الخطوب et alii similes, de rebus gravibus, aerumnarum et periculorum plenis, usurpari solet, vide etiam 118, 5 inf.

حاول مُلْكًا, 124, 4 inf. 134, 6, et not.

خ

ابن الخبيثة, ut ولد الزناء, turc. اروسپى اوغلى, de homine nequam.

اختبى pro اختبأ, 94, 12.

خَرَجَ الى العرقِ, i. q. نَقِلَ, 156, 1 et 5.

استخرج العودَ, 82, 15.

أخرم pro خرمَ, 138, 6.

اخسر من ابى غبشان, prov., 186, 11.

خَلَلٌ, 132, 17, et not.

تخلّص cc. الى loci, sign. praegn., 150 penult. et ult.

خالفَ بين اسباطهم, 56, 3.

اختلف بين كذا وكذا, 186, 4. 192, 6.

المال المتخلّف عن فلان, 42 antepen. (عن, quatenus fortunae mortuum non sequuntur).

أخلاف جهة الغبار, 144, 12.

تخيّل, 156, 8, et not.

خيّم البحر, 118, 5, e poëta.

د

دابّة من دوابّ البحر, 196, 4 inf.

التدبير, regimen animi et vitae, 108, 21.

دخل cc. ب mulieris, 120, 14.

دَرَجَ

دَرَجَ, sine prole mortuus est, 198 ult.

ادرك زمنَ غيره etiam de eo qui serius vixit, 156, 15.

الدهر in locut. على وجه الدهر, 148, 5 inf.

مدار المذهب, 148, 4 inf.

اتى دونه الاجلُ, 184, 8, e poëta.

ديـن de eo quod summa religione colitur, tamquam religionis arx, 200, 10.

ذ

ذَرِيعٌ (قَتْلٌ), 142, 15.

ذهب له de re quam aliquis amisit, 20 ult.

ذاتُ بيننا (rectius verte: *non obstante ea necessitate quae inter nos intercedebat;* nam ذات per بيننا determinatum est, ideoque non de re aliqua in universum accipi potest), 126, 6.

ذات عقارب, 128, 6 inf. e poët. Vid. not.

ر

الرُّبُوبِيّة, 100, 15 et 18.

ارتجع ccar., 46, 20. 198, 15.

ترجمة, 52, 20.

رَجِّي, de homine, 184, 8.

تردّى cc. فى fossae, 88, 3.

ترضّى ccap., 70, 22.

ركب فى السفينة, 16, 11.

مركّب على اعمدة, 38, 25.

راح يضربهم, 124, 11 (Vb. راح denotat, rem impigre et alacriter fieri, ut N. Act. الرواح أليه, 56, 1).

الروحانيّون, 148 antepen.

راودته عن نفسه, 28, 18 et 20. (Uterque Cod. l. 18 falso نفسها, sed recte l. 20 نفسه).

ز

زوّجها منه, eam illi nuptum dedit, 26, 10.

زوّجها من ماله, 90, 5.

زىّ, mores, vivendi ratio, 170, 12. (Cf. *costume* = *coutume*).

س

سائرًا, ut جميعًا, كافّةً, 76, 7.

سابقَ مع فرس غيره, 140 penult. 142, 4.

تسابقوا cc. ب equorum, 194 penult.

سرذاب pro سرداب, 160 ult.

ساقِطُ البيت, 50, 2.

أسلمه عند غيره, 86, 8.

سليحى, 166, 5 inf. a syr. ܣܠܝܚܐ.

سياقة ذكر مُلْكه, i. e. سياقة مُلْكه, سياقة الاقاويل البرهانيّة 74, 12. 108, 17.

ش

شَرَفَ ccap. 124 penult.

شِرْكته pro شركاؤه, 110, 11.

لم يَشْعر الّا ب, 94, 11.

يَشْتغل عليه, 154, 16.

شفعَ الى فلان seq. أنْ c. Aor. conjunct., 70 penult.

شُقَّ عنه impers., 106, 5.

شكا فلانا الى غيره, 16, 4. It. شكا من فلان الى غيره, 28, 20.

اشتهر بأمّه, 52, 20. 126, 7 et 8.

شالت نعامته, 118, 4 inf. Cf. de hac locutione Harir. 372, 3, c. schol. Quodsi pronomen suffixum referendum est ad Heraclium, vertendum erit: *Quum ille ad Heraclium veniret, hic jam e vita discesserat; igitur non tulit ab eo* etc.

ص

صحيح, i. q. سالم من الكسر, de quantitate arithmetica fractionis experte, 48, 22. 114, 6 et 7.

صَرَفَانٌ, non صرْفان, nec صرّفان, 122, 13, et not.

صفّحه بالذهب, 32, 8.

صلبوت, forma syriaca pro صليب, 110, 22.

مَصْلَحِيّ, i. e. quod pertinet ad المَصْلَحة, prosperam rerum conditionem, quod ei consulit, 158 ult.

ما له صورة, 50 penult., et not.

مصيدة, pl. مصيدات (partie de chasse), 100, 6.

ض

ضَبْزن quis sit, 180, 10.

ضمن شيأً عن غيره, 52 antepen.

ط

طرد الوحش, de venatore, 86, 15.

طَلَبَه بشىء, 134, 12.

طلبَ بدم غيره, 70, 6, i. q. طالبَ بدم غيره, 90, 16.

طلبَ بثار غيره, 72, 7, i. q. طلبَ ثار غيره, 146, 6.

طلع الى الصيد, 86, 14 et 15.

اطلق له ان يفعل كذا, 32, 3.

تطهّر, circumcisus est, 24 ult., et not.

استطاع, per syncop. اسطاع, aor. يَسْطِيع, 140, 11, et not.

طالت به القرحة, 134, 7.

طويلُ الفكرِ, 80, 7.

غير طويل sc. زمان, 134, 4 inf.

ظ

لم يظفر منهم بشىء, nihil ab iis impetravit, sc. ut se corrigerent, 88, 2.

ظلّ البيت, 186, 13, et not.

المَظالم, 68, 5, et not.

بظَهْر المدينة, 86, 8.

ع

عدّة ايّام السنة pro عدّة السنة, 114, 6 et 7.

اعترض cca. 142, 2 et 3, bis.

تعرّض للمملكة, 96, 16.

تعصّب cc. ل, 148, 8, et 4 inf. ib. 156, 4.

عاصفٌ constr. c. foem. ريح, eleganter ut امرأةٌ حاملٌ, 100, 9. (Dedi e Cod. 101; nam alter habet ريح عاصفة; quod in utroque est 74, 3 et 4).

تعاظموا لشىء vel تعاظموا شيأ, 60, 6, et not.

عاقَر, 114 ult., et not.

اعفى عنه, 94, 8.

عقد له على غيره, ellipt., sc. لِوَآءً, 142 ult.

عقدوا له المُلْكَ, 192, 8, quod et ipsum petitum est ex عقد التاج على غيره, 76, 13. 82, 5 inf. et عقد التاج على راسه, 66, 4 inf.

عالمٌ كثيرٌ, i. q. خَلْقٌ (gall. *beaucoup de monde*), 88, 4 inf.

العوالم, οἱ αἰῶνες, 164, 7.

على praep. ante numerum horarum, 166, 10 et 11. It. ad distantiam indicandam, 22, 13. 156, 8.

اعتمد ccar. eam data opera fecit, 6, 14 et 18.

عواميد, pl. v. عامود, forma recent., 38, 25, et not.

عمرُ الزمان, 6, 21 et 22.

المعمور i. q. المعمورة, 150, 5. 154, 16. (Subintelligendum est vocabulum ut الرُبْع).

عملَ بالمعاصى, 38, 21.

ما العملُ عليه, 6, 11.

اجناسُ اللومآء, opp. عناصرُ الكرماء, 88, 15.

فى معنى الشىء — : معنى فى معنى حاجة له, 140, 15.

عهد شيأ من فلان, ut رأى ead. constr., 86, 5.

العَوْد, barbytus, *foem.*, 82, 15.

عور pro عَوْرة vel عَوْرات, 76, 4 inf., et not.

العَيْن abs. de oculo maligno, 188, 14.

الذهب العين, 176, 5.

غ

غربَ السهمُ فى فؤاده, 84, 17, et abs. غربَ السهمُ, 110 antepen.

مَغْزى i. q. مَقْصَد, 160, 13.

غسّل, 132, 8, et not.

غلبَ امرأةً, et plene غلبها على نفسها, 90, 3 et 4. Cf. 104, 4 inf., et 184, 14.

مغلوب عن الشىء, rei difficultate victus, ut eam efficere nequeas, 60, 9.

غَلَبة, tumultus, 82 penult., 94, 11.

غَلَّق cca. 132, 13, et not.

غَلْوة, 142, 1.

غَنِىَ, de loco, habitatus est, 64, 2.

استغاث الى الله, 36, 15 et 23. 38, 4, 13, 23.

غَبْصات, pl. v. غَبْصة, 120, 1.

ف

ف

فَتَحَ فُتُوحَاتٍ, 40, 25.

افتتح cca. urbis, 82, 12.

افتتح كلامه بالصيف, 98, 4 et 5.

افرج cc. عن p., i. q. اطلقها, 70, 22. 94, 7. 9. 11.

مفرد : بِمُفْرَدِهِ, solus (aliquid fecit vel fuit), 46, 16.

الفُرُوسِيَّة, 70, 19. 86, 9.

فرغ شيأ, vulg. pro فرغ منه, vid. not. ad 42, 9.

فراقه من غيره et فراقه لغيره, 28, 7 et 11.

مَفْسُود, 4, 24 (cf. مثبوت).

افصح cc. ب cibi, 166, 6. et 7.

تفاصيل اخبارهم (*les détails de leur histoire*), 180, 16. تفصيل opp. جملة, 46, 10 et 11.

فِى ante elif unionis, per licent. poët., 120, 1, et not.

ق

قَبِلَ الفيلَ موضعا كذا, 200, 11 et 12.

قوابلى adj. relat. deriv. a قوابل, obstetrices, 156, 1.

قُدْسِى, 164, 10.

قدم لها pro اليها, 126 penult.

اقدم بشىء, aliquid ausus est, 40, 10. It. cc. على p. et ب r., 94, 16 et 17.

تقدّم, cc. الى pers. et ب r. (sic plene, quamquam hoc nostro loco persona omissa est), aliquem aliquid jubere, 92, 2.

متقدّم, de tempore, cc. ل alius temporis, 154, 4 inf. (Alias cc. على, 8, 22 et 23. 156, 14).

من قديم, ellipt. pro من زمان قديم, 194, 11.

استقرّت بها النَّوَى, 186, 18, et not.

قرأ cc. ب libri quo aliquis in precibus recitandis utitur, 164, 6 inf.

أَقْرَأَ فلسفة افلاطون تلامذته, 156, 4 (sc. تلامذته, qui prior Accusativus subintelligendus est).

قريب للصحّة pro الى الصحّة, 178, 9.

اقترح ccar. eam primus excogitavit vel fecit, 8, 6.

قرّش quid significet, 196 antepen.

القرّش, 196, 4 inf.

قصّة, libellus, signif. juridica, 90 penult.

قَصَرَ ايديهم عن غيرهم, 90 antepen.

قَطَعَ ccap., 32, 11. 94, 6 et 7.

اقْتطاع, 96, 7.

قَطْعٌ, 8, 15. 102, 5, et not.

استقلع المُلْكَ من اخيه, 86, 20.

قماش signif. recent. omnino pro ثياب, 34, 2.

تقوّت من شىء, 58, 4 inf.

مقاول, pl. v. قَيْل, 114 ult. et 116, 1.

قام cc. ب r., 34 antepen., 36, 11 et 27. 176, 5 ab inf.

قام cc. على pers., 88, 4.

قَوْمَة المساجد, pl. v. قائم, 164, 20.

قيام pro قيامة, ut saepius in Corano, 164, 10.

ك

ك ante nomina, subintellecta alia praepos. كهذه الايّام pro كما فى هذه الايّام, 144, 6—7.

كتب الى غيره cc. ب r., quam per literas alterum facere jussit, 88 antepen.

اكثر من ذكر الشىء, 20, 8 (quamquam C. 101, omisso من, constructionem cum Accusativo habet); it. 54 penult. 146, 12 et 13.

اكثر فى ذكر الشىء, 142, 18.

اكثر cc. على pers., sc. القيل والقال aut tale quid, 32 ult.

كُرَاعٌ, 88 penult.

كرسىّ المملكة, de urbe regia ipsa, ut lat. sedes regni, 98, 5 inf., 168, 15.

كُسُورَات, 48, 20.

كَشَافة, 84, 11, et not.

تكافأ الفريقان, 144, 5.

كلّ الدوابّ post se habet vb. أَنَّ, ita ut numerus et genus pendeant a كلّ, contra ac fieri solet, 12, 6 inf.

كنّى أباه نَعْمَتَه, 188 antepen.

كان فى قلوبهم منه حقد vel simile quid, 140, 7.

ل

ل

لِ pro بَعْدَ in tempore indicando, 14, 4 et 13. 16, 11 et 12. 36, 17 et 21. 64, 6 et 7, al. saepp.

لِ — : من السنة التاسعة لِمُلْكه, 50, 11—12.

ألحق المولودَ بالشِّبْه, 90, 2.

لمّا seq. praeterito, quod non plusquamperfecti, sed perfecti (Aoristi graeci) vim habet, 14, 16. 20. 24. ubi لمّا توفّى post كان, quod Imperfectum valet, idem est ac حينَ موته. It. 30, 2 et 3.

أَلْوَى cc. ب r., 74, 3.

ليس: ليس هم بعبيدك, 50, 24. لكونه ليس من بيت الملك, 68, 17. ليس كلّهم اصابت, 200, 14.

ليلة et ليال cum numero cardinali, de toto spatio diurno et nocturno, 12, 9; 16, 11; nisi ubi dies seorsum adjecti sunt, ut 18 ult. Locus classicus est 60, 3.

م

ما pleon. vel potius emphat. فيا طول ما حُزْنى عليه, 184, 10, e poëta.

مثل cca. 2, 2. 52, 9.

مَتَجّها السمع, 66, 5.

مدينة, sc. مُدّة, 92, 12.

تمسّح cc. ب, 170,5 inf.

مُماسك, 132, 14.

مع ut alias عند: معنا, nostra sententia, 64, 3.

مَكْس, pl. مكوس, cop. c. عشور, 68, 11, et not.

مكّن اللهُ له في الارض, 78, 16.

ملأ عينَه منها, 88, 17.

المُلْك, opp. المَلَكوت, 154, 5.

من: — بمنزلة الفضّة من الذهب, 74, 8.

امالة, 50, 20, et not.

ن

نَ in exitu personarum Aoristi indicat. ante pron. suff. elisum, 32 ult. 84, 18, et not.

ناسوت masc., sensu concr., 162 ult.

نار: — تَسْطع نارُه, trop., 80, 19.

نجده i. q. انجده, ei opem tulit, 146, 5.

استنجد cc. ب p., 84, 15. 132, 4. 146, 5 inf. et ult.

نادى cc. ب r., eam praeconis voce indicere, 88, 4 inf.

النادى, comitium Meccanum, 186, 13, et not. Cf. 24, 11.

انتشأ i. q. نشأ, 86, 11. Cf. ib. l. 8.

نَصوح, de poenitentia, 48, 7.

انتصر cc. ل p., i. q. صار له نصيرا, 92, 14. 142, 8. 156, 4.

انتصر cc. ب p., i. q. استنصر به, 86, 12. 136, 5. 182, 4.

استنصر cc. ل p., i. q. انتصر له, 38, 8.

نطق cc. ب r., de libro, 14 penult. 100 ult.

انعمَ له السؤالَ, 156, 2 et 3.

شالت نعامته, s. v. شال.

النقيب: — ميمون النقيب — ? 136, 11.

نقط cc. على p. vel r., 172, 3.

تنكّر cc. على p., 68, 8. 132, 14.

أنكى cc. على p., 70 ult. 136, 11. it. cc. في p., 110, 13.

نهاية في الجمال, de homine ipso, 70, 17. it. نهاية في الادب, ib. l. 19.

انتهى اليها السحرُ, 102, 7.

تناول اطرافَ الصين, 76 ult.

نَوْء, pl. انواء, 180, 6—8.

النَوَى foem., 186, 18, et not.

النيرنجات, 98, 6 inf. 150, 2.

و

وَا, seq. هاء الندبة: وَاقَوْمَاهْ, 24, 4 inf.

استمرّ به الحالُ (ut تواترت به الاسقامُ et similia), 116 ult.

وثبَ على المُلْك, 114, 4 inf.

واحد: — اصول واحدة, radices eaedem, 178, 1.

توحّل, 86, 15.

وَدْع, pl. v. وَدَعَة s. وَدْعَة, 176, 5.

استوسق له المُلْك, 40, 24.

اتّصالات الثوابت, 172, 8.

اوصى: — اوصى الى غيره بالمُلْك, 42, 1. it. ead. constr. seq. أَنْ,

30,

FINIS INDICIS LEXICALIS ET GRAMMATICI.

CORRI-

CORRIGENNDA ET ADDENDA.

Pag. 79, l. 1: te, l. et.

— 82, l. 21: ante العدل adde في cum C. 101, vel من cum C. 615.

— 84, l. 20: يونيابوس, l. يونيانوس, bis.

— 86, l. 7: عسرة, l. عشرة.

— 87, l. 11: lapsise, l. elapsis.

— — l. 14: Pro *et ne — affecit,* scribe: *nec laudabile quidquam in eo sibi videre visus est.*

— 90, — antepen. قصّر, dele theschdid.

— 91, l. 14: *semaï*, l. *semaae.*

— — l. 15: *Hadjari*, l. *Hodjri.*

— — l. 31: dele virgulam post *postquam* et pone post *occubuit.*

— 92, l. 6 inf. الملك, l. الملك.

— 97. l. 23: *Sefruch*, l. *Besferruch.*

— 100, — penult. زوجتته, l. زوجته.

— 101, l. 4 inf. occidere, l. occidi.

— 102, — antepen. Ante posterius مدينة repete وفي.

— 103, l. 9: occidere, l. occidi.

— 105, l. 23. Post *elapsis* adde: Ei successit *Ptolemaeus V. Epiphanes*, qui postquam 24 annos regnavit, obiit 131 annis

post

Pag. 26, l. 2: الأمّة, l. الأمة.

— 27, l. 24: Rubenam, l. Rubenum.

— — l. 25: virgulam dele post *sororem* et pone post *ejus.*

— 29, l. 2: adorarit, l. adoraret.

— — l. 14: 112, l. 110.

— 31, l. 23: excutere, l. excudere.

— 32, l. 8: صحّفها, l. صفّحها (quamquam uterque Cod. illud tuetur).

— 33, l. 13 inf. Karunis, l. Karuni.

— 37, l. 8: subsidere: subsedere.

— 40, l. 13: theschdid a ر vocis احصر transfer ad ر vocis السر.

— 43, l. 14: 375, l. 575.

— 45, l. 3: annos, l. anno.

— 50, l. 8: وهو, l. وهم.

— 53, l. 22: 135, l. 435.

— 54, l. 17: rescribe ملك بعده.

— 56, l. 18: اختفى, l. اختفى.

— 59, l. 22: consanguineus, l. patruelis.

— 60, — ult. وهو, l. وهم.

— 61, l. 3: ficus, l. dactyli.

— 63, l. 20: desertam, l. deserta.

— 64, l. 11: قليلا, l. bis.

— 65, l. 25: demolittus, l. demolitus.

— 69, l. 17: *Duhak*, l. *Dehak.*

— 74, l. 7: ذانيال, l. دانيال.

— 77, l. 15: Isaïa, l. Isaïas.

Pag. 3, l. 24: Ali Mansur, l. Abi-Mansur.

— 5, l. 5: ante *Ma'schar* adde vocem *Abu.*

— — l. 8 inf. 5037, l. 5137.

— — penult. viventum, l. viventem.

— 9, l. 2: post 1369 *anni* adde: *et* 117 *dies.*

— — ult. illum, l. illam.

— 13, l. 14: illo, l. illa.

— 14, l. 1: theschdid e voce قابيل transfer ad literam penultimam verbi يتقبل.

— — l. 6: البنّة, l. البنة.

— — l. 7: تتنسب, l. تتنسب.

— 15, l. 8: annus, l. annos.

— — l. 15: 1042, l. 1142.

— 17 l. 20: subsidere, l. subsedere.

— — — antepen. Pone virgulam post Djedisi.

— — — penult. Post *nomen est* adde: *usque ad Hadhramauthum.*

— 19, l. 15: semicolon post *dicamus* muta in colon.

— 22, l. 11: افريدون, l. افريذون.

— 23, l. 15: sacro sanctam, l. sacrosanctam.

— — l. 18: aetate, l. regno.

— 25, l. 26: parcituros, l. parsuros.

Pag. 167, l. 7 inf. discedebant, l. discedebat.

— 172, — ult. الملكة, l. المملكة.

— 174, — ult. المِقسم, l. المقسِم.

— 180, l. 12: ملى, l. على.

— 207, l. 6 inf. restitue ث illud, quod e voce البثنيّة excidit.

— 215, l. 7 inf. libarius, l. librarius.

— — — penult. Savarianae, l. Savaryanae.

— 217, l. 13: signum *) pone post اشمون.

— 221, l. 4: ver, l. per.

— 222, l. 10 inf. 613, l. 615.

— 231, l. 22: 8, l. 6.

Pag. 115, l. 4 inf. Jemeoensis, l. Jemenensis.

— 117, l. 5: sua, l. suae.

— 123, l. 12: Dejdhimae, l. Djedhimae.

— 127, l. 23: 'Amru, l. 'Amro.

— 128, l. 7 inf. لنابغة, l. النابغة.

— 129, l. 4 inf. Ehiemi, l. Eihemi.

— 132, l. 11: خذيمة, l. خزيمة.

— 145, l. 21: dicuntur, l. dicantur.

— 153, l. 9 inf. Propontidis Tauricae, l. nigrum.

— 157, l. 8: *Mantor*, l. *Mentor*.

— 167, 7 inf. quique, l. quisque. Ibid. tenebant, l. tenebat.

post Alexandrum. — Deinde in ead. l. muta IV. in VI.

Pag. 107, l. 4: ecuti, l. secuti.

— — l. 25: Simeonem, l. Simonem.

— 108, l. 1: بسعين, l. تسعين.

— — — penult. عسرة, l. عشرة.

— 109, l. 18: Alexandrum, l. post Alexandrum.

— — l. 4 inf. Harram, l. Harran s. Carras.

— 110, l. 23: حمس, l. حمص.

— 113, l. 1: religione, l. religioni.

— 114, — antepen. السكسل, l. السكسك.